法 学 阶 梯
INSTITUTIONES | 普通高等教育**法学规划教材**

人格权法

Personality Rights Law

杨立新 著

法律出版社
——北 京——
始创于 1954 年

好书,同好老师和好学生分享

出 版 说 明

法律出版社在其奋进发展的六十年光辉历程中，秉精诚之心，集全社之力，服务于我国法学教育事业，致力于法学教材出版。尤其在改革开放四十余年间，本社以“传播法律信息，推进法制进程，积累法律文化，弘扬法治精神”为宗旨，协同司法部法学教材编辑部，规划并组织出版了国家“八五”“九五”期间的法学规划教材，为我国改革开放之初的法学教育和法治建设做出了开创性贡献；进入21世纪之后，法律出版社又根据教育部的部署和指导，相继规划并组织出版了“十五”、“十一五”和“十二五”法学规划教材，为我国法学教育事业的发展与改革付出了艰辛努力。

承蒙法学教育领域专家作者的信任，以及广大法律院校师生的支持，法律出版社经过三十年的发展与积累，相继出版各类法学教材达四百余种。在学科范围方面，完成以法学核心课程为重心，涉及法学诸学科的“全品种”横向结构；在培养层次方面，健全以本科教育为根本，兼顾职业教育和研究生教育的“多层次”纵向结构，进而打造“法律版”法学教科书体系，以期更好地为法学教育服务，为法治建设贡献绵薄之力。

近年来，法律出版社应因法学教育的发展变化，在教材编写体例及系列安排方面做出相应调整。在教材编写体例方面，结合当前教学实际与培养方案，将系统、全面的理论知识讲授与灵活、丰富的法律实践和能力训练相结合，倡导教材内容差异化，增加教材可读性，以期更好地培养法科学生的思维能力和法学素养。在教材系列安排方面，全力推进新品教材编写与注重既有教材修订相结合，根据教材风格与特色进行适当的套系整合，集中现有的国家级规划教材和在编的规划教材，形成以“普通高等教育法学规划教材”为名的全新教材系列。

本系列教材多为出版多年并广受好评的经典教科书。此次全新推出，既是向长期以来关心支持法学教育出版事业的专家作者的崇高致敬，也是法律出版社为中国当代法学教育事业发展拳拳努力之情的真诚表达。法律出版社将以高度的精品意识和质量标准，不断丰富、完善本系列教材的结构和内容；除教材文本之外，还将配有多层次、多形式的教辅材料，更好地为广大师生服务。

“好书，同好老师和好学生分享”，法律出版社愿与法律共同体诸同仁，分享好书，分享智识，分享法治进程中的点点滴滴！

法律出版社　谨识

2014年10月

编 写 说 明

人格权法是民法的重要组成部分。《中华人民共和国民法典》的诞生，将人格权法在分则中独立成编，成为我国《民法典》的重要组成部分，标志着中国人格权法的发展进入了一个新的历史时期，中国民法对人格权的保护也进入了新的阶段。在这样的新时期里，民事主体对人格尊严、人格权价值的认识会不断深入，对人的尊重和人格权保护的要求会不断提高，在全社会形成对人格权尊重、理解和保护的高潮。

正因为这样，宣传《民法典》的人格权编具有强烈的社会需求，在大专院校加强人格权法的教学具有重要意义。相信在《民法典》公布实施之后，开设人格权法课程的法律院校会不断增多，对人格权法教材的需求会越来越多，同样，对人格权法有兴趣的读者也会越来越多。

笔者自20世纪80年代中期开始研究人格权法，出版了若干部有关人格权法的专著和教材，发表了几十篇研究人格权的论文，对人格权法及其理论形成了自己的独到见解。特别是在经历了二十多年的司法实践和二十多年的法学理论研究、教学工作后，对人格权法在理论和实践结合的研究上颇有体会。自2015年，笔者作为全国人大常委会法工委立法专家委员会的立法专家，全程参加了《民法典》的编纂工作，特别是参加了《民法典》人格权编的立法工作，对人格权法的理解和研究达到了一定的深度。为应教学和实践的急需，笔者撰写了本书，作为法律院校开设人格权法的教材，也作为广大读者和司法实务工作者学习、研究和适用《民法典》人格权编的参考书。

本书按照《民法典》人格权编的体例，分为上下两编，上编是人格权法总论，说明人格权法的一般性规则；下编是人格权法分论，分述各种具体人格权。全书力求理论联系实际，以《民法典》人格权编的规定为依据，以人格权法理论研究成果和实践经验为基础，全面阐释人格权法的基本问题。期望通过本教材的教学和研读，能够掌握《民法典》人格权编的基本内容和理论基础。

《民法典》刚刚公布，对博大精深的人格权法理论和实践的研究还在深入之中。笔者虽然参加了《民法典》人格权编的立法，但是，对人格权法的深入理解也是刚刚开始。书中存在理解、说明的不当之处，请各位老师和同学们指正。

中国人民大学民商事法律科学研究中心研究员
中国人民大学法学院教授、博士生导师　杨立新

2020年6月18日于北京世纪城

作 者 简 介

杨立新

现任

教育部人文社会科学重点研究基地中国人民大学民商事法律科学研究中心研究员
中国人民大学法学院教授、博士生导师
中国法学会民法学研究会副会长
世界侵权法学会主席
东亚侵权法学会理事长
全国人大常委会法制工作委员会立法专家委员会立法专家顾问
最高人民检察院专家咨询委员会专家咨询委员
最高人民法院案例指导工作专家委员会委员
国家卫生和计划生育委员会公共政策专家咨询委员会专家委员
中央“五五”普法国家中高级干部学法讲师团成员
《中国大百科全书(第三版)》法学卷民法学分卷主编

曾任

最高人民检察院检察委员会委员、民事行政检察厅厅长、检察员
最高人民法院民事审判庭审判员、审判组长
吉林省通化市中级人民法院常务副院长
烟台大学法学院副教授

主要著作

出版民法专著、教材数十部
发表民法学论文五百余篇

目　录

上编　总论

第一章　人格权法 …… (3)
　第一节　人格权法的概念及地位 …… (3)
　第二节　人格权法的历史发展 …… (9)
　第三节　我国人格权法的理论发展与《民法典》人格权编的立法创新 …… (20)

第二章　人格权概述 …… (31)
　第一节　人格权的客体 …… (31)
　第二节　人格权 …… (40)
　第三节　人格权法律关系 …… (46)
　第四节　私法人格权与公法人格权 …… (48)

第三章　抽象人格权 …… (52)
　第一节　抽象人格权概述 …… (52)
　第二节　一般人格权 …… (64)
　第三节　公开权 …… (75)
　第四节　自我决定权 …… (84)

第四章　人格权的民法保护 …… (93)
　第一节　《民法典》对人格权保护方法的整合 …… (94)
　第二节　人格权请求权 …… (98)
　第三节　人格权侵权请求权 …… (105)
　第四节　对人格权的延伸保护 …… (113)
　第五节　对人格权保护的特别规定 …… (124)

下编　分论

第五章　生命权、身体权和健康权 …… (133)
　第一节　生命权 …… (133)
　第二节　身体权 …… (143)

第三节　健康权 …………………………………………………………… (152)
第六章　人身自由权和性自主权 ……………………………………………… (162)
第一节　人身自由权 ………………………………………………………… (162)
第二节　性自主权 …………………………………………………………… (169)

第七章　姓名权和名称权 ……………………………………………………… (178)
第一节　姓名权 ……………………………………………………………… (178)
第二节　名称权 ……………………………………………………………… (184)

第八章　肖像权、形象权和声音权 …………………………………………… (194)
第一节　肖像权 ……………………………………………………………… (194)
第二节　形象权 ……………………………………………………………… (205)
第三节　声音权 ……………………………………………………………… (210)

第九章　名誉权、信用权和荣誉权 …………………………………………… (218)
第一节　名誉权 ……………………………………………………………… (218)
第二节　信用权 ……………………………………………………………… (232)
第三节　荣誉权 ……………………………………………………………… (241)

第十章　隐私权和个人信息权 ………………………………………………… (250)
第一节　隐私权 ……………………………………………………………… (250)
第二节　个人信息权 ………………………………………………………… (263)

主要参考文献 …………………………………………………………………… (279)

上编 | 总论

第一章 人格权法

|本章导读|

本章全面说明人格权法的概念、性质以及在《民法典》中的地位，介绍人格权法在国外和中国的历史发展。介绍《民法典》在原《民法通则》规定人格权法的“中国模式”和司法实践、理论研究的基础上，专门设立人格权编进行立法创新，对中国人格权法以及对人格权的确认和保护实现的创新发展。

人格权法　地位　历史　中国模式　理论发展人格权编

|典型案例|

作为中国男篮签约赞助商的可口可乐公司，在饮料瓶上使用姚某占突出位置的3名国家队队员形象。姚某作为百事可乐形象代言人，并未授予可口可乐使用其个人肖像的权利。姚某认为可口可乐公司的行为侵害其肖像权，委托律师向上海法院提起诉讼，要求可口可乐公司停止将其肖像及姓名用于产品外包装的行为，在全国性新闻媒体上公开承认侵权行为，向姚某赔礼道歉，消除影响，判令可口可乐公司赔偿姚某精神损害抚慰金及经济损失。

第一节 人格权法的概念及地位

一、人格权法的概念和特征

人格权法是规定人格权的概念、种类、内容和对人格权予以法律保护的民事法律规范的总称。

人格权法与物权法、债法、知识产权法、婚姻家庭法和继承法一样，并不是独立的法律部门，而是《民法典》的具体组成部分。人格权法与物权法、债法、知识产权法以及总则、婚姻家庭法、继承法、侵权责任法共同构成民法的基本内容。《民法典》[1]规定了第四编即人格权，该编就是我国现行民法的人格权法。

人格权法与物权法、合同法、婚姻家庭法、继承法和侵权责任法相比较，有以下法律特征：

---

〔1〕 知识产权法是民法特别法，作为单行法规定，没有纳入《民法典》中。

(一)人格权法具有赋权性和宣示性

人格权法的赋权性,表现在通过人格权法赋予民事主体以人格权,规定民事主体依法享有人格权,以及享有哪些人格权。人格权法的宣示性,显示了人格权法的独特内容,即对于权利的规定不是像物权法和合同法那样着眼于物权和债权行使的具体规则,更多的是对人格权的权利进行宣示,没有规定较多的人格权行使规则。这是因为人格权的客体是人格利益,而人格利益属于民事主体个人所固有,较少发生权利界限的交叉和冲突,行使权利并不需要遵守更多的具体规则。

(二)人格权法规定人格权具有非法定性

人格权法与物权法不同。物权法实行物权法定主义。《民法典》第116条规定:"物权的种类和内容,由法律规定。"没有法律规定,不得确认新的物权种类和物权内容。人格权法不实行法定主义。《民法典》第990条第2款规定:"除前款规定的人格权外,自然人享有基于人身自由、人格尊严产生的其他人格利益。"因此,法律已经规定的人格权是人格权,法律没有规定为人格权的人格利益也被保护。这是因为,凡是人格利益,人格权法均予以保护,不能因为没有法律明文规定而使某种人格权和人格利益的内容疏于保护。有学者认为,法律没有规定就不能认为是人格权,[2]是不正确的。人格权是人自然的、与生俱来的、不可让与的权利,尽管也是法律赋予的,但是,并非只有法律规定的人格权才受法律保护。为了实现对人格利益的全面保护,人格权法专门规定了一般人格权,令其实现保护其他人格利益的任务,成为保护人格利益的兜底性一般条款。《民法典》第990条第2款规定的正是赋予一般人格权的这一职能。

(三)人格权法具有任意性和强制性

人格权法既具有任意性,也具有强制性。人格权法是任意性法,因为人格权的行使完全依照权利主体自己的意愿,不需要任何人的强制。人格权法只要规定了权利主体享有哪些人格权,这些人格权的内容是什么,就完成了它的主要立法任务。不过,这不是说人格权法没有强制性。人格权法的强制性表现在两个方面:第一,人格权本身包含请求权,任何人妨害他人的人格权,权利人有权依照人格权请求权来保护自己,救济人格权的损害。第二,人格权还受到侵权责任法的保护。任何人侵害他人人格权,权利人产生侵权请求权,有权依照《民法典》第七编侵权责任的规定,请求侵权人承担侵权责任。人格权法的强制性,保障了权利主体对人格权的自主行使。

二、人格权法在民法中的地位

(一)我国人格权法寻求相对独立地位的立法努力

中国的人格权法立法借鉴各国立法体例,逐步实现了人格权法寻求在民事立法中具有相对独立地位的立法目标。

最早在立法上寻求人格权法成为民法独立组成部分的途径,是由《民法通则》取得突破性

---

〔2〕　乔新生:《"贞操权"有违权利法定原则》,载《民主与法制》2007年第14期。

进展的。

经过“文化大革命”的教训,中国立法者在起草民法时,努力寻求实现这一愿望的途径。1982 年 5 月《中华人民共和国民法草案(第四稿)》(以下简称“民法四草”)首先在民事主体编第 16 条第 2 款规定了自然人的人格权:“公民的生命健康权、人身自由权、姓名权、名誉权、荣誉权、肖像权、著作权、发现权、发明权和其他人格权利,受法律保护。”第 41 条第 1 款规定了法人人格权:“法人的合法财产权益,以及法人的名称、名誉、荣誉、著作、发现、发明和商标等权利,受法律保护。”在第 431 条第 2 款还规定了法人的信用权。[3] 这种立法体例,虽然还没有实现将人格权作为民法独立组成部分的立法目标,但是,这些条文草案概括的内容已经突破了国外人格权法立法的传统内容和方式,把人格权作为民法独立组成部分的尝试向前大大地推进了一步。

当中国的立法者暂时放弃制定完整民法典的努力,而先制定《民法通则》时,虽然在民事立法的整体努力上后退了一步,然而,却在人格权的立法上实现了寻求独立地位的立法目标,在民事权利编第四节专门规定“人身权”,用七个条文规定了人格权,形成了人格权与物权(财产所有权以及与财产所有权有关的财产权)、债权和知识产权并列的民法地位,为民法典的立法格局打下了基础,创造了人格权立法的“中国模式”。

2002 年,立法机关试图制定民法典,审议了《中华人民共和国民法(草案)》,其中第四编独立规定了人格权,强烈地展示了立法机关在民事立法中突出人格权法地位的立法意图。很可惜,这次《民法典》的立法又被中断,继续采取制定单行民法的立法方法,继而完成了《物权法》《侵权责任法》,形成了我国类法典化松散民法的立法目标,人格权法没有纳入这个时期的立法议程。

2014 年决定编纂民法典,其间对《民法典》是否要单独规定人格权编,在学界发生了激烈的争论,最终,立法机关决定单独制定《民法典》人格权编,使人格权在《民法典》中具有相对的独立地位,更好地保护好人民的人格权。因此,《民法典》规定了第四编人格权。

从“民法四草”对人格权的规定,到《民法通则》将人格权规定为单独一节,再到《民法(草案)》将人格权规定为第四编,直至《民法典》第四编规定人格权,立法机关一路走来,终于实现了人格权法在民法中具有相对独立地位、更好地保护好人民的人格权的立法目标,展现了人格权法立法“中国模式”的风彩。

(二)我国人格权法在民法中具有相对独立地位的表现

人格权法是我国民法相对独立的组成部分,主要表现在以下几个方面:

第一,人格权法摆脱了依附于主体法或依附于侵权法的附属地位。人格权是基本民事权利之一,但是,传统民法对人格权的规定却极其简要。尽管立法者认为人格权的存在和重要性是不言而喻的,但是,却只将其规定在民法的其他相关部分中,例如,作为总则编的主体法的组成部分,或者作为债法的侵权法的组成部分,成为这些民事制度的依附成分。这显然与人格权的重要法律地位不相称。《民法通则》将人身权独立规定一节,就彻底地使人格权法摆脱对人法和侵权法的依附性,从而改变了传统民法中人格权的附属地位,使其具有了独立的法律地位。在编纂民法典的过程中,立法机关坚定立场,不懈努力,终于实现了《民法典》单独规定人

---

〔3〕 以上引文参见何勤华等主编:《新中国民法典草案总览》(下卷),法律出版社 2003 年版,第 563、566、617 页。

格权编的重要立法目标，使人格权法成为《民法典》的重要组成部分。

第二，人格权编并列于物权编、合同编、婚姻家庭编和继承编而获得独立地位。近世民法均以民事权利的类型为结构确定民法典分则各编，一般分为债法、物权法、亲属法和继承法。《民法通则》没有这样来编纂其分则体系，只是在“民事权利”一章中将物权、债权和知识产权与人格权并列编排，基本上体现了人格权法的独立地位，也为将来民法典的编纂设计好了立法蓝图。在编纂《民法典》时，几经周折，终于将人格权纳入《民法典》作为分则独立的一编，经过数次立法机关的审议，终于实现了人格权与物权、合同、婚姻家庭和继承各编相并列的独立一编的立法目标，使之成为我国《民法典》立法的最大亮点，体现了最重要、最鲜明的中国《民法典》的特色，是我国《民法典》最显著的立法“地标”。

（三）人格权法在民法体系中的地位

人格权法属于民法人法的组成部分。

现代民法有两大支柱，一是人法，二是财产法。人法规定人身权的概念、种类、内容和对人身权予以法律保护的规则，包括人格权和身份权两部分。财产法是规定财产关系的概念、种类和内容，以及对财产权进行法律保护的民事法律规范的总称，包括物权法、债法、继承法和知识产权法。

中国《民法典》的结构设计，采取的是近似“总—分—总”的结构，即在民法体系中，首先规定第一编总则，这是一个“总”的部分。其次规范的是人法和财产法的具体规定，包括人法的人格权和身份权，即第四编人格权和第五编婚姻家庭；财产法包括物权、债权和继承权，即第二编物权、第三编合同和第六编继承。这是“分”的部分，是《民法典》分则，是民法的主体部分。最后规定的是第七编侵权责任，即权利保护法，人身权、财产权受到侵害，侵权责任法负责进行救济，恢复民事主体的民事权利。这是后一个“总”的部分。2002 年《民法（草案）》就是按照这个结构编制的，《民法典》继续坚持这个结构，形成了我国《民法典》鲜明的、有特色的体系结构。在民法体系的结构中，人格权和身份权构成的人法，与物权、债权、继承权构成的财产法一道，成为民法的主干。

人格权在民法和民事权利体系中所占据的地位更加重要，远远超出了其他民事权利的地位。理由是，人格权所保护的是人之所以为人的基本资格，保护的是人自己。在当代，在人权观念的指导下，人们更加重视自己的固有权利，认为人格权是人之所以为人的资格的权利。人格权发生缺损，受到损害，人将不能成其为人，社会地位会受到严重影响，“二战”和“文革”的悲剧就会重演。立法机关和民法学者之所以特别强调编纂《民法典》要单独规定人格权法，就是为了实现这样的目的和理想，更好地维护人关于自己的权利。

三、人格权法与其他民法部门法的关系

（一）人格权法与《民法典》总则编

人格权法与《民法典》总则编是总则与分则的关系，《民法典》总则编的一般规定适用于人格权法。有学者认为，民法总则的规定不适用于人格权，例如，民事法律行为的规则就是如此。其实不然。《民法典》第 993 条规定的公开权的内容，无一不用人格利益许可使用合同的规定，通过人格利益许可使用合同的行为，实现行使公开权的目的，这就是适用民法总则关于民事法

律行为一般规则的规定。其实,还应当探讨的是,《民法典》为什么要改变在总则编规定人格权而要在分则规定人格权编的问题。人格权法在总则中规定还是在分则中作为一编规定,其实是一个立法技术的问题,只是由于总则编立法空间过窄,无法对人格权作出详细规定,[4]因而在《民法典》分则中规定人格权,就能够对人格权法规定得更全面、更完整,更有利于保护好人民的人格权。

(二)人格权法与侵权法

在民法中,人格权法与侵权法是联系最密切的法律。首先,人格权法和侵权法都是民法的组成部分,各自都是《民法典》分则的内容。其次,侵权法是权利保护法,当然也保护人格权。当人格权受到侵害时,侵权法对侵权行为予以制裁,确定侵权民事责任,救济人格权的损害,恢复人格权的完满状态。最后,人格权法规定的人格权请求权,与侵权法规定的侵权请求权并不冲突,并非非此即彼的对立关系,而是各司其职、各负其责的保护人格权的不同方法。

人格权法和侵权法也有严格的区别。一方面,人格权法是赋权性法律,而侵权法是保护性法律,是制裁侵害权利的侵权行为的法律,性质不同。另一方面,侵权法虽然是权利保护法,在民法中也具有相对独立的地位,但是,侵权法除了要遵循自己的特有规则之外,还要遵守债法的规则,尤其是侵权损害赔偿责任,其基本规则都应当遵守债法尤其是损害赔偿之债的规则。而人格权法只遵守它自己的规则,无须遵守其他法律的规则。

(三)人格权法与身份权法

身份权法就是婚姻家庭法,是规范特定亲属之间的法律地位和权利义务的关系法。

人格权法和身份权法都是人身权法,同属于人法的范畴。因此,人格权法和身份权法具有相同的属性,都是赋权法,都是任意性兼强制性的法律。这是两种法律的相同之处。

人格权法与身份权法具有以下不同:第一,人格权法调整的是人格权法律关系,是民事主体就其固有的人格利益形成的法律关系;而身份权法调整的是亲属之间的地位和权利义务关系。第二,人格权法适用于自然人,同时也规定法人的人格权,也调整法人的人格权法律关系;而身份权法仅适用于自然人的身份地位和权利义务关系,不调整法人之间的关系。第三,人格权法是宣示性的法律,不规定人格权产生的规则,只规定人格权行使的部分具体规则;而身份权法则规定具体亲属之间权利义务关系的具体规则,更重要的是要规定配偶权、亲权和亲属权产生和行使的规则,因而不是宣示性的法律。

(四)人格权法与物权法、合同法

人格权法与物权法、合同法都是民法的组成部分,都是《民法典》分则的独立组成部分,同属于赋权性的法律。不过,人格权法与这些民法部门法还是有很多区别的。

第一,人格权法与物权法、合同法规范的权利不同。物权法、合同法规范的权利是物权、债权,这些权利的性质都是财产权,而不是人格权或者人身权。而人格权法规范的权利就是人格权,这种权利不是财产权。

---

[4] 例如,梁慧星主持编写的《中国民法典草案建议稿》将人格权在总则编规定,自然人部分只规定了 11 条,法人部分只规定了 2 条。参见梁慧星主编:《中国民法典草案建议稿》,法律出版社 2003 年版,第 9 ~ 11、13 页。

第二，人格权法与物权法、合同法的规则不同。这不仅是说人格权法与物权法、合同法通行不同的规则，更重要的是，物权法、合同法的规则是详细的、具体的、极其复杂的，详细地规定了行使这些权利的具体规则。而人格权法规定的规则是概括的，多数是非具体的，仅规定处分其人格利益公开权的规则，以及人格权的行使不得妨害他人的权利而已。

人格权法作为独立的一编，与物权编、合同编、婚姻家庭编和继承编一道，构成《民法典》的分则各编，在总则编的引领下，构成《民法典》的完整体系，全面保护民事主体的各项民事权利。

四、人格权法的渊源

（一）宪法渊源

我国人格权法的渊源，是指人格权法律规范借以表现的形式，主要表现在《宪法》和各国家机关在其权限范围内制定的各种法律文件中。

宪法渊源是人格权法的最高指导原则。《宪法》是国家的根本大法，具有最高的法律效力。《宪法》对人格权的规定，例如，关于保护人格尊严和人身自由的规定，都是我国人格权法的渊源。人格权法的一切原则、人格权的基本内容，都是依据《宪法》的原则制定的，任何条文都不得违反宪法的原则。一切违反宪法原则的规定，均属无效；一切违反宪法原则的法律解释，均属无效。

研究人格权法的宪法渊源，应当区别公法人格权与私法人格权的区别。宪法规定的人格权是公法人格权，规范的是公民与国家之间的人格权保护的权利义务关系，民法规定的人格权是私法人格权，规范的是民事主体之间的人格权法律关系，并非公法人格权是私法人格权的母权利，或者公法人格权高于私法人格权。[5]

应当重视的是在《宪法》中规定的具有人格权性质的权利与人格权法的关系。例如，《宪法》规定了劳动权、休息权、受教育权、环境权等，并没有在民法中规定这些权利。这样的权利受到侵害，是否能够得到民法的救济，是一个重要的问题。对此，凡是《宪法》规定的具有人格权性质、能够通过民法救济手段救济的权利，都应当得到民法的救济。理由是，宪法就是人格权法乃至民法的最高渊源。

（二）民法渊源

民法渊源是人格权法的主要渊源。在我国，《民法典》是我国民法的基本表现形式，其人格权编和总则编，都是人格权法的基本渊源。

（三）其他法律渊源

人格权法的其他法律渊源是指单行民事、经济、行政法律和行政法规中有关人格权的法律规范。在这些法律渊源中，一是单行法律，如《残疾人保护法》《未成年人保护法》《妇女权益保障法》《消费者权益保护法》《老年人保护法》等专门规定保护民事主体权利特别是人格权的法律。二是其他法律中有关人格权的保护的法律规范，《反不正当竞争法》《产品质量法》《道路交通安全法》等，都规定了若干人格权法的规范。三是行政法规中的人格权法规范，在国务院

---

〔5〕 本书下文还要对此进行详细说明。

制定的行政法规中，有关人格权法的规范大量存在。这些其他法律、法规中关于人格权法的规定，丰富了我国人格权法的具体内容，并成为我国人格权法的重要组成部分。

（四）司法解释渊源

最高人民法院涉及处理人格权纠纷案件的指导性文件，以及对人格权侵权案件如何适用法律所作的解释、批复、答复等司法解释，也是人格权法的重要渊源。一是对人格权法的规范性解释，如最高人民法院《关于审理名誉权案件适用法律若干问题的解答》《关于审理名誉权案件适用法律若干问题的解释》《关于确定民事侵权精神损害赔偿责任若干问题的解释》《关于审理人身损害赔偿案件适用法律若干问题的解释》等，都是这种规范性的解释。二是批复性解释，是最高司法机关对于人格权具体案件或者具体问题所作的司法解释。这种司法解释更具灵活性、实用性和指导性，是人格权法的重要组成部分。这些人格权法的司法解释，对于补充我国人格权法立法不足、解决存在的问题、协调法律之间存在的冲突等，具有重要的意义。

（五）行政规章和地方法规渊源

国务院各委、部、局、署、办发布的行政规章中关于人格权的规范，地方各级人民代表大会、地方各级人民政府、民族自治地区的自治机关在宪法、法律规定的权限内制定的决议、命令、地方性法规、自治条例、单行条例中有关人格权的规定，也都是人格权法的渊源。

第二节　人格权法的历史发展

一、国外人格权法的历史发展

人格权虽然是近现代法律确立的法律概念，但是，法律对人格权的保护，尤其是对具体人格权的保护却有悠久的历史，与法律的产生、发展具有相同的发展经历。

（一）物质性人格权的立法

对于物质性人格权即生命权、身体权和健康权的法律保护，经历了同态复仇、自由赔偿、强制赔偿和双重赔偿四个时期的发展。

1. 同态复仇时期

在远古社会，最早由法律保护的人格权是生命权和健康权。任何剥夺他人生命权的行为，都被视为严重的犯罪行为。对于伤害他人身体，侵害他人健康权的行为，也应当受到法律制裁。这种最早对生命权、健康权的法律保护，采取的是由受害人及其血亲对加害人进行同态复仇的方法进行。

复仇制度分为两种。一种是对外的血族复仇，是基于“血族连带责任”观念发生的保护方法，被害人的血族对杀人者的血族采用集团方式举行血斗。对于伤害身体，则采取“以血还血、以牙还牙”的方式，伤害加害人或加害人的血亲的身体健康，但是，以采用同等程度的伤害为限。另一种是对内的复仇，一般采用宗教方式，对被复仇者宣布剥夺其一切权利，视同禽兽，人人得而诛之。

2. 自由赔偿时期

随着社会的发展和文明的进步，对人的物质性人格权的法律保护方法发生了变化，逐渐产生用金钱赔偿替代同态复仇的变通方法。受害人及其血亲有权选择，或者放弃复仇的权利而接受赔偿，或者拒绝接受赔偿而坚持实行复仇。

最初，赔偿并非由金钱支付，而是支付马匹或者其他牲畜等，继而改由金钱赔偿。赔偿数额不是由法律规定，而是由当事人双方商定。这种被法学家称为自由赔偿的人身损害赔偿，并不是真正为了填补受害人的损失，而是对受害人及其血亲放弃复仇权利所给予的报偿。这种制度早在习惯法时期就已经产生，延续很久，直至罗马法早期仍有这种规定。与此同时，规定受害人保留同态复仇的权利，可以进行选择。就个人利益而言，放弃复仇而接受赔偿，对受害人明显有利；就社会利益而言，选择赔偿而放弃复仇，可以减少不必要的人身损害，有利于社会安定和发展。

3. 强制赔偿时期

自由赔偿时期对物质性人格权法律保护的有益尝试，为后世的强制赔偿奠定了基础。强制赔偿首先对身体权、健康权的轻微伤害适用，规定禁止复仇，均强制以赔偿代替；对于杀人、重伤还可以选择赔偿或复仇。至罗马最高裁判官法，最终确立了对人身体、健康、生命的侵害一律实行强制性的金钱赔偿。查士丁尼《国法大全》规定对人私犯产生侵权之债，建立了真正意义上的对物质性人格权的侵权损害赔偿法律保护制度。〔6〕 这在人格权的发展历史上具有划时代的意义，划清了侵权法的蒙昧时期与文明时期的界限。

4. 双重赔偿时期

双重赔偿，是指对于物质性人格权的法律保护，不仅要赔偿财产上的损失，而且要赔偿因侵害物质性人格权造成的精神损害。这种制度始于罗马《卡尔威刑法典》第 20 条规定，后来被德国法确认为抚慰金请求之诉，法国则自 19 世纪中叶以判例认之，1883 年 1 月瑞士旧债务法确认此制，到《德国民法典》颁布实施，则将此制最终完善。在双重赔偿时期中，《德国民法典》是物质性人格权法律保护现代化的标志，在立法上确立了身体权、健康权、生命权的概念，使物质性人格权成为民事权利体系和保护中最重要的部分。

（二）精神性人格权的立法

1. 古代习惯法时期

远古习惯法时期的法律对精神性人格权如何保护，史料没有太多的记载。据仍然存在的一些原始人群的生活习惯，发现了一些人格权保护的习惯法。例如，在 18 世纪仍保持着原始社会后期形态的平原印第安人的生活中，有着严格的贞操观念，实施侵害妇女贞操的行为，行为人要受到该女子亲属的严厉制裁，甚至可以用石块将其打死。〔7〕 在 19 世纪 70 年代非洲西部黄金海岸，阿散蒂人很严格地维护个人的尊严和名誉，辱骂一般的平民百姓是私法上的违法

---

〔6〕 罗马法对人私犯制度所保护的并不只是物质性人格权，还包括精神性人格权。

〔7〕 ［美］霍贝尔：《初民的法律》，周勇译，中国社会科学出版社 1993 年版，第 187～189 页。

行为，辱骂首领则为犯罪行为，均应受到制裁。[8] 从这些习惯法的内容观察，推测在远古习惯法时期，名誉、贞操等都是重要的人格权，均受到习惯法的保护。

2. 古代成文法时期

古代成文法时期，法律对于精神性人格权的立法仍着眼于保护，但是，具体人格权的范围已经有所扩大。公元前 18 世纪的《汉穆拉比法典》第 1 条规定："倘自由民宣誓揭发自由民之罪，控其杀人而不能证实，揭发之罪者应处死。"第 127 条规定："倘自由民指摘神祇或自由民之妻，而无罪证者，则此自由民应交与法官，并髡其鬓。"《摩奴法典》第 8 章第 127 条规定："滥施刑罚毁名声和荣誉于人世，甚至妨碍死后升天堂；因此，他应忌讳之。"第 274 条规定："对人以'独眼'、'瘸子'或者其他同类之词相称者，即使符合事实，也至少应罚一迦尔舍波那。"[9]

古代成文法早期保护的最重要的精神性人格权是名誉权，《汉穆拉比法典》第 1、2、127 条规定，《摩奴法典》第 8 章第 127、269、274 条规定，都是对名誉权的保护。《汉穆拉比法典》第 2 条规定的内容，实际上是无证据控告的神明裁判制度，当神证明为错告时，除对控告者处死外，被诬告之人取得控告者的房屋。以控告者的房屋这种财产对被诬告之人进行名誉损害的补偿，应该是历史上最早的精神损害抚慰金赔偿制度。

在古代早期成文法关于精神性人格权的立法条文中，还出现了贞操权和姓名权的规定。《摩奴法典》第 271 条规定，就是关于姓名权的保护规范；第 225 条规定则是对贞操权的保护。

古代成文法后期，罗马法对人格权的立法有了重大发展。其中，最重要的发展是使用了人格的概念。罗马法中的 Caput，也称作 personalita，实际上是指权利主体的民事权利能力，具有法律上的人格即具有权利义务主体的资格，可以因为某种事实造成市民的人格减等，甚至人格丧失。人格的取得须具备三个条件，一为人的生存，二为自由的身份，三为市民的身份。[10] 人格的内容包括自由权、市民权和家族权，如果其中有一项权利丧失或变化，即为人格减等。其中，只丧失家族权的，是人格小减等；丧失家族权和市民权只保留自由权的，是人格中减等；丧失全部三项权利者，为人格大减等，成为无人格之人，即为奴隶。[11]

在罗马法上出现的最重要的人格权是自由权，这种权利成为自然人获得法律人格的最基本的条件，享有自由权，无论是具有完全的人格还是有限制的人格，都还被称为人，丧失自由权即丧失作人的资格，沦为他人财产的一部分。这种自由权的概念，虽然与现代法律上的自由权概念不完全相同，而具有基本的权利能力的含义，但是，对理解自由权的概念，仍然不无重要的启发价值。

罗马法另一个重要的人格权是名誉权。在罗马法中，只有名誉健全并享有各种公权和私权的人，才算有名誉。罗马法的不名誉主要是指权利能力。罗马法关于私犯的规定才是对名誉权的保护。查士丁尼《法学总论》对侵犯名誉权、贞操权的行为，规定为产生损害赔偿之债的法定根据，为侵权行为之债，都是私犯，即今天的侵害精神性人格权的侵权行为。

在古代法时期尤其是罗马法时期的立法，确认了自由权、名誉权、贞操权等具体人格权，并采用损害赔偿的方式作为人格权被侵害的法律救济手段，改变了单纯以刑罚方法救济人格权损害的野蛮做法。

---

〔8〕［美］霍贝尔：《初民的法律》，周勇译，中国社会科学出版社 1993 年版，第 270～272 页。

〔9〕以上引文均参见《摩奴法论》，蒋忠新译，中国社会科学出版社 1986 年版，第 149～161 页。

〔10〕［意］彼德罗·彭梵得：《罗马法教科书》，黄风译，中国政法大学出版社 1992 年版，第 29 页。

〔11〕江平等：《罗马法基础》（修订本），中国政法大学出版社 1991 年版，第 59～60 页。

3. 近现代法时期

欧洲中世纪是教会统治的社会，教会法推崇的是封建神权，极力维护封建特权，人在封建神权和封建特权的双重统治之下，没有人格也没有尊严。

罗马法经过欧洲文艺复兴运动的洗礼，得以复兴和发展。资产阶级以罗马法的复兴为前导，继而开展了规模宏大的人权运动，英国的《人身保护法》（1679 年）和《英国民权法》（1689 年）、法国的《人权宣言》（1789 年）、美国的《独立宣言》（1776 年）相继问世，为完善近现代人格权的立法奠定了基础。

国外近代人格权的立法是由民法承担的。16 世纪的萨克逊法确认自由权的受害人除了可以请求赔偿恢复自由的费用和所丧失的利益外，尚可就精神痛苦请求赔偿。对于名誉权，却以名誉为非卖品的理由，不认为名誉权受损害可以请求金钱赔偿。[12] 1804 年《法国民法典》适应自由资本主义发展需要，强调保护私有财产的绝对无限所有权和契约自由，却没有明确确认和保护人格权的规定。随后，法官扩张解释《法国民法典》第 1382 条规定的过错原则，创立保护人格权的判例。1881 年，瑞士承认名誉权受侵害的赔偿制度。

姓名权在 17 世纪初始见于公法规定，至 19 世纪初，普鲁士法、奥地利民法、萨克逊民法对姓名权作了一般规定，制度并未完备，[13]《德国民法典》第 12 条专门规定了姓名权及其保护。

肖像权，法国判例早已认可其存在，并提供法律保护。德国 1876 年《关于美术的著作物之著作权法》及《不法模制（复制）之照像保护法》规定了肖像权，1896 年德国学者克思奈出版了《肖像权论》，提出了完整的肖像权保护理论。[14] 日本原本没有肖像权的概念，"二战"之后发生巨大变化，有关判例不仅认可了对肖像人格利益的保护，而且还积极肯定肖像权。[15]

隐私权是较晚出现的具体人格权概念，1890 年，美国法学家布兰蒂丝和华伦在哈佛大学的《法学评论》发表论文，第一次提到隐私权的概念，使其开始受到重视，法官接受隐私权概念并予以适用。随后，隐私权迅速被各国所采纳，确认为人格权，受到民法的保护。[16]

现代法意义上的精神性人格权的完备立法，以 1900 年《德国民法典》的颁布实施为标志。该法明确规定了姓名权、贞操权和自由权为具体人格权，受到民法的保护。

《瑞士民法典》的颁布实施，标志着现代人格权立法已经进入了比较完善的时期。其最重要的贡献，就是创立了人格的一般规定和人格保护的专章，[17] 创设人格权请求权，概括了所有的人格权，但是，只限于除去侵害，赔偿则须依法律具体规定。该法第 49 条规定："因过失侵害他人人格关系，应负损害赔偿责任。""人格关系受侵害时，以其侵害情节及加害人过失重大者，得请求慰抚金。"第 55 条规定："由他人之侵权行为，于人格关系上受到严重损害者，纵无财产损害之证明，裁判官亦得判定相当金额之赔偿。"

嗣后，《日本民法典》《奥地利民法典》《希腊民法典》《荷兰民法典》等在制定或日后的修改中，均受《瑞士民法典》的影响，建立了完善的人格权制度。这些民法典人格权立法的特点，是

---

〔12〕 参见龙显铭：《私法上人格权之保护》，中华书局 1948 年版，第 75 页。

〔13〕 参见龙显铭：《私法上人格权之保护》，中华书局 1948 年版，第 85～87 页。

〔14〕 何孝元：《损害赔偿之研究》，商务印书馆 1982 年版，第 165 页。

〔15〕 ［日］五十岚清：《人格权法》，北京大学出版社 2005 年版，第 129～130 页。

〔16〕 吕光：《大众传播与法律》，商务印书馆 1981 年版，第 63～64 页。

〔17〕 施启扬：《关于侵害人格权时非财产上损害赔偿制度的研究修正意见》，载《法学丛刊》第 83 期。

对一些人格权作了更为详细的规定。[18]

英美法在人格权立法上，除有大量的判例法为其渊源外，还制定了相当数量的单行成文法。在英国，有《1891 年诋毁妇女法》《1952 年毁损名誉法》《1968 年剧院法》等保护人格权的单行成文法。在美国，1965 年的《人权法案》确立了保护人权的基本原则，1974 年《隐私权法》详细规定了隐私权。新型的具体人格权，如知情权、个人情报资料权、形象权、声音权、尊重个人感情权，以及公开权、自我决定权等，也都通过判例加以确认。英美法通过成文法与判例法的有机结合，构成了完备的人格权立法。

4. 后"二战"时期

世界上很多国家的人格权法都是在第二次世界大战之后飞速发展起来的。最引人注目的是美国隐私权和德国一般人格权的创立发展。与此同时，很多国家在制定和修改民法典时，纷纷制定了以保护人格为宗旨的规定。[19]

德国根据"二战"以后的社会变化，通过判例扩大解释立法，依法保护名誉权、隐私权、肖像权等具体人格权，联邦最高法院于 1954 年通过"记者投书案"等确认一般人格权，规定有权请求精神损害赔偿。[20] 法国根据 1970 年 7 月 17 日人权保障强化法而对民法典进行了修改，规定了对隐私权的保护；1994 年 7 月 29 日制定了生命伦理法，禁止任何损害人的尊严的行为。《瑞士民法典》在 1983 年对民法典关于人格权的规定作了全面修订，在扩大保护内容的同时，增加了关于反驳权的规定。1960 年《埃塞俄比亚民法典》正面规定一般人格权，将宪法中具有私法性质的基本权利如隐私权、自由权等规定为具体人格权，确立部分人格权请求权。1994 年《俄罗斯联邦民法典》将个人尊严规定为一类具体人格权予以保护，明确了在法律规定的情况下和依照法律规定的程序，属于死者的人身非财产权利和其他非物质性利益，可以由他人行使和保护，同时规定了各种具体的人格权。1996 年《越南民法典》将人格权和身份权规定在一起，规定了人身权的大部分内容，确定了人格权的一般条款、人身权的保护与各种具体人格权，规定了人格权请求权。日本"二战"后由于媒体的发展，名誉、隐私等受到侵害的案例不断增加，1988 年制定了《关于保护由行政机关保存的经电子计算机处理的个人信息的法律规定》，2003 年通过了《个人信息保护法案》全面保护个人信息；通过判例确认自我决定权。在这一年，《乌克兰民法典》通过，该法专门规定了第二编"自然人的人格非财产权"，规定了比较完善的人格权。2014 年，欧盟人权法院通过"谷歌诉冈萨雷斯被遗忘权案"，确立了个人信息权的被遗忘权，对个人信息权的保护更加全面。[21]

美国隐私权法，在 20 世纪 60 年代以后有了相当大的发展，特别是在电脑普及、隐私权受到的侵害越来越严重的情况下，确定隐私权作为受宪法保障的权利的同时，保护个人信息的立法也得到了发展，确认"个人信息的自我控制权"，进一步发展为"自我决定权"，具有重要意义。英国长期以来没有对隐私权予以法律上的认可，但是，在 1998 年通过人权法的制定，把欧洲人权条约进行国内法化，隐私权由此得到法律保障。[22] 加拿大《魁北克民法典》于 1994 年诞生，规定了一般人格权条款、维护人身的完整的权利、尊重儿童的权利，特别强调尊重他人的名誉

〔18〕 王利明主编：《人格权法新论》，吉林人民出版社 1994 年版，第 43 页。

〔19〕 ［日］五十岚清：《人格权法》，铃木贤、葛敏译，北京大学出版社 2009 年版，第 1、3～4 页。

〔20〕 王利明主编：《民法典・人格权法重大疑难问题研究》，中国法制出版社 2007 年版，第 544～545 页。

〔21〕 参见杨立新、韩煦：《被遗忘权的中国本土化及法律适用》，载《法律适用》2015 年第 2 期。

〔22〕 ［日］五十岚清：《人格权法》，铃木贤、葛敏译，北京大学出版社 2009 年版，第 4 页。

和隐私，保护声音权、姓名权、肖像权，并专门规定了对死者遗体的保护。[23]

(三)国外人格权法发展的基本规律

从上述国外人格权及其保护的发展历史可以看到，人格权法的发展是一个由小到大、由弱变强的过程，人格权的概念是一个逐渐发展、不断完善的民法范畴。

第一，人格权的主体范围由少到多，最后发展为普遍民事主体。最初的人格权只能由奴隶主贵族享有，奴隶不享有人格权，只是奴隶主的财产，连生存的权利也不能保证。至罗马法时期，除贵族享有人格权，自由民也享有人格权，但是，因法定事由能够导致人格减等甚至人格丧失。资产阶级革命成功之后，主张天赋人权，人人权利平等，所有的人均同等地享有人格权。在立法确认法人制度以后，法人也享有部分人格权。

第二，人格权的种类由少变多，体系逐步壮大。在文明社会初期，人只享有生命、健康权，在公元前数世纪才出现名誉权、贞操权，至罗马法时期，自由权的概念才正式出现。近代立法确立了姓名权、肖像权，直至现代出现了隐私权、信用权、知情权、形象权、声音权等具体人格权，并出现了一般人格权、公开权、自我决定权等抽象人格权的概念，使人格权体系不断壮大，越来越完整。至今，人格权体系仍在不断发展，表明人类对自身人格利益的价值认识逐渐发展和完善的历程。

第三，人格权的性质从依附性转变为固有性、专属性、绝对性。早期的人格权具有明显的依附性，既不是独立的，也不是固有的，更不是专属的绝对权，不仅有不享有人格权的人，而且享有人格权也会被部分或者全部剥夺。到近现代立法，人格权成为固有的权利，天赋人权的观念得到承认，人人生而有之，死而消灭，且其人格利益在自然人出生之前和死亡后，依法进行适当保护。依法成立的法人亦享有部分人格权。同时，人格权为专属权、绝对权，既不能让与、抛弃，也不得继承。人格权的这种性质变化，表明了现代立法确认人既是自己的主宰，也是社会的主宰。

第四，人格权的保护方法从野蛮转变为文明、科学。习惯法时期的人格权保护方法是同态复仇的野蛮方法。当可以选择赔偿的方法出现时，人格权法律保护的发展就出现了光明的前途。但是，对精神性人格权保护中使用剥夺生命、伤害身体的做法，仍然残留封建余毒。近现代立法确认侵害人格权产生侵权之债，用损害赔偿、除去侵害等方法进行法律保护，创造了符合人类社会现代文明的人格权保护方法。继之对物质性人格权的财产损害赔偿、抚慰金赔偿的双重赔偿制、对精神性人格权的人格利益赔偿、抚慰金赔偿的双重赔偿制的立法，最终确立了人类史上对人格权最完善的法律保护方法。

第五，人格权立法从分散形式逐步达到集中、完整的形式。古代的人格权成文立法分散于法典的各个部分，缺乏系统性，更不具有概括性，难见有系统的法律规定。至民法法典化以后，民法保护人格权出现了典型的概括性条文，法律对具体人格权亦作详细、具体的规定。而加拿大《魁北克民法典》则将人格权集中规定在民法典中，单列一编；《乌克兰民法典》将“自然人人格非财产权”在分则中单列一编，都堪称前所未有的立法。这既标志着人格权立法的完备，也标志着人类对人格权认识的进步，体现了法律文化、立法技术的文明程度。

---

〔23〕 王利明主编：《民法典·人格权法重大疑难问题研究》，中国法制出版社2007年版，第559～560页。

二、中国人格权的历史发展

（一）中国古代的人格权立法

1. 中国古代的物质性人格权立法

在奴隶社会初期的习惯法中，中国古代社会亦采用同态复仇方法，保护自然人的健康权和生命权。族人被杀，为死者报仇是全家族的责任，对杀人者必诛之而后快。在周代，将生杀予夺之权收归国家行使，私人不得擅自杀人复仇。国家立法保护身体、健康权的方法主要是刑罚方法，包括墨刑、劓刑、剕刑、刵刑、宫刑、大辟、鞭扑等身体刑，以毁其面容、足、耳、生殖器官及至生命为制裁方法，大致源于同态复仇之制。

中国封建社会立法对物质性人格权的主要法律保护方法是：

（1）保辜。保辜制起于汉代。谓凡斗伤人，加害人要在一定期限即辜期内对受害人的伤势进行治疗，按期限终结时受害人的恢复状况而论刑罚，治愈则免罪，致残、致死，分别以斗伤、杀人罪论。以唐代立法的保辜制为例，《唐律・斗讼》"保辜"条规定："诸保辜者，手足殴伤人限十日，以他物殴伤人者二十日，以刃及汤火伤人者三十日，折跌支体及破骨者五十日。限内死者，各依杀人法；其在限外及虽在限内，以他故死者，各依本殴伤法。"明、清亦有保辜制，保辜谓殴伤人未至死，当官立限以保之。保人之伤，正所以保己之罪也。依医治受害人伤害的恢复情形而减轻罪过，能够调动加害人医治受害人的积极性，有利于对受害人的保护，是一种特殊的物质性人格权的保护方法。

（2）赎铜入伤杀之家。赎铜原本是罚金刑。将赎铜给予被伤杀之家，以补偿受害人因伤残、死亡而造成的财产损失，则属于人身损害赔偿制度。赎铜数额，清代规定过失杀伤者赎铜120斤，戏杀减二等，赎铜60斤，是一种定额的人身损害赔偿制。

（3）断付财产养赡。明、清两代设断付财产养赡制，适用于残酷、恶性的杀人、重伤的侵害物质性人格权场合。方法是将加害人的财产责令给付被害人或被害人家，用以赡养被害人或被害人家属：一是断付全部财产给付残酷杀人的死者之家；二是断付财产一半，给严重的致人重伤、诬告致死的被害人或被害人家属养赡。另有给付养赡银制，对殴祖父母、父母致笃疾（重伤害）者，追养赡银10两。

（4）追埋葬银。元代开始设立的追埋葬银（亦称烧埋银）制度，用于过失杀人者（杀死奴婢时不考虑是否过失），赔偿给被害人家属，元代为50两，明、清代为10两，作为对侵害生命权的赔偿。

2. 中国古代的精神性人格权及其保护

中国古代立法没有使用过人格和人格权的概念，但是，《秦律》之"名"、《汉律》之"名籍"、《唐律》之"良贱"等概念，与法律人格的概念相通，具有名籍资格者，则具有民事权利能力。

中国古代立法保护名誉权，主要是保护皇族的名誉，奏汉的腹诽罪就是维护皇权的严酷刑罚。詈骂为侵害名誉权的行为，各代律典以詈骂尊长、詈骂丈夫，雇工、奴婢詈骂主人，均为犯罪行为，予以刑罚。各朝代均设诬告反坐法，也是对名誉权保护的办法。中国古代保护姓名权，但是，主要限于皇帝，如触犯皇帝的名字为"触讳"，为大不敬罪，处以严刑。中国古代保护贞操权，各代律令均设犯奸罪。中国古代立法对妇女的贞操权均加以保护，但是，因其人格的不同或有无而各有区别，是不平等的。

从以上情况看出，中国古代立法对精神性人格权及其保护的规定是不健全的，只对名誉权、贞操权等人格权予以保护，保护方法只是刑罚方法，没有民事救济方法，且法律保护不平等。

3. 中国古代人格权法的立法特点

中国古代人格权立法的主要特点是：

(1)人格的绝对不平等。在中国古代社会，人的法律人格是极不平等的。统治者享有各种人格特权；普通人只享有有限的人格权，且有不同程度的区别；在奴婢、家奴、寺奴等奴隶阶层，则根本没有人格权。

(2)对物质性人格权保护较为完备，对精神性人格权的保护只有零星的规定，缺乏必要的民法保护措施。对于生命权、健康权，中国古代立法均有保护的规定，虽然未明文认其为人格权，却设置了完备的刑罚方法和民事损害赔偿的方法，予以保护。对于精神性人格权，只涉及名誉权、贞操权、姓名权，不仅在主体资格上有重大差别，且保护方法只有刑罚一种，没有相应的民法保护方法。

(3)对人格权的法律保护主要适用刑罚方法。对侵犯精神性人格权的行为，中国古代立法均认其为犯罪行为，没有侵权行为的概念，也不加以区别，制裁手段基本上是刑罚。在保护物质性人格权的方法中，运用了大量的民法保护方法，独具特色，弥补了刑罚保护方法的不足。

(二)中国近现代的人格权立法

学者对中国近代以来100年的人格权立法，划分了三个时期，一是1911~1949年，是人格权法的发展期；二是1949~1979年，是人格权法的曲折期；三是1980年以来，是人格权法的复兴期。[24] 这个划分大体清晰。

1. 中国近现代人格权法立法的概况

中国近现代的人格权立法，始于20世纪初清朝政府的改律变法。1911年《大清民律草案》[25]总则编专设“人格保护”一节，规定自由权、人格权保护的一般原则以及姓名权，在债权编“侵权行为”一章规定身体权、自由权、名誉权、生命权，同时规定侵害人格权的赔偿方法。尽管《大清民律草案》未正式颁行，但却给民国的民事立法提供了蓝本，并在民国初期作为暂行法律予以援用。

1926年《民国民律草案》[26]关于人格权的规定与“一次民草”相似，体例和内容没有大的变化，在某些规定上只有适当增减，如对姓名权的规定从4条减为2条，对生命、身体、自由、名誉权的规定有所增加。

1929年至1930年制定的《中华民国民法》，借鉴“一次民草”和“二次民草”的经验，第17条规定自由权，第18条规定人格权受侵害的一般救济方法，第20条规定姓名权；债法编“侵权行为”第192条规定生命权，第193条规定身体、健康权，第195条规定身体、健康、名誉或自由权损害的救济手段。在实务上还承认贞操、肖像、信用、商号等具体人格权。

1937年伪“满洲国民法”关于人格及人格权的规定，相对比较落后，在总则中没有关于人格

---

〔24〕 张红：《人格权总论》，北京大学出版社2012年版，第114~115页。

〔25〕 《大清民律草案》史称中国的“一次民草”。

〔26〕 《民国民律草案》史称中国的“二次民草”。

及人格权的规定,在侵权行为部分,也仅仅规定了身体、自由和名誉三个权利,对其他人格权没有规定。

2. 中国近现代人格权立法的进步意义

自清末起,中国人格权立法随着民法的起草、通过,实现了立法现代化的进程,主要表现是:第一,确定民事主体人格平等。法律明确规定人人平等地享有人格权,彻底改变封建社会人格不平等的状况,是一个重大的历史进步。第二,明确规定人格权的概念,创设一般人格权及其法律保护条文,将具体人格权逐步扩大。但是,就立法而言,仅承认身体权、健康权、生命权、自由权、名誉权、姓名权为具体人格权,对其他人格权则依判例定之,立法仍然不无缺漏。第三,人格权的法律保护,由以刑罚为基本方法,改变为以民事损害赔偿为基本方法,且保护方法符合世界立法潮流,具有先进性。

三、我国当代类法典化民法的人格权法立法

1949 年以后的我国民事立法,在《民法典》之前,表现为类法典化的民法立法方式,即采用制定各部民法单行法的方法,创制了中国当代的松散民法,由《民法通则》为引导,统摄《物权法》《合同法》《担保法》《婚姻法》《收养法》《继承法》《侵权责任法》,构成类法典化民法体系。在这一立法过程中,对于人格权予以确认和保护,建立了当代中国的人格权法的体系。

(一)我国《民法通则》规定人格权的创举

1. 我国《民法通则》关于人格权规定的创新意义

人格权是民法赋予民事主体的民事权利,是与民事主体的人身密切相连、关系民事主体独立人格的基本民事权利之一,历来受到民法的重视。但是,近代以来的民法过于强调财产权利的重要性,宣称私有财产神圣不可侵犯,契约观念广泛扩张,对人格权的重要性有所忽视。[27]随着历史的发展,人们终于认识到这种观念的偏狭,发现了人格权本身的固有价值,提出了普遍人权的观念,重新认识人格权,发现人格尊严、人格独立、人格自由的价值,以及生命、身体、健康、自由、姓名、肖像、名誉、隐私、信用等人格权,是人之所以为人所应当享有的基本权利,是须臾不可缺少的人格法律保障。如果丧失这些权利,就丧失了做人的资格,损害人的基本价值,无法享有其他民事权利。因而人们对人格权越发重视,确立了人格权在民法中的重要地位,并使其得到飞速发展。[28]

目前,世界各国民法典规定人格权法,主要有四种体例:

(1)法国法。《法国民法典》非常重视人的地位和保护,第一卷专门规定人法,对人进行了详细规定,其中第 16 条规定:"法律确保人的首要地位,禁止任何侵犯人之尊严的行为,并保证被一个人自生命一开始即受到尊重。"但是,《法国民法典》因时代限制,并没有专门规定人格权,人格权法没有独立的法律地位,在很大程度上,人格权的宪法渊源成为民法保护人格权的法律基础。

(2)德国法。《德国民法典》规定人格权分为两部分,一是在总则中专门规定姓名权及其保护;二是在债法的侵权行为法中规定生命权、身体权、健康权、自由权、信用权和贞操权,作为侵

〔27〕[德]黑格尔:《法哲学原理》,范扬、张企泰译,商务印书馆 1961 年版,第 46 页。

〔28〕[日]五十岚清:《人格权法》,[日]铃木贤、[中]葛敏译,北京大学出版社 2009 年版,第 1 页。

权行为的客体加以规定，确定了对人格权的法律保护。

（3）瑞士法。《瑞士民法典》采用新的方法规定人格权，在总则编中单独规定“人格”一节，对人格权作为最主要的民事权利加以规定，形成了当时最具鲜明特色的人格权法的立法例。在瑞士债法的侵权行为法中，专门规定了对生命、身体、名誉等具体人格权的保护。这种人格权法立法在民法史上具有里程碑的意义，标志着现代人格权法立法已经进入了完善时期，[29]开启了人格权法在民法体系中具有相对独立地位的进程。

（4）加拿大魁北克法。1994年《加拿大魁北克民法典》一改各国民法典规定人格权法的上述三种模式，采用了新的方法规定人格权。首先，在总则第一编第一题中规定第3条，明确规定一般人格权以及对人格权的保护；其次，在第一编第二题专门规定“某些人格权”，规定人身完整权、子女权利的尊重、名誉及私生活的尊重、死后身体的尊重；最后，在第三题还专门规定了姓名权，第五题规定了法人的人格和人格权。该法典第一编主要规定人格和人格权，将人格权与其他民事权利诸如物权、债权等列在平等地位上，突出了人格权法的重要地位，是人格权法的先进立法例，代表了20世纪末期民法对人格权法的认识。

我国《民法通则》关于人格权的规定，与以上四种立法例均不相同。《民法通则》第五章“民事权利”共有四节：第一节规定财产所有权以及与财产所有权有关的财产权（物权）；第二节规定债权；第三节规定知识产权；第四节规定人身权，实际内容是人格权，分别规定生命健康权、姓名权、名称权、肖像权、名誉权、荣誉权和婚姻自主权。《民法通则》只是一个通则性的民法，并没有规定民法分则，其第五章规定民事权利，实际上是民法分则的缩略版、简编版，是对民法分则的浓缩和简化。

我国《民法通则》关于人格权的规定，是当时世界各国人格权立法的最新体例，是具有中国特色的人格权法立法，是民法典没有采用过的立法例，是人格权法立法的“中国模式”，是中国民事立法的创举。首先，体例和内容完全不同于中国古代、近代的民事立法。中国古代社会立法刑民不分，重刑轻民，其中虽然不乏人格权的某些规定，但是，立法强调统治阶级的特权，否定被统治者的基本人格权利。国民政府制定的民法吸收了现代人格权法发展的观念，对人格权及其保护作了重要规定，但是，在立法体例上没有创造性。《民法通则》关于人格权的立法，与中国古代中华法系和近代民法立法划清了界限。其次，与国外民事立法的体例相区别。《民法通则》关于人格权的立法，完全改变了传统民法以人法、物法、债法为结构的基本立法格局，开创了当代关于人格权立法的新模式。

“中国模式”人格权立法的重要意义在于：

第一，突出了人格权法在民法中的地位。民法是一部权利法。人格权在民事权利体系中具有最重要的地位，是当代人权的主要内容。但是，各国民法典对人格权的规定却没有给予特别重视。我国《民法通则》将人格权法规定在可以作为民法分则对待的第五章中，占有相对独立的重要地位，表达了人格权在民法中具有重要地位的思想。

第二，突出了人格权在保护人和人格中的重要作用。人格权是保护人和人格的民事权利。《民法通则》特别重视人格权的立法和保护，就是用法律的形式肯定了对“文革”侵害人格权行为泛滥进行反思的结果，将人格权单独进行规定，表明了中国民法保护人格权的决心，体现了人格权的重要作用。

---

〔29〕　参见王利明主编：《民法典 · 人格权法重大疑难问题研究》，中国法制出版社2007年版，第547页。

第三,表达了人格权与物权、债权、身份权、知识产权和继承权之间具有平等地位的正当诉求。民法应当规定的六种基本民事权利,在其他各国民法典中,多数都在分则中作出专门规定,只有人格权被规定在债法的侵权法中,或者被规定在民法典的总则中,没有独立民事权利的地位。《民法通则》将人格权规定在第五章,与物权、债权、知识产权并列在一起,确立了人格权与这些权利的平等地位,具有世界性的借鉴意义。时隔17年之后,《乌克兰民法典》单独规定"自然人人格非财产权"一编,且放在分则中作为独立一编,不无《民法通则》影响的因素。

2. 我国《民法通则》重视人格权法立法的重要原因

第一,借鉴国外民事立法经验,顺应人格权立法的发展趋势。人格权立法随着社会的进步呈不断扩张的趋势,具体表现在人格权越来越受立法者的重视,人格权的范围不断扩大,法律对人格权的保护愈加周密。在各国人格权立法的四种模式中,表明了人格权法越来越发达,在民法体系中的地位越来越重要的现实。及至第二次世界大战结束以后,各国立法者纷纷总结法西斯残暴镇压人民,疯狂残害、蹂躏被侵略国家的人民,践踏人民权利的血的教训,特别加强对人格权的研究,特别加强对人格权的保护。战败国也总结经验教训,在法律上保障不再出现奴役、蹂躏他国人民悲剧的重演,《联邦德国基本法》和《日本民法》都规定了个人尊严不得侵犯的宪法条款,民法据此创设一般人格权。其他各国立法陆续增加肖像权、隐私权、名誉权以及知情权、生活安宁权等人格权,使人格权的体系越来越壮大。中国民事立法迎合时代潮流,吸收先进立法,作出开创性的立法,具有远见卓识,实属借鉴外国经验而又别具新意的立法。

第二,总结十年动乱教训,采取立法措施防止悲剧重演。1949年以来,我国民事立法对人格权保护不重视,最初起草的民法草案只强调民法的任务是调整经济关系,对于人格权及其保护几乎只字不提,民法教科书也没有论述人格权的内容,更没有专门研究人格权的理论著作。因而在十年动乱中,自然人的人格权遭受严重践踏,毁损人格,摧残健康,残害生命,造成了一个又一个惨痛的悲剧。动乱结束后,人们面对已经结束的悲剧,痛定思痛,力图通过立法避免"文革"悲剧重演,深刻认识人格权立法及其法律保护的极端重要性。《民法通则》确定了我国人格权的立法体例及具体内容,实现了中国民事立法关于人格权立法的创举,具有重大的理论意义和实践价值。在世界范围内对"二战"前后与中国在"文革"前后的状况相对比,对人格权的悲剧以及从这些悲剧中总结出来的经验教训及采取的立法对策,二者极其相似。

(二)我国司法对人格权法发展的重大贡献

1. 最高人民法院有关人格权的司法解释

《民法通则》公布实施以后,中国各级人民法院在司法实践中认真执行,不断总结,在对人格权的保护中,发展了《民法通则》关于人格权法律保护的立法,取得了重大进展。

这些司法解释包括,最高人民法院《关于贯彻执行〈民法通则〉若干问题的意见(试行)》《关于审理名誉权案件有关问题的解答》《关于审理名誉权案件有关问题的解释》,以及有关人格权法律保护的单行司法解释。2001年3月10日最高人民法院公布《关于确定民事侵权精神损害赔偿责任若干问题的解释》(以下简称《精神损害赔偿司法解释》),以及2003年12月26日《关于审理人身损害赔偿案件适用法律若干问题的解释》(以下简称《人身损害赔偿司法解释》),总结了《民法通则》实施以来人格权法律保护的经验,对如何进一步保护好自然人的人格权,迈出了重要一步。这是两个非常重要的司法解释,在中国人格权法建设和对自然人人格权及人格利益进行司法保护方面,具有重要的理论和实践意义。

2.《精神损害赔偿司法解释》和《人身损害赔偿司法解释》的重大意义

人身损害赔偿司法解释出台的重大意义，一是凸显人的价值和权利本位观念，全面保护生命权、健康权和身体权；二是统一对生命权、健康权和身体权损害救济的规则和方法。

《精神损害赔偿司法解释》是近年来最重要的民法司法解释，其重要意义在于它对人格权以及身份权方面的司法保护实现重大突破，阐发《民法通则》规定的原则，补充立法不足，使司法对人格权的保护更加充分，还适当地扩展到对一些具有人格因素的财产权的保护，因而使中国司法对人格权的保护已经基本上完备。具体内容，一是在保护生命权、健康权和身体权方面的重大突破，造成精神痛苦损害的可以请求精神损害抚慰金赔偿。二是对人格尊严权和人身自由权法律保护方面的重大突破：《民法通则》"民事权利"一章没有规定人身自由权，对人格尊严的规定放在名誉权的规定中；司法解释规定，凡是侵害人身自由权和人格尊严权的，进行保护可以直接按照司法解释规定作出判决。三是对隐私权的保护，司法解释规定适用直接保护方式进行，是对隐私权保护的一个重大改革。四是全面扩展保护死者人格利益的范围，对死者的姓名、肖像、荣誉、隐私以及遗体和遗骨等人格利益等都予以法律保护。五是规定侵害具有人格象征意义的特定纪念物的造成精神严重损害的，可以请求精神损害赔偿救济。六是规定侵害"其他人格利益"的，受害人可以请求精神损害赔偿责任保护，这是最具包容性的弹性条款，是中国司法保护人格利益的核心内容。

第三节　我国人格权法的理论发展与《民法典》人格权编的立法创新

一、我国人格权法理论研究发展

（一）我国人格权法理论研究现状

1. 对热点问题的研究促进社会观念转变

在《民法通则》颁布实施以前，我国民法学界几乎没有人发表过研究人格权的著作，有关论文也不多见，民法教科书亦没有人格权的内容。

《民法通则》颁布实施以后，研究人格权法成为民法学研究的一大热点，尤其在《民法通则》实施初期发生的四次人格权讨论高潮，促使人格权法研究的深入发展。第一次高潮是"告记者热"，媒体发表的文章具有侮辱、诽谤内容，侵害他人名誉权的，受害人纷纷起诉记者和媒体，寻求民法保护，由此发生了研究新闻侵权责任的高潮和研究名誉权保护的高潮。第二次高潮是"告作家热"，在小说等文学作品中进行诽谤、侮辱，损害他人名誉权的，受害人也向法院起诉，追究作家和出版社的侵权责任。第三次高潮是"告画家热"，法院陆续受理一些侵害肖像权的案件，尤其是以 1988 年全国人体油画展引发的模特肖像权纠纷案件，引起了学术界、舆论界的普遍关注。第四次高潮是"告商店热"，起源于惠康超级市场怀疑消费者购物不交费，而对女青年进行搜身，引发对人格尊严的热烈讨论，最终在《消费者权益保护法》中规定了人格尊严和人身自由权保护的规定。随后，关于人身伤害抚慰金赔偿的讨论，促使立法和司法解释作出相应的反应，以贾国宇卡式炉爆炸伤害案判决侵权人承担10万元人民币精神损害赔偿为高潮。关于强制进行精神病治疗限制人身自由权、关于死者名誉是否需要保护等案件的审判，法学界和司法界进行深入讨论，对于普及人格权法的影响比对人格权理论研究的影响更为深远。通过这些讨论，人格权以及人格权保护的观念深入人心，远远超过了一般普法的水平。

2. 对人格权法学理研究的发展

1986年以来，经过了三十多年的努力，尤其是在编纂民法典过程中，我国的人格权法理论研究有了重大发展。主要表现是：

第一，对于人格权体系已经有了完整认识，虽然在个别的人格权的认识上有不同的看法，但是在基本体系和主要权利上，学者意见基本一致。除了《民法通则》规定的姓名权、名称权、肖像权、名誉权和荣誉权以外，对于人身自由权、隐私权以及最重要的一般人格权，学者都有一致的看法，立法对这些人格权也都有不同程度的规定。对于声音权、形象权，以及归属权、平等就业权、休息权、精神纯正权等的研究，都有了新的进展，取得了研究成果。

第二，对于各项人格权具体研究不断深入。20世纪80年代，对人格权的研究重点还是集中在热点案件上；90年代则对人格权的研究向着普遍的范围发展，对每一种人格权都有比较深入的研究。特别是对一般人格权的研究和实践，揭示了一般人格权的广泛内容和巨大功能，扩展了人格权保护的思路和范围。21世纪开始后的20年，人格权法研究不断深入，学者提出了抽象人格权的概念，构建抽象人格权与具体人格权的关系，〔30〕有关人格权的研究越来越深入，出现了很多新的研究思路和开创性的设想。

第三，人格权法理论研究的成果推动立法和司法的不断发展。在对人格权的延伸保护问题上，司法实践提出问题，在民法理论上深入研究，对于民事主体消灭之后所延续的人格利益以及胎儿的前期人格利益，法律应当如何进行延伸保护提出理论依据，〔31〕受到重视。最高人民法院吸收理论研究成果，对实际生活中出现的案例不断进行探索，总结和积累了丰富的司法经验，专门制定《精神损害赔偿司法解释》，采纳学说见解，确定对侵害死者姓名、肖像、名誉、荣誉和隐私利益，以及侵害死者遗体、遗骨等身体利益的保护规则，使人格权和人格利益的保护更加现实和广泛。《侵权责任法》专门规定了第22条即“侵害他人人身权益，造成他人严重精神损害的，被侵权人可以请求精神损害赔偿”的公开权保护原则，全面通过精神损害赔偿责任保护人格权和人格利益。

第四，人格权法研究成果丰富多彩。民法学家对人格权的研究既结合热点问题，又扎扎实实地做好基础性研究工作，发表了大量的人格权研究论文，很多力作有理论深度，解决了立法、实践和理论上的重大问题。已经公开出版的人格权法研究专著，都从不同的角度对人格权及人格权的保护进行系统研究，具有重要影响的人格权法专著不断问世，人格权法学的研究取得了重要的研究成果。在民法学教材编写方面，北京大学编写的《民法学》〔32〕率先在民法学教材中专门开设专编，对人格权进行论述。从“九五”期间开始编辑出版全国统编法律教材，《人格权法》〔33〕单列一门课程，足显人格权法在民法中的重要地位。目前，我国人格权法研究已经取得重大进展。

---

〔30〕 杨立新、刘召成：《抽象人格权与人格权体系之构建》，载《法学研究》2011年第1期。

〔31〕 杨立新：《人身权的延伸法律保护》，载《法学研究》1995年第2期。

〔32〕 李由义主编：《民法学》，北京大学出版社1988年版。

〔33〕 王利明、杨立新、姚辉：《人格权法》，法律出版社1997年版。

（二）人格权法理论研究的发展线索

三十年来，我国对人格权法的理论研究基本上沿着两条线索发展。

第一，通过研究侵权法研究人格权法。研究侵权法，必然涉及侵权行为的客体，即通过研究侵权行为所侵害的客体研究人格权问题，进而使我国对人格权的理论研究达到了相当深度。其中，通过研究精神损害赔偿问题，着重研究姓名权、名称权、肖像权、名誉权和荣誉权，继而扩大到隐私权、人身自由权、信用权、性自主权、形象权、声音权等，对生命权、健康权和身体权理论也进行了新的探索，使研究领域不断扩大，研究程度不断深化。在精神损害赔偿责任的体系建设中，加强了对人格权的保护。

第二，对人格权法理论进行专门研究。这种研究途径与前一种研究途径不同，是专门研究人格权及其法律保护问题，在研究人格权保护问题上涉及人格权的侵权责任的保护。首先是对处于热点的名誉权和肖像权进行研究，继而扩展到姓名权、隐私权、人身自由权、信用权、荣誉权，以及身体权、生命权、健康权和一般人格权，建立了比较完善的人格权法理论体系，创建了丰富的人格权理论。近年来，学者更加注重研究公开权、自我决定权、个人信息权以及被遗忘权，提出新的设想，取得了突破性的进展。

这两种人格权法的研究途径相辅相成，收到了殊途同归、异曲同工的效果，共同推动了人格权法理论研究的不断发展。

（三）民法理论探讨《民法典》规定人格权编的重要价值

《民法通则》关于人格权的立法，为我国人格权立法的发展开创了一个良好的开端和基础。这不仅表现在于立法体例上创造了人格权法相对独立的地位，同时也表现在由于《民法通则》的“通则”性质，还需要通过具体立法使它完善起来，这就要在立法上专门制定人格权法，继续坚持《民法通则》人格权立法的“中国模式”，对这个最具中国特色、具有世界意义的“中国模式”予以肯定，发扬光大。

在这些研究中，学者特别强调在编纂《民法典》中应当坚持人格权独立成编的可能性和现实性，以及在理论上和实践中所具有的重要价值。无须犹疑，《民法典》创设人格权编不仅是时代的要求，也是我国现实发展的需要，是社会进步的重要体现，它应成为我国民法典中最具特色的一部分。[34]这种理论上的积极探讨，具有以下重要价值：

第一，突出人的地位，突出人格权的地位，真正使人成为名副其实的权利主体。21 世纪的民法应当突出其新世纪的特征，最重要的就是坚持人本主义，突出人的地位和人格权的地位。这是世界各国民法发展的方向。特别是在我国的民法典中突出人的地位和人格权的地位，更有利于防止“文革”悲剧重演，使人得到最好的尊重和保护。

第二，继承和发扬《民法通则》的优良传统，保持立法思想的连续性和制度的一贯性。《民法通则》关于人格权立法的“中国模式”在实践中的操作是行之有效的。三十年来，我国立法和司法不断进步，对《民法通则》进行补充和完善，民事主体的民事权利得到了历史上最好的尊重，我国人格权的法律保护已经达到了最好的时期。将《民法通则》人格权立法的传统保持下来，做好法律制度的传承，就能够保持我国民事立法的特色。

---

〔34〕　马俊驹：《关于人格权基础理论问题的探讨》，载《法学杂志》2007 年第 5 期。

第三,扩展人格权立法的空间,更好地发挥人格权的作用。如果改变《民法通则》的传统,将人格权放在民法总则中规定,则空间过于狭小,不利于人格权的发展。将人格权专门规定为《民法典》分则的一编,就会有更大的空间对人格权进行规定,可以清楚、明确、详细地规定各种具体人格权,不仅有助于帮助人们掌握自己究竟享有哪些人格权、他人应当如何进行尊重,也能够使法官裁判案件有明确的依据,防止出现人格权列举不足,而导致法官滥用或者"向一般条款逃逸"现象的发生。[35]

第四,规定具体人格权的完备内容。首先,应当对尚未在《民法通则》中规定的具体人格权作出具体规定,如人身自由权、性自主权、信用权等均应有法律明文规定,不能再采取司法解释或者类推等方式予以保护。其次,应规定具体人格权的概念、客体范围、侵权形式、保护方法等具体内容。

第五,完善人格权的民法保护方法。首先,应对侵害物质性人格权的民法救济扩大内容、扩大赔偿范围,使其财产损害得到有效的补偿。其次,建立人格利益损害赔偿制度和精神痛苦损害的抚慰金赔偿制度,统称精神损害赔偿,前者适用于人格利益的财产损害和非财产损害,后者适用于侵害人格权所造成的精神痛苦损害;前者既适用于自然人也适用于法人,后者只适用于自然人。最后,对于自然人人格权的延伸保护问题,应作出规定。特别重要的是,关于民法保护民事权利的请求权方法,应当立法作出完备的规定,完善制度,以更好地保护人格权。

二、我国《民法典》对人格权的立法创新

《民法典》对于人格权的立法,历经曲折的过程和尖锐的理论争议,最终规定了第四编人格权,共 51 个条文,建立了比较详尽的人格权的权利类型及其保护的民法制度,具有重要的开创性意义。我国《民法典》在人格权法立法中的创新,归纳起来,主要表现在以下 8 个方面。

(一)《民法典》对人格权法立法体例的创新

我国《民法典》的一个突出特色,是在分则中专门规定了人格权编。这在世界各国的民法典立法中具有创新性。

《民法典》单设人格权编,将人格权与其他民事权益并列在一起,构成民法典分则的体系。尽管 2003 年《乌克兰民法典》也规定了"自然人的人格非财产权"一编,但是,一方面,《乌克兰民法典》的这一编并非专门规定人格权,还规定了大量的公法权利,与专门的人格权编有所区别;另一方面,我国《民法典》对人格权的独立规定并非始于此,1986 年《民法通则》就实现了这个立法意图,将人身权[36]与财产所有权以及与财产所有权有关的财产权(物权)、债权和知识产权并列,构成民事权利体系,预设了《民法典》分则各编的基本框架;2002 年《民法(草案)》第四编也专门规定了"人格权"编。可以说,我国《民法典》单独规定人格权编,是对《民法通则》立法体例的继承和发展,坚持 20 世纪 80 年代开始的我国民事立法的传统,并且最终将这个立法传统实现了法典化。尽管在立法的过程中经历了诸多争论,但是,立法机关最终并未动摇,实现了这个立法体例的创新。

在编纂过程中,学者们对《民法典》分则是否规定人格权编,以及人格权编应当置于何种地

---

〔35〕 参见王利明主编:《民法典·人格权法重大疑难问题研究》,中国法制出版社 2007 年版,第 4 页。

〔36〕《民法通则》第五章第四节规定的人身权,其实只包括人格权,没有规定身份权。

位,进行了尖锐、激烈的争论,面对人格权不是民事权利,人格权不是与物权、债权等民事权利对等的权利、人格权不应当单独成编的对立观点,[37]立法机关采纳肯定说的意见,坚定地规定好人格权编,保护好人民的人格权,才使我国《民法典》具有了这样鲜明的创新性。

(二)《民法典》对人格权权利性质的创新

人格权的权利性质,解决的是人格权究竟是总则性权利还是分则性权利的问题,归结起来,解决的是人格权与其他民事权利类型是否有区别的问题。

从以往各国民法典规定人格权的做法来看,法国法系的民法典一般不予规定,其保护方法是规定在侵权责任的规范中,通过设置"权利"保护的概念,将人格权包含在其中;从《魁北克民法典》开始有所转变,在总则中规定人格权。在德国法系民法典中,《德国民法典》将姓名权规定在总则中,其他人格权的保护则规定在债编的侵权行为规范中。《瑞士民法典》改变这种做法,将人格权规定在人法中,专门规定一节。通常认为,人格权是基于民事主体产生的民事权利,而不是像物权、债权那样可以通过法律行为或者事实行为取得,因而确定人格权与其他民事权利是不同的权利,应当规定在民法典总则编中。

这样的立法方法和理论背景,使人们对人格权的性质产生了错觉,认为人格权并不是一般的、普通的民事权利类型,而是民事主体特别是自然人对自己的权利,不能用潘得克吞的民法典编纂方法在分则中规定人格权。这也是我国学者在对人格权立法是否在《民法典》中独立成编问题上争论不休的主要原因。

事实上,人格权与物权、债权、身份权、继承权等民事权利的性质是一样的,都是以民事利益作为客体的民事权利,只不过物权的客体是物或者某种财产权利,[38]债权的客体是权利人请求特定义务人为或者不为一定的行为,[39]身份权的客体是特定亲属之间的亲属利益,继承权的客体是自然人生前所有的合法财产。这些民事权利的客体都是特定的民事利益。与此相同,人格权的客体也是民事利益,只不过作为人格权客体的民事利益不是这些通过民事法律行为或者事实行为就能取得的权利,而是人的人格利益的具体要素,并且这些人格要素并非依靠民事法律行为或者事实行为而取得,是生而固有的人格利益及要素。人一经出生,就享有固有的人格;构成人格并非只有一种要素,而是由不同的、诸多的生命、身体、健康、姓名、肖像、名誉、隐私、人身自由等具体要素构成的。正因为人的这种人格是由一个一个的、具体的人格利益要素构成的,因而在民法的保护上,就不能由一个笼统的人格权来保护,而是要对这些具体的人格要素设置成具体人格权,通过这些不同的具体人格权,对一个一个的人格要素进行保护,才能对完整的人格进行保护,并且就此形成具体人格权的不同类型,构成具体人格权的体系。

人格权虽然与物权、债权、身份权和继承权等民事权利有所不同,但是,从其性质上看,仍然是民事权利,其权利客体都可以概括为民事利益,只不过分成物权利益、债权利益、身份利益、人格利益等不同利益而已。

在这样的理论基础上,我国《民法典》将人格权规定在分则中,与物权、债权、身份权、继承

---

〔37〕 参见邹海林:《再论人格权的民法表达》,载《比较法研究》2016年第4期。

〔38〕 《民法典》第115条规定:"物包括不动产和动产。法律规定权利作为物权客体的,依照其规定。"

〔39〕 《民法典》第118条第2款规定:"债权是因合同、侵权行为、无因管理、不当得利以及法律的其他规定,权利人请求特定义务人为或者不为一定行为的权利。"

权等民事权利并列在一起，而不是将人格权只是作为民事主体自身的权利，与其他民事权利的性质分割开，成为地位特殊的民事权利类型，使之回归民事权利体系之中。这样的做法，无疑是正确的，是对人格权性质的正确定性。

（三）《民法典》对人格权权利体系的创新

我国《民法典》将人格权独立成编，给详细规定人格权的类型及体系留下了足够的立法空间，使对人格权的规定能够展开进行，作出详细的规定。在这样的立法空间里，人格权编基本接受了抽象人格权和具体人格权的体系结构，〔40〕按照这样的人格权类型划分，进一步展开其权利体系。

第一，在人格权编的“一般规定”中规定了一般人格权和公开权，再加上总则编第130条规定的自我决定权所包含的人格权自我决定权，形成了完整的抽象人格权体系。一是在人格权编第990条第2款规定了一般人格权，使对具体人格权无法保护的其他人格利益都能得到保护。二是在第993条规定了公开权，规定了民事主体可以将自己的姓名、名称、肖像等人格利益许可他人使用的规则。三是民事主体根据《民法典》总则编第130条规定，能够自主决定自己人格权的行使和利用，是人格权的自我决定权。这三个权利都是人格权的抽象性权利，是具有权能性质的人格权，对于具体人格权的行使具有指导意义。〔41〕

第二，由具体人格利益要素作为权利客体的具体人格权，是典型的民事权利。这些民事权利分为物质性人格权和精神性人格权。物质性人格权是以自然人的物质性人格利益要素为客体的人格权，如生命权、身体权和健康权，其客体分别是生命利益、身体利益和健康利益。精神性人格权则是以民事主体的精神性人格利益要素为客体的人格权，其客体是姓名利益、名称利益、肖像利益、名誉利益、荣誉利益、人身自由利益、隐私利益、个人信息利益等。在人格权的体系中，这些是民事主体享有的真实的权利，侵害这些人格权，就破坏了民事主体人格的完整性，造成民事主体人格的损害，因而权利人享有人格权请求权和侵权请求权，行使这些请求权才能保护自己人格利益的完整性，保护自己人格的完整性。

第三，将一般规定中的抽象人格权与具体规定中的具体人格权相对应，形成了我国人格权的抽象人格权与具体人格权的基本体系架构，使我国的人格权法既有一般的权利规则，又有具体的权利内容，其中，抽象人格权是方法性、权能性的权利，具体人格权才是具体的民事权利，前者指导后者的行使和保护，后者被前者所指导和保护，由此构成我国人格权的基本权利体系，使我国民法典人格权编确立的人格权体系既有逻辑基础，又有现实权利的具体构成，展现了新时代人格权体系的魅力。

（四）《民法典》对人格权权利类型的创新

原《民法通则》只规定了生命健康权和姓名权、名称权、肖像权、名誉权、荣誉权，原《侵权责任法》在此基础上增加规定了隐私权。这些法律规定的人格权种类都不够完整，对保护民事主体的人格利益和人格完整存在不足，《民法典》尽量补足人格权的类型，全面保护民事主体的人格权。

---

〔40〕　参见杨立新、刘召成：《抽象人格权与人格权体系之构建》，载《法学研究》2011年第1期。

〔41〕　参见杨立新、刘召成：《抽象人格权与人格权体系之构建》，载《法学研究》2011年第1期。

第一,明确规定物质性人格权,将原《民法通则》规定的生命健康权展开,分别规定为生命权、身体权和健康权。与以往对这三个物质性人格权的排列顺序有所不同的是,将生命权、健康权和身体权的顺序,〔42〕改变为生命权、身体权和健康权,突出了身体权的地位。以往之所以将健康权放在身体权之前,是因为认为健康权重于身体权;《民法典》将身体权置于健康权之前,是因为在当代社会中,身体权包含了更重要的价值,例如,对遗体的支配,对身体组成部分即器官和组织的支配,维护身体组成部分的完整远比维护健康更为重要,因此才作了这样的调整。

第二,明确规定姓名权、名称权、肖像权、名誉权、荣誉权、隐私权和个人信息权。《民法典》在具体规定中,一一明确规定上述精神性人格权,明确规定其内容和具体保护方法。特别是在有关肖像权的规定中,突出规定了公开权的行使方法,补充了第993条规定公开权没有规定的具体规则。

第三,通过相关条文,还特别规定了性自主权、人身自由权、声音权、信用权。

其一,《民法典》第1010条关于"违背他人意愿,以言语、文字、图像、肢体行为等方式对他人实施性骚扰的,受害人有权依法请求行为人承担民事责任。机关、企业、学校等单位应当采取合理的预防、受理投诉、调查处置等措施,防止和制止利用职权、从属关系等实施性骚扰"的规定,对自然人享有的性自主权作了规定。对性骚扰予以法律规制的中心价值,就是保护性自主权。

其二,《民法典》第1011条关于"以非法拘禁等方式剥夺、限制他人的行动自由,或者非法搜查他人身体的,受害人有权依法请求行为人承担民事责任"的规定,是对人身自由权的规定。原《民法通则》没有规定人身自由权,在司法解释中规定了这一人格权。〔43〕这一条文在具体人格权的意义上,就是规定了人身自由权的基本内容。人身自由权是自然人享有的具体人格权,权利人之外的其他任何人,包括自然人、法人和非法人组织,都对权利人的人身自由权负有不可侵义务。

其三,《民法典》第1023条第2款关于"对自然人声音的保护,参照适用肖像权保护的有关规定"的规定,确认了声音权。

其四,《民法典》第1029条关于"民事主体可以依法查询自己的信用评价;发现信用评价不当的,有权提出异议并要求采取更正、删除等必要措施。信用评价人应当及时核查,经核查属实的,应当及时采取必要措施"的规定,对信用权作出了变通规定。信用权是独立的具体人格权,与名誉权不仅基本内容并不相同,保护的程度和方法也有所不同,原因是信用权包含明显的财产利益因素,应当单独予以保护。

《民法典》规定了上述14种具体人格权,包括了我国目前所确认的具体人格权,其范围之大,种类之详细,是以往的立法所不及的,使我国的具体人格权有了全新的阵容。

---

〔42〕《人身损害赔偿司法解释》第1条第1款规定:"因生命、健康、身体遭受侵害,赔偿权利人起诉请求赔偿义务人赔偿财产损失和精神损害的,人民法院应予受理。"

〔43〕《精神损害赔偿司法解释》第1条规定:"自然人因下列人格权利遭受非法侵害,向人民法院起诉请求赔偿精神损害的,人民法院应当依法予以受理:(一)生命权、健康权、身体权;(二)姓名权、肖像权、名誉权、荣誉权;(三)人格尊严权、人身自由权。"

（五）《民法典》对人格权权利内容的创新

人格权的权利内容本来就非常丰富，《民法典》人格权编作了更重要的创新规定。

1. 生命权、身体权和健康权

生命权、身体权和健康权是自然人最重要的人格权，《民法典》全面规定了这三种人格权的具体内容。

对生命权，第 1002 条不仅规定包括维护自己生命安全的内容，而且还有维护生命尊严的内容。特别是对生命尊严的规定，不仅包含维护生的尊严，而且也包括维护死的尊严的权利，给生前预嘱、临终关怀以及安乐死等制度的建立和实施，提供了基本的立法依据。

对于人体的组成部分以及遗体的支配权，第 1006 条规定，完全民事行为能力人有权依法自主决定无偿捐献其人体细胞、人体组织、人体器官、遗体。任何组织或者个人不得强迫、欺骗、利诱其捐献。完全民事行为能力人同意捐献的，应当采用书面形式，或者有效的遗嘱形式进行。自然人生前未表示不同意捐献的，该自然人死亡后，其配偶、成年子女、父母可以采用书面形式共同决定捐献。第 1007 条规定，禁止以任何形式买卖人体细胞、人体组织、人体器官、遗体。这样的规定，既尊重了权利人的权利，又能够在自愿的情况下作出捐赠，属于高尚行为，既有利于社会，又有利于他人，法律予以确认。同样，为研制新药、医疗器械或者发展新的预防和治疗方法，需要进行临床试验的，第 1008 条规定，应当依法经相关主管部门批准并经伦理委员会审查同意，向受试者或者受试者的监护人告知试验目的、用途和可能产生的风险等详细情况，并经其书面同意。进行临床试验的，不得向受试者收取试验费用。第 1009 条还特别规定，从事与人体基因、人体胚胎等有关的医学和科研活动的，应当遵守法律、行政法规和国家有关规定，不得危害人体健康，不得违背伦理道德，不得损害公共利益。《民法典》规定了生命权、身体权和健康权的权利人享有的权利中包含这些明确的内容，有利于权利人正确行使权利，保护权利人的合法权益。

2. 姓名权、名称权

《民法典》保护姓名权和名称权，不仅保护其文字的人格标识，更重要的是保护姓名权和名称权不被他人所侵害。《民法典》第 1015 条规定了自然人姓氏的确定原则，即应当随父姓或者母姓，但是有法律规定的特别情形的，可以在父姓和母姓之外选取姓氏。第 1016 条规定自然人决定、变更姓名，或者法人、非法人组织决定、变更，转让名称的应当依法向有关机关办理登记手续，但是法律另有规定的除外。民事主体变更姓名、名称的，变更前实施的民事法律行为对其具有法律约束力。第 1017 条规定，对那些具有一定社会知名度的自然人的笔名、艺名、网名、译名、字号、姓名和名称的简称如“北大”“人大”等，如果被他人使用足以致使公众混淆的，则参照适用姓名权和名称权保护的有关规定。

3. 肖像权

肖像权的客体即肖像具有美学价值，在市场经济中使用会发生财产利益。因此，《民法典》第 1019 条规定，任何组织或者个人不得以丑化、污损，或者利用信息技术手段伪造等方式侵害他人的肖像权。未经肖像权人同意，不得制作、使用、公开肖像权人的肖像，但是法律另有规定的除外。其中，利用信息技术手段伪造，即“深度伪造”“换脸”等，禁止实施这种侵害肖像权的行为。同时规定，未经肖像权人同意，肖像作品权利人不得以发表、复制、发行、出租、展览等方式使用或者公开肖像权人的肖像。为了平衡权利人与社会公益、合法利用人之间的利益平衡，第 1020 条规定合理实施的肖像权利用行为可以不经肖像权人同意。

肖像许可使用行为是肖像权人行使公开权的基本方法，必须进行规范。对肖像许可使用合同的解释、期限、解除等，都规定了有利于权利人一方的规则。

4. 名誉权和荣誉权

在现实社会生活中，名誉权是最容易受到侵害的人格权，也是发生侵权行为最多的人格权，[44]且无论自然人还是法人、非法人组织都享有这个权利，因而必须妥善规定。为保护好名誉权，《民法典》第 1025 条规定，行为人为公共利益实施新闻报道、舆论监督等行为，影响他人名誉的，不承担民事责任；对捏造歪曲事实，对他人提供的严重失实内容未尽到合理核实义务，使用侮辱性言辞等贬损他人名誉的行为，规定构成侵害名誉权。此外，还对行为人发表的文学、艺术作品是否构成侵害名誉权规定了判断标准；对报刊、网络等媒体报道的内容失实，侵害他人名誉权的，规定了具体的保护措施。

5. 隐私权和个人信息

对于隐私权，《民法典》第 1032 条第 2 款明确规定，隐私是自然人的私人生活安宁和不愿为他人知晓的私密空间、私密活动、私密信息。隐私权就是保护这些内容的人格权。第 1033 条规定，以电话、短信、即时通讯工具、电子邮件、传单等方式侵扰他人的私人生活安宁，进入、拍摄、窥视他人的住宅、宾馆房间等私密空间，拍摄、窥视、窃听、公开他人的私密活动，拍摄、窥视他人身体的私密部位，处理他人的私密信息，以其他方式侵害他人的隐私权的行为，都属于侵害隐私权的行为，除非权利人明确同意。

对于个人信息权，《民法典》第 1034 条规定，个人信息是以电子或者其他方式记录的能够单独或者与其他信息结合识别特定自然人的各种信息，包括自然人的姓名、出生日期、身份证件号码、生物识别信息、住址、电话号码、电子邮箱、健康信息、行踪信息等。对于处理自然人个人信息，确定应当遵循合法、正当、必要原则，并应当符合具体要求的条件；规定信息处理者不得泄露、篡改其收集、存储的个人信息的具体义务，确保其收集、存储的个人信息安全。

（六）《民法典》对人格权行使规则的创新

人格权的行使规则相对比较简单，并不像财产权行使规则那样复杂。这是因为，人格权的行使多数可以消极方式为之，无须积极作为方式。不过，当代人格权的行使越来越向着积极方式发展，特别是对人格权公开权的行使，更是须以积极方式行使，为自己获得应得的利益。《民法典》针对具体情况，规定了比较详细的人格权行使规则，使我国的人格权行使更具有可操作性，更能使权利人行使权利，并得到保护和获得利益。

《民法典》第 1037 条关于自然人可以依法向信息处理者依法查阅或者复制其个人信息的规定，第 1031 条关于获得的荣誉称号应当记载而没有记载的，民事主体可以请求记载等行使权利规则，都详细而且具体。

（七）《民法典》对人格权保护方式的创新

《民法典》规定人格权请求权，是其主要的创新规定。人格权请求权的立法始于《瑞士民法

---

〔44〕　为了规范对侵害名誉权案件的法律适用，最高人民法院曾发布两部司法解释，保护名誉权。即 1993 年最高人民法院《关于审理名誉权案件若干问题的解答》和 1998 年最高人民法院《关于审理名誉权案件若干问题的解释》。

典》,其第28条和第29条明确规定了人格权请求权。〔45〕我国《民法典》规定了人格权请求权,首先,第995条第1款规定"人格权受到侵害的,受害人有权依照本法和其他法律的规定请求行为人承担民事责任",确认人格权请求权的概念及作用;其次,该条还规定"受害人的停止侵害、排除妨碍、消除危险、消除影响、恢复名誉、赔礼道歉请求权,不适用诉讼时效的规定",确认人格权请求权与侵权请求权的区别;再次,通过第997条规定人格权请求权的禁令,进一步丰富人格权请求权的具体内容和作用;最后,通过第998条规定确定民事责任应当考虑的因素,第1000条规定承担消除影响、恢复名誉、赔礼道歉等民事责任的确定办法,进一步完善人格权请求权的具体内容以及与相应民事责任的确定方法。

对侵权请求权和物权请求权、人格权请求权等权利保护请求权性质的混淆,始于原《民法通则》对民事责任的规定,该法第134条规定了10种民事责任方式,将侵权请求权与物权请求权、人格权请求权等混淆在一起,在原《物权法》《侵权责任法》立法时将错就错,一直拖延至今。《民法典》将侵权请求权与物权请求权、人格权请求权和身份权请求权分别规定,划清了两种不同的权利保护请求权的界限和具体方法,是非常重要的创新规定。

(八)《民法典》对人格权具体保护方法的创新

人格权的具体保护方法是人格权请求权的具体内容,即权利人在人格权受到侵害时,依据人格权请求权究竟可以提出哪些请求,让行为人承担民事责任。

以往的人格权保护方法主要是侵权责任方式,即原《侵权责任法》第15条规定的停止侵害、排除妨碍、消除危险、返还财产、恢复原状、赔偿损失、赔礼道歉、消除影响恢复名誉。这些民事责任方式在人格权请求权和侵权请求权中继续适用。《民法典》将其作了适当分工,分别与人格权请求权和侵权请求权相对应。

《民法典》在人格权具体保护方法的创新上,主要是规定了禁令和违约的精神损害赔偿。

1. 人格权请求权的禁令

人格权请求权的禁令,包括诉前禁令和诉中禁令。诉前禁令,是指民事主体面临正在实施或有侵害人格权之虞的行为,有权在起诉前依法向人民法院申请采取责令停止有关行为的措施,以防止损害的实际发生或扩大。诉中禁令是在诉讼过程中,在最终判决作出之前,法官可以作出预先裁决,责令行为人停止侵害。对于人格权的保护,预防损害比救济损害更重要。因此,《民法典》第997条规定:"民事主体有证据证明行为人正在实施或者即将实施侵害其人格权的违法行为,不及时制止将使其合法权益受到难以弥补的损害的,有权依法向人民法院申请采取责令行为人停止有关行为的措施。"这一规定既包括诉前禁令,也包括诉中禁令。

2. 违约的精神损害赔偿

对违约精神损害赔偿请求权,《民法典》第996条规定:"因当事人一方的违约行为,损害对方人格权并造成严重精神损害,受损害方选择请求其承担违约责任的,不影响受损害方请求精神损害赔偿。"这一条文是对违约行为造成精神损害可以直接适用精神损害赔偿责任救济的规定。一个违约行为造成两种损害的形成机制是,债务人未履行合同债务,造成了债权人的可得利益损害,而该合同履行利益对债权人而言,不仅具有财产利益,而且具有人身意义,该人身意义又包含精神利益。当违约行为发生时,一方面造成了债权人的预期财产利益损害,另一方面

---

〔45〕 参见《瑞士民法典》,于海涌、赵希璇译,唐伟玲校,法律出版社2016年版,第14~15页。

又造成了债权人的精神利益损害,发生了一个违约行为造成两种损害的后果。我国长期采取违约行为不得请求精神损害赔偿责任的做法,当事人如果坚持主张,则应通过民事责任竞合的方法,选择侵权诉讼可以获得支持。这样的做法虽然有一定道理,却对当事人形成讼累,一个违约行为既造成债权人的财产利益损害,又造成精神利益的损害,却须提起两个诉讼,并且可能还不是一个法院管辖。规定因违约造成严重精神损害的,受害人可以直接起诉精神损害赔偿责任,就解决了这个问题,有利于受害人方便、及时地行使权利,保护自己。

本章思考题

1. 结合本章典型案例,讨论:姚某主张可口可乐公司侵害其肖像权是否成立?人格权法保护民事主体有哪些重要作用?
2. 中外人格权法的历史发展有何特点?一般人格权的出现对人格权法的发展有何重要意义?
3. 中国当代的人格权法理论研究有哪些重大发展?中国的司法对人格权保护有哪些贡献?
4. 我国《民法典》规定人格权编有哪些创新发展?

第二章　人格权概述

本章导读

本章全面介绍人格权的一般性问题，首先介绍人格权的客体即人格及人格利益，明确人格权的客体不是人格，而是人格要素及体现的利益；其次介绍人格权的概念、类型，人格权法律关系；最后介绍私法人格权与公法人格权的联系、区别和转化，这也是本章的重点问题。

人格利益　准共有　人格权　类型　人格权法律关系　公法人格权　私法人格权

典型案例

某《文摘》刊登了一篇题为《音乐家刘某与李某38年婚外婚内情》的文章。该文披露了在该音乐家与其前妻婚姻关系存续期间，李某与该音乐家的婚外恋情、该音乐家与其前妻之间的部分婚姻生活内容，以及该音乐家与其前妻离婚，与李某结婚的若干事实。该音乐家的前妻起诉认为，该文对她与该音乐家的婚姻与感情生活加以歪曲和捏造，有大量对原告及其家庭进行侮辱和诽谤的文字，严重损害了自己及家人的名誉权和隐私权，故请求李某赔偿精神损害抚慰金。〔1〕

第一节　人格权的客体

一、人格

（一）人格概念的沿革

汉语使用“人格”一词，区分其不同的含义，分别指人的性质、气质、能力等特征的总和，个人的道德品质，人能作为权利、义务主体的资格，〔2〕以及具有自我意识和自我控制能力，即具有感觉、情感、意志等机能的全体，〔3〕具有社会学、伦理学、哲学、心理学以及法律学上的不同

---

〔1〕参见《名人官司：刘某前妻柳某状告作家出版社索赔10万》，载《北京青年报》2003年5月30日。根据这个案例，作者提出了相关隐私的概念，进而提出人格利益准共有的概念及规则。

〔2〕《现代汉语词典》，商务印书馆1978年版，第950页。

〔3〕《汉语大词典》，上海辞书出版社1989年版，第344页。

含义。

法律上的人格概念最早出现在罗马法,表示人所具有的某种身份。[4]具有自由身份、市民身份和家父身份的人具有完满的人格。某些身份的丧失会导致人格的减等或消灭。罗马法中的人格之所以由各种身份所构成,是由罗马社会以政治生活为核心的社会结构决定的,只有那些具有特定身份因而能够在国家的政治体系中发挥作用的人,才具有人的本质,才能获得人格。

在近现代人格理念的形成过程中,基督教的思想是一个重要的推动力量。基督教通过宣传人由神创造、由基督拯救、因而在神面前是平等的说教,确立了人类尊严思想,构成了中世纪以后西欧人类观的基本哲学。[5]这种人的平等和尊严的思想,为近代人格概念的形成提供了思想基础,改变了罗马法人格表现的是人的地位和身份的观念,最终建立了人人平等的人格理念。启蒙运动和自然法理论通过政治运动的形式建立了现代人格观念,但是,关于人格的系统论述和构建却是通过哲学展开的,并最终在康德哲学中完成。

这种近代意义上的康德式的人格理念,以人的理性和意志为基础,以人的按照规则行为并对自己的行为负责的能力为核心,构建人格的概念。法律上的人格就是在此伦理人格的基础上构建起来的。由于法律学科自身高度技术化的特点,法律对于伦理人格价值的接受和承认经过了法律专门技术的处理,表现为法律中的各种原则和制度。这些法律原则和制度分别对于人格价值的特定层面予以确认和实现。

(二)人格概念的含义

人格概念在法律上主要表现为以下三个方面含义:

第一,其是指具有独立法律地位的民事主体。其中,自然人具有血肉之躯的人格,法人具有法律拟制的人格。在这个意义上使用人格这个概念,意味着人格与人、与主体是相同的,具有独立性,表现为意志独立、行为独立、财产独立、责任独立。在此意义上,人格是人格权的载体,人格的产生和消灭将导致人格权的享有和丧失。

第二,其是指作为民事主体的必备条件的民事权利能力,即成为民事主体所必须具备的资格。凡是具有这种资格的人,就可以成为民事法律关系的主体,可以享有民事权利,承担民事义务。不具有这种主体资格,就无法享有人格权及财产权等民事权利。

第三,其是指人格权的客体。即民事主体在人格关系上所体现的与其自身不可分离,受法律保护的利益,包括人格独立、人格自由、人格尊严这些价值通过一定方式的外在化表现,以及体现在姓名权、名称权、肖像权、名誉权、隐私权、信用权等具体人格权中相应的人格利益。在此意义上使用人格,是指人格要素,单指人格权的客体。

人格上述三个方面的法律含义,是相互联系又相互区别的。其中前两个含义在整个民法领域中广泛使用,后一个含义只在人格权法的范围内使用。法律上的人格概念的表现形式不同于伦理和哲学中的人格概念,它并非作为一个整体,而是经过法律技术处理,分散在民法的相关制度中,表现为法律主体、权利能力和人格要素。只有将它们综合起来作为一个整体,才能比较全面地反映人格在法律上的真实状态。

---

[4] 周枏:《罗马法原论》(上册),商务印书馆1994年版,第97页。

[5] [日]星野英一:《私法中的人》,王闯译,中国法制出版社2004年版,第16页。

本书使用人格概念主要是指人格权的客体，即民事主体在人格法律关系上所体现的与其自身不可分离，受法律保护的人格要素所体现的利益，一般称为“人格利益”；也使用作为民事主体资格层面的人格概念，即作为民事主体的民事权利能力的资格，称为“人格”。

（三）法人、非法人组织的人格

法人作为民事权利主体，具有民事权利能力和民事行为能力，依法独立享受民事权利并承担民事义务。法人之所以能够独立地从事民事法律行为，就是因为它具有法律上的人格。

法人享有法律人格，无论是“法人拟制说”〔6〕“法人实在说”〔7〕还是“折中说”，〔8〕都为法人具有人格提供了理论上的论证，但是都有局限，忽略了人格其他两个层面的含义。法人之所以具有法律人格，是因为法人作为一种社会组织体，通过其组织机构获得了意志能力，以此意志能力为基础，法人能够合理地控制和实施自己的行为，并尊重他人的人格，不侵害他人的权利。因此，法人的人格就是法人实体在社会关系中所享有的自由意志和通过其行为形成的社会形象的完整性。

我国《民法典》规定的非法人组织，原本是没有主体资格的其他组织，并不具备人格。《民法典》确认非法人组织为民事主体，并列于自然人、法人之列，成为我国民法的合格民事主体，因此也具有人格。具体解释，应当参照法人拟制人格的理论进行。

二、人格利益

（一）人格利益的概念和特征

人格利益是人格权的客体，是指人为满足自己的生存和发展，之所以构成民事主体资格所必须具有的人格要素所体现的人格利害关系。

人格利益的特征是：

第一，人格利益是民事利益。人格利益必须是民事利益。究竟什么是民事权利的客体，学者众说纷纭，本书采民事利益是民事权利客体的主张，认为民事权利的客体就是民事利益，是民事主体之间为满足自己的生存和发展而产生的，对一定的对象需求的人身利害关系和财产利害关系。〔9〕人格利益是其中一种，是人格权的客体。

第二，人格利益是民事主体资格要素所体现的利益。人格利益是民事主体作为人的资格的各个要素，包括人格独立、人格自由、人格尊严、人身安全，以及生命、身体、健康、姓名、名称、肖像、名誉、信用、荣誉、人身自由、隐私和性等关乎民事主体资格的利害关系。这些人格要素所体现的是人的抽象的或者具体的资格要素，民事主体一旦丧失或者部分丧失人格利益，其人格受损，将丧失或者损害其作为民事主体的资格，人的社会地位就会受到严重影响。

第三，人格利益表现为物质性人格利益和精神性人格利益。人格利益表现为两种形式：一是物质性人格利益，主要的是生命利益、身体利益和健康利益，是自然人作为人的物质表现形式所必要的人格利益，没有物质性人格利益，自然人将不成为人。法人和非法人组织不存在这

---

〔6〕 萨维尼：《现代罗马法体系》（第8卷），李双元等译，法律出版社1999年版，第247页。
〔7〕 周枬主编：《外国法律知识译丛·民法》，上海知识出版社1981年版，第40页。
〔8〕 参见［德］迪特尔·梅迪库斯：《德国民法总论》，邵建东译，法律出版社2001年版，第823页。
〔9〕 杨立新：《民法总论》，高等教育出版社2007年版，第130页。

种人格利益。二是精神性人格利益,是自然人和法人、非法人组织作为民事主体所必要的非物质性的人格利益,姓名、名称、名誉、信用等都是这种人格利益,属于具体人格利益;人格独立、人格自由、人格尊严也是这种人格利益,属于抽象人格利益。

第四,人格利益包括精神利益和财产性利益。在学说上,很多人强调人格利益是精神利益,是非财产性民事利益。这种说法有一定道理,但是不够准确。所有的人格利益确实都是精神利益,是非财产性的人格利益,即使物质性人格利益也包含精神利益;但是,非财产利益并非没有一定的财产利益因素。在生命、健康、身体以及人格尊严、人格平等、人格自由和人身自由等人格利益中,基本上不存在财产利益因素,但是,在信用、肖像、荣誉、隐私、名称等人格利益中,几乎都包括一些或者较多的财产利益因素。例如,对肖像的使用会产生财产利益,对信用的毁损会造成财产利益的损失,对名称的使用会带来财富。人格权法既保护人格利益中的精神利益,也保护人格利益中的财产利益。

(二)人格利益的类型

人格利益的最典型划分,是分为抽象人格利益和具体人格利益。

抽象人格利益是一般的人格利益,是作为人所必须具有的人的独立地位、人格自由的状态以及人格尊严的要求和尊重,是人之所以为人的一般需求。将人强制依附于另外的人而使其丧失独立地位,或者限制人的思想和发展而丧失精神自由,或者将人不作为人对待,都是侵害抽象人格利益的行为。在"人狗同餐""人狗同浴"的案件中,就是损害了人之所以为人的抽象人格利益,构成侵害一般人格权的民事责任。

具体人格利益是个别人格利益,〔10〕是作为人的资格的个别人格要素所体现的利益。这种人格利益一定是具体的、个别的,而不是一般的、抽象的。人格权法将作为人的资格的各种要素一一分解,使之构成人的资格的各个不同的要素,分别加以保护。生命、身体、健康、姓名、名称、肖像、名誉、信用、荣誉、人身自由、隐私和性等,就是作为人的各个不同的具体资格要素,而这些具体人格要素所体现的利益,就是具体人格利益。

(三)人格权的客体是人格利益而不是人格

有的学者认为,人格权的客体是人格,因此在《民法典》中,人格权要跟随主体在总则编"自然人"一章规定。〔11〕这个问题关系在《民法典》分则规定人格权编的法理基础问题。

人格权的客体不是人格,是因为人格等于民事权利能力,人格权不能以民事权利能力作为权利客体。如果认为人格是人格权的客体,那就变成了民事权利能力是权利的客体,这个结论是荒谬的。所以,人格永远不会成为人格权的客体。认为人格权一定要在《民法典》总则编的民事主体部分去规定,就是一方面将人格权认作是具体权利,另一方面却把人格当成了人格权的客体,进而得出错误的结论。

人格权的客体是人格利益。学者认为:"人格权指存在于权利人自己人格上的权利,亦即以权利人自己的人格利益为标的之权利。"〔12〕这个意见原则上是对的。人格权客体的人格利

---

〔10〕 王利明:《人格权法研究》,中国人民大学出版社 2005 年版,第 15 页。

〔11〕 梁慧星:《中国民法典中不能设置人格权编》,载《中州学刊》2016 年第 2 期。

〔12〕 梁慧星:《民法总论》,法律出版社 2007 年第 3 版,第 72 页。

益，是构成人格的各个要素所体现的民事利益，这些人格的构成要素及体现的利益才是人格权的客体。人格权作为一种民事权利类型，是由各种具体的人格权构建起来的权利群，每一个具体的人格权的客体，就是具体的人格利益构成要素及体现的利益。这种人格利益构成要素，在《俄罗斯联邦民法典》中，就表述为人的"非物质利益"。[13]

人格利益构成要素的总和，是自然人的主体资格（人格、民事权利能力），即由诸种不同的要素构成的总和，既包括物质性人格要素，也包括精神性人格要素。以自然人为例。第一，自然人作为民事主体，构成其人格，首先要有三个物质性构成要素，即生命、身体、健康。这三种物质性人格构成要素是构成自然人人格的物质基础。如果没有生命、身体、健康，自然人的人格就失去了物质载体，无处依存，不成其为人。将人格的物质性构成要素即人体分解为生命、身体、健康三个要素，并设置民事权利保护，就构成了自然人享有的生命权、身体权和健康权，作为自然人的人格物质性构成要素的生命、身体和健康及其利益，就是自然人享有的生命权、身体权、健康权的客体。第二，自然人作为民事主体的人格构成，除了物质性要素之外，还有精神性要素，姓名、肖像、名誉、荣誉、隐私、人身自由、个人信息等，是构成自然人人格的精神性要素。把这些具有相当独立性的精神性人格要素用民事权利予以保护，就构成了姓名权、肖像权、名誉权、荣誉权、隐私权、人身自由权、个人信息权等人格权，姓名、肖像、名誉、荣誉、隐私、人身自由、个人信息就是这些人格权的客体。第三，在自然人的人格构成要素方面，还存在一个一般性的人格构成要素，这就是人格尊严，由于人格尊严具有较大的弹性和张力，因而确认其为一般人格权的客体，其主要作用在于保护那些没有明确规定为具体人格权、不能用具体人格权予以保护、又需要进行保护的人格构成要素，这就是具有一般人格利益补充功能的一般人格权。第四，由这些人格构成要素构成完整的人格，就是自然人的民事权利能力，就是做人的资格；而对这些人格要素设置的权利，就是具体人格权；对那些没有作为具体人格权予以保护的人格构成要素，是一般人格利益，由一般人格权来保护。这就是，为了保护自然人人格的完整性，才对每一个人的相对独立的具体人格构成要素设置具体人格权加以保护；对于那些没有具体人格权保护的人格构成要素，就概括为一般人格利益或者其他人格利益，[14]交由一般人格权保护，因而人格尊严在这个意义上说，就变成了对其他人格利益进行保护的兜底性条款。

人格利益构成要素之于自然人的人格的重要性，就在于保持人格的完整性，缺少任何一个人格构成要素，或者任何一个人格要素受到侵害，人格都会出现欠缺，人格就受到损害。为什么诽谤会被追究民事责任，对受到损害的名誉权须进行救济，就是为了保护人格的完整性，尽管诽谤不会造成人格物质性构成要素的损伤，但是会对人的名誉要素造成损害，因而同样会造成人格缺损的后果。正因如此，法律必须规定，具体人格权保护具体人格构成要素的完整性，一般人格权保护其他人格构成要素的完整性，这样才能使民法对自然人的所有人格构成要素都完整地保护起来，不仅维护自然人整体的人格利益不受非法行为的侵害，而且维护自然人人格利益的各个不同构成要素不受非法行为的侵害，使人的人格得以保持完整，不受任何非法行为的侵害。

正因为人格权保护的客体不是人格，而是人格利益即人格的不同构成要素，因而对其设置民事权利进行保护，就使人格权脱离了民事主体的范畴，而进入了民事权利的领域。从这个意

---

〔13〕《俄罗斯联邦民法典》，黄道秀译，北京大学出版社2007年版，第93页。

〔14〕《精神损害赔偿司法解释》第1条第2款将学术所称的一般人格利益规定为"其他人格利益"。

义上说，人格权作为一种独立的民事权利类型，与普通的民事权利没有区别，都是以民事利益作为客体的民事权利种类。把这些所有的民事利益都用民事权利加以保护，就使民事主体在自己人格上的各方面利益都得到民法保护，这个主体就能够在市民社会中体面地生存下去，成为一个有尊严的人。

三、人格利益准共有

人格利益的基本形态是权利人单独享有，但是，在某些特别的情形，可以形成人格利益的准共有形态。

（一）人格利益准共有的概念

人格利益准共有，是指两个或两个以上的民事主体对同一项特定的人格利益共同享有的共有形式。

共有原本是物权法规定的所有权的概念；准共有则扩大到所有权以外的财产权领域，不仅包括物权法的他物权，还扩大到债权和知识产权领域。

准共有现象也存在于人格利益的场合。荣誉存在准共有的现象，不仅荣誉所属的财产利益有共有的现象，而且就在荣誉本身也存在共有的情形。〔15〕在肖像利益中，集体照相的当事人对该照相的肖像利益的支配也存在共有问题。〔16〕隐私利益也存在共有现象，即相关隐私，也就是共有的隐私利益，在很多场合，一个人的隐私与他人的隐私相关联，例如，所谓婚姻关系的“第三者”的隐私，就会涉及具有合法婚姻关系的“第一者”和“第二者”的隐私。“第三者”讲述自己的隐私故事，必然会涉及相关的另外两个关系人的隐私。〔17〕

相关隐私、集体照相和共同荣誉这些概念都反映出，在人格利益中确实存在准共有的现象，也应当适用准共有的基本规则进行规制。因此，人格利益准共有也是人格权法的概念，人格权法应当对人格利益准共有问题进行深入研究，揭示人格利益准共有的基本运动规律，确定调整人格利益准共有关系的基本规则。

（二）人格利益准共有的法律特征

第一，人格利益准共有概括的是人格利益的共有形式。人格利益准共有超出了财产权的共有，延伸到人格利益的共有关系。准共有指两个或者两个以上民事主体，共同享有所有权以外的财产权的共有。〔18〕“准共有之标的物，以财产权为限，人格权、身份权固不在其范围。”〔19〕而人格利益准共有的现实存在不能否认，人格利益准共有就是人格利益共有的形式。

第二，人格利益准共有只存在于部分人格利益中。准共有并不是所有的人格利益都存在的普遍现象。在人格权领域，人格利益准共有只存在于部分人格利益当中，如荣誉利益的准共有、隐私利益的准共有、肖像利益的准共有等，在其他人格利益方面不存在共有现象。因此，人格利益准共有只是部分人格利益存在的现象。

---

〔15〕　杨立新：《共有权研究》，高等教育出版社 2003 年版，第 343 页以下。

〔16〕　杨立新：《使用合影当心侵权》，载《检察日报》2004 年 3 月 1 日，第 6 版。

〔17〕　杨立新：《民法该如何保护“相关隐私”》，载《检察日报》2004 年 4 月 1 日，第 3 版。

〔18〕　王利明：《物权法论》，中国政法大学出版社 1998 年版，第 350 页。

〔19〕　谢在全：《民法物权论》，中国政法大学出版社 2001 年版，第 342 页。

第三，人格利益准共有是利益共有而不是权利共有。在准共有中，财产权的准共有是权利的共有，是数人对某一个权利的共同享有，如债权准共有、知识产权准共有等。在人格利益准共有中，共有的不是权利，而是人格利益。人格权的基本属性是固有性、专属性和必备性，是民事主体与生俱来的专属权利，[20]因而人格权就是特定的民事主体自己的权利，不会发生共有。但是，某些人格利益却可以共有，例如集体照相，对集合在一起的数个民事主体的肖像，数个民事主体基于自己的肖像权，都对集体照相享有支配的权利，构成了肖像利益的共有关系。这是肖像利益准共有，而不是肖像权的准共有。

第四，人格利益准共有基本适用准共有的基本规则。在人格利益准共有中，共同共有的人格利益按照共同共有规则处置，按份共有的人格利益按照按份共有的规则处置。由于共有的是人格利益而不是财产权，因此人格利益准共有有自己的运动规律，研究人格利益准共有就必须研究它所独有的法律规则。

（三）人格利益准共有的范围

1. 相关隐私

任何人生活在现实社会中，都要与人进行交往，会发生在一起交往的人共同享有相关隐私的事实。相关隐私既包含着本人的隐私，也包含着其他相关的人的隐私。这种相关隐私涉及相关联的每一个人的隐私及其权利。法律保护自然人的隐私及其权利，就要保护相关隐私，使相关隐私不被相关隐私的当事人侵害。如果对相关隐私不予重视或者保护，就会损害范围广泛的人的隐私权。

相关隐私不是“家庭隐私权”。一个家庭可能会有自己的“集体隐私”，但家庭不是民事主体，不具有民事权利能力，所以家庭不会享有隐私权。一个集体也不会存在“集体隐私权”。所谓的集体隐私或者家庭隐私，都是相关隐私。对于这种隐私，不是由一个由几个人享有的隐私权来保护的，而是由相关联的各个人自己所享有的隐私权来保护。对于涉及自己的那一部分隐私，基于自己的隐私权都有权进行支配和保护。

2. 共同荣誉

荣誉权具有人格权和身份权的双重性质，不仅包括精神上的人格利益，还存在财产利益，即附随于荣誉称号的奖金、奖品等财产利益，因而荣誉权的精神性荣誉利益和财产性荣誉利益都可以形成准共有。

荣誉利益形成准共有源于三个原因：一是荣誉称号可以为数个民事主体所享有；二是荣誉权多数包含财产性的人格利益，可以形成准共有；三是荣誉利益可以分割，特别是其中的财产利益，与其他财产权利的分割没有原则区别。

3. 集体照相

集体照相是两个以上的人一起摄影所形成的照相，推而广之，将数人肖像集合在一起而制作的雕塑、录像、电影、画像等，也属于集体照相。肖像权不能共有，但是，对集体照相却存在不同的权利主体对它的支配关系。通常认为，产生于1887年法国判例的集体照相的主体之一不得对集体肖像主张肖像权的结论，说的是对于集体照相的一般使用，例如，照相馆将自己拍照

---

〔20〕 王利明等：《人格权法》，法律出版社1997年版，第13页。

的集体照相作陈列,个人不得主张侵害其肖像权。[21]但是,集体照相的主体之一独自对集体照相进行商业化利用,或者集体照相主体之外的人对集体照相进行商业化使用,会对集体照相当事人的权益构成损害。因此,集体照相的当事人会形成内部关系和外部关系。内部关系,是集体照相的全体成员一起对该照相的肖像利益行使权利、负担义务;而外部关系,则是其他任何第三人对该集体照相当事人的权利所负有的不可侵义务。因此,集体照相所体现的就是肖像利益的准共有关系。

共同形象与集体照相有相同的性质,应当视为同样的共有利益,适用同样的规则。

4. 家庭名誉

名誉利益一般不会形成准共有关系,但是,家庭确实存在共同的声誉,家庭成员对于共同的名誉利益如何支配,受到侵害之后如何进行保护,也涉及准共有规则的适用问题。因而对于家庭名誉也有家庭成员准共有的问题。

5. 合伙信用和"两户"信用

合伙有不同形式。那些不具有主体资格不能成为其他组织的合伙,是自然人的组合。这种合伙也有自己的信用利益,由于它不可能成为民事主体,无法享有信用权,对于其信用利益只能按照共有的形式集体占有和支配。因而合伙信用就是信用利益的准共有。

个体工商户和承包经营户也都不具有民事主体资格,尽管《民法典》也对"两户"作出了规定,但都没有主体资格,也都是家庭成员的自然人组合,他们也都在进行经营活动,因此其家庭即"户"的成员也都共同占有和支配着共同的信用利益。"两户"信用实际上也是信用利益准共有形式。

6. 共同声音作品

对数人的声音作品,该数人享有共同的利益。这从作品的立场而言,属于著作权的保护范围。如果从声音利益而言,则不是著作权保护的范围,而是人格权保护的范围。

从以上的分析可以看出,能够形成准共有关系的人格利益,是那些精神性的人格利益。物质性的人格利益不能形成准共有关系,例如,生命利益、健康利益和身体利益。即使在精神性的人格利益中,有些也不能形成准共有关系。例如,姓名利益只能由个人单独享有,不能为数人共同享有;名称利益、人身自由利益、性利益等也不能为数人共同享有。

(四)对人格利益准共有关系的法律调整

1. 人格利益准共有的建立

(1)基于共同实施某种行为而建立。数人共同实施某种行为,可能产生人格利益准共有关系。集体照相就是数人共同实施照相的行为,使数人的肖像集合在一起,构成一个共同的形象,每一个集体照相的人的形象都在一个肖像中结合在一起,不能分割,因而建立了对集体照相这种人格利益的准共有关系。

(2)基于相关事件而建立。数人参加到某一件相关的事件中,该事件与其中每一个人的人格利益相关,因而产生了该种人格利益的共有关系。典型表现就是相关隐私。数人交往,在相关的事件中都存在隐私利益,就该事件产生的隐私利益构成相关隐私,相关的民事主体就都对该隐私具有利害关系,建立隐私利益的准共有关系。

---

〔21〕 参见龙显铭:《私法上人格权之保护》,中华书局 1948 年版,第 93 页。

(3)基于共同获得荣誉而取得。在荣誉利益的准共有中,是基于共同获得荣誉而享有共有利益。对数人共同颁发一个荣誉称号,这个荣誉利益就归该数人共有。其中包含的财产利益,便是准共有关系。

(4)基于共同关系而取得。在家庭(户)和合伙中,都存在共同关系,共同关系也是产生共同共有的事实基础。在以他们为主体的人格利益准共有中,同样是基于家庭(户)或者合伙的共同关系,产生共有的名誉利益和信用利益。

2. 人格利益准共有的类型

人格利益准共有的类型也分为共同共有和按份共有。在现实生活中,共同共有的人格利益准共有是基本类型,而按份共有的准共有关系不是典型的形态。

(1)共同共有的人格利益准共有。相关隐私、集体照相、家庭名誉、合伙信用和"两户"信用的共有关系,都是共同共有关系,所有的共有人对共有的人格利益都享有同等的权利。在荣誉利益的准共有中,也存在共同共有关系。

(2)按份共有的人格利益准共有。荣誉利益存在按份共有关系。一方面,在授予的荣誉称号中,本身就存在按份共有的形式。例如,对集体写作,各个著作人写作部分划分清楚的,对著作权是按份共有的,如果该著作获得荣誉,荣誉利益也应当按份共有,其中包括的财产利益,例如奖金、奖品等,存在按份共有关系。另一方面,行使权利应当共同行使,分割荣誉财产利益应当按照按份共有的规则处理,按照确定的份额决定各自所得的利益。

3. 人格利益准共有的基本规则

(1)共同支配权。共同支配权是指人格利益准共有的当事人共同享有、共同支配准共有的人格利益。人格利益准共有,就是相关人对同一项特定的人格利益的共同享有,包括共同共有和按份共有。对于人格利益准共有应当由相关当事人共同享有,人格利益准共有关系的当事人在支配准共有的人格利益时,应当实行协商一致原则,即在原则上,人格利益准共有的关系人对该人格利益的支配应当一致同意,方能行使对准共有的人格利益行使支配权。人格利益准共有是各个人格权人对自己的那一份共有利益享有的支配权。对于准共有的人格利益的支配,当事人应当协商一致,共同支配,保障任何与该项准共有的人格利益有关联的当事人的人格利益不受其他相关人支配该人格利益的行为的侵害。

(2)保护注意义务。保护注意义务是指人格利益准共有的当事人为保护其他相关当事人负有的注意义务。在人格利益准共有关系的内部,确立人格利益准共有关系当事人对其他相关当事人的保护注意义务,以保护相关当事人的人格权。人格利益准共有关系当事人履行这一保护注意义务,应当以最高的注意程度善良管理人的注意义务谨慎行事。其判断标准是客观标准,即人格利益准共有关系当事人之一,在支配准共有的人格利益时,只要对于其他当事人的相关人格利益有所侵害,即为违反该义务,构成对相关当事人的人格权侵害。

(3)承诺权。承诺权是指人格利益准共有关系当事人对共有人格利益承诺其他相关当事人单独支配的权利。其他相关当事人单独支配共有的人格利益,应当征得相关当事人的同意。凡是涉及实施支配自己的人格利益如相关隐私、集体照相、共同荣誉、家庭名誉、合伙信用和"两户"信用等人格利益的法律行为时,行为人必须征求其他人格利益准共有关系当事人的同意,以取得对准共有的人格利益进行支配的权利。未经其他当事人的同意而实施这样的行为,为违反对其他当事人的保护注意义务。违反人格利益准共有关系内部的保护注意义务,造成相关当事人的人格权损害的,都构成侵权。涉及支配死者人格利益时,如果该项人格利益为准共有关系,亦应当征得死者人格利益保护人的同意。其他相关当事人支配该人格利益,也应当注意保护死者的人格利益,不得非法侵害。死者的人格利益被非法支配,未经死者的保护人即近亲属的同意,造成死者的人格利益受到侵害的,其近亲属作为保护人,有权进行保护,提出追究侵权行为人侵权责任的请求。

(4)拒绝权。拒绝权是指人格利益准共有关系当事人有权拒绝其他相关当事人对准共有的人格利益进行支配的权利。该拒绝权一经行使即生效力。如果人格利益准共有关系的当事人明确表示行使该权利,其他相关当事人不得支配该项人格利益。如果对涉及自己的人格利益部分进行支配,也必须隐去相关当事人的人格利益,只能支配涉及自己而不涉及他人的人格利益,否则构成侵权。

(5)财产权。在准共有的人格利益中包含财产利益的,对财产利益的支配应当严格按照共有的规则进行。因为这时的财产权的准共有实际上已经形成了财产共有。首先,对财产利益的支配,属于共同共有的应当按照共同共有的规则处理,属于按份共有的应当按照按份共有的规则处理。其次,分割共有的财产利益的,应当按照分割共有财产的规则进行。

(6)对外关系。人格利益准共有的对外关系,最主要的是解决准共有的人格利益受到侵害时,各个相关的当事人如何保护该项人格利益,进而保护自己的人格权。首先,人格利益准共有关系的当事人都有权保护该人格利益。准共有的人格利益受到侵害,实际上侵害的是相关当事人的人格权,每个人都有权提出保护的请求。至于共同行使权利还是集体行使权利,则不论。其次,保护准共有的人格利益所取得的利益,应当归属于全体当事人。即使单个的个人起诉的保护请求,如果取得的利益涉及的是相关当事人的全体利益,也应当归属于所有当事人享有,不得个人享有;其维护费用应当由全体享有利益的当事人承担。如果财产利益需要分割的,则按照共有财产分割的原则进行。

第二节 人 格 权

一、人格权的概念和特征

人格权是指民事主体专属享有,以人格利益为客体,为维护民事主体独立人格所必备的固有民事权利。《民法典》第 990 条第 1 款对人格权概念作了界定,不是从概念的内涵上,而是从其外延上作出的定义,即“人格权是民事主体享有的生命权、身体权、健康权、姓名权、名称权、肖像权、名誉权、荣誉权、隐私权等权利”。

《民法典》第 992 条规定:“人格权不得放弃、转让或者继承。”依照这一规定,人格权具有以下法律特征:

(一)人格权是民事主体的固有权利

人格权的固有性体现在:一是人格权的固有性是与其他民事权利的基本区别之一。物权等权利与人格权一样都是绝对权,但物权不具有固有性,人格权的获得不是依一定的法律事实而是依人的出生，一旦自然人出生、法人或者非法人组织成立，就依法享有人格权。二是人格权的固有性还表现在它与民事主体共始终，自然人、法人或者非法人组织只要具有法律上的人格，只要还在社会上存在，就享有人格权，既不能因某种事实而丧失，也不能基于某种原因而被剥夺。三是人格权的固有性也表现在它脱离民事主体的个人意志而存在，不需要有独立意志的个人实际享有，无论个人是否实际意识到这些权利的存在，人格权都客观存在。〔22〕四是表现在所有的民事主体平等地享有这些权利，绝不因此而有差别。

（二）人格权是民事主体的专属权

人格权专属于民事主体享有，具有专属性。这种专属性表现在两个方面：第一，人格权由民事主体专属享有，非为其他组织所享有。除法人、非法人组织和自然人以外，其他组织不具有法律上的人格，不享有人格权。个人合伙、个体工商户享有的名称权，〔23〕其依据的是自然人的主体身份。第二，人格权由民事主体专属享有，只能由每个民事主体单独享有，不得转让、抛弃、继承，也不受他人非法限制，不可与民事主体的人身相分离。对于人格权造成损害所产生的损害赔偿请求权，因其基于人格权而产生，由其专属性所限，也不得让与或继承。人格权为民事主体的专属权利，民事主体抛弃、转让、继承人格权的行为均属无效。这正是《民法典》第992条规定的体现。

（三）人格权是维护民事主体独立人格的必备权利

民事主体享有人格权的目的，是要维护其作为法律上的人所必须具有的资格，保障民事主体在人格上的独立。人格权对于民事主体的必备性，一是表现为民事主体不享有人格权就不可能具有独立的人格，不可能作为主体存在。丧失人格权，就丧失法律上的人格，人就不成其为人。人格权受到侵害会使民事主体的法律人格受到损害，民事主体的独立性就会受到危害。二是表现在培养民事主体的独立人格观念，使民事主体时刻意识到自己的独立人格、自身价值和地位，充分尊重、保护他人的独立人格、自身价值和地位，在全社会实现人的尊严，使人的价值得到最充分的发挥。民事主体不享有人格权，就会丧失独立人格意识，人的尊严和价值也就不复存在，社会生活将无法进行。

（四）人格权是以人格利益为客体的民事权利

身份权与人格权同为人身权，但是，身份权是以身份利益为客体，而不是以人格利益为客体，为维持自然人的一定身份所必需，身份权的行使不仅是为了权利人的利益，也是为了相对人的利益，〔24〕使具有一定身份关系的自然人之间享有平等的权利义务，互相得到法定的利益。而人格权的客体是人格利益，保护的是人之所以为人的人格及其完整性，而不是亲属之间的身份地位以及权利义务所体现的利益。

二、人格权的权能

人格权的权能是人格权人对自身人格权的客体即人格利益可以掌控的范围。质言之，人

〔22〕 王利明等：《人格权法新论》，吉林人民出版社1994年版，第10～11页。
〔23〕 《民法通则》第99条第2款。
〔24〕 佟柔主编：《中国民法学·民法总则》，中国人民公安大学出版社1990年版，第111页。

格权人行使人格权,应当依照人格权的权能行使权利。人格权的权能包括以下内容。

(一)控制权

控制权是民事主体以自己的意思对自身的权利客体进行控制的权利,权利的行使以将自己的人格利益依照自己的意志进行支配为内容。例如,自然人对自己姓名、肖像等人格利益的控制,使自己享受精神活动的自由;通过对身体、健康、生命等人格利益的控制,如锻炼身体以增进健康,患病、受伤进行诊治,改进卫生饮食习惯以延长生命,因而享受生命、身体、健康安全的利益。

控制权既是人格权的权利主体积极行使其权利的表现,又是权利主体行使人格权其他权能的基础。权利主体行使控制权,以维护其人格利益和身份利益,使自己的意志支配于这些利益,同时,也只有行使控制权,才能行使人格权的其他权能。

(二)利用权

利用权是指权利人以自己的意志利用人格权的客体,从事各种活动,以满足自身需要的权利。利用权与使用权是否具有本质的差别,似难断言,但是,由于人格权客体的非物质性,用利用权这样的称谓更为妥当,也便于与所有权的使用权能相区别。

利用权首先表现为利用自己人格权的客体,体现个体活动的特征、特点以区别于他人,体现个人存在的价值。例如,利用姓名、名称于社会活动和商业活动,以区分个体的标志;利用肖像于身份证、护照以及其他证明身份的场合,以区分个体的形象标志等。在社会生活中,如果对民事主体不能利用人格权的客体加以区别,则不可能进行任何有效的活动。

利用权还表现为利用人格权的客体以满足自身的需要。自然人享有隐私权,任何人不得侵害。自然人利用个人生活情报资料撰写小说、报告文学、回忆录,从事文学创作活动,利用自己的形象进行绘画、摄影、录像,从事艺术活动等,都是利用自己的人格利益满足自身的需要。

(三)有限转让权

人格权的转让权是其利用权部分的、有限的延伸,是权利主体对其部分权利客体即人格利益的利用适当转让于他人。例如,将自己的肖像利用权部分转让给他人以使用该肖像;又如,将自己个人的生活情报资料告知他人,由他人进行文学创作。以名称权的转让权最为特殊,不仅可以转让使用权,还可以把整个名称权全部让与他人。

人格权的转让权并非普遍的权能,而受权利客体性质的限制。人身自由权、名誉权、荣誉权等专属个人的权利不能转让,而姓名、肖像、名称等可以转让。即使可以转让的权利客体,除名称权以外,其转移的也只能是部分权能;且只能部分转让而不得全部转让。

有限转让人格权客体的利用权能,应依有效的民事法律行为进行,通常依权利人与利用受让人以合意的方式进行。转让行为是否有偿,应依当事人约定,双方当事人无约定而就是否有偿发生争议,应依权利人的意志确定,利用权的受让人通常应当给予适当报酬。

正是由于人格权具有有限转让权的权能,才能够建立《民法典》第993条规定的公开权。

(四)有限处分权

人格利益处分权是权利人对于自己享有的人身利益进行自主支配的权利。很多学者反对人格权具有处分权的权能,而认其有活动自由权的权能。这两种提法在内容上有相同之处,亦有不同之处。活动自由权是讲人格权人在权利范围内的自由活动,人格利益处分权实际上是支配权,是指权利人在权利范围内不仅有自由活动的权利,而且具有对某些人格利益的支配权利,进行适当处分。因而,用人格利益处分权的概念更为准确。

人格利益处分权并不是绝对的,也具有有限性的特点。这种有限性表现在:一是处分的人格利益范围的有限性,并不是所有的人格利益都可以自由处分,如自由、名誉等,不得抛弃、不得转让。二是处分内容的有限性。例如,对于生命利益的支配,为了正义、事业而贡献生命,处分自己的生命利益,是合法行使处分权行为;在病人膏肓、无法救治、极度痛苦,经过有关机构确认后而实行安乐死,是合法行为,而自杀为法律所禁止,是违法行为,并非合法处分生命利益的正当行为,这正是《民法典》第1002条规定生命权包含“生命尊严”的价值所在。

三、人格权的分类

(一)对人格权分类的不同看法

我国民法学界对人格权是否应当进行分类,有两种不同的做法。

主张对人格权进行分类的,有的把人格权分成物质性人格权和精神性人格权,再把精神性人格权分成标表性、自由性和尊严性人格权;有的将人格权分作一般人格权和具体人格权两类;还有的把人格权分为:(1)人身完整,包括生命权、身体权、健康权;(2)人格标识,包括姓名权、肖像权、形象权、声音权;(3)人格尊严,包括名誉权、隐私权、信用权、荣誉权、知情权、环境权、精神纯正权;(4)人格自由,包括身体自由权、迁徙自由权与居住自由权、住宅自由权、性自主权、工作自由权、意思决定自由权、通信自由权、表达自由权、创造自由权、信仰自由权、思想自由权;(5)法人人格权,包括法人名称权、法人名誉权、法人荣誉权、法人秘密权;(6)特殊人格权,包括人格商品化权、器官捐赠权、死者生前人格权。[25]

有的学者不主张对人格权进行分类,大致是因为人格权就是民事权利的一个具体类型,权利客体都是人格利益,没有分类的必要。

(二)人格权应当进行分类的因素

对一类民事权利是否有必要进行分类,主要应当考虑三个因素:一是这类权利的客体是否有不同的性质,客体不同,应按其不同性质进行分类,客体相同则不必进行分类。二是这类权利的保护方法是否不同,保护方法不同,应当按不同的保护方法分类,否则不必进行分类。三是这类权利的数量是否较多,较多的应当进行分类,较少的不宜分类。

人格权的上述三个因素的表现是:第一,人格权的权利客体尽管都是人格利益,但是却有性质上的不同。生命权、身体权、健康权的权利客体,体现在法律人格的物质存在形式,通过人体这种物质形式表现出来。而名誉权、姓名权、肖像权、隐私权等人格权的人格利益,完全表现为精神利益的形态。这两种人格利益的性质是不同的。第二,人格权的法律保护方法亦不相同。就侵权责任而论,《民法典》第1179条规定侵害自然人身体造成人身损害的,赔偿医疗费、误工损失、生活补助费、丧葬费和死者生前扶养的人的生活费等;第1183条规定侵害自然人人

〔25〕 马俊驹:《人格和人格权理论讲稿》,法律出版社2009年版,“目录”第5~6页。

身权益造成严重精神损害的,有权要求赔偿精神损害。在司法实务的具体操作上,保护方法也完全不同。第三,人格权数量众多,而且越来越多,不进行分类,无法厘清人格权的体系和逻辑关系。除此之外,有的人格权为自然人所独有,有的人格权为自然人和法人、非法人组织所共有。根据以上分析,应当对人格权进行必要的分类。

人格权的具体分类是:

1. 抽象人格权与具体人格权

根据抽象人格利益与具体人格利益的不同,将人格权分为抽象人格权和具体人格权两大类型。

抽象人格权概括的不是对具体的人格利益的权利保护,而是对人格权的权能的概括,包括《民法典》第 990 条第 2 款规定的一般人格权,第 993 条规定的公开权,以及第 130 条规定的自我决定权。

具体人格权是以对具体人格利益进行保护而设定的权利,概括的是《民法典》第 1002 条规定的生命权,第 1003 条规定的身体权,第 1004 条规定的健康权,第 1010 条规定的性自主权,第 1011 条规定的人身自由权,第 1012 条规定的姓名权,第 1013 条规定的名称权,第 1018 条规定的肖像权、形象权,第 1023 条规定的声音权,第 1024 条规定的名誉权,第 1029 条规定的信用权,第 1031 条规定的荣誉权,第 1032 条规定的隐私权,以及第 1034 条规定的个人信息权。

2. 物质性人格权与精神性人格权

对具体人格权,以人格权的客体的基本属性为标准,将其分为物质性人格权和精神性人格权。

物质性人格权是以物质性人格利益为客体的具体人格权,包括生命权、身体权和健康权。

精神性人格权是以精神性人格利益为客体的具体人格权,包括姓名权、名称权、肖像权、形象权、声音权、名誉权、信用权、荣誉权、隐私权和个人信息权。

3. 标表性人格权、评价性人格权和自由性人格权

对精神性人格权,以其人格利益的主要社会作用为标准,分为标表性人格权、评价性人格权和自由性人格权。

标表性人格权,所保护的人格利益的主要作用是标表人格特征,概括的是姓名权、名称权、肖像权、形象权、声音权。

评价性人格权,所保护的人格利益的主要作用是社会对特定人的评价,概括的是名誉权、信用权和荣誉权。

自由性人格权,所保护的人格利益的主要作用是自己的自由支配,概括的是人身自由权、隐私权、性自主权。

本书在论述抽象人格权和具体人格权时,即依第一种分类方法结构说明的体例,在具体人格权中,采用第二种和第三种分类方法界定各自的性质。

四、人格权与身份权的关系

人格权与身份权同属于人身权,具有密切关系,既有共性,也有区别。

(一)身份权与人格权的共性

第一,身份权与人格权同为专属权。身份权与人格权都与民事主体的人身紧密相连,具有

专属性和排他性。身份权和人格权存在于民事主体自身，由其自身享有，是民事主体的人身不可缺少的内容。这种权利只能由民事主体自己享有和行使，不得转让，也不得抛弃或由他人继承。

第二，身份权与人格权同为支配权。人身权均为绝对权，其体现的人身利益均由民事主体直接支配。这种支配，人格权支配的是人格利益，身份权支配的是身份利益。身份权与人格权对其权利客体所享有的权利是绝对的、支配性的，其他任何人均须承担义务。

第三，身份权与人格权均非具有直接财产性。人身与财产不同，不具有直接的财产内容。民事主体行使身份权和人格权，其目的主要是满足自身精神上、情操上、观念上、意识上的需要，主要不是财产的目的。不过，人身权也并非毫无财产因素。身份权中的具体权利，如抚养、扶养、赡养的请求权，财产利益因素至为明显，但是，这种权利与财产权不同，是为维持民事主体自身生存所必需的权利，而不是以财产的占有、使用、收益、处分为目的。

（二）人格权与身份权的区别

第一，人格权与身份权的法律作用不同。人格权以维护自然人、法人、非法人组织的法律人格为其基本功能，使之实现人之所以为人的法律效果。身份权的法律作用是维护以血缘关系等组成的亲属团体中人的特定地位及相互之间的权利义务关系，维护自然人对某种具有身份关系的支配关系。根据人格权与身份权法律作用的不同，导致在人身权体系中人格权与身份权的地位并不相同。人格权是人身权中主导的权利，是基本权利；而身份权在事实上是以人格权的存在为前提。人的第一需要乃是生存的需要，人格权就是人的生存需要的法律表现，身份权则是自然人在生活中及其相互之间关系的法律表现。从本质上说，身份权是人格权的扩展和延伸。

第二，权利的产生有所不同。人格权是民事主体的固有权利，生而享有，死而消灭。身份权并不是民事主体生而固有的权利，而是就自然人的出生而取得的权利，是“自然人因婚姻家庭关系产生的人身权利”。[26] 自然人出生，尽管其一经出生，就与其父母、姐妹兄弟、祖父母、外祖父母产生了亲属法上的身份权，但是，这种身份权的产生不是生来固有，是依其出生构成的亲属关系而取得的身份权。此外，养父母子女、继父母子女之间的身份关系更是基于收养、抚养的行为或者事实而取得。

第三，权利属性有所不同。人格权是民事主体的必备权利。民事主体不享有人格权，就“没有作人的权利，也就没有进入社会的资格，让渡基本权无异于把人复归于兽类”。[27] 而身份权具有非必备性，主要表现在民事主体不享有身份权依然可以生存，可以进行民事活动，乃至于以独立的人格进入社会从事民事活动。

第四，权利客体不同。人格权的客体是人格利益，表现为人之所以为人的资格。身份权的客体不是人格利益，而是身份利益。

---

〔26〕《民法典》第 112 条规定的内容。

〔27〕 徐显明主编：《自然人权利主务通论》，群众出版社 1991 年版，第 133 页。

第三节 人格权法律关系

一、人格权法律关系概述

(一)人格权法律关系的概念

《民法典》第989条规定:“本编调整因人格权的享有和保护产生的民事关系。”这种民事关系,就是人格权法律关系。

人格权法律关系是指人格权法规范调整的自然人、法人和非法人组织的平等民事主体之间的有关人格利益的享有和保护的权利义务关系。

(二)人格权法律关系的特征

第一,不同的民事主体在人格权法律关系中享有的权利并不相同。虽然人格权法律关系是自然人、法人和非法人组织之间发生的民事法律关系,并且在人格权法律关系中,其义务主体包括所有的自然人、法人和非法人组织,无一例外,即每一个民事主体都对他人的人格权负有不可侵义务,违反者即为侵害人格权。但是,在权利主体方面,有的权利主体包括自然人、法人和非法人组织,如名誉权和荣誉权;有的权利主体只包括自然人,不包括法人和非法人组织,如生命权、身体权、健康权、姓名权、肖像权、隐私权等;有的权利主体只为法人和非法人组织所享有,如名称权。

第二,人格权法律关系调整的是人格权和人格利益的享有和保护的民事关系。在市民社会中,所有的民事利益都通过民事权利和法益进行调整,人格权法律关系调整的只有人格权和人格利益的享有和尊重产生的民事关系。在人格权法律关系中,主要调整的一是人格权和人格利益的享有,即《民法典》对人格权和人格利益的确权,确认主体享有何种人格权和何种人格利益;二是对法律确认的人格权和人格利益进行民法保护,保障民事权利主体对人格权和人格利益的自由行使,受到侵害如何获得救济。

第三,人格权法律关系的核心是确立人格权的义务人的不可侵义务。人格权法律关系虽然也是绝对性的民事法律关系,应当以权利的保护为重心,但是,人格权在行使和支配中,主要是权利人自我决定,一般不需要义务人的积极配合。因此,人格权法律关系的核心在于确认义务人对他人人格权负有的义务,是不作为的不可侵义务。事实上,人格权法律关系的义务主体只要履行不可侵义务,就能够保障权利主体享有权利、行使权利,并从中获得利益,实现民法调整人格权法律关系的目的。

二、人格权法律关系的要素

人格权法律关系是一种民事法律关系,由主体、内容和客体三个要素构成。

(一)人格权法律关系主体

人格权的主体就是人格权法律关系的主体,是指在人格权民事法律关系中享有权利和承担义务的自然人和法人。

在人格权法律关系中，一方为权利主体，即人格权的权利人；另一方为义务主体，即人格权的义务人。由于人格权是绝对权、对世权，因而权利主体永远是特定的单个主体，即特定的自然人或法人、非法人组织；义务主体是不特定的任何人，即不特定的自然人或法人、非法人组织。作为一个自然人和法人、非法人组织，在以他自己为权利主体的人格权法律关系中，他永远是权利主体，而在其他任何人为权利主体的人格权法律关系中，他永远是权利人的义务主体。

人格权的权利主体为全部具有民事权利能力的自然人、法人和非法人组织，任何自然人、法人、非法人组织只要具有民事权利能力，就是人格权的权利主体。人格权的义务主体是具有民事权利能力的自然人、法人和非法人组织，只不过无民事行为能力人或者限制民事行为能力人作为人格权的义务主体，如果违反法定义务，造成他人损害时，应由其亲权人或者监护人承担责任。

不具有民事主体资格的合伙、个体工商户等具有准人格，是不健全的人格权法律关系的主体，享有部分人格权，负担相应的义务，例如，对字号的名称权，个人合伙和个体工商户都享有这一权利。

（二）人格权法律关系的内容

人格权的内容就是人格权法律关系的内容，是指人格权法律关系主体享有的权利和负有的义务。

人格权的权利主体所享有的权利，是指在人格权法律关系中的权利主体，根据法律规定，依据自己的意愿，为实现自己人格利益而为某种行为或不为某种行为的可能性。通过某种行为而实现自己的人格利益，就是行使人格权。人格权包括三层意思：一是权利人有权在法律规定的范围内，根据自己的利益为一定行为或不为一定行为；二是权利人有权在法律规定范围内要求义务人不为一定行为；三是权利人有权在自己的人格权利遭到侵害或义务人不履行义务时，请求人民法院予以保护。〔28〕

人格权利的行使，应当受权利人意志的支配，是《民法典》第130条关于"民事主体按照自己的意愿依法行使民事权利，不受干涉"规定的体现。但是，为维护社会公共利益，维护个人利益，维护社会安定，协调个人权利与社会利益的冲突、个人权利之间的冲突，增强人与人之间的和睦友善关系，权利主体行使人格权应当受到某些适当的限制。例如，为社会公共利益而使用肖像为合法使用，权利人不得主张肖像权。自然人享有健康权，可以通过诊治而使疾病痊愈，也可以放弃治疗而使健康恶化，但是，因其患有新冠肺炎等传染性疾病时，从公共利益考虑，则可以违背其不治疗的意愿而对其进行强制治疗。对于生命权，法律也禁止其自由放弃，因而自杀是违法的。行使人格权利的适当限制还表现在适当忍受来自他人的轻微妨害以维护社会关系的和谐方面。不超过容忍界限的妨害，不构成侵害人格权，不得主张侵权损害赔偿。

人格权的义务是人格权法律关系中的义务主体为了满足权利主体实现其人格利益，而不为一定行为的必要性。人格权是绝对权，权利主体的权利实现不需要义务主体的积极行为的协助，只要义务人不为一定行为即可，因而人格权法律关系中的义务是不作为的义务。

人格权法律关系中的义务包含三层意思：一是义务人必须根据法律的规定不为一定行为，

〔28〕　王利明主编：《人格权法新论》，吉林人民出版社1994年版，第22页。

以实现权利主体的人格利益;二是义务人负有义务是在一定范围内不为一定行为,这个范围一般是由法律直接规定的;三是人格权关系中的义务是一种法定义务,受国家强制力的约束,义务人不履行自己的义务就要承担相应的民事责任。[29]

(三)人格权法律关系的客体

民事法律关系的客体,是指民事法律关系中的权利、义务共同指向的事物。因而,人格权的客体就是人格权民事法律关系中的权利、义务所共同指向的对象。

人格权的客体就是人格利益,已如前文所述。这种作为人格权客体的人格利益,分为有形利益和无形利益两种。

人格利益中的法定有形利益,是物质性的人格利益,即身体、健康和生命,表现为实体的物质性的人格要素,构成人的物质性存在形式。

人格利益中的法定无形利益的无形,是指这些利益不能以其外在的实体形态而感知,不是以物、行为等方式表现出来,而是体现为与人格有密切联系、没有实体形态的利益。人格利益中的身体、健康、生命的安全,精神活动的自由与完整,自然人作为人的尊严,荣誉的获得等,都属于无形利益,都不具有外在的实体形态。

法定无形利益的法定,是指人格权的客体不是无限的。它表现在两个方面:一是不属于人格利益的无形利益,不是人格权的客体。例如,在团体、组织中的领导与被领导关系,团体、组织间的隶属与被隶属关系,都体现着无形利益,有的也具有某种身份上的意义,但是这种无形利益不属于民法上的人格利益,不能成为人格权的客体。二是人格利益也不是完全都能成为人格权的客体,只有法律保护的人格利益才是人格权的客体。例如,自然人享有人身自由权,但是其吸毒就要受到法律限制,人身自由权的客体不包括吸毒的自由;性自主权的主体享有承诺权,通过承诺,自己与异性发生性行为而使自己获得肉体上的快感和精神上的愉悦,但是依此而进行淫乱活动,法律不予保护,并且予以制裁。

第四节　私法人格权与公法人格权

一、私法人格权与公法人格权的联系与区别

(一)私法人格权与公法人格权的联系

在讨论人格权法在《民法典》的地位中,有一种观点认为,人格权的问题是一个宪法问题而不是民法问题,因而人格权应当在《宪法》中规定,而不是在《民法典》中规定。[30]这样的看法是不正确的。

---

[29] 王利明主编:《人格权法新论》,吉林人民出版社 1994 年版,第 20 页。

[30] 孙宪忠:《十九大科学立法要求与中国民法典编纂》,载《北京航空航天大学学报》2018 年第 1 期;《民法典编纂中的若干问题》,载中国社会科学网,http://www.cssn.cn/fx/fx_cgzs/201511/t20151117_2617565.shtml,最后访问日期:2018 年 2 月 27 日。

私法人格权和公法人格权是紧密相关的权利。其最主要的表现是,私法人格权和公法人格权在使用的名称、权利的行使、保护的内容上,都是一样的。例如,人身自由和人格尊严是公法的概念,又是人格权的概念,毫无疑问属于公法人格权。这不仅是因为它们是《宪法》规定的权利,而且其性质属于公权利,即公民的基本权利。同样,人身自白和人格尊严也是私法人格权,是自然人作为民事主体,所享有的支配人身和意志、保护做人的资格所应受到的起码的尊重的民事权利。这也正是有些学者在对公法人格权和私法人格权发生混淆的原因,因为他们面对不同法律规定的人格权,只看到了它们相互联系的共同点,而没有看到它们之间的区别和界限。

(二)私法人格权与公法人格权的区别

研究人格权法,更重要的不是观察私法人格权和公法人格权之间的紧密联系,而是要观察和区分私法人格权与公法人格权之间的区别和界限。例如,民法上的一般人格权与宪法上的一般人格权虽然存在诸多相似之处,在产生过程中也存在诸多交叉,但是,它们在性质上是截然不同的,不应将其混淆。[31]

1. 主体身份的不同

私法人格权的权利主体是自然人、法人和非法人组织,而公法人格权的权利主体是公民,通常不包括法人和非法人组织。

私法人格权的义务主体是权利人之外的自然人、法人和非法人组织,他们负有对人格权人享有的人格权的不可侵义务。公法人格权的义务主体是国家,是国家负有不得侵犯公民的人身自由和人格尊严的义务。

2. 法律依据不同

私法人格权的享有和保护的法律依据,是《民法典》以及其他私法性质的法律,而不是《宪法》等公法作为依据。

公法人格权的享有和保护所依据的法律是《宪法》等国家法,以公法作为依据。

3. 权利性质不同

正是由于私法人格权和公法人格权的法律依据不同,因而,私法人格权的权利性质是民事权利,是私权利;而公法人格权的权利性质是政治权利,是公权利。

二、公法人格权向私法人格权的转变

(一)公法人格权转变为私法人格权的必要性

研究公法人格权和私法人格权的问题,价值在于将符合私法人格权要求的公法人格权转化为私法人格权,对其提供民法的确认和保护。如果对于一个人格权只有公法的规定而没有私法的规定,私法就没有承认其为民事权利,就无法提供私法的确认和保护。

这样的教训是很深刻的。一是对于人身自由,《宪法》早有规定,但是《民法通则》中没有规定人身自由是私法人格权,因而在司法实践中,对于侵害自然人人身自由的侵权行为,就无法适用民法的规定提供私法保护。例如,某矿工医院女医生被所在医院认定为无民事行为能力人,送进精神病医院强制治疗 38 天,后因无精神病症状而出院。该女医师以侵害人身自由权

〔31〕 任丹丽、陈道英:《宪法与民法的沟通机制研究——以人格权的法律保护为视角》,法律出版社 2013 年版,第 148 ~ 149 页。

向法院起诉,追究该医院的民事责任,最后经最高人民法院批复,认为没有《民法通则》的依据,仅以侵害名誉权确认承担侵权责任。二是对于人格尊严,是宪法规定的公法人格权,但是,《民法通则》却将其规定在名誉权的条款之中,损害了人格尊严的一般人格权的地位。这些问题,最早由最高人民法院《精神损害赔偿司法解释》确认其为私法人格权,才使其获得私法人格权的地位,获得民法的保护。〔32〕相反的例证是,《宪法》规定公民享有的受教育权也能够转化为私权利,而且最高人民法院在2001年已经作出了司法解释,但是,却因与宪法不得司法化的理论相悖,因而将这一正确的司法解释予以撤销,显然不具有充分的理由。

(二)公法人格权转变为私法人格权的基本要件

公法人格权转化为私法人格权,其基本要件在于以下四个方面。

第一,公法人格权能够为自然人作为民事主体而享有。公法人格权与私法人格权的转化,基础在于权利主体的身份变化,是作为公法人格权的主体即公民能够转化为自然人。公权利的主体是公民,其身份不是自然人。当公民和自然人的身份能够作为某一个权利的主体而进行转化时,即《宪法》规定的公法人格权能够以自然人作为其权利主体时,就具备了转化为私法人格权的基础。

第二,公民享有的公法人格权被私权利化后有相应的民事主体作为义务主体。由于《宪法》规定的公民公法人格权的义务主体是国家,要将这一基本权利转化为私法上的民事权利,更重要的条件是义务人不再是国家,而是其他民事主体。如果公民享有的公法人格权不可能由民事主体作为其义务主体,这样的权利永远也不会转化为私权利。例如,公民享有的宗教自由权,其义务主体是国家,民事主体不可能对这样的权利提供保障。反之,受教育权是公民的基本权利,国家作为义务主体须保障公民的受教育权不受侵害。但是,作为民事主体对于受教育权也负有不可侵义务,因而受教育权就可以转化为民事权利,成为人格权。

第三,公民享有的公法人格权中具有民事利益的内容。私法上的民事权利必须以存在民法所保护的民事利益为权利客体,民事权利设立的目的就是保护这些民事利益中的某一类利益。如果一个权利不包含民事利益,就永远不会成为民事权利。公法人格权所保护的是人格利益,可以成为民法保护的人格利益,因而可以转化为私法人格权。

第四,公民享有的公法人格权受到损害能够用民法的救济措施进行保护。公民享有的公法人格权受到损害后,国家机关应当承担违反公法义务的后果。如果公民享有的公法人格权受到侵害后,不仅国家需要予以保障,而且其他民事主体违反不可侵义务存在私法救济手段,对民事违法行为予以制裁,这样的公法人格权从另一个角度上说,就是私法人格权。

在公民享有的公法人格权具备了以上四个要件时,就可以通过法律规定和司法解释而确认其为私法人格权。

(三)《民法典》将人身自由与人格尊严转变为私法人格权

《民法典》第109条规定:"自然人的人身自由、人格尊严受法律保护。"对于这一条文规定的要旨,很多人认为这是在规定一般人格权。其实,《民法典》规定一般人格权的条文是第990条第2款,而不是这一条文。第109条的要旨在于将人身自由和人格尊严这两个公法人格权转

---

〔32〕 参见杨立新:《人身自由与人格尊严:从公权利到私权利的转变》,载《现代法学》2018年第5期。

化为私法人格权,实现了人身自由和人格尊严从公权利到私权利的转变。

《宪法》第37条规定了人身自由,即“中华人民共和国公民的人身自由不受侵犯”。“任何公民,非经人民检察院批准或者决定或者人民法院决定,并由公安机关执行,不受逮捕。”“禁止非法拘禁和以其他方法非法剥夺或者限制公民的人身自由,禁止非法搜查公民的身体。”《宪法》第38条规定了人格尊严,即“中华人民共和国公民的人格尊严不受侵犯。禁止用任何方法对公民进行侮辱、诽谤和诬告陷害”。这显然是《宪法》确立人身自由权、人格尊严为公法人格权的规定。

由于《宪法》规定的人身自由和人格尊严这两个公法人格权具备了转化为私法人格权的要件,因而通过《民法典》这一条文的规定,将其转化为民法的私法人格权,确认为自然人享有的人格权,并且能得到民法的保护。可以说,经过三十年的民法理论与实践的努力,人格尊严与人身自由的私法人格权的属性终于在《民法典》中得到了承认,使其获得了民法的保护。

人身自由权与人格尊严转化为私法人格权的主要变化是:第一,权利属性的转变,即由公法人格权转化为私法人格权。第二,权利、义务主体的转变,权利主体由公民转化为自然人,义务主体由国家转化为自然人、法人和非法人组织。第三,权利义务内容的转变,例如,人身自由由单一的行动自由,转化为既包括身体自由,也包括意志自由。第四,法律责任的转变,义务人违反不可侵义务,应当承担的责任是私法上的民事责任。

《宪法》规定的公法人格权特别需要转化为私法人格权的,是《宪法》第43条关于“中华人民共和国劳动者有休息的权利”规定中的公民休息权。劳动者休息权的人权属性和价值取向,体现了休息是劳动者享有的、不可剥夺的一项基本权利。[33] 同时,休息权也是劳动者的权利,属于劳动法律关系的基本权利,其义务主体是用人单位,义务是保障劳动者的休息权。问题是,休息权也属于民事权利,也是私法人格权。尽管保障休息权的义务主体是用人单位,但是,其他民事主体也应当对自然人的休息权负有不可侵义务。原因是,王某在雇用工人劳动期间,让工人在工作条件差、劳动强度大的环境下,劳动时间太长,致使刘某因劳累过度而死亡。[34] 由于民法没有确认休息权是人格权,因而在适用民法保护方法上有一定困难,只能依照其他人格利益受到损害的规定令王某承担侵权责任。如果将休息权确认为私法人格权,就可以直接以侵害休息权而追究行为人的民事责任。

本章思考题

1. 结合讨论本章典型案例,问:人格概念有哪几种含义?作为人格权客体的人格利益有哪些特征?本案争议涉及的隐私属于相关隐私吗?
2. 人格权有哪些法律特征?
3. 怎样界定人格权法律关系的主体、内容和客体?
4. 私法人格权与公法人格权如何进行区分?怎样实行性质的转化?

---

〔33〕 蓝寿荣:《休息何以成为权利——劳动者休息权的属性与价值探析》,载《法学评论》2014年第4期。
〔34〕 杨立新:《杨立新品百案》,中国法制出版社2007年版,第303页。

第三章　抽象人格权

| 本章导读 |

本章介绍的是抽象人格权的概念、体系和具体内容。抽象人格权是意志以发展人格为目的,对各种外在的和内在的人格要素进行支配,予以塑造和使用的自由的权利,是人格权的权能性权利,包括一般人格权、公开权和自我决定权。

抽象人格权　一般人格权　人格尊严　公开权　自我决定权

| 典型案例 |

倪某、王某二位女青年到国贸中心惠康超级市场购物,在买完并付完货款准备离开时,该市场的两名男服务员将倪某、王某二人拦住,反复逼问二人是否拿了别的物品未付款,并将二人推进一间仓库,强行要求其摘下帽子,解开衣服,打开包,进行检查。二人感到人格受到侮辱,十分屈辱,反复申明自己没拿别的东西,并负辱遵从检查,经查无辜才予放行。倪某和王某向法院起诉惠康超级市场侵害其名誉权,学者认为其侵害的不是二人的名誉权,而是人格尊严。[1]

第一节　抽象人格权概述

一、抽象人格权的概念和地位

(一)抽象人格权的概念和特征

1. 抽象人格权的概念

抽象人格权是意志以发展人格为目的,对各种外在的和内在的人格要素进行支配,予以塑造和使用的自由的权利。[2]

为了促进人格发展,维护人的尊严,实现人的最高人格存在,必须构建抽象人格权,对于意

---

〔1〕 案情参见王利明主编:《人格权法新论》,吉林人民出版社 1994 年版,第 157 页。这个案例在起草《消费者权益保护法》过程中发生,影响很大,并且推动该法规定了人格尊严和人身自由的保护规则。

〔2〕 参见杨立新、刘召成:《抽象人格权与人格权体系之构建》,载《法学研究》2011 年第 1 期。

志人格的决定自由予以保护。作为人格意志的决定,应当局限于与人的外部人格存在紧密联系的领域,如果不加限制地将这种自我决定扩张于财产领域,将造成人格权与财产权区分的混乱,以及使整个民法体系受到破坏。因此,抽象人格权所保护的意志决定自由,限于意志对于外在和内在人格要素的决定,主要表现为两方面:其一,意志通过决定去控制、塑造各种外在和内在人格要素,以形成个人独特的人格特质,实现人格发展;其二,意志还可以在法律和道德的限度内对人格要素予以使用,以实现人格要素的财产价值。

对于意志人格予以保护的人格权,是对意志针对外在和内在的人格要素的决定与控制的保护,不同于对于内在和外在人格要素的完整性予以保护的具体人格权,具有抽象性,是抽象人格权。

2. 抽象人格权的法律特征

抽象人格权保护的对象是意志决定自由,具有以下特征:

第一,抽象人格权是人格的自我决定和自我发展价值的权利。抽象人格权虽然针对一定的人格要素,具有外在的表现形态,但是,它并非对于这些人格要素的完整性的保护,而是对于意志针对这些人格要素的决定自由的保护,体现的是人格的自我决定和自我发展的价值。

第二,抽象人格权是内在人格要素获得外在表现的权利。作为抽象人格权客体的外在和内在人格要素,须通过一定方式成为可以为人们所识别的人格表征。法律与道德的重要区别在于法律并不能调整完全主观的东西,纯粹的观念和情感必须通过一定的方法得以表现,才能成为法律保护的客体。外在人格要素作为人们可以感知的物理性和社会性存在,能够满足这一要求;内在人格要素却需要通过一定的方式,获得外在的表现形态,这种表现或者是日记,或者是书信,或者是通过录音、录像形式得以记录的人的内在情感等。抽象人格权就是将这些内在人格要素表彰于外部,并且予以保护。

第三,抽象人格权的内容是意志对于外在和内在人格要素的决定权。抽象人格权的权利内容,是意志对于外在和内在人格要素的各种决定。具体到不同的人格要素,又表现为不同的形态,或者是对于人格要素的塑造和发展,或者是对于人格要素的商业价值予以使用。针对某一人格要素,是发展塑造,还是商业利用,抑或两者兼备,则要以人格发展的目的兼顾宪法价值标准予以判断。抽象人格权对这种决定权予以保护。

第四,抽象人格权是按照权利人的意志对人格要素予以塑造和使用的自由。抽象人格权的权利外观并不能通过权利客体予以确定,这与具体人格权存在明显区别。具体人格权的权利内容完全局限于其所保护的人格要素,权利内容与权利客体达到了相互融合和指代的程度,权利客体的界限就是权利内容的限度,权利客体成为权利的外观,对于具体人格权的侵害一定表现为对于具体人格要素的侵害。抽象人格权的权利内容是为按照权利人的意志对于人格要素予以塑造和使用的自由,这样的权利内容并不能为权利客体所涵盖,因而权利外观并不能通过权利客体予以清楚界定。

(二)抽象人格权在人格权法中的地位

第一,抽象人格权是具体人格权权能的抽象概括。人格权法应当通过一定的法律技术对意志人格进行保护,以实现哲学和宪法确立的人格发展的价值,抽象人格权的构建就是这一产物。抽象人格权表现为对于外在和内在的人格要素的决定、发展和使用,是权利人针对自己人格要素的自由,属于对于具体人格权的权能的抽象概括,这种自我支配的权能使权利人作为自己的主人,能够决定自己的人格个性,发挥人格要素的价值,实现自己最高的人格本质。

抽象人格权是对具体人格权权能的抽象概括,针对不同的人格要素,有不同的表现形态。自我决定权是针对典型人格表征予以塑造和发展的能力,一般人格权是对非典型人格表征予以控制的能力,公开权是对于姓名、肖像、声音、形象等具有相对独立性的人格表征予以商业化利用的能力。由于一般人格权作为具体人格权权能的观点与学界关于一般人格权的性质的认识存在较大差异,因而需要特别说明:一般人格权与具体人格权存在显著不同,一般人格权不存在明确的权利客体,所保护的是权利人的意志决定自由,外在的人格要素仅仅使得这种自由获得他人可以识别的外部表征,因此,一般人格权的本质是对于客体的决定与控制,属于具体人格权的权能。

第二,抽象人格权是一种相对独立的权利。权利与权能之间并不存在实质性的区别,以"法力说"作为判断标准,权能被认定为权利不存在任何障碍,权利与权能的差别也仅仅在于重要性和独立性的不同,具有独立地位和重要性的权能可以上升为权利。抽象人格权虽然是人格权的权能,但是,同时也是一种相对独立的权利,理由是:其一,抽象人格权所保护的是权利人针对人格要素的意志决定自由,是实现权利人最高人格本质的重要能力,其重要性决定其仅作为一种权能不足以显示其重要性。其二,抽象人格权具有相对独立的保护对象,以保护权利人的意志人格为目的,而非人格要素完整性的保护,因而抽象人格权表现为不同于具体人格权的权利形态,表现出其独立性。其三,在传统人格权法中,侵权法对于具体人格权的保护主要是对于客体完整性的保护,抽象人格权的内容主要是对于人格要素塑造和利用的自由,这种自由并不能为人格要素所吸收,侵权法对它的保护属于对于客体完整性之外的其他保护,需要特殊的侵权法保护方法,特殊情况下违法性的认定还需要进行利益衡量,因此抽象人格权具有相对独立的地位。

第三,抽象人格权促进具体人格权发展并共同构成人格权体系。按照上述意见,人格权分为两大类即具体人格权和抽象人格权。具体人格权对于外在人格要素和内在人格要素的完整性提供保护,抽象人格权对于意志人格针对外在和内在人格要素的决定自由进行保护,两者相结合对于人格的三个逻辑层次进行了全面、完备的保护。

由具体人格权和抽象人格权构成的人格权体系在逻辑上是封闭的,在内容上是开放的,具有高度的容纳性,可以对新出现的人格利益予以保护,具体表现为:其一,具体人格权是不断发展的,随着对于人的保护程度的提升,会有更多的人格要素通过一般人格权发展为具体人格权,形成不断增多的具体人格权。其二,抽象人格权具有高度概括性,对意志针对外在和内在人格要素的决定自由进行了高度抽象,能够包括各种类型的塑造、发展和利用自由,可以适应因社会发展而出现的各种意志针对人格的决定自由。

由具体人格权和抽象人格权构成的人格权体系,逻辑严密,内容开放,各种抽象人格权和具体人格权具有各自不同的保护客体,相互之间的关系清晰明确,相互结合,共同对人格利益进行全面保护。这样的体系是科学、合理的人格权体系。

二、构建抽象人格权体系的理论基础

(一)具体人格权与非具体人格权逻辑关系的困惑

1. 外国非具体人格权发展引起的困惑

人格权自其产生之日起,就处于不断发展之中。自从 19 世纪末创建了一般人格权的概念后，经过了一百多年的发展，不仅在具体人格权体系中增加了隐私权、声音权等一系列具体人格权，而且在非具体人格权领域也发生了重大变化，在一般人格权产生之后，又产生了公开权、自我决定权，出现了一般人格权作为非具体人格权不再“一家独大”的现象。但是，具体人格权与非具体人格权之间是何种逻辑关系，人格权的概念和体系需要进行怎样的整理和重构，成为困惑人格权发展的一个主要问题。

（1）一般人格权的创立和发展

19世纪末，一般人格权理论通过德国学者Regelsberger和Gierke的努力而构建起来。[3]但是，由于学说上的障碍，《德国民法典》对此予以保留，[4]立法者对于人格权作为一种权利采取迟疑的态度。《瑞士债务法》第55条规定了对一般人格关系侵害的非财产损失的赔偿，[5]《瑞士民法典》“人格的保护”确立了在人格的内部关系上个人不得放弃其人格的规定，构建了一般条款意义上的保护人格的外部关系不受他人不法行为侵害的条文，[6]使一般人格权首次在立法上得到确立，创造了对于人格的全部而非个别方面予以保护的立法例。

德国在“二战”后，通过解释基本法的人格尊严条款，将一般人格权引进立法和司法领域，扩大了德国民法对于人格保护的范围和程度，继而使人们普遍接受了“一般人格权→具体人格权”的人格权逻辑结构和体系模式。日本学说也认为人格权可以分为一般人格权和具体人格权。[7]

（2）非具体人格权的不断发展带来的困惑

美国在20世纪50年代承认了公开权，并通过公开权对人格中的商业价值进行保护，法院将公开权定义为对自己的姓名、肖像和角色拥有、保护和商业利用的权利。[8]学者Nimmer发表题为《公开权》的著名论文，对于公开权进行了全面论述，[9]奠定了公开权在美国法上的地位，强调对人格的财产利益予以保护。

美国的公开权对大陆法系国家人格权法产生了重要影响，德国对于人格利益的商业价值也逐渐予以承认，通过承认人格利益中的财产价值，使德国的人格权形成了与美国法相似的结构，同样包括精神和财产两个方面。这种公开权显然不是具体人格权，也与一般人格权存在区别，对于“一般人格权→具体人格权”的模式提出了质疑。

在自我决定权概念提出后，这个问题更加明显。日本最高裁判所于2000年通过判例发展出的对于身体的自我决定权，对于日本人格权的发展具有重大意义，它保护的不是患者身体的形式完整性和实质完整性，而是对于身体进行自我决定的自由。问题是，自我决定权肯定不是具体人格权，那么，自我决定权在人格权体系中如何定位呢？它与一般人格权和公开权又是什么关系呢？

（3）非具体人格权对传统人格权逻辑结构和体系模式的质疑

人格权呈现出来的这种复杂状态，使人们对传统人格权的逻辑结构和体系模式产生了强

---

〔3〕 Dieter Leuze, Die Entwicklung des Persönlichkeitsrechts im 19. Jahrhundert, Verlag Ernst und Werner Gieserking, Bielefeld 1962, SS. 111, 112.

〔4〕 Scheying, Zur Geschichte des Persönlichkeitsrechtes im 19. Jahrhundert, AcP 158, 507.

〔5〕 Richard Frank, Der Schutz der Persönlichkeit in der Zivilrechtsordnung der Schweiz, AcP 172, 61.

〔6〕 值得注意的是，关于损害赔偿和金钱赔偿的限制性条款现在已经被删除，并被1985年生效的28条a替代。

〔7〕 ［日］五十岚清：《人格权法》，［日］铃木贤、［中］葛敏译，北京大学出版社2009年版，第7页。

〔8〕 See Haelan Laboratories v. Topps Chewing Gum, 202 F2d 866(2nd Cir 1953).

〔9〕 See Nimmer, “The Right of Publicity”, 19 *Law & Contemporary Problems* 203, 1954.

烈疑问:对具体人格要素予以保护的具体人格权与对广泛的人格的精神价值予以保护的一般人格权、新产生的将人格的财产价值部分与精神价值部分相独立而构建的公开权,以及对于人格要素进行自我决定的自我决定权,它们之间究竟是怎样的关系呢?随着人格权的发展,还会出现其他的非具体人格权,它们面临的共同问题,都是如何与既有的人格权制度相协调并纳入人格权体系呢?这是人格权发展必须解决的问题。

2. 我国的人格权理论和实践发展同样遇到的困惑

我国在《民法通则》规定具体人格权之后,于20世纪90年代通过继受德国法的一般人格权理论,构建了我国的一般人格权学说,〔10〕并成功地引入司法实践领域。〔11〕因而,人格权体系的基本逻辑结构和体系也是"一般人格权→具体人格权"模式。

继而,我国人格权法也看到对人格的财产价值保护并不属于一般人格权的内容,〔12〕在学说上既存在对德国法的人格商业利用权的继受,也存在对于美国的公开权的继受,并在具体名称和内容上进行了适当改造。学者对这个权利在人格权体系中的地位意见纷纭,有的认为是一个独立的人格商品化权,〔13〕有的认为不过是一般人格权的一个组成部分,〔14〕因而公开权在人格权体系中的地位无法确定,也对"一般人格权→具体人格权"模式提出了质疑。

日本法的自我决定权研究在我国的医疗侵权领域得到重视,〔15〕学者也提出意见,认为自我决定权应当作为一种人格权予以认真研究。〔16〕但是,其究竟是何种性质的人格权,没有明确见解,无法说清自我决定权究竟属于何种人格权,其在人格权体系中的地位何在,仍然需要研究解决。

综上所述,我国的具体人格权和一般人格权构成的人格权体系存在如下矛盾:首先,我国现有具体人格权和一般人格权的划分,并非对人格权的完整二分法,人格权中除了具体人格权和一般人格权之外还存在公开权与自我决定权。这些人格权属于具体人格权抑或一般人格权,并不存在被广泛接受的学说,无论是将其归入具体人格权还是现有的一般人格权,都存在概念和体系上的困难。其次,我国现有具体人格权和一般人格权的划分并非逻辑对应的,具体人格权是对各种具体人格要素的保护,存在明确的权利客体;一般人格权并非这种意义上的权利,是对更加抽象的一般人格的保护,包括人格独立、人格平等和人格自由。再次,我国现有的具体人格权和一般人格权在概念上存在矛盾,如果一般人格权是对于所有人格要素的抽象概括保护,一般人格权应当是具体人格权的一种权能,那么,作为一种权能的一般人格权独立存在的价值则存在疑问;如果一般人格权是对具体人格权之外的其他人格利益的保护,那么,我国现有的一般人格权的结构显然是过于宽泛。最后,我国的一般人格权概念与人格权概念存

〔10〕 杨立新、尹艳:《论一般人格权及其民法保护》,载《河北法学》1995年第2期;姚辉:《论一般人格权》,载《法学家》1995年第5期。

〔11〕 参见《精神损害赔偿司法解释》关于人格尊严和其他人格利益的保护的规定。

〔12〕 一般认为,我国的一般人格权是对自然人和法人享有的人格利益的抽象概括,包括人格独立、人格自由、人格平等或人格尊严;王利明:《人格权法研究》,中国人民大学出版社2005年版,第160页;杨立新、尹艳:《论一般人格权及其民法保护》,载《河北法学》1995年第2期;姚辉:《论一般人格权》,载《法学家》1995年第5期。

〔13〕 王利明:《人格权法研究》,中国人民大学出版社2005年版,第284页。

〔14〕 杨立新:《人身权法论》,人民法院出版社2006年第3版,第370页以下。该意见把人格标识的商品化权放在一般人格权一章进行说明,也体现了作者对一般人格权与公开权的关系的疑惑。

〔15〕 杨立新、袁雪石:《论医疗机构违反告知义务的医疗侵权责任》,载《河北法学》2006年第12期。

〔16〕 参见王利明:《人格权法》,中国人民大学出版社2009年版,第96页。作者在文中使用的是自主决定权的表述。

在矛盾。一方面,我国的一般人格权被界定为是对于全部人格利益的抽象概括保护,而一般人格权与作为对主体的全部人格利益予以保护的人格权存在被混淆的可能,因为两者都是以人的全部人格利益为保护对象的;另一方面,由于一般人格权包括各种具体人格权,因而一般人格权是具体人格权的上位概念,那么,人格权的体系就是垂直结构,即从人格权到一般人格权再到具体人格权这样的递进,而非学界所公认的人格权包括一般人格权和具体人格权这样的树形结构。

由此可见,我国人格权体系在"一般人格权→具体人格权"的对应模式之上,继受公开权和自我决定权这些新型的非具体人格权之后,无法处理它们与一般人格权和具体人格权之间的关系,不知道这些新型的人格权在"一般人格权→具体人格权"的逻辑体系中究竟属于哪个位置。因此,我国人格权法对于人格权的逻辑结构和体系模式同样面临着20世纪以来人格权发展的困惑。

(二)解除人格权发展困惑的人格逻辑基础

解除人格权发展困惑的关键,在于确定一般人格权、公开权和自我决定权等非具体人格权在人格权法中的地位。如何确定这三种权利的人格权地位,关键在于厘清人格的基本逻辑结构,以及人格基本逻辑结构与不同的人格权之间的关联关系。

1. 人格的三个逻辑层次

人格存在三个层次,处于核心的是人的意志即意志人格,其次是人的内在自我即内在人格,最后是人的诸种外部存在即外部人格。

(1)意志人格。意志即意志人格,是自主的、活跃的自我,它不断地通过决定去影响人的其他存在层面,是人所具有的按照对于规律的认识去行为的能力。意志的本质在于自由,这种自由是一种积极地对于自己人格发展的自由,是人格发展的动力。在人格的整个构造中,意志的决定自由是一种独立的人格要素。

(2)内在人格。内在人格即内在自我,其作为人的内部存在,具有丰富的构成因素,包括关于哲学的、宗教的、社会的、人生的等观念构成的内在主观人格,属于人的精神性存在。每个人因其不同的经历和教育状况形成不同的内在观念,由这些观念塑造了人的独特的内在特质和个性,人有权保有此独特的内在个性,并对其进行发展。

(3)外在人格。外在人格是可以为感官感知的人的外部性人格要素存在,主要是人的物理性存在,还有因人类共同生活所产生的可以为他人感知或识别的社会性存在。外在人格为传统人格权所关注,包括生命、身体、健康、姓名、肖像、名誉等人的存在,其中生命、身体和健康属于人的物理性存在,姓名、肖像和名誉等属于社会性存在。

在人格的三个层次中,意志处于枢纽地位,是人格中最为活跃的因素。意志对于内在人格具有控制权,不断地通过决定去形塑和发展内在人格。对于这两个人格层次必须有正确的认识,二者之间存在紧密的联系,人们通过意志形成自己的思想和情感,这些思想和情感作为前在理解又参与意志的决定过程。[17]内在人格决定了意志的选择,内在人格的特点基本上确定了意志决定的内容;意志也对内在人格具有重要影响,正是通过人们针对自身的自我选择,意

---

〔17〕 See Steven J. Heyman, "Righting the Balance: an Inquiry into the Foundations and Limits of Freedom of Expression", 78 *B. U. L. Rev.* 1275, 1325(1998).

志塑造、发展和强化了内在人格,实现了人格的发展和完满。

内在人格作为人的精神性存在,体现了人的本质,外在人格是人的外部性存在,是人格最外层的表现,包括人的各种可以被感知的存在,主要是人的生物性存在以及社会性存在。内在人格与外在人格的划分,不同于我国学界通行的物质性人格与精神性人格的划分,外在人格的范畴要比物质性人格更加宽泛,物质性人格主要是生命、身体和健康要素,姓名、肖像和名誉等被作为精神性人格要素。由于姓名、肖像和名誉已经采用客观化的标准,成为外在有形的存在,因而应当被认为属于外在化精神性要素,属于外在人格。对于法律和法学来说,调整无形客体和有形客体的法律技术是不同的,因此,以是否具有外在可感知的形态作为人格要素划分的标准具有科学性。依此标准,内在人格主要是他人无法感知的人的内在的观念和精神性存在,外在人格主要是他人可以感知的人的外部性存在,对于它们分别适用不同的法律规则。

2. 传统人格权法保护人格的缺陷及发展

大陆法系主要国家大多对于外在人格进行了列举性的保护,例如,对生命、身体、名誉、贞操、姓名、肖像、信用等多种人格利益的保护。这主要是深受罗马法的影响,认为只有获得外在表现的、可以被人们感官接触的那些人格特征,才能得到法律的保护,如人的生命、健康、身体、自由等。这些获得保护的人格权被认为是可以感知的,因为它们涉及的主要是人的物理性方面。〔18〕

但是,在这种立法体系中,获得保护的仅是人格要素的外部存在,即在社会生活中可以为人们感官所感知的人格特征,法律所保护的所有人格权都是外在的人格。

随着社会的发展,法律仅对外在人格提供保障远不能满足社会的需要。随着文明的发展,人们逐渐认识到他们的幸福不仅仅在于物质,更在于深层次的智力和感情生活,生活中仅有一部分痛苦、快乐和利益是有形的,思想、情感和直觉等无形的利益更需要法律的保护,〔19〕这些保护来于人的不可侵犯的人格。〔20〕人格权法对于内在人格的保护包括两个方面:一是对于内在人格形式完整性的保护,即排除外在世界对于内在人格的接触,如对隐私权的保护;二是对于内在人格实质完整性的保护,保护人的内在的观念、价值以及情感的纯正与完全,保护人的内在个性。

传统民法确立的人格权仅仅是对于人的人格的不全面保护,对于人格构成中更重要的意志人格,立法者认为通过财产的和平享有与法律范围内的人格自主,已经得到很好的保护。〔21〕

在此种体系框架中,传统民法所规定的具体人格权属于静态人格权,即对于外在人格和内在人格要素进行消极保护,仅仅保护和维持外在人格和内在人格的既有状态,使其免受外在干扰,人格自决在人格权中没有得到体现,人发展并实现其最高人格本质的价值没有得到贯彻,意志对于人格的塑造和发展的能力没有获得承认。正是意识到传统民法的这种保护上的缺陷,各国民法均通过一定方法对其进行续造,以寻求对于人格权的全面保护,因此,在当代民法中出现了一般人格权、自我决定和公开权这些非具体人格权。但是,由于传统人格权体系的局

〔18〕 See Eric H. Reiter, "Personality and Patrimony: Comparative Perspectives on the Right to One's Image", 76 *Tul. L. Rev.* 673, 688(2002).

〔19〕 See Samuel D. Warren & Louis Brandies, "the Right to Privacy", 4 *Harv. L. Rev.* 193, 195 (1890).

〔20〕 See Samuel D. Warren & Louis Brandies, "the Right to Privacy", 4 *Harv. L. Rev.* 193, 205 (1890).

〔21〕 See Hannes Rosler, "Harmonizing the German Civil Code of the Nineteenth Century with a Modern Constitution – The Luth Revolution 50 Years Ago in Comparative Perspective", 23 *Tul. Eur. & Civ. L. F.* 1, 26(2008).

限性,它们难以融入传统人格权的框架体系中。公开权和自我决定权这些非具体人格权在人格权体系中的恰当位置难以确定,即使一般人格权作为非具体人格权,也同样存在这样的问题。这是传统人格权框架的弱点。

（三）抽象人格权概念的提出

一般人格权、公开权和自我决定权具有相同的属性,即都不是具体人格权,都不保护具体的人格利益,而是对具体人格利益的抽象支配,因而,抽象人格权的概念是解除人格权发展困惑的答案。用抽象人格权这一概念来概括一般人格权、公开权和自我决定权这三种人格权,形成抽象人格权的逻辑结构和体系,用以保护意志人格,并与具体人格权对于内在人格和外在人格的保护相对应,形成人格权的基本逻辑关系,构成人格权的完整体系。在这样的人格权体系中,具体人格权、一般人格权、公开权和自我决定权都具有明确的保护对象,对应不同的人格逻辑层次,这种“抽象人格权→具体人格权”的体系构造理顺了这些人格权之间的逻辑关系。

1. 抽象人格权的构建源于意志人格保护的必要性

（1）意志人格作为伦理学中人的核心。意志具有自律性,这是意志由此成为自身规律的属性,而无论意志对象的属性是什么。包括人在内的理性存在物自在地具有绝对的价值,它作为目的能自在地成为确定规律的根据,它不能被当作实现目的的手段,任何时候都必须被当作目的,是一个受尊重的对象。人正是通过其理性的自我决定,不断地形成和发展自己的人格,不断地完善自己的人格,如果没有意志通过决定对于人的特质的发展,人的人格将处于停滞状态。

（2）意志的自我决定作为社会学中人的本质。人格是通过自我决定予以展现的,人格的产生和变化完全取决于自我决定。先验的人格是不存在的,人格恰恰是一个过程,是人的多种角色的综合,人们所能观察到的,只是人的不同的角色活动,在这种人格展现或者称为实现的过程中,人的意志担当了重要作用,正是希望向外界展示什么样的形象的意志通过决定扮演什么样的角色,从而最终塑造了不同的人格,也正是人的意志的决定实现了人格的最高本质。

（3）意志的自我决定作为宪法确定的人的形象。随着社会的发展,权利人发展其人格的自由逐渐得到法律的认可,人人具有发展其人格的权利被作为宪法上的权利得以确认。但是,法律为人格权划定的自由领域不同于财产权的自由领域,财产权利人可以按照其意志处分其财产,只要不侵害他人以及社会公共利益。但是,人格权人的自由却是另外一种自由,它不是对于人格要素的随意处分,而是按照人的本性发展而丰富其人格的自由,其中自我决定居于核心地位。人格发展的哲学价值获得宪法上的确认,例如,《德国基本法》第 2 条第 1 款、《日本宪法》第 13 条的规定。我国《宪法》虽然没有明确规定人格发展的权利,但在第 33 条第 3 款规定:“国家尊重和保障人权。”人格发展作为一项重要的人权,自然受到我国宪法的保护。

2. 抽象人格权的构建是意志人格保护的现实要求

人格的保护包括两个方面,一是对于作为人的那些人格特征的静态保护,二是对于人的自我发展、自我决定的动态保护。[22]个体为了其生活利益的缘故,被赋予法律上的力去发现、保护和发展他的人格具有特别意义的利益,它使人格不像其他自然的人格利益一样只能获得消

〔22〕 Jürgen Gleichauf, Das postmortale Persönlichkeitsrecht im internationalen Privatrecht, Peter Lang Europäischer Verlag der Wissenschaften, 1999, S. 68.

极静态的完整性保护。[23] 因应这种变化,法律对于人格权的保护方法必须进行调整。

意志人格作为人格的本质与核心,必须得到人格权的保护。由于意志人格的本质在于意志的决定自由,因此,对意志人格的保护不同于对外在和内在人格要素的完整性的保护,主要表现为对意志针对内在和外在人格要素的决定自由的保护,因而需要采用特殊的法律技术。只有构建抽象人格权制度,对于意志针对外在和内在人格要素的塑造、发展和利用的自由予以保护,才能够实现对于意志人格的保护。

3. 抽象人格权的构建是理顺人格权体系的必然要求

一般人格权的功能是弥补具体人格权的不足,实现对于人格的全面保护,因而一般人格权的内容应当以具体人格权为基础进行构建。我国在制定《民法通则》时以及之后,比较法上的一般人格权理论已经发展到了成熟阶段,我国的具体人格权制度对于这一成果进行了充分吸收,将通过一般人格权发展出的新的人格利益具体化为各种具体人格权,并且将各种具体人格权的权能进行了全面扩充,能够容纳针对该具体人格要素产生的各种权能。但是,在这样的具体人格权的基础上,仍然采用德国法式的宽泛的一般人格权制度,不能满足人格权的体系融洽性要求,产生人格权体系内部的矛盾,同时,也是对于既有具体人格权发展成果的否定。因此,我国一般人格权的构建应当以我国的具体人格权为基础,将一般人格权的保护对象限定于基于目前的立法技术尚无法与人格明确分离的非典型的人格要素,而权利人针对那些已经通过立法确立的具体人格要素的发展和利用的自由,由于已经成为具体人格权的权能,因而不应当属于一般人格权的内容。

然而,我国现有的一般人格权并未尊重我国具体人格权的现实,完全继受了德国法的做法,确立了涵盖所有人格内容的宽泛制度,正是这种做法使我国人格权体系的矛盾更加复杂。因而,必须对我国一般人格权的内容进行适当限制,对于具体人格权的权能予以独立构建,并结合我国关于公开权的研究成果,对人格权体系予以理顺,使一般人格权、自我决定权和公开权分别具有界限分明的权利边界,它们与具体人格权一起构成逻辑融洽的人格权体系,从而克服现代民法中由于多种非具体人格权的出现造成的体系和逻辑的矛盾。

综上所述,在民法中构建抽象人格权的概念和体系,将一般人格权、自我决定权和公开权在该体系内予以适当整理,构成"抽象人格权→具体人格权"的逻辑结构,是解决人格权发展困惑的办法。

三、人格表征类型与抽象人格权类型

(一)构建抽象人格权的人格表征类型

各种外在和内在人格要素通过一定的方式成为人们可以识别的人格表征,这些人格表征可以区分为三种类型:(1)社会公认的典型的人格表征;(2)非典型的人格表征;(3)能够与主体相分离并获得独立地位可以予以商业利用的人格表征。

社会公认的典型人格表征存在时间较长,已经获得比较成熟的认识,并被法律作为具体人格权的客体,包括生命、身体、健康、姓名、名誉等,这类人格表征大部分是外在人格要素。非典型人格表征则是随着新技术的发展,通过特定技术得以表现的能够体现人的人格个性的存在,

---

〔23〕 Marion Baston - Vogt, Der sachliche Schutzbereich des zivilrechtlichen allgemeinen Persönlichkeitsrechts, Mohr Siebeck, 1997, S. 87.

例如,通过录音或书信的方式得到固定的人的特定言论,通过基因技术得到展现的特定基因类型等,其类型和内容处于不断增长中,这种人格表征大部分是内在人格要素的表现。

之所以将典型人格表征与非典型人格表征进行区分,是因为对这两类人格表征予以法律保护需要的技术不同,典型人格表征已经获得法律的认可,成为具体人格权的客体,意志针对它们的决定自由应当获得保护是没有疑问的,我国的人格权立法将这种意志决定自由作为具体人格权的权能。但是,非典型的人格表征是否应当获得法律保护及其保护的程度都需要具体的个案衡量,在法律技术上不同于典型人格特征。

能够与主体相分离并获得独立地位、可以予以商业利用的人格表征,是指通过一定方法可以获得与人的自身相分离的地位,并能够予以商业利用的人格特征,包括姓名、肖像、声音、形象等人格要素。这种人格表征独立规定的必要性在于,对于人格表征的商业利用是一种独立的价值,其不同于人的人格个性的发展,在比较法上具有相对独立的地位。[24] 具体到我国的法学理论和实践,一直也是将人格的商业化利用作为一种独立的制度予以构建的,因此,获得独立地位可以予以商业利用的人格表征具有独立的地位,应当予以独立规定。

相应地,针对这三种人格表征构成了三种抽象人格权,分别是一般人格权、自我决定权和公开权。

(二)抽象人格权的类型

1. 一般人格权

人格个性的流露和表达并非仅限于典型的外在人格要素,足以表征人格个性的人的外部表征有很多,虽然某些外部表征没有传统公认的人格要素那么典型,没有准确的概念对其进行界定,但是,在其上体现了更多的人格特性,它们更能够彰显人的存在与个性,意志对于这些外部表征的自我决定应当得到保护。例如,对于言论完整性的保护,任何一次言论都是对某一思维内容的固定,都是言论者的人格流露,都是言论者在向公众展示的其内在的人格特性,言论者有权选择适当的内容与表达方式去展现真实的内在自我,未经同意对于言论的改动,可能会呈现出一个错误的人格形象。[25] 更为广泛的是对于人的同一性的保护,个人有权按照其内在人格个性去决定向公众展示的人格形象,并根据人格的发展去改变这种形象。对于这种同一性的保护要求,即使没有损害个人名誉,也不允许歪曲一个人的人格形象并对此加以传播。[26]

由于这些外在人格表征的非典型性,在对意志针对它们的自我决定的保护过程中,存在其是否属于应受法律保护的人格要素的判断难题,以及个人人格发展的价值与其他社会价值的冲突与衡量问题,这些都需要法院根据实际情况进行个案衡量。因此,需要一个不同于自我决定权的制度,一般人格权制度可以实现此项功能。

在一般人格权的构造中,意志的自我支配处于核心地位,一般人格权是意志对于人的某种外在客观存在的支配。德国联邦宪法法院在其典型案例中成功地揭示了自身人格领域"自由的意思"的某些方面,对这些方面而言,自主支配人格的意思获得了一个坚实的、他人可以识别

---

〔24〕 在美国法中,它是作为不同于隐私权的公开权获得保护的;在德国法中,德国联邦最高法院确认了一般人格权包含人格的财产价值,但是却认为其并非源于宪法第1条和第2条,而是源于民法。因此,在德国法中人格的商业化利用与一般人格权存在一定的差异。

〔25〕 参见[德]马克西米利安·福克斯:《侵权行为法》,齐晓琨译,法律出版社2006年版,第52页。

〔26〕 参见[德]克雷斯蒂安·冯·巴尔:《欧洲比较侵权行为法》(下卷),焦美华译,法律出版社2004年版,第115页。

的基础,亦即获得了某种他人应予以尊重的“客观载体”。〔27〕分别在“读者投书”案、“骑士”案、“录音”案中确立了意志对于信件、私人领域以及话语的支配。质言之,一般人格权所保护的不是人格的某种“客观载体”,而是意志对于这一“载体”的支配,是对宪法所确认的人格发展自由的价值在私法领域的实现。

德国的一般人格权是一个对于各种外在人格表现的自我决定予以保护的框架性权利,这个权利从其产生之日起就具有重大争议,而且它与具体人格权的关系难以厘清,更重要的是我国的具体人格权制度已经具有了部分传统一般人格权的内容,因此,我国人格权法舍弃了传统的一般人格权关于抽象的整体人格予以保护的观点,对一般人格权概念进行了限缩,限制于意志对于具体人格权客体之外的其他非典型人格表征的决定权,履行着对于尚未得到具体人格权保护的非典型的人格利益进行保护的功能,虽然这一做法与我国关于一般人格权的传统认识不同,但是这种缩限却是人格权体系构建的必然要求,形成了人格权体系上的融洽。《民法典》第990条第2款对一般人格权的规定,概括的正是在这种意义上的一般人格权。

2. 公开权

公开权也称为人格商品化权、人格商业利用权。〔28〕人格以意志人格为核心,包括内在人格要素以及外在人格要素,但是,在人格的边缘地带,人格要素与财产利益的界限难以划清,关于财产的主要理论也说明了这一问题。对于人如何能够获得财产,有并入理论和投射理论两种主张,前者主张外部物通过进入身体成为财产,后者主张把人体现在外部物中而使之成为财产。〔29〕但是,并入理论已逐渐不被人们认可,投射理论仍然具有正当性。〔30〕洛克的财产理论以劳动来论证财产权的正当性,外在物因为添加了人的劳动而成为他的财产,〔31〕这种财产理论建立了人格与物的沟通与联系,从人对于自己身体和思想的狭义的自己所有权推导出对于财产的广义的自己所有权。〔32〕黑格尔的财产理论也认为,人作为一种意志的存在是自由的,但是必须有外部世界,只有在与外部的某件东西发生财产关系时才成为真正的自我,财产是个人人格延伸的最初的一部分。〔33〕也就是说,当人格的某部分特征与人格相对分离并以某种方式获得外部存在时,它即获得了一定的财产属性。在这方面,知识产权表现得最为明晰,知识本为人脑中的一些观念和想法,属于内在人格的范畴,但是,它们一旦通过某种方式获得外在化的存在形式,就能够作为一种财产权。不过,由于其与人格的联系,一般认为,知识产权中还存在人格因素,主要是著作权中作者的精神性权利。当姓名、肖像、声音、形象等人格要素获得相对于人的独立地位时,它们具有了一定的财产属性,当事人可以对其进行商业化的利用,表现为公开权。公开权是指个人将其姓名、肖像、声音、形象等可以获得相对独立地位的人格表征用于商业目的,并禁止他人未经授权进行商业利用的权利。《民法典》第993条关于“民事主体可以将自己的姓名、名称、肖像等许可他人使用,但是依照法律规定或者根据其性质不得许可的

〔27〕[德]霍尔斯特·埃曼:《德国民法中的一般人格权制度——论从非道德行为到侵权行为的转变》,邵建东等译,载梁慧星主编:《民商法论丛》(第23卷),金桥文化出版(香港)有限公司2002年版,第429页。

〔28〕这三个概念作者都使用过,但最终决定使用公开权的概念,理由是简洁、通用,且是美国法概念的原义,在概念的界定上没有区别。

〔29〕[美]斯蒂芬·芒泽:《财产理论》,彭诚信译,北京大学出版社2006年版,第53页。

〔30〕[美]斯蒂芬·芒泽:《财产理论》,彭诚信译,北京大学出版社2006年版,第55页以下。

〔31〕参见[英]洛克:《政府论》(下),叶启芳、瞿菊农译,商务印书馆1964年版,第18页以下。

〔32〕易继明:《评财产权劳动学说》,载《法学研究》2000年第3期。

〔33〕参见[德]黑格尔:《法哲学原理》,范扬、张企泰译,商务印书馆1961年版,第50页。

除外”的规定，正是对公开权的典型概括。

对于公开权的正当性，学界有争论，存在自然权利说、诱因说、禁止不当得利说、经济效率说以及保护消费者说等不同观点。〔34〕公开权的正当性源于意志对于获得相对独立地位的要素的自我决定。在传统社会，人格要素与人相分离获得相对独立的存在形式几乎不可能，但是，在高科技迅猛发展的今天，尤其是传媒技术的进步，使人的人格特征的固定化成为可能，人的容貌特征、身体形象、声音甚至个人隐私等，都可以通过多媒体技术以影像资料的形式获得独立的存在。当人的某些特征通过这种方式予以固定化，从而获得对于人相对的独立地位时，其与人的人格的联系不再是那么紧密，于是在某种程度上获得了财产的属性。人的姓名、肖像等外在人格特征获得相对独立地位后，在商业活动中获得了财产价值，权利人对此财产价值具有支配权能，既可以自己使用，也可以允许他人使用。这种支配和使用源于人格发展理论，权利人为了发展自己的人格，有对于自己的人格特征进行自我决定的权利，对于自己人格特征所体现的财产价值当然也有权自我决定。因此，公开权不同于传统人格权的对于人格特征既有状态的保护，是对意志的自我决定的保护，对于公开权的侵害表现为对权利人按照自己意志使用其人格特征的自由的侵害。权利人对于自己的姓名、肖像、声音、形象等外在人格表征具有进行商业利用的支配权能，不妨碍这些特征作为人格权客体的地位，因为这些特征从本质上说是人格存在的表现，仅仅因为这些人格特征通过现代技术物化以后具有了财产的价值，权利人对于这些具有财产价值的人格要素的决定产生了公开权。

3. 自我决定权

自我决定权是意志以发展人格为目的，对于生命、身体、健康、姓名等典型的人格表征的控制与塑造的抽象人格权。传统学说对于各种典型的外在人格特征的保护局限于既存的现有状态，仅提供防止他人侵害的侵权法保护，并不承认主体对于它们具有决定的权能。例如，对于生命权，一般不认为权利人对于生命具有支配性，仅在对于生命的维护以及对他人侵害行为的正当防卫等方面具有有限的支配性。〔35〕对于身体权，传统学说认为，是自然人保持其身体完整性的权利。〔36〕诚然，人的外在人格特征作为人格的表现，蕴含着人的伦理性以及人性，不能随意处分，但是按照人格发展的理论，生命、身体、健康、姓名以及名誉等人格存在是为了人格的尊严与人格的发展，这些存在之所以具有重要的价值，就在于它们是维持人的尊严以及人格发展的必要前提，如果权利人对于它们的控制与塑造能够促进与实现人格的发展，那么，法律应当承认权利人对于这些特征的自我决定的能力。而且现代社会将人格的动态方面，也就是人格的自我发展作为社会的重要价值，人不但要求人格的完整存在，更要求对于自己人格特征的自我决定与塑造的能力，以寻求人格的发展与完满。因此，意志在人格领域的决定自由获得承认，并成为整个法律体系要积极实现的重要价值。

在这种情况下，突破传统民法的局限，赋予权利人针对其典型人格表征以人格发展为目的的自我决定的权能是必要的。我国《民法典》将产生于人格权法领域的自我决定权进一步扩展，使之成为一般性的自我决定权，可以适用于所有的民事权利的范围。这就是《民法典》第130条的规定：“民事主体按照自己的意愿依法行使民事权利，不受干涉。”这样的自我决定权，当然包括人格

---

〔34〕 关于该权利正当性的各种学说，参见王泽鉴：《人格权保护的课题与展望》，载中国人民大学法学院《人大法律评论》编辑委员会：《人大法律评论》(2009年卷)，法律出版社2009年版，第61~62页。

〔35〕 王利明：《人格权法研究》，中国人民大学出版社2005年版，第303~309页。

〔36〕 史尚宽：《债法总论》，中国政法大学出版社2000年版，第148页。

权的自我决定权。《民法典》关于具体人格权的规定,吸收了比较法上对于人格发展价值予以保护的经验,确立了针对具体人格要素自我决定的权能,例如,姓名权的内容不但包括防止他人对于姓名予以歪曲和不当使用的完整性保护,而且包括广泛的决定、使用和改变姓名的权能。〔37〕同时将其作为一般性的抽象民事权利,应用于人格权法领域,以及民法更广泛的领域。

自我决定权保护的不是这些具体人格特征的形式完整性与实质完整性,而是意志为了实现人格的最高本质对于它们的自我决定,例如,为了科学的真理、祖国的安全或者更多人的幸福,权利人应当具有终结其生命的自我决定权。同样,个人选择安乐死,体现的也是人对自己生命终结的合理自我决定。〔38〕我国《民法典》第1002条规定的生命权中"生命尊严",就包含了这样的内容。同样,为了实现自己的人格追求,可以对于自己的姓名进行自我决定。例如,日本的"X教徒输血案",该判例保护的不是患者身体的形式完整性以及实质完整性,而是根据自己的个性对于身体进行自我决定的自由。〔39〕

自我决定权作为权利人对于自己典型人格表征在人格发展方向上自我控制与塑造的权利,是权利人针对自己典型人格表征的自由,属于人格权的权能,这种自我决定的权能使权利人能够决定自己的人格个性,实现自己最高的人格本质。实践中对于自我决定权的侵害主要是对于权利人针对自己典型人格表征的自由的侵害,主要表现为通过欺诈、胁迫以及未履行告知义务,从而侵害权利人的决定自由,救济方法包括人格权请求权和侵权请求权。

第二节　一般人格权

一、一般人格权的概念和性质

(一)一般人格权的概念和特征

一般人格权是指民事主体享有的,概括人格独立、人格自由、人格尊严全部内容的一般人格利益,由此产生和规定具体人格权,并对具体人格权不能保护的人格利益进行保护的抽象人格权。《民法典》第990条第2款规定:"除前款规定的人格权外,自然人享有基于人身自由、人格尊严产生的其他人格权益。"这里规定的就是一般人格权,是对20世纪90年代以来学界对一般人格权深入探讨进行总结而作出的法律上的概括。

一般人格权与具体人格权相比较,具有以下法律特征:

1. 主体普遍性

一般人格权的主体是普遍主体。在历史上,罗马法中的自由权具有一般人格权的某些属性,但与现代一般人格权相比较,那是把人的人格分成等级,因而不为所有的人享有或者不完全享有。现代以来的一般人格权为所有的自然人一律平等享有,并且不独为自然人所享有,而且法人、非法人组织也享有一般人格权。具体人格权区分其不同种类,有的为自然人、法人、非

〔37〕 参见我国《民法通则》第99条的规定。

〔38〕 杨立新:《人身权法论》,人民法院出版社2006年第3版,第392~396页。

〔39〕 参见夏芸:《医疗事故赔偿法——来自日本法的启示》,法律出版社2007年版,第535页。

法人组织共同享有,有的为自然人享有而法人、非法人组织不享有。一般人格权的主体既包括自然人也包括法人、非法人组织,所有主体一体享有,且自然人和自然人之间、法人和法人之间、非法人组织和非法人组织之间,一律平等。只要是一个人(包括自然人和法人、非法人组织),无论其在社会中有何政治地位、身份和能力,在经济能力上有何不同,都平等地、普遍地享有一般人格权,并且与个人的属性终生相随,直至其死亡或消灭。

2. 权利客体具有高度概括性

一般人格权的客体是一般人格利益,这种一般人格利益具有高度的概括性。《民法典》第990条第2款规定的一般人格权的客体是"其他人格权益",《精神损害赔偿司法解释》规定的一般人格权的客体是"其他人格利益",二者的含义相近。从学术角度看,将一般人格权的客体认作一般人格利益更为妥当,因为保护其他人格权益仅仅是一般人格权的功能之一,一般人格权的客体应当比其他人格权益更宽,因而是一般人格利益,其他人格权益包括在其中。从具体内容上分,一般人格利益包括人格独立、人格自由和人格尊严,但这些人格利益不是具体的人格利益,而是高度概括的人格利益。这种概括性包括两个方面的意义,一是一般人格利益本身的概括性,人格独立、人格自由、人格尊严都不能化成具体的人格利益,也不能成为具体人格权的客体。二是一般人格利益是对所有具体人格权的客体的概括,任何一种具体人格权的客体都可以概括在一般人格利益之中。因此,一般人格权才成为具体人格权的渊源,由此产生并规定具体人格权。

3. 权利内容的广泛性

一般人格权具有概括的广泛性,不仅涉及国家和个人的关系,而且也涉及具体人格权,范围特别广泛,在内容上是不可列举穷尽的。[40]法官的任务只是依有关价值观念将一般人格权具体化并确定其界限,因为人格的本质不易明确划分界限,一般人格权作为概括性权利,在内容上是不易完全确定的。[41]一般人格权对于具体人格权所不能包含的人格利益,都包含在一般人格权之中,为补充和完善具体人格权立法不足提供法律依据。人在自己的一般人格利益遭受损害但又不能为具体人格权所涵括的行为时,可依据一般人格权的法律规定寻求法律上的救济。有的学者还认为,一般人格权涵摄的其他法益还包括环境权、劳动权、休息权、禁止性骚扰、归属权、精神纯正权。[42]

4. 一般人格权具有双重属性

一方面,一般人格权是基本权利,是抽象人格权,与具体人格权相对应,对具体人格权有概括和指导作用,决定和派生各种具体人格权;另一方面,它又有一定的具体保护功能,即对那些具体人格权无法保护的其他人格权益,提供法律保护依据,发挥人格权法具体人格权立法不足的补充作用。在现实生活中,一般人格权的后一种作用更为具体。

(二)一般人格权的性质和地位

1. 一般人格权的性质是抽象人格权

一般人格权的性质是抽象人格权,与自我决定权和公开权一道,构成抽象人格权的体系。

---

〔40〕 转引自王利明主编:《人格权法新论》,吉林人民出版社1994年版,第161页。

〔41〕 施启扬:《从个别人格权利一般人格权》,载《台湾大学法学论丛》第4卷第1期。

〔42〕 马特、袁雪石:《人格权法教程》,中国人民大学出版社2007年版,第202~211页。

它更为抽象和具有概括性,不同于人格权本身,也不同于各项具体人格权,而是个人的基本权利。否定一般人格权,实际就否认了个人的基本权利。〔43〕一般人格权的抽象性表现在,它原则上不具体解决人格权的保护问题,而作为具体人格权的渊源权、母权利,规定具体人格权的属性、内容和解释;当一个具体的人格利益已经成熟,并且能够独立成为一个具体人格权时,依据一般人格权的功能,创造出新的人格权。但是,一般人格权又有具体作用,其保护对象是未能得到我国具体人格权保护的不确定的人格权益,由于这些人格权益基于目前的认识和立法技术尚无法与人格明确分离,具有很强的主观性,主要表现为意志对于人格的自主决定。因此,一般人格权保护的不是人的外在的表现形态,该外在形态只是使一般人格权获得可以识别的标志,其核心的价值是对于意志的自我决定的保护。这种意志的自我决定是人格尊严和人格发展的核心,使人能够成为自己人格发展的主宰,自己决定自己人格的发展方向,形成自己独特的人格个性。所以,一般人格权属于抽象人格权,不是一种主观权利,不具有独立的权利地位,它主要是一种权能性的权利,但是具有一定的独立性。

2. 一般人格权保护的价值

科学技术的发展,为人格发展提供了更多的选择与可能性,很多以前不可能展现在公众面前的人格个性获得了为人们识别的可能。例如,人的肖像、声音以及基因构成等就是这样,《民法典》确定对肖像权和声音权以及人体基因、人体胚胎等进行保护,都是因应人格发展需要而规定的内容。随着科技的创新和迅猛发展,将会有更多展现人格的可能性。在这种情况下,这些人格个性是否要向社会公众展现,或者其中的哪些要向社会展现、以什么样的方式展现、在何种范围内展现,都关涉人的人格个性和与人格发展。因此,主体对于这些方面的自主决定成为人格尊严和发展的关键,也是人格权发展的动力。在这种情况下,人的物理性的静态存在丧失了其在人格中的主导地位,意志针对自己人格的自我决定成为人格的核心,因为人格个性的大多数方面以及人格的发展是由意志的自我决定表现与控制的,而且对于人格的侵害并不局限于对人格的物理性存在的损害,更多表现为违反主体的意志对其人格予以展现,或者歪曲地展现了其人格个性。个人的哪些人格个性要向社会展示、在多大范围内展示,以及是否展示都是人格的本质,应当由每个人自己决定。比如有的人人格个性比较张扬,希望向公众展示自己多方面的人格特性,而有些人则比较内敛,希望将自己的大部分人格个性控制在一个亲密的朋友圈内,而不愿意将其向公众展示,对此法律必须予以尊重,并向其提供法律上的工具以实现其意志。

一般人格权作为一种法律工具,保护的是以意志决定自由为核心的人格的自我发展,通过对于人针对其人格的意志决定自由的保护,为人格的表现和发展提供更加周到与细致的保护,也为人格的多层次表现创造了可能,比如权利人可以仅将自己对某一问题的看法在某个亲密小范围内予以表达,其他人不得非法知悉,或者将自己的某种人格特性在某一范围内表现,而将另外的人格特性在另一领域表现,从而实现人格的层级式表达,解放人的个性,促进人格的发展。

3. 一般人格权在抽象人格权体系中的地位

抽象人格权是对于人针对其人格表征的意志决定自由予以全面保护的工具,一般人格权只是抽象人格权体系中的一种。

---

〔43〕 Stim Stromholm, *Right of Privacy and Right of the Personality*, p. 39.

一般人格权与自我决定权和公开权一样,都属抽象人格权,但一般人格权在抽象人格权中地位更高,是抽象人格权中第一位的人格权。这是因为,一般人格权是具体人格权的母权利,是渊源权,对所有的具体人格权具有概括的指导作用和规定性,而自我决定权和公开权没有这样的价值。

自我决定权的基本功能,在于权利人依照自己的独立意志支配自己的人格利益,行使自己的人格权。社会公认的典型人格表征存在时间较长,已经获得比较成熟的认识,并被法典作为具体人格权的客体,非典型人格表征则是随着新技术的发展出现的,而且对于它们是否属于人格表征并应当予以保护尚需要判断,而判断又往往涉及社会传统、习俗以及价值观念。之所以对两者进行区分,是因为对这两类人格表征予以法律保护需要的技术不同,典型人格表征已经获得法律的认可,成为具体人格权的客体,意志针对它们的决定自由应当获得保护是没有疑问的,我国的人格权立法将这种意志决定自由作为具体人格权的权能。但是,非典型的人格表征是否应当获得法律保护以及保护的程度,都需要具体的个案衡量,在法律技术上不同于典型人格特征。因此,将意志针对非典型人格表征的决定自由构建为一般人格权,而意志针对典型人格表征的决定自由构建为自我决定权。

公开权的基本功能是保护具体人格权中所包含的具有财产价值的人格利益。随着社会的发展,新的科学技术提供了增加这种表现的工具,从而实现更多的人格特性与人格分离的可能,这也是现代社会人格权发展的根本原因,比如在基因技术产生之前,基因信息无法与人格相分离成为人格表征从而获得人格权保护。但是,人的人格表征的范围与人格的范围一样难以界定,可以大概地将人格表征做如下分类:社会公认的典型的人格表征、非典型的人格表征以及能够与主体相分离并获得独立地位可以予以商业利用的人格表征。这些人格表征一旦应用于商业领域,就会产生价值。这些价值是随着主权利而发生的,并不是基于其他因素而产生,因而必须属于权利人自己,由权利人自己支配。违反这样的规则,非法使用他人的有财产价值的人格利益要素进行商业活动,就属于侵害人格权,对被侵权人负有侵权责任。

将能够与主体相分离并获得独立地位可以予以商业利用的人格表征予以独立的必要性在于,对于人格表征的商业利用是一种独立的价值,不同于人的人格个性的发展,在比较法上具有相对独立的地位。例如,在美国法中,它是作为不同于隐私权的公开权获得保护的;在德国法中,对于人格的商业化利用是否属于一般人格权尚存在争议,有学者认为一般人格权是对于人的尊严和个性的保护,并不包含财产价值,〔44〕因而人格的商业化利用与一般人格权是两种并列的制度。虽然德国联邦最高法院确认了一般人格权包含人格的财产价值,但是,却认为其并非源于基本法即宪法第 1 条和第 2 条,而是源于民法。〔45〕因此,在德国法中,人格的商业化利用与一般人格权是存在一定差异的。而我国的法学理论和实践一直也是将人格的商业化利用作为一种独立的制度予以构建的,因此,获得独立地位可以予以商业利用的人格表征具有独立地位,应当予以独立规定,从而作为抽象人格权的一种,为公开权。

尽管在具体价值上,一般人格权只是基于法律技术以及我国具体人格权现状的需要而存在,随着对非典型人格表征研究的深入以及社会观念的认可,尤其是法律技术的提升,某些非典型的人格表征能够获得比较明确的界定,获得与人格相分离的独立地位,应当作为典型人格

---

〔44〕 Heinrich Hubman, Das Perönlichkeitsrecht, 2 Auflage, Böhlau Verlag 1967, S. 134.

〔45〕 BGH, WRP 2008, 1527 – 1530.

表征对其进行规定，以获得明确的、可预期的法律地位及法律效果，这样就实现了从一般人格权到具体人格权的转变。但是，应当看到的是，一般人格权更大的作用在于对具体人格权的指导和规定，没有一般人格权的指导和规定，具体人格权就缺少统一的意志和灵魂，不能作为一个统一的整体，而仅成为一个松散的组合。自我决定权和公开权都不具有这样的作用，因而，一般人格权是抽象人格权中最主要的范畴，地位至关重要。

二、一般人格权的发展历史及我国立法现状

（一）一般人格权的发展历史

1. 一般人格权的萌芽

一般人格权的概念产生于1907年的《瑞士民法典》。[46]这种看法是一致的，但一般人格权概念在此之前，有一个萌芽、孕育的过程。

一般人格权萌芽于罗马法时期。马克思曾经指出，罗马法最先制定了"抽象人格的权利"。[47]抽象人格的权利具有一般人格权的某些含义。

罗马法的抽象人格权利是自由。自由首先是指一种人的身份。查士丁尼《法学总论——法学阶梯》第一卷第三篇"关于人的法律"开宗明义："自由人得名于自由一词。自由是每个人，除了受到物质力量或法律阻碍外，可以任意作为的自然能力。"[48]这表明，罗马法中自由的概念不是指具体的权利概念，而是指权利能力的概念，是指人格的概念，表示的是人的人格和地位，因而，在一定程度上具有一般人格权的含义。

在欧洲中世纪，一般人格权概念的萌芽被扼杀了。在文艺复兴时代，罗马法也得到复兴，这一概念开始复苏，为现代一般人格权的产生准备了种子。

2. 一般人格权的产生和发展

近代以来，民法的发展突飞猛进，确认身体权、健康权、生命权、名誉权、性自主权等权利为独立的人格权，同时又产生了一些新的具体人格权，陆续被民法所确认，如姓名权、信用权、隐私权、肖像权等。

在陆续产生的众多具体人格权面前，人们发现在这些众多的具体人格权之中，存在一个一般权利的概念，它统率、指导、包容所有的具体人格权。这个一般权利的概念就是一般人格权。德国学者发现了这个概念，但是却没有写进《德国民法典》。

在《瑞士民法典》起草过程中，起草人欧根·胡倍尔等人非常注重民法对人格权的保护，在法典草案中曾写道："凡人格受到不法侵害者，得请求除去妨害并赔偿损害，又得依情形，请求一定金额之金钱给付，以作补偿。"该条文的争论焦点，是一般人格权受到侵害应否适用精神损害赔偿，争论的结果是确认了一般人格权的概念，单设"人格的保护"部分，规定人格不得让与，人格受侵害时，可诉请排除妨害，诉请损害赔偿或给付一定数额的抚慰金，只有在本法明确规定的情况下，始得允许。其立法旨趣，就在于"承认'一般人格权'的概念，对人格权（关系）的保护树立原则性的规定"。[49]瑞士立法的这一举措，开创了一般人格权的立法先例，在民法发

〔46〕 王利明主编：《人格权法新论》，吉林人民出版社1994年版，第157页。

〔47〕 《马克思恩格斯全集》（第1卷），人民出版社1995年版，第382页。

〔48〕 ［古罗马］查士丁尼：《法学总论——法学阶梯》（中文版），张企泰译，商务印书馆1989年版，第12页。

〔49〕 施启扬：《关于侵害人格权时非财产上损害赔偿制度的研究修正意见》，载《法学丛刊》第88期。

展历史上具有不可磨灭的功绩。

《德国民法典》第823条没有规定一般人格权,也没有规定名誉权等其他具体人格权。“二战”以后,《德国基本法》规定:“人类尊严不得侵犯。尊重并保护人类尊严,系所有国家权力(机关)的义务。”“在不侵害其他人权利及违反宪法秩序或公序良俗规定范围内,任何人均有自由发展其人格的权利。”这一条文规定的是一般人格权。德国法院以基本法确立的原则为依据,创设对一般人格权民法保护的判例法(法官法)。最具典型意义的是“读者投书案”。联邦法院认为,《德国基本法》第1条明定人格尊严应受尊重。人格自由发展是一种私权,在不侵害他人权利、违反宪法秩序或伦理的范畴内,是一种应受宪法保护的基本人权。思想或意见源自人格,是否发表、如何发表以传达于公众,将受舆论的评价,涉及作者的人格,应由作者自己决定。擅自发表他人私有资料,固属侵害个人应受保护的秘密范畴,发表他人同意的文件,擅自添加或减少其内容,或以不当的方式为之时,亦属对人格权的侵犯。故以侵害人格权判决原告胜诉。此后,德国联邦宪法法院又判决了“犯罪纪录片案件”,亦援引联邦基本法的规定,确认对一般人格权的法律保护。〔50〕

《日本民法》原本没有人格权的一般规定。“二战”结束后修宪,《宪法》第13条规定“凡国民之人格,均受尊重”的内容,提出了一般人格权的宪法原则。为了使民法和宪法相协调,日本于1947年4月19日制定《日本国宪法施行后民法应急措置之法律》,与宪法同日实施,以应急需。该法第1条规定:“本法律之目的,在于新宪法施行后,就民法方面,以个人之尊严,与两性之本质的平等为基础,为应急的措施。”开宗明义,明确规定了一般人格权。次年1月1日正式施行《改正民法一部分之法律》,在民法设置第1条之二:“本法,应以个人之尊严,与两性之本质的平等为本旨,而解释。”将宪法的原则在民法中予以落实,确认了一般人格权,予以民法保护。〔51〕

国民政府在制定民法时,接受世界民法立法的最新潮流,于第18条明文规定一般人格权,规定:“人格权受侵害时,得请求法院除去其侵害,有受侵害之虞时,得请求防止之。前项情形,以法律有特别规定者,得请求损害赔偿或慰抚金。”这里的人格权即指一般人格权。

俄罗斯联邦1991年《人和公民的权利和自由宣言》序言指出:“确认人的权利和自由及其人格和尊严是社会和国家的最高价值。”在最显著的地位规定了公民的一般人格权。

在目前,通过立法或者通过判例确认一般人格权,已成为世界各国民法的立法通例。

(二)我国原《民法通则》视野下的一般人格权立法

1. 与一般人格权相关的法律规定

《宪法》第38条规定:“中华人民共和国公民的人格尊严不受侵犯。禁止用任何方法对公民进行侮辱、诽谤和诬告陷害。”这一条文的前段,是确立一般人格权的宪法依据。

原《民法通则》第101条规定:“公民、法人享有名誉权,公民的人格尊严受法律保护,禁止用侮辱、诽谤等方式损害公民、法人的名誉。”其中关于人格尊严的规定是一般人格权的内容。

此外,《残疾人保障法》第3条第2款规定:“残疾人的公民权利和人格尊严受法律保护。”《未成年人保护法》第4条第2项规定:“尊重未成年人的人格尊严。”第15条规定:“学校、幼儿

〔50〕 王泽鉴:《人格权慰抚金与法院造法》,载《法令月刊》第44卷第12期。
〔51〕 林纪东:《战后日本法律》,正中书局1968年版,第80~81页。

园的教职员应当尊重未成年人的人格尊严，不得对未成年学生和儿童实施体罚、变相体罚或者其他侮辱人格尊严的行为。”第40条第2款规定：“公安机关、人民检察院、人民法院和少年犯管教所，应当尊重违法犯罪的未成年人的人格尊严，保障他们的合法权益。”1991年《妇女权益保障法》第39条规定：“妇女的名誉权和人格尊严受法律保护。禁止用侮辱、诽谤、宣扬隐私等方式损害妇女的名誉和人格。”1993年《消费者权益保护法》第14条规定：“消费者在购买、使用商品和接受服务时，享有其人格尊严、民族风俗习惯得到尊重的权利。”此外，还对人格尊严和人身自由受到侵害的，规定了民法制裁的规范，即该法第43条。

2. 我国原《民法通则》视野下一般人格权的立法形式和问题

上述立法对人格尊严的规定分为三种形式：一是《宪法》的原则规定；二是原《民法通则》的原则规定；三是单行法的具体规定。

我国《宪法》对人格尊严的规定没有任何缺陷，因为《宪法》是根本大法，它只能就某项基本权利作原则规定，确立宪法原则，再由基本法去作具体规定。在这一点上，我国《宪法》关于人格尊严的立法与各国宪法的规定基本相同。

原《民法通则》对人格尊严的规定有严重缺陷。将人格尊严规定在名誉权的条文之内，降低了人格尊严这个一般人格权核心的法律地位，使之看起来似乎是名誉权的内容。在适用中，发挥司法解释的功能，依据这一规定“人格尊严”内容的条文，作出一般人格权的扩大解释。

在各单行法关于人格尊严的立法中，立法者着力对原《民法通则》的上述缺陷进行修补。从《残疾人保障法》《未成年人保护法》《妇女权益保障法》到《消费者权益保护法》关于人格尊严的立法，已经承认了一般人格权为概括的基本人格权，并且确立了相应的法律保护制度。

3. 司法解释对一般人格权的确认

最高人民法院依据上述法律规定，按照这样的理解，在精神损害赔偿司法解释中，对一般人格权的法律适用作出了解释，规定人格尊严权和其他人格利益的法律保护措施，确认了人格尊严的一般人格权地位，以及用其他人格利益受到损害的救济方法保护一般人格权的做法。[52]

（三）《民法典》对一般人格权的规定

《民法典》有两个条文规定了“人格尊严”，一是第109条，二是第990条第2款。在这两个条款中，究竟是哪个条款规定了一般人格权，即哪个条款是一般人格权条款，有不同见解。很多人认为，《民法典》第109条是一般人格权条款，第990条第2款也是一般人格权条款。笔者不这样认为：《民法典》第109条关于“自然人的人身自由、人格尊严受法律保护”的规定，并不是对一般人格权的规定，而是将《宪法》规定的两种公法人格权即人身自由和人格尊严，转化为私法人格权，使其成为私法概念，受到民事法律规范和调整；只有《民法典》第990条第2款才是对一般人格权的规定，理由是该条款概括了一般人格权的基本内容，而第109条没有规定一般人格权的内容。这是我国民法第一次明确规定一般人格权。

《民法典》第990条对一般人格权规定的内容是：“除前款规定的人格权外，自然人享有基于人身自由、人格尊严产生的其他人格权益。”首先，自然人享有的除前款规定的具体人格权之外的其他人格权益，正是一般人格权保护的范围。其次，这些其他人格权益，正是基于人格尊严产生的，是由一般人格权负责保护的内容。再次，人格尊严所代表的就是一般人格权，人格

---

〔52〕 参见该司法解释第1条第1款第3项和该条第2款的规定。

尊严是一般人格权的代名词。最后,其中提到的人身自由,放在这里规定是一个失误,因为产生其他人格权益的,不是人身自由,而是人格自由,因为人身自由包括的是身体的行动自由和意志的思维自由,基于这两个权利无法产生其他人格权益,只有基于人格自由这个抽象的人格利益,才能够产生其他人格权益。因此,可以说,《民法典》第990条规定的一般人格权基本上是正确的,存在部分不适当的内容。

三、一般人格权的内容和功能

(一)一般人格权的内容

一般人格权的范围极其广泛,在内容上不可能列举穷尽,需要采用高度概括的方式阐释一般人格权的具体内容。一般人格权的内容尽管极其广泛,但是,其概括的内容就是人格独立、人格自由和人格尊严。一般人格权的这三项基本内容,也是一般人格权客体的三大法益,可以概括一般人格权的所有内容。

1. 人格独立

人格独立是一般人格权的基本内容之一。人格独立的实质内容,是民事主体对人格独立享有,表现为民事主体的人格一律平等,在法律面前,任何民事主体都享有平等的主体资格,享有独立人格,不受他人的支配、干涉和控制。

法律面前人人平等,是近现代以来立法的基本指导思想。资产阶级启蒙思想家为了反对封建专制和封建特权,提出了人的权利"天赋平等"和"自然平等"的理论,并且为资产阶级革命胜利后的宪法性立法所确认。1776年《美国独立宣言》宣布:"不言而喻,所有人生而平等。"1789年法国《人权宣言》第1条宣布:"在权利方面,人们生来是而且始终是自由平等的。"这一原则被各国立法所采用,并赋予其新的含义。在民事立法上,依据这一基本原则,确认民事主体具有独立、平等的人格。1804年《法国民法典》第8条确认:"所有法国人都享有民事权利。"《瑞士民法典》在"人格"一节中,规定人都有权利能力,在法律范围内,人都有平等的权利能力及义务能力(第11条)。日本"二战"后宪法把尊重个人人格和实现平等两种思想作为其基本原则。

我国1982年《宪法》第33条规定:"中华人民共和国公民在法律面前一律平等。""任何公民享有宪法和法律规定的权利,同时必须履行宪法和法律规定的义务。"依据这一宪法原则,《民法典》确认,民法调整的法律关系的主体是平等主体(第2条),民事主体在民事活动中的法律地位一律平等(第4条)。这些法律规定确认我国民事主体人格独立、平等。

人格独立表明人人都有平等的权利,人人都有保护个人人格的权利,人人都有捍卫个人独立性的权利。它包括:

(1)民事主体的人格不受他人支配。主体人格生而平等,生而独立,这种独立的人格只由主体自我进行支配,依照自己精神生活、物质生活的需要而支配,不得由任何其他人进行支配。禁止他人对权利主体的人格进行支配,是保障人格独立的基本要求。任何人支配他人的人格利益,无疑是否定权利主体的独立人格。当自然人不具民事行为能力或不具完全民事行为能力时,法定代理人可以代理该权利主体进行民事活动,甚至支配其人格利益,例如,父母同意将幼儿的肖像用于广告等营利活动,但是,这种支配的性质是代理,而非强行支配幼儿的人格。

(2)民事主体的人格不受他人的干涉。人格为权利主体的做人的资格;保障人格独立,应由权利主体的自我意志决定,他人无权干涉。干涉他人人格,也是对人格独立的干涉,形成一部分主体的地位高于另一部分主体,可以干涉这一部分主体的人格。权利主体捍卫自己的人格独立,就要求他人不得干涉自己,如有干涉,则有权寻求司法保护。例如,干涉他人婚姻自由,就是干涉了自然人的独立人格,因而造成了人的地位的不平等。

(3)民事主体的人格不受他人控制。罗马法的自权人和他权人虽然都是自由人,但是,他权人的人格须受自权人的控制,他权人必须在自权人的同意下才能进行民事活动。在资产阶级的初期民事立法中,还留有这种一部分人控制另一部分人的人格的立法,如妻的人格受夫的人格控制,因而妻无独立的人格,或者说人格地位无完全的独立性。现代法律彻底否定自权人和他权人的概念,要求人人权利平等、地位独立,不受任何他人的控制;即使夫和妻也不存在人格控制的问题,人格独立,一律平等。任何控制他人人格的行为,均为侵权行为。

2. 人格自由

作为一般人格权内容之一的自由,不是人身自由。人身自由为具体人格权,具体内容是身体自由和意志自由。一般人格权中的人格自由不是这种具体的民事自由权。

人格自由也不是政治自由。政治自由为公权利,是宪法规定的言论自由、出版自由、集会自由、结社自由、游行自由、示威自由、宗教信仰自由。这些自由是人享有的政治权利,是公法上的自由,是公权利。而人格自由则是私法上的自由,与其性质完全不同。

一般人格权中的人格自由,是私法上的抽象自由。它不是泛指主体的行为自由和意志自由,也不是指财产自由、契约自由、婚姻自由,而是经过高度概括、高度抽象的人格不受约束、不受控制的状态。它既是指人格的自由地位,也是指人格的自由权利,是权利主体自主参加社会活动、享有权利、行使权利的基本前提和基础。权利主体丧失人格自由,就无法行使任何权利,不能从事任何社会活动。正如罗马法所言,自由人在行为受到阻碍或被人拘束时,他的具体自由权受到了限制,但仍享有人格自由,不丧失自由人的身份,仍然可以依其自由的人格而寻求司法保护,救济其具体自由权的损害。如果人丧失人格自由,则其只能沦为他人的财产,成为物的具体形式,而不再成其为人。这种情况在一定意义上说明了人格自由与人身自由的关系,具有借鉴意义和启发价值。在今天的法律中,人格自由仍然具有这种法律上的意义,是自然人、法人、非法人组织享有一切具体自由权的基础和根源。

人格自由包括以下两方面的内容:

(1)保持人格的自由。人格自由是一种权利,也是一种地位,民事主体人人都有保持自己人格的自由。"任何人不得让与其自由",不仅是说人不得让与其具体自由权,更重要的是强调主体不能让与其保持自己人格的自由。人格是作为人的资格,与生俱来,与人不可分离,主体只有保持自己的人格,才能使其成为主体,而不致成为他人的财产。保持人格的自由,就是主体保持自己的人格自由。任何人企图将他人变成私人的财产,就是侵害人格保持的自由。

(2)发展人格的自由。人格为与生俱来的资格,但是,主体在其生存期间,却可以采取各种方法,例如接受教育、刻苦修养、不断深造、加强锻炼、接受治疗等,发展自己的人格,完善自己的人格,使自己成为更完美、更完善的人,提高自己的社会地位、资历、经验、知名度等,使自己的生活更具美的色彩,为社会做出更多贡献。在当前的流行语"人设"中,所包含的就是发展自己人格的自由,把自己设计成何种理想的人格,并以自己的"人设"为标准,完善自己的人格。在这些方面,权利主体享有充分的自由,以发展自己的人格,完善自己的人格。禁止他人接受教育,限制他人接受治疗等行为,阻止让人按照自己的"人设"发展自己,都限制、干预了权利主体发展人格的自由,属于侵害一般人格权的违法行为。

3. 人格尊严

人格尊严是一般人格权的基本内容之一,也是一般人格权三大法益中最重要的法益,是一般人格权的核心。正因如此,人格尊严才成为一般人格权的代名词。当然,将人格尊严视为一般人格权或者将人格尊严视为一般人格权唯一的价值基础,都是不妥当的。〔53〕

人格尊严是一个特别抽象的概念,是指民事主体作为一个“人”所应有的最起码的社会地位,并且应当受到社会和他人最起码的尊重。换言之,所谓人格尊严,就是把人真正当成“人”。因此,无论自然人职业、职务、政治立场、宗教信仰、文化程度、财产状况、民族、种族、性别有何差别,其人格尊严是相同的,绝无高低贵贱之分。〔54〕

人格尊严与人格独立、人格自由都不相同。人格独立是人的客观地位,人格自由是人的主观状态,而人格尊严却是人的主观认识与客观评价的结合。

(1)人格尊严是一种人的观念。人格尊严是自然人、法人对自身价值的认识。这种认识基于自己的社会地位和自身价值,源于自身的本质属性,并表现为自己的观念认识,因而人格尊严具有强烈的主观因素。

(2)人格尊严具有客观因素。这种客观因素是他人、社会对特定主体作为人的尊重。这种客观因素是一种对人的价值的评价,但是与名誉这种社会评价不同,是对人的最起码的做人资格的评价,评价的内容不是褒贬,而是对人的最起码的尊重,是把人真正作为一个人所应具有的尊重。让人与狗同餐、与狗同浴,看起来对人的物质构成毫无损害,但是对于人的内心和精神的伤害却是极为严重的,原因就在于没有将人作为人来对待,侵害的是人格尊严。因而,无论人的各种属性、状态有何不同,但是,对其尊严的评价却不得有任何不同。

(3)人格尊严是人的主观认识和客观评价的结合。人格尊严既包括自我认识的主观因素,也包括社会和他人评价的客观评价和尊重,这两种因素结合在一起,才构成完整的人格尊严。

人格尊严是一般人格权客体即一般人格利益的基础。“人的尊严是宪法体系的核心”,〔55〕各国宪法均以相当重要的位置规定这一内容,并在民事立法中规定其为一般人格权的主要内容。我国前三部《宪法》都没有保护人格尊严的规定,因而导致了“文革”出现的严重践踏人格尊严的惨痛教训。1982 年以来,从《宪法》到其他基本法、单行法,都强调人格尊严受法律保护,构建了以人格尊严为核心的公法人格权体系。《民法典》将其转变为私法人格权,成为我国一般人格权的核心价值的集中体现。

(二)一般人格权的功能

人格尊严作为一般人格权体系的核心,它决定了一般人格权所具有的三项基本功能。在法律适用中,应当依据人格尊严解释各项具体人格权,创造新的具体人格权,以及补充不被具体人格权所涵括的一般人格利益。

一般人格权的功能,是指一般人格权在人格权体系中所发挥的基本作用,包括解释功能、创造功能和补充功能。这些功能分为两种性质,一种是抽象功能,包括解释功能和创造功能,

---

〔53〕 朱晓峰:《中国语境下人格尊严的民法保护》,知识产权出版社 2019 年版,第 123 页。

〔54〕 梁慧星:《中国民法经济法诸问题》,法律出版社 1991 年版,第 73 页。

〔55〕 王泽鉴:《人格权、慰抚金和法院造法》,载《法令月刊》第 44 卷第 12 期。

发挥的是一般人格权的母权利和渊源权的作用;另一种是具体功能即补充功能,对具体人格权无法提供保护的其他人格权益提供保护。

1. 解释功能

由于一般人格权的高度概括性和抽象性,使它成为具体人格权的母权利,成为对各项具体人格权具有指导意义的基本权利,决定各项具体人格权的基本性质、具体内容以及与其他具体人格权的区分界限。正因如此,一般人格权对于具体人格权具有解释功能。当对具体人格权进行解释时,应当依据一般人格权的基本原则和基本特征为标准,对有悖于一般人格权基本内涵的解释,应属一律无效。除了在学理解释上一般人格权所具有的解释功能外,一般人格权还具有在司法适用上的解释功能。在司法解释上,对于具体人格权的法律规定应如何适用,也应依据一般人格权的基本原理进行解释,在具体人格权的法律适用上,不得违背一般人格权基本内涵的要求。例如,关于侵害肖像权责任构成是否须具备"营利的目的"要件,很多法院和学者将其解释成必备要件。依据一般人格权的基本内涵,人格尊严并非具有实在的经济价值,对人格尊严的侵害并非只有具备经济目的时才构成侵权,而是无论出于何种目的,或者不具有任何目的,只要构成对人格利益的损害均构成侵权。对侵害肖像权责任构成须具备营利目的的解释,违背了一般人格权的基本内涵,损害人格尊严,自属无效。[56]对侵害肖像权的要件作出这样的解释是错误的,用以指导司法实践则更属错误。

2. 创造功能

一般人格权是一种渊源权,或者称为权利的渊源。它不是所有权利的渊源,而是具体人格权的渊源权,从一般人格权中可以引发出各种具体人格权。人格权是一个不断发展的概念。[57]纵观人格权的发展历史,它是一个从弱到强,从少到多,逐渐壮大的权利群。尤其是近现代以来民事立法创造了大量的具体人格权,使具体人格权达到了十几种,种类之多,其他基本权利无法相比。这些具体人格权的产生,无一不是依据一般人格权的渊源创造出来的。在成文法国家,一般人格权的这种创造功能更为明显。成文法国家规定任何权利,必须依据法律明文规定,无明文则无权利。这种成文立法的局限性,对新生的具体人格权的确认和保护不无障碍。正确地运用一般人格权的创造功能,就可以依靠一般人格权来创造具体人格权,并且在实务中予以适用。以德国为例,《德国民法典》并未规定隐私权,但是,德国法院依据一般人格权的观念,创造了保护隐私权的判例。德国某出版社出版的周刊杂志刊载虚构的伊朗废后苏菲亚访问记,苏菲亚作为伊朗公主,主张其人格权受侵害,要求赔偿慰抚金 1.5 万马克。联邦法院判决原告胜诉,认为此项不实报道侵犯了个人隐私,构成对人格权的侵害,刊登更正启事尚不足以回复原状,应以相当数额的金钱慰抚受害人的精神损害。被告认为判决违法,侵害新闻自由和言论自由,违背现行民事立法而提出宪法抗告。德国联邦法院认为此项抗告不成立,主要理由就是德国宪法明文规定人格应受尊重,私法承认一般人格权以补充现行民法的不足,系为实践宪法基本人权的价值体系,与宪法秩序尚无违背。因此,学者认为,德国关于人格权的保护立法并非先进,但是,判例法却迎头赶上而超越之,充分显现法院造法的活力,可见立法周全固属重要,判例更不容忽视。[58]在这当中,一般人格权的创造功能发挥了决定性的作用。

---

〔56〕 参见杨立新、尹艳:《侵害肖像权及其民事责任》,载《法学研究》1994 年第 1 期。

〔57〕 李林启:《论发展着的人格权》,法律出版社 2018 年版,第 18 页。

〔58〕 王泽鉴:《人格权、慰抚金与法院造法》,载《法令月刊》第 44 卷第 12 期。

3. 补充功能

一般人格权也是一种弹性的权利，具有高度的包容性，既可以概括现有的具体人格权，又可以创造新的人格权，还可以对尚未被具体人格权确认保护的其他人格权益发挥补充功能，将这些人格权益概括在一般人格利益之中，以一般人格权进行法律保护。当这些没有被具体人格权所概括的其他人格权益受到侵害时，即可以依照侵害一般人格权确认其为侵权行为，追究行为人的民事责任，救济其人格权益的损害。例如，名誉权的客体是对特定人的社会综合评价，而不包括名誉感。当侮辱行为没有公开，并没有使受害人的社会评价降低，而仅使受害人的名誉感受到严重损害时，受害人不能依据侵害名誉权造成损害而得到救济；由于名誉感关系人格尊严，名誉感的伤害实际上表现为人格尊严受到损害时，就侵害了其他人格权益，可以依照侵害一般人格权的规定请求损害赔偿的救济。2013 年《消费者权益保护法》第 14 条先规定了消费者的人格尊严应受尊重，第 27 条规定经营者不得对消费者进行侮辱、诽谤，第 50 条规定侵害消费者的人格尊严应承担相应的民事责任，就是肯定了一般人格权的这种补充功能。《民法典》第 990 条第 2 款，将这种规则纳入法典中，成为普遍性原则。可见，一般人格权的这种补充功能与其解释功能和创造功能相比较，具有更强的实用性。法院可以依据《民法典》第 990 条第 2 款规定的请求权基础，直接作出侵害一般人格利益的判决，保护自然人、法人或者非法人组织的一般人格权。在社会生活中的许多违法行为，究竟侵害的是何种具体的人格权益很难界定，充分发挥一般人格权的补充功能，就能使具体人格权以外的其他人格权益受到一般人格权的法律保护。

第三节　公　开　权

一、公开权的概念和性质

（一）公开权的概念

公开权也称为人格商品化权、商业形象权和商事人格权，是指民事主体包括自然人、法人和非法人组织对其具有一定声誉或吸引力的人格标识利益，进行商品化利用并享有其利益的抽象人格权。

对公开权概念的界定，分为广义说与狭义说。广义的公开权，是将公开权的保护对象扩展到一切可以商品化的对象，包括真实人物、虚构角色以及其他可商品化的人格标记、符号、物品等，都纳入公开权的范围之中，予以保护的权利。狭义的公开权，是将公开权的保护对象局限于自然人的生命特征，即自然人与其人格相联系的人的个性化人格特征。广义说将公开权的保护范围扩及一切可以商品化的对象，其保护范围失之过宽，虚构或创作中的角色更接近于著作权的保护对象，应由《著作权法》调整，而类似于人格的标记、符号、动物、物品等，与真实人物的人格标识不具有相同的法律特征，不应属于同一种权利保护的对象。而狭义说将公开权局限于保护具有生命特征的人格标识，其保护范围又失之过窄。在现实生活中，法人、非法人组织的标志性特征同样有被商品化利用的可能，就如同法人、非法人组织享有名称权、名誉权、信用权等人格权一样，它们也享有公开权。因此，本书对公开权概念的界定，采取的是折中说立场。

《民法典》第993条对公开权的规定是："民事主体可以将自己的姓名、名称、肖像等许可他人使用，但是依照法律规定或者根据其性质不得许可的除外。"这一对公开权的规定，显然采纳的是折中说立场，公开权的主体包括自然人、法人、非法人组织。同样，《民法典》第1182条对侵害公开权的损害赔偿救济规则也规定："侵害他人人身权益造成财产损失的，按照被侵权人因此受到的损失或者侵权人因此获得的利益赔偿；被侵权人因此受到的损失以及侵权人因此获得的利益难以确定，被侵权人和侵权人就赔偿数额协商不一致，向人民法院提起诉讼的，由人民法院根据实际情况确定赔偿数额。"这一规定确定的被侵权人不是仅指自然人，而是"他人"，包括自然人、法人和非法人组织。

所以可以确定，公开权的权利主体并非仅指自然人，包括自然人、法人和非法人组织。

（二）公开权的基本性质

1. 对公开权基本性质认识的不同学说

学说对公开权的基本性质的认识颇不一致，主要的意见是：

（1）人格权说，认为公开权是从隐私权中衍生出来的一种新型人格权，是将隐私公开从而进行商业化使用的权利，或者公开权不过是确认了每个人人格中固有的特征，一些法院不愿意承认姓名、肖像等人格利益具有财产因素，因而创造了公开权概念并予以保护。由于公开权是对人格标识的利用进行控制的权利，所以，公开权是一种具有财产价值的人格权。〔59〕

（2）财产权说，由于公开权广泛存在于社会各个领域，特别是存在于经济领域，其主要功能是保障、促进人格权益的商品化利用，保护民事主体权利的自我享有并获得其中的利益，因而应定位为财产权。〔60〕

（3）特殊知识产权说，以《世界知识产权公约》对知识产权范围的界定为依据，认为公开权属于第7项"制止不正当竞争，以及在工业、科学、文学或艺术领域，由于智力活动而产生的一切其他权利"的范围。该观点认为公开权具有无形性、专有性、地域性、时间性这些知识产权的特性。〔61〕

（4）无形财产权说，认为诸如姓名、肖像、形体、名誉等人格因素，在商业化过程中已由传统人格利益演变成商业人格利益，即非物质化的新型财产权益，与商誉权、信用权、特许经营权一样，都是一种非物质属性但又不能归类于知识产权范畴的无形财产权。〔62〕

（5）边缘权利说，认为公开权在传统人格权和知识产权的边缘地带产生，但这并不表明可以将其简单地纳入人身权或知识产权的任一范畴。

（6）人格权的部分说，认为公开权是人格权的一个部分，而非一个独立的人格权，但是也拥

---

〔59〕 参见王利明：《人格权法研究》，中国人民大学出版社2005年版，第266页。

〔60〕 李明德：《美国形象权法研究》，载《环球法律评论》2003年冬季号。

〔61〕 刘春霖：《公开权论》，河北大学学报1999年第4期；相同观点有朱妙春等：《知名人物的公开权及其法律保护——鲁迅姓名、肖像商业使用引发的法律思考》，载律师网，http://www.fclaw.com.cn/Details.asp? id = 12394，最后访问日期：2011年4月21日。

〔62〕 吴汉东：《形象的商品化与商品化的形象权》，载《法学》2004年第10期。

有一般的人格权不同的特色,在具体问题的处理上,与公开权独立说的不同之处也很少。[63]

上述这些观点未能正确反映公开权的真实的法律属性。理由是:第一,公开权并不具备知识产权区别于其他民事权利的突出特征,即智力成果的创造性。第二,“无形财产权说”强调了人格因素在商品化过程中所产生的商业利益、财产价值,但是却忽略了公开权旨在保护主体的“人格标识”或“人的确定因素”的价值,它的产生以人格特质为前提,以人的情感、声誉、地位为基础,这是区别于任何财产权利的本质特征。第三,“特殊权利说”和“边缘权利说”未能明确公开权的法律地位,忽略了权利类型的体系化思考的功能、示范的功能和认知价值,其结果不仅仅是带来法律推理的困难,而且还会带来利益分配、权利规则制定的困难。

2. 公开权的性质是抽象人格权

公开权是人格权体系的范畴,其属性是抽象人格权,是与一般人格权、自我决定权相并列的一种抽象人格权。理由是:

(1)公开权所保护的是能够被商业化开发的人格利益,属于人格利益中的一类。民事主体对自己的姓名、名称、肖像、声音、形体等人格标识进行支配、利用,是以主体人格的独立性、完整性与不可侵犯性为基础,同时也为了使自身的价值得到充分的发挥。同时,被商品化利用的人格标识与人格的社会评价密不可分。例如,知名人物的声音、形体、习惯性动作等,之所以可能成为商品化的对象,并非基于上述形象因素本身的艺术美感,而是利用了消费者对依附于其上的知名人物社会影响力所产生的信赖。从这个意义上讲,普通人的人格标识的商品化只是一种可能,而知名人物的人格特征转化为商业利益则具有更为现实的保护必要。

(2)人格权非财产性的理念已被现代民法所突破。在传统理论中,人格权都不包含财产因素,因而不能进行积极的利用、转让、继承,甚至把限制人格利益的商品化作民法的宗旨之一。这限制了“人作为终极目的”在法律上的实现。现代科学技术的发展、市场经济的深化、新闻媒体和传播技术的发达,使人格利益转化为商业价值成为现实.而民事主体面对这样的在自己人格利益中存在的商业价值,一方面不会无动于衷,另一方面也应当对这种利益进行严密保护,使其归属于权利人自己,而不能被他人攫取。当代民法不得不面对人格权益中物质利益因素凸显的现实,进而加快人格权体系扩张的进程,创设更多的人格权,对人格权益包括其中的财产价值进行更完善的保护。姓名、名称、肖像、声音等人格要素所包含的财产利益保护,以及商业信誉、信用的保护,就是典型表现。

(3)基于同一人格要素,可以同时存在不同的权利并实现不同的功能。姓名、名称、肖像等人格要素之上可以在存在肖像权、姓名权等具体人格权的同时,存在公开权。具体人格权的功能重在维护人格独立及人的自由发展的精神利益,同时也保障人格利益中的财产性利益。而公开权作为抽象人格权,更是一种权能性权利,因而是允许他人使用、开发自己的人格权益并获得经济利益的权利,其主要功能是保障、促进人格利益的商业化利用,既促进市场经济发展,又使民事主体在其中获益。公开权可能与具体人格权产生竞合,但是,公开权仍不能为具体人格权所取代。如前所述,姓名权、名称权、肖像权等具体人格权不能解决模仿名人姓名、肖像以及著名企业的名称进行商业宣传的问题,同时,也不能回答人格权益的放弃、转让等问题;而公开权正是可以弥补具体人格权无法涉及的范围的最好选择。

(4)公开权与一般人格权有不同的作用。一般人格权虽然有对具体人格权补充、解释的功

---

〔63〕 [日]五十岚清:《人格权法》,[日]铃木贤、[中]葛敏译,北京大学出版社2009年版,第146页。

能，但是，由于一般人格权的内容主要是人格独立、人格自由与人格尊严，一般人格利益具有趋同性，一般人格权对人格利益的保护主要表现为消极权利，即以禁止性方式对侵害人格利益的行为进行救济。而公开权恰恰相反，不仅包含这种消极权利，还包含授予他人可以利用自己的人格标识的积极权利。那种认为人格权只具有消极的保护自己权能的看法，已经成为过往。因此，公开权不能为一般人格权所吸纳、涵盖，必须作为一种独立的抽象人格权而存在，在人格权法中发挥自己的职能作用，调整好人格权益公开、许可他人使用的人格利益被他人利用的法律关系。

综上所述，公开权与自我决定权、一般人格权一道，共同构成抽象人格权体系，从不同的角度、以不同的方式对人格利益进行全面保护，并且自己担负着重要的法律调整职能。《民法典》第 993 条和第 1182 条体现的正是这样的思路。

（三）公开权的保护对象

公开权所保护的人格标识利益主要包括自然人的姓名、肖像、形象、声音、隐私等，法人或者非法人组织的名称、标志性建筑、地理特征以及以上具有人格"可指示性要素"综合而成的整体形象。

1. 姓名

姓名主要是自然人的真实姓名。姓名是标表自然人作为主体身份的重要标识，也是商品化利用的主要对象。[64]具有一定社会知名度的笔名、艺名、网名、字号以及姓名的简称，只要具备被他人使用足以造成公众混淆的，都在姓名的公开权保护之下。

2. 肖像

《民法典》第 1018 条第 2 款规定，肖像是通过影像、雕塑、绘画等方式在一定载体上所反映的特定自然人可以被识别的外部形象。这个定义其实超出了肖像概念的范围，包括了形象。因为肖像是以自然人的正面或侧面的面部（五官）为中心的外貌，通过影像、雕塑、绘画等方式固定在物质载体上再现的视觉形象，应当以面部形象为中心。对肖像进行商品化利用，属于公开权保护的范围。

3. 形象

形象是自然人除了面部之外的身体其他部位的形象，包括人的形体特征、侧影、背影等。例如，"手形广告"中自然人的手形，"内衣广告"中的自然人的形体，都是自然人的形象，都属于公开权保护的范围。

4. 声音

声音是自然人人格标识之一，具有唯一性、稳定性的特征。一个人独特的声音或声音风格，如演唱者独特的演唱声音、朗诵声音，可以指示该演唱者或朗诵者的身份及人格特征，因此，声音利益也为公开权的保护对象。

5. 名称

法人或非法人组织的名称，是一定的民事主体的人格标识，具有将被标识的对象从同类中区别出来和宣传该被标识对象的作用。名称以文字组成，但是，其所表达的信息远远多于所组

---

〔64〕 但是，在重名的情况下，原告必须证明被告所使用的就是他的姓名或者说被告所用的姓名是指向自己，否则不能证明被告使用了自己的人格标识。

成名称的文字本身所包含的信息,往往包含了主体的信用、信誉以及一个法人或者非法人组织的整体形象,因此,名称为公开权的保护重点对象。

6. 各种形象因素的综合

在某些情况下,一些可以指示特定身份的人格因素,如富有特色的装扮、特有的道具等,综合起来,可明确指向某一特定的人,或者能让公众意识到某一特定的人。这些综合因素就是主体的人格标识并可加以商品化利用。〔65〕同样,特定的地理特征、建筑、历史传统等因素,综合起来,明确指向某一具有影响力、号召力的法人或组织,这些因素的综合也能成为商品化的对象。

此外,自然人的隐私、个人信息等,也受公开权的调整。

二、公开权的产生、发展与借鉴的必要性

(一)公开权概念的产生和发展

人格标识是民事主体标表其个性特征的人身识别因素,如自然人的姓名、肖像、形象、声音,法人或非法人组织的名称等。20 世纪后期,社会进入大众消费时代,市场经济快速发展,大众传媒极端普及,商业推广不断创新。在这样具有极端需求的大市场中,一些知名人物或组织的人格标识所具有的鲜明特征,以及特别的影响力、号召力和亲和力,吸引了商人的目光,盯住同样吸引消费者的这些人格标识,从中获得巨大的商业利益。因此,某些人格标识的商品化利用就成为当代市场经济中的必然现象,也是市场经济发展的必然趋势。

这样的发展形势显然对民事主体的权利保护不利。人格标识是民事主体的人格利益,归民事主体自己享有。而商人从市场价值和市场需求出发,为谋求商业利益,对属于他人的人格标识擅自进行开发,却将最终的利益归自己独占,或者仅仅给权利人微小的利益,自己取得绝大部分利益,显然是对权利主体所享有的权利的侵害。人格权法和侵权责任法面对这样的侵权行为不会坐视不管,必须作出自己的反映。

美国法律率先对此作出了反映,以判决向这种非法利用民事主体人格标识的侵权行为宣战。〔66〕

在 1953 年 HaelenLaboratoties, Inc. v. Topps Chrming Cam 案中,Frank 法官明确提出了公开权的概念,突破了传统的隐私权观念,不再将商业性地使用他人的身份局限在精神痛苦的范围之内,而是直接涉及人的人格标识的商业化开发中的财产利益问题,这就是公开权的核心。第二巡回法院将公开权定义为“对自己的姓名、肖像和角色拥有、保护和进行商业利用”的权利。美国知识产权学家尼莫教授 1954 年发表了题为《论公开权》的论文,认为公开权是每个人对其创造和购买的公开的价值享有控制或获取利益的权利。〔67〕名人需要的不是对于隐私的保

---

〔65〕 1992 年,美国的“怀特”一案是将各种因素综合起来判定是否侵犯他人人格特征的典型判例。原告怀特是著名的电视娱乐节目“幸运之轮”(Wheelof Fortune)的女主持人,收看该节目的电视观众非常广泛。被告三星电子公司为新上市的盒式磁带制作了一则广告,画面为一个拟人的机器人形象,头戴金色假发,身着晚礼服,佩戴珍珠项链。这是广告设计者刻意模仿怀特穿着的结果。除此之外,这个类似机器人的形象还站立在一块竞赛牌子(牌子上写有各种英文字母)的旁边,就像怀特主持“幸运之轮”节目时所做的那样。第九巡回上诉法院认为,如果将广告中的各个要素分开来看,不能说被告侵犯了原告的权利。但是,如果将其中的各个要素综合起来,毫无疑问广告所描绘的就是原告。因此,被告显然使用了原告的身份。

〔66〕 李明德:《美国形象权法研究》,载《环球法律评论》2003 年冬季号。具体案情在该书第二十一章“声音权”中有引用。

〔67〕 Nimmer, The right of publicity, 19law & contemp/prob/203, 216(1954).

护,而是对于自己身份的商业价值的保护。“尽管名人不愿意将自己隐藏在隐私的盾牌之后,但是,他们也绝不愿意让他人未经自己的许可或者未向自己支付报酬而使用、公开自己的姓名、肖像或形象。”这一定义在1977年得到了美国最高法院的支持。在法官和学者的共同推动下,美国公开权从传统的隐私权中独立出来,形成一种新的权利类型。[68]在这些立法或判例中,公开权被界定为一种仅仅与真实的自然人相关的财产权。例如,《加利福尼亚州民法典》第3344条规定,保护自然人的姓名、肖像、声音和签名等,不受非法侵害。

日本从20世纪70年代开始引进商业形象权的概念,判例与学说存在两种倾向:一种是广义的商业形象权,是指除自然人以外,漫画或动画中的人物甚至动物以及其他物品,只要对顾客有吸引力,也能成为商业形象权的对象;另一种是狭义的商业形象权,是基于隐私权、肖像权、名人的形象所具有的经济价值而产生的权利。[69]

对公开权尽管有争议,但是在目前,认可人格标识的公开权并且予以完善的保护,已经成为世界范围内的趋势,被越来越多的国家民事立法所采纳。

(二)我国人格权法借鉴公开权的必要性

在我国,同样存在这样的问题和保护的现实需要。有人模仿美国前总统克林顿的形象出现在中国商品的广告上,在中国的电视画面中谈笑风生,推销中国的商品;在某些风景名胜区,有人模仿蒋介石的形象,招徕生意,获取报酬。[70]谢霆锋、刘德华,与他们的名字谐音的“泻停封”“流得滑”分别被注册为止泻药、涂改液的商标。不但自然人的人格标识被广为应用于商业领域,一些享有声誉和知名度的法人或非法人组织的人格标识也未能幸免。

面对我国广泛存在的非法使用民事主体人格标识的侵权现实,立法长时间没有采取必要措施。在理论上,一些学者尽管在努力探讨这个问题,没有引起更多的注意。立法和司法的滞后,助长了非法的人格标识商业化开发、利用。特别是当代科学技术的迅猛发展,社会需求的极端需要,都促使商人加大力度,以侵权为手段,获取更大的利益和价值。前者如当代声音克隆技术已大大发展,科学家进行声音克隆软件的开发。声音可以通过一定的程序分解,再和别人的声音嫁接。银幕上出现与真人声音完全相同的虚拟人物,或真人声音与别人形象结合的新的银幕形象,特别是“深度伪造”,能够达到以假乱真的效果,因而使作为人格标识的声音、肖像、形象的非法利用更为便捷和卓有成效。后者如铺天盖地的“模仿秀”“真人秀”,就是公然地攫取他人人格标识中的财产价值,几乎相当于在进行公开劫掠。

在当代社会的人格标识利益商业化开发利用中,如果民事主体产生的权利要求并没有受到立法者和司法机关的重视,立法和司法还拘泥于传统的人格权和人格利益保护的旧的立法、司法传统;而人格标识利益的商业化开发利用恰恰不是传统的民事权利体系中的人格权或财产权所能涵盖的权利要求,就会使我国民法的人格权保护出现盲区。

在以上事例中,被商品化利用的对象无一不是民事主体的人格识别因素或人格特征,但由此产生的权利又不仅仅是指向人的精神利益、人的价值的权利,更重要的是,人格标识商品化之后,人格利益的变化所导致的权利配置问题,是传统人格权体系中的姓名权、名称权、肖像权

〔68〕 参见李明德:《美国形象权法研究》,载《环球法律评论》2003年冬季号。

〔69〕 参见[日]萩原有里:《日本法律对商业形象权的保护》,载《知识产权》2003年第5期。

〔70〕 参见杨立新、林旭霞:《论人格标识商品化权及其民法保护》,载《福建师范大学学报》(哲学社会科学版)2006年第1期。

等具体人格权所无能为力的;对人格特征因商业利用而产生的财产权益,是否适用财产权规则、在何种程度上适用财产权规则,现行财产法同样无法作出回答。于是,当基于表现民事主体人格特征的人格利益被无关的他人占有、支配、开发、利用,创造出相当的经济利益,并且从中获利时,权利人痛苦万分,侵权人沾沾自喜,而法律面对权利的侵害如果显得苍白无力,对人格特征商品化过程中产生的权利义务关系就无法进行调整,亟须公开权进行调整和保护。

正是在这样的形势下,为保护好民事主体的人格权益,《民法典》在原《侵权责任法》第20条规定的基础上,规定了第993条,鲜明地规定了公开权。我国原《侵权责任法》第20条规定已经表明了我国法律接受了公开权的概念,并且从侵权法的角度制定了具体的规则。《民法典》第993条的规定,更进一步明确了我国民法对公开权的鲜明立场,因为原《侵权责任法》第20条规定毕竟是从侵权责任的角度确定侵害公开权的后果,而《民法典》第993条才是对公开权的真正的正面确认。

三、公开权的基本内容

(一)公开权与具体人格权调整范围的整合

公开权与相关的具体人格权有重合之处。姓名权、名称权、肖像权、形象权、声音权等,都是独立的具体人格权,而公开权也恰恰是在保护这些具体人格权的人格利益的商业化开发中存在的财产利益。把公开权作为一个独立的人格权,应当如何处理公开权与相关的具体人格权的调整范围,是一个重要问题,应当首先解决。

美国的具体人格权保护与公开权的保护也存在同样的问题。例如,美国的肖像权受到隐私权的保护,侵害肖像权的侵权行为直接依照隐私权保护的法律处理。例如,《美国侵权行为法重述》(第二次)第652C条规定:"为自己适用或利益而窃用他人之姓名或肖像者应就侵害其隐私权而负责任。"[71]如果涉及肖像利益的商业化利用,需要以公开权保护的,则引用公开权的判例法进行判决。

结合我国立法和司法的实际情况,可以采取下述办法进行整合和适用法律:

1. 明确分工

如前所述,凡是涉及相关具体人格权一般保护的,适用具体人格权的保护方法进行保护;凡是涉及人格标识利益进行商业化开发利用而特殊保护的,适用公开权的保护方法进行保护。

2. 对难以区分人格利益保护的解决办法

对于无法区分是具体人格权保护范围还是公开权保护范围的,其实也不一定就要截然分开,由于公开权所保护的客体与相关具体人格权所保护的目标并无原则的差别,适用哪种权利进行保护,并没有实质性的区别,都是可以的。即使应当适月公开权进行保护,而采取了具体人格权的保护方法进行保护,也不能说就是法律适用的错误。

3. 法律适用

在法律适用上,姓名权、名称权和肖像权已经有了明确的立法,对这些权利的救济直接适用这些法律规定确定责任和救济方法。形象权涵盖在《民法典》第1018条规定的肖像权中,声音权规定在第1023条第2款中,依照这样的规定,就能够解决公开权的法律适用问题。对于侵

---

〔71〕《美国法律整编·侵权行为法》,刘兴善译,台北司法周刊1985年版,第544页。

害公开权的侵权损害赔偿从责任的确认,应当依照《民法典》第1183条规定进行。

(二)公开权的主体、客体和内容

公开权的主体包括拥有人格标识的自然人、法人或非法人组织,以及公开权的受让人即被许可使用人。

公开权的客体是民事主体对人格标识所享有的人格利益,主要表现为民事主体人格标识利益上所体现的商业利益。

公开权的内容包括两个方面:一是消极权利,即人格标识的禁用权,权利人享有排除他人擅自将自己的人格标识进行商业化利用的权利。禁用权的行使以他人故意进行商业化使用为前提。换言之,合理使用应受法律保护。如果是利用他人的人格标识和特征,并足以误导社会公众,权利人有权禁止。二是积极权利,即人格标识的利用权,是指权利人对各类人格标识进行商品化利用的权利。权利人既可以自己将各种人格标识使用于商业领域之中,依靠人格特质对公众的吸引力而在商品经营中直接获取利益,例如,在微信公众号中开设"打赏"功能,吸收他人的奖赏;也可以是转让、许可他人将人格标识用于相关商品和商业活动中,从而收取转让费或许可费。对于后者,《民法典》规定的基本方法,就是人格标识的许可使用合同,一方面规定了肖像公开权行使的肖像许可使用合同的规则,另一方面则在第1023条规定了"对姓名等的许可使用,参照适用肖像许可使用的有关规定"的规则。

授权他人许可使用合同,是公开权实现的主要途径。许可使用合同应对一些重要问题作出约定,如使用人格标识的商品或服务的范围、具体方式,地域、时间、范围以及专有使用或非专有使用等。

(三)公开权的期限

知名人物的人格特征往往长久地存在于公众心目中,但是,人格利益不能无期限地受到保护。对于公开权保护期限及于权利人终身,不存异议。但是,在权利人死亡后,公开权应当受到适当的保护,必须有保护期限的规定。

在具体保护期限上,有学者认为,人格权的消灭并非等同于人格权具体表现形式(如姓名、肖像)的本身不受法律保护,保护死者的姓名、肖像等的目的,是保护其上的精神利益,与死者关系密切的近亲属或其他个人、团体,作为该精神利益承受者,以大致与姓名权、肖像权相同的保护方式加以保护。[72]有学者认为,从前述公开权属于"财产权"的观点出发,属于具有可转让性和继承性的"财产价值权",在权利人死后"由其继承人继承"。[73]

美国加利福尼亚州一高等法院在Lugosi v. Universal Pictures一案中认为,因电影Dracula而闻名的已故演员Bela Lugosi亲属对他的肖像使用享有经济上的权益,Lugosi的亲属已经继承了因电影中Count Dracula角色衍生而来的名誉和肖像的商业使用权。上诉法院随后推翻了关于继承性的判决,最后,加利福尼亚州最高法院于1979年12月确认改判,在驳回公开权可继承这一判决的同时,确定应该对"艺术家对自己劳动成果应有的权利严重缺乏支持"这种观念

〔72〕 参见刘妙春等:《知名人物的公开权及其法律保护——鲁迅姓名、肖像使用引发的法律思考》,载律师网,http://www.fclaw.com.cn/Details.asp? id=12394,最后访问日期:2011年4月21日。

〔73〕 参见熊进光:《商事人格权及其法律保护》,载《江西财经大学学报》2001年第5期。

有所制止，通过将公开权与现有版权法关于艺术作品保护作类比，大法官建议，可以采用公众人物死后50年享有公开权的财产利益。[74]这一建议可以看成是在公开权的继承与公众利益之间寻求的平衡。

德国没有明文对此进行规定，但在1958年德国民法典人格和名誉保护改革法草案中，曾经提出过类似的建议，即如果受害人已经死亡，或者侵害直接指向死者，其亲属有权主张权利，除非死者已经指定并授权他人在此情形下主张权利。自受害人死亡30年期满后，该权利不能再主张，除非已经依合同承诺或者在此前已经诉诸法院。

公开权保护期限的界定，应与权利人的人身权益相联系。采用人格权益延伸保护的立场，[75]对死者人格要素公开利益的保护，应在权利人死亡后延伸。《民法典》第994条规定了对死者人格利益保护的方法，但是没有明确规定具体的保护期限。对此，应当依据该条规定的精神，参照最高人民法院关于保护死者姓名、肖像、名誉、荣誉、隐私利益的方法，即由死者的近亲属作为保护人，并据此界定保护的期限。如果死者已经没有近亲属的，就不再予以保护。这种做法与规定具体期限的做法基本相同，并且已经有《民法典》的规定作为依据，完全可以解决这个问题。

四、公开权的法律救济手段

侵害公开权的救济手段，仍然适用人格权请求权和侵权请求权的方法。由于公开权的功能体现为民事主体对自己的人格标识的使用及其财产价值的控制权，对公开权的侵害直接导致权利人财产利益的减损。因此，对于侵害、妨害公开权行使或者侵害之虞的，适用人格权请求权予以保护；对于侵害公开权造成损害的，适用侵权请求权予以保护。

保护公开权应当特别重视禁令和损害赔偿的救济方法。

禁令，也称为禁制令，是指为制止侵权行为，从而使权利免受侵害和侵害危险的措施。对此，《民法典》第997条已经规定了侵害人格权的禁令制度，民事主体有证据证明他人正在实施或者即将实施侵害其人格权的行为，不及时制止将会使其合法权益受到难以弥补的损害的，有权依法向人民法院申请采取责令停止有关行为的措施。

侵权禁令就是法院根据当事人的申请发布的令侵权人停止正在实施或即将实施的某种侵权行为，从而使权利人免受侵害或侵害危险的一种强制性措施，其目的在于保护权利人免受继续发生或将要发生的侵害，因此预防难以弥补损害的发生。在公开权的领域，对于那些没有造成实际损害，或者造成损害但是数额不大的情况下，禁令是一种有效的救济方法，应当更多的采用，以制止侵权行为，保护当事人的民事权益。即使造成财产利益损害的，在承担赔偿责任的同时，也可以适用禁令，禁止行为人继续实施侵权行为。

损害赔偿是侵害公开权主要的救济手段。被侵权人请求损害赔偿，首先，应有损害事实发生，凡未经授权商业性使用权利人的肖像、姓名、形体、声音等人格标识，即构成侵权。包括商业性使用面貌酷似名人的肖像、模仿名人的形象、声音，以及商业性使用知名人物、组织姓名、名称的谐音，只要有相当数量的一般社会公众，能够辨别出使用的是权利人的人格标识，即构

---

〔74〕 "The Descendibility of the Right of Publicity: Memphis Development Foundation v. Factors Etc, Inc.", Heinon line - 14, *Ga. L. Rev.* 831.

〔75〕 杨立新：《人身权法论》，中国检察出版社1996年版，第284～285页。

成侵权，但是，法律有限制，或者根据其性质不得许可使用的除外。其次，应当有财产利益的损失。财产利益的损失应为权利人对其人格标识所享有的商业利益的损失，包括权利人因侵权行为丧失的市场价值和侵权人所得的非法利润。损害赔偿以过错责任为归责原则，按照被侵权人因此受到的损失或者侵权人因此获得的利益进行赔偿，选择权在被侵权人，以更好地填补权利人损害、恢复至未损害前的状态。对此，应当依照《民法典》第1183条规定确定赔偿责任。在被侵权人因此受到的损失以及侵权人因此获得的利益难以确定的情况下，法官可以采用法定赔偿金制度，即由法院根据法律规定的赔偿数额的范围，考虑侵权行为的社会影响、侵权手段与情节，作出相应的裁判。

第四节　自我决定权

一、自我决定权概述

（一）自我决定权的概念及意义

1. 自我决定权概念的界定

自我决定权是自然人享有的意志以发展人格为目的，对于生命、身体、健康、姓名等具体外在人格要素的控制与塑造有权自行决定的抽象人格权。《民法典》第130条关于“民事主体按照自己的意愿依法行使民事权利，不受干涉”的规定，就包含了人格权的自我决定权。

关于自我决定权，日本的案例是，日本“X教派”教徒A罹患肝脏肿瘤，就诊于东京大学医科学研究所附属医院。A在就诊时明确表示，因输血违背自己的宗教信念而拒绝接受伴有输血的医疗行为。但是，在A接受肝脏肿瘤摘除手术时，医生对她实行了伴有输血的医疗行为，手术成功。该患者后来得知自己在医疗过程中被输血的消息后，精神极度痛苦，遂对医院及医生提起损害赔偿之诉。后来，该患者在诉讼中死亡，由其继承人继承诉讼。日本东京地方法院1997年3月12日第一审认为，为救他人的生命而进行的输血行为，乃属于社会上的正当行为，以无违法性为由驳回原告的诉讼请求。第二审法院认为，因医师违反说明义务，以致患者的自我决定权受到侵害，因此，被告的行为构成侵权行为，判令被告赔偿原告55万日元。第三审法院即最高裁判所第三小法庭认为，患者表达输血会违反自己的宗教信念而明确拒绝伴有输血的医疗行为的意思时，该意思决定权应为人格权之内容，医院对此意思决定权应予以尊重。在本案的上述事实下，手术时除输血以外别无其他救命方法，但是在入院时，医生应对患者说明在医疗过程中必要情况下还是要输血，是否要接受该医院的手术，应该属于患者的自我决定权。被告怠于履行上述告知义务，侵害了患者的意思决定权。因此，被告应该就受害人所受的精神痛苦负担慰抚金损害赔偿责任，故维持二审判决。〔76〕日本学者认为，自我决定权是指个人对其自身的一定范围的私事，可以不受公共权力的干涉，自行决定的权利。这一案例突破了传统人格权法的保护范围，确立了对患者针对自己人格特征予以自我决定的权利进行保护的

〔76〕　本案终审为日本最高裁判所2000年(H12)2月29日第三小法庭判决。

先例，在促进人格权的发展方面具有重要意义。在通常情况下，输血行为很难被认为是对患者身体权的侵害。身体权是身体完整不受侵害的权利，是对于人的外部存在的既有状态的保护，患者对于手术的同意，意味着对于身体完整性侵入的承诺。本案患者所遭受的损害并非身体上的伤害，而是精神上的痛苦。本案判决对于人格权发展的重大意义，在于明确提出了患者对于自己身体的自我决定权，在对身体的完整性进行保护之外，人对身体的自我控制与发展的能力也获得了人格权的保护。

2. 自我决定权的意义

自我决定原本是哲学和宪法的概念，即一个人在自己生活范围内具有的自我决定的自由，该种自由尊重的是人的自主性。民法作为关涉价值的规则，[77]受到哲学和宪法所确立的理念和价值的影响和指导，并以实现和促进这些价值为目的，因而需要得到一个他人可以识别的，并应予以尊重的客观载体，这就是自我决定权。正是由于自我决定权的这种重要价值，因而《民法典》第130条规定了自我决定权，且适用于民事主体对其所享有的全部民事权利的自我决定，而不限于人格权。

确认人格权的自我决定权的意义是：

第一，作为自我决定权的意志的决定自由应当限于人格发展的范畴内。意志决定所针对的必须是人格的构成要素，以实现人格发展为目的。人与物的二分，以及民法典和民法学中根深蒂固的人格权与财产权的区分，决定了对于作为人格核心的意志决定自由进行人格权法上的保护时应当限制于人格要素。作为一种人格权的意志的决定应当限于与人的外部人格存在紧密联系的领域，如果不加限制地将这种自我决定扩张于财产领域，对于财产使用以及合同缔结的妨害也将构成对于人格权的侵害，将会造成人格权与财产权区分的混乱，以及整个民法体系的破坏。

第二，自我决定权的意志决定自由应当更进一步地限定于部分典型具体人格要素之上。人格要素的概念有其清晰的核心，但是，在其边缘地带是模糊不清的，因此，在人格要素的判断上仍然存在障碍，在到底"人是什么"这一存在哲学问题上，还存在人的诸属性中"民法应该保护的内容、部分是哪些"这个民法的守备范围的问题。[78]生命、身体、健康、姓名、肖像、名誉等具体人格要素作为人格不可分离的部分，得到学界的一致公认，但是，其他能够彰显人格个性的人的存在是否属于人格要素，还需要更多的论证与审慎的价值判断，并需要特殊的法律技术对其进行处理，这就决定了针对典型具体人格要素与非具体人格要素的自我决定需要不同的制度构建。自我决定权是意志针对典型具体人格要素的自我决定自由，而且自我决定权针对的具体外在人格要素也并非所有的传统民法所确认的具体人格要素，自我决定权的决定自由应当更进一步地限定在部分具体人格要素之上，这些人格要素必须是主体现实地能够予以决定的。

第三，自我决定权保护的是意志人格对人格的外在人格的决定、塑造和发展的能力。自我决定权并非对于各种外部人格要素的完整性的保护，其保护的是意志针对这些要素的自我决定的自由，是意志人格对于这些外部存在的决定、塑造和发展的能力。因此，自我决定权是对

〔77〕 德国法学家拉德布鲁赫将所有科学分为无关价值的、超越价值的、评价价值的和关涉价值的。参见［德］G. 拉德布鲁赫：《法哲学》，王朴译，法律出版社2005年版，第2页。

〔78〕 ［日］星野英一：《私法中的人》，王闯译，载梁慧星主编：《为权利而斗争》，中国法制出版社2000年版，第374页。

于人格的动态保护，通过对于意志人格的保护，实现促进人格发展的目的。

（二）自我决定权与思维自由权的区别

精神自由应当区分为消极的自由和积极的自由，精神的消极自由是指精神不受干扰保持其完整与纯正的自由；积极自由是指意志积极地作出决定并表现于外的自由。对于精神的消极自由的保护，是对于权利人内在人格实质完整性的保护，例如，对身体自由权的侵害，就是侵害了权利人的内在人格实质完整性，这并不与自我决定权发生冲突。意志的积极自由与自我决定权和思维自由权发生关系，需要进行区分。

对思维自由权即意志自由权，法律都予以保护。但是，侵害自我决定权的行为表现是，违法行为不尊重或者侵害权利人的意志自由，使权利人无法自我决定或者替代权利人做出自我决定。而侵害思维自由权的行为的表现是，侵权人采取欺诈或者胁迫的方法，使权利人违背自己的意志作出了决定。前者是权利人没有自我决定或者无法作出决定，原因是违法行为人不尊重权利人的自我决定权或者擅自做主替权利人作出决定；后者是权利人确实是自己做出了自我决定，但是违法行为人的欺诈或者胁迫是权利人作出决定的原因。如此区别，足以分清自我决定权与思维自由权的权利边界，不会发生权利冲突。

学说将欺诈和胁迫认定为对于思维自由权的侵害。〔79〕欺诈或胁迫侵害的是意志的积极自由，采取的方法是将自己的意志通过欺诈或者胁迫而作用于权利人，由权利人做出违反自己意志的决定。这种行为侵害的不是自我决定权，因为在表面上，仍然是权利人作出决定，但是在实质上，却违反了权利人的意志，因此侵害的是思维自由权而不是自我决定权。侵害思维自由权的欺诈，是指故意以虚假的事实告知权利人，使权利人在虚假事实的基础上针对人格要素作出与其真实意志不相符合的决定。侵害思维自由权的胁迫，是指故意以给他人造成损害为目的进行要挟，使他人产生恐惧，从而针对人格要素做出与其真意不相符合的决定。以欺诈或胁迫的方法侵害他人思维自由权属于故意侵权，在这种情况下，受害人作出的决定一般都并非其真实的决定，也就是说，受害人若了解真实情况会作出不同的决定。对于此种实际损害要予以完全赔偿。

（三）自我决定权的性质和法律地位

1. 自我决定权是人格权权能的抽象概括

我国受德国民法传统影响，针对人格权展开的研究无法摆脱侵权法这只看不见的手，学者经常会不自觉地以侵权法的理念禁锢人格权的权利内容。由于受到侵权法保护的只是作为生命权、身体权和健康权的客体的生命、身体完整以及健康机能的完善，从而产生了人格权的权利内容仅限于客体完整性的定式思维。

应当看到，由于受法律技术的限制，同时兼顾社会公众的行为自由，侵权法往往只对权利提供有限的保护，因而，权利本身的内容会比侵权法所保护的内容更加丰富。正是由于侵权法长久以来仅对人格权客体的完整性提供保护，造成了人们对人格权认识的偏差。学界长时间不当地认为生命权、身体权、健康权的权利内容仅限于权利人对于生命、身体和健康的完整性的享有，对权利人在这些权利上的自由视而不见。相反，姓名权由于并未局限于侵权法条款而

---

〔79〕 何孝元：《损害赔偿之研究》，商务印书馆1982年版，第141～142页。

是获得法典独立的规定,因而学界对于姓名权的认识要全面得多,并不局限于姓名完整不受歪曲的权能,具有更多的改变、使用等其他权能。这也正说明自我决定权作为人格权权能的合理性与正当性。

自我决定权作为权利人对自己的具体人格要素在人格发展方向上自我控制与塑造的权利,是权利人针对自己人格要素的自由,属于具体人格权的权能,这种自我决定的权能使权利人作为自己的主人,能够决定自己的人格个性,实现自己最高的人格本质。自我决定权作为人格权权能的抽象,是一种一般性的概括,针对不同的具体人格要素,自我决定权会表现为不同的形态。

我国学者突破传统观念的束缚,扩大人格权的权能,认为人格权具有支配性。〔80〕支配权是与请求权相对应的概念,表示权利的行使不需要他人积极协助的状态,是一种形式性的表述,并未表明权利的内容。自我决定权是对于人格权内容的实质性表述,表明权利人针对客体的行为自由主要表现为对于人格要素的控制与塑造,是由人格权所要实现的价值决定的。因此,支配权与自我决定权都是对人格权权能的概括,前者侧重形式,后者侧重实质内容。应当注意的是,人格权的支配性与物权的支配性存在显著区别,不可将人格权的支配性类比物权的支配性。人格权的支配性表现为通过决定对人格要素的发展与塑造,物权的支配性则表现为占有、使用、收益和处分。

2. 自我决定权是一种相对独立的权利

民法中的权利概念是从法律关系中抽离出来的,不是把法律关系所包含的每一种实施某种行为的权能都称作"权利",而是把某种具有相对独立意义的权能称为权利。〔81〕可知,权利与权能并不存在本质的区别,具有独立地位并且比较重要的权能被作为权利。权利与权能的区分并不是绝对的,要看它的独立转让性以及或多或少依它的重要性来决定。〔82〕能否独立转让并非权利和权能划分的标准,人身权虽然不能转让,但是,并不妨碍将其作为一种权利;人格权由于与主体人格的紧密联系更是不能转让,但是,其作为民事权利体系中的一项重要权利早已为学界所承认。因此,具有相对独立的地位和重要性,是权利与权能的区分标准,以此为标准,自我决定权应当是一种权利,理由如下:第一,自我决定权所强调的是权利人针对具体人格要素的意志决定自由,这种自由是权利人塑造与发展其人格,实现权利人最高人格本质的重要能力,具有特别的重要性,作为一种权能不足以显示其重要性。第二,自我决定权具有相对独立的保护对象,以保护权利人的意志人格为目的。而且由于侵权法对于自我决定权的保护采用比较特殊的法律技术,使得对自我决定权的保护成为一个相对独立的问题。

综上所述,自我决定权与公开权以及一般人格权作为人格权权能的抽象,都是抽象人格权的范畴,并且由它们作为抽象人格权的权利体系而与具体人格权的权利体系相对应,构成完整的人格权体系构架。这就是自我决定权的性质和法律地位。

---

〔80〕 王利明:《人格权法研究》,中国人民大学出版社 2005 年版,第 35 页;马俊驹、张翔:《人格权的理论基础及其立法体例》,载《法学研究》2004 年第 6 期。

〔81〕 [德]卡尔·拉伦茨:《德国民法通论》,王晓晔等译,谢怀栻校,法律出版社 2003 年版,第 263 页。

〔82〕 [德]卡尔·拉伦茨:《德国民法通论》,王晓晔等译,谢怀栻校,法律出版社 2003 年版,第 201 页。

二、自我决定权的具体内容

(一)对于生命的自我决定

生命权是以自然人的生命安全利益为内容的人格权,一般不认为权利人对于生命具有支配性,仅在对于生命的维护以及对他人侵害行为的正当防卫等方面具有有限的支配性。[83]但是,世界上仍有比生命更重要的事物,就是人的自主性和人的尊严,因为生命的意义不必然在于继续活下去,在生命持续时,名誉的生存是必需的,如果一个人是为了避免不名誉地活着,那他就显得是勇敢的。[84]如果生命的存在已不能促进人格的发展,反而有损于人格尊严时,有尊严的死亡是对于人的最大关怀,权利人终结其生命的自我决定就是正当的。对于安乐死,如果病患的生命的继续存续只会给他带来痛苦和毫无尊严的生存,他可以要求终止自己的生命,但是医生实施安乐死须符合必要的条件。这正是《民法典》第1002条规定生命权包含有"生命尊严"的意旨所在。

(二)对于身体的自我决定

身体权是自然人保持其身体的完整的权利。[85]毫无疑问,身体的完整是权利人人格发展的必要条件,但是,这只是最低层次的条件,身体对于人格的发展不仅仅在于其完整性,更在于其作为人格的载体体现了人格的诸多特点,是人格最明显的表现,在某种程度上成为一个人人格的表征。为了人格的发展,为了更好地发展天赋的能力,权利人按照其人格的追求对身体形态的适当改变,应当认为是权利人的正当的自我决定。例如,人的容貌形态作为人的身体的重要部分,权利人为发展其人格,展现其人格个性,可以利用现代医学手段进行适当改变。可见,整容现在已被一般公众认为是权利人正当的自我决定。

在医疗活动中,为了治疗疾病,不得不对身体的某些部分以及特征进行改变,而这些改变在通常情况下是不可能的,因而在医疗活动中,自我决定权得到最为广泛的体现,法学界对其研究也更为深入,并达成了共识。按照传统学说与理论,医疗活动是对于身体的侵袭,以患者的同意为阻却违法事由,未经患者同意的医疗活动,或者超出患者同意范围的医疗活动被认为是对身体权的侵犯。但是,同意仅仅被视作侵权法上的免责事由,此时的同意与自我决定尚未建立起联系。[86]随着医学的发展,医疗活动逐渐复杂,医疗方案也有多种选择,与每种医疗方案相伴随的是不同的风险,人们逐渐认识到,医疗活动在为患者祛除病痛的同时,也对患者的人格特征产生重大影响,不同的医疗方案会造成患者大相径庭的人格特征改变。针对自己的身体采取何种医疗措施,从而形成何种身体特征,直接体现了患者对于自己的人生安排、价值、道德观念以及内在的个性,从而直接影响患者未来的生活以及人格特质,对于患者的人格发展具有重大意义。对这种重大事项,只能由患者本人决定,患者是自己身体的决定权人,对于采用何种医疗方案享有自我决定权,权利人可以按照其内在人格特质去决定自己的身体特征,从

---

〔83〕 王利明:《人格权法研究》,中国人民大学出版社2005年版,第303~309页。

〔84〕 参见[德]康德:《实用人类学》,邓晓芒译,上海人民出版社2002年版,第164页。

〔85〕 史尚宽:《债法总论》,中国政法大学出版社2000年版,第148页。

〔86〕 See Ken Marcus Gatter,"Protecting Patient - Doctor Discourse: Informed Consent and Deliberative Autonomy",78 *Or. L. Rev.* 941, 948(1999).

而实现其人格发展。

对于这种重大价值,法律必须予以保护。对此,传统身体权理论无能为力,只是保护身体的物理完整性,在得到患者概括同意的情况下,如果医生只是对手术风险、手术效果以及其他方案未予以告知,患者没有作出适当的医疗方案的选择,进行了非出于患者内在个性真实意愿的身体特征改变,这种情况很难说是侵害了身体的完整性。对此,医务人员负有向患者公开有关治疗的重要事项、治疗本身所伴有的风险等足以影响患者作出决定的重要信息的法定义务,医务人员由于过失没有履行这一义务,给患者造成损害的,患者可以提起诉讼。〔87〕于是法律通过法定的告知义务间接确认了患者的决定权利,并对由于医生过失未履行告知义务,造成患者作出不真实决定而产生的损害予以救济。这也是《民法典》第 1219 条特别规定医务人员对患者告知义务,以及违反该义务应当承担赔偿责任的基础和依据。

日本通过对美国法的知情同意原则的继受与发展,对知情同意理论进行了变革,在司法判例中确立了对身体的自我决定权,〔88〕对于人格权的发展具有重大意义。自我决定权保护的不是患者身体的形式完整性以及实质完整性,而是根据自己的人格追求对于身体进行自我决定的自由,是对于意志人格的保护。

(三)对于健康的自我决定

传统学说认为,健康权是为保持身体机能的完善为内容的权利,很少论及权利人在健康方面的自由。健康是一个人非常重要的人格要素,一个人的健康状况表现了他的人格特质。权利人针对自己的健康状况具有自我决定权,可以通过各种体育活动提高健康水平,在生理机能、功能出现不正常状况即健康状况下降的时候,有请求医疗、接受医治的权利,使健康状况达到完好的状态或者恢复到原有状态。干涉他人自主选择治疗方式,利用巫术欺诈患者等阻碍权利人进行治疗的行为,都属于对自我决定权的侵害。由于这种决定自由很少受到侵害,不为侵权法所重视,因此为学界所忽视。

(四)对于姓名的自我决定

姓名权的权利人有使用或改变自己姓名的自由。姓名由姓和名组成,姓是一定血缘遗传关系的记号,标示着血缘宗族的延续,或者随父姓或者随母姓。作为姓名组成部分的单字具有其自身的意义,姓名作为汉字的组合具有其特定意义。每一个人的名字的意义都体现了本人对于世界的认识,体现了对自己想要成为什么样的人的期许与追求,体现了其人生哲学、价值理想以及期待愿望。而且人名具有心理暗示作用,对人名持有者本人来说,意义尤为明显,人的一生中姓名之暗示力,因其不断的潜移默化、诱导催生,会影响人名持有者本人。〔89〕人对于自己姓名的自我决定的意志,直接决定了权利人的人格追求,形成了权利人独特的人格特质,是权利人实现其最高人格本质的重要方面,权利人可以按照关于自我的认识与期待去对姓名进行自我决定。所以,姓名权人可以对自己的姓名予以改变,以更加符合本人的人生追求;为了彰显本人的人格特质和人生追求,权利人还可以不使用本名,而使用笔名或艺名,特别是在

---

〔87〕 See R. Jason Richards, "How We Got Where We Are: A Look at Informed Consent in Colorado —Past, Present, and Future", 26 *N. Ill. U. L. Rev.* 69, 82 - 83(2005).

〔88〕 参见夏芸:《医疗事故赔偿法——来自日本法的启示》,法律出版社 2007 年版,第 535 页。

〔89〕 杨卫东、戴卫平:《中国人姓名文化特色》,载《作家杂志》2008 年第 8 期。

网络空间，自由使用随心所欲的网络昵称即网名，都是姓名权人针对自己姓名的自我决定权的具体表现。在当代，对于姓名人格利益的自由支配，表现了极大的自由，充分体现了对于姓名权的自我决定权。

（五）自我决定内容呈现不断扩展的趋势

人格权的自我决定权绝不是仅仅表现在上述四个方面，即生命、身体、健康和姓名，而是包括所有的人格权保护的人格利益，以及其他人格权益。例如，隐私权的自我决定，具有更明显的表现，对于自己的隐私，愿意隐瞒就隐瞒，愿意公开就公开，只是受到公序良俗的限制而已。

可见，自我决定权的内容在某种程度上受到科学技术水平发展的影响。在现代医学发展之前，人们很难想象针对自己身体的自我决定。现代科学技术的发展为人们针对自己人格要素进行决定提供了越来越多的可能，甚至提供了人们针对自身基因进行决定的可能，虽然现在人们对于自己人格要素的自我决定的能力还受到很多的限制，但是，在不久的将来，对于人格要素的自我决定会有更多的可能，自我决定权的内容将会越来越丰富。

三、自我决定权的民法保护

（一）人格权请求权的保护

自我决定权作为人格权，其重要的保护方法是人格权请求权。人格权请求权是自我决定权本身固有的一种请求权，只要存在权利被侵害、被妨害或妨害的可能、权利被侵害的危险的，就可以主张，不必要求侵害人有过错，也不必造成现实的损害，直接针对侵害、妨害和形成权利造成侵害危险行为，于损害发生之前，提出停止侵害、排除妨碍、消除危险、消除影响、恢复名誉、赔礼道歉的请求权，保护自我决定权的完好状态。这正是《民法典》第995条关于“人格权受到侵害的，受害人有权依照本法和其他法律的规定请求行为人承担民事责任”“受害人的停止侵害、排除妨碍、消除危险、消除影响、恢复名誉、赔礼道歉请求权，不适用诉讼时效的规定”的内容。

自我决定权的人格权请求权，包括停止侵害请求权、排除妨害请求权和消除危险请求权，对于侵害精神性人格权的，还包括消除影响、恢复名誉、赔礼道歉请求权。

首先，停止侵害、排除妨碍、消除危险、消除影响、恢复名誉、赔礼道歉是自我决定权的人格权请求权的基本责任方式。当存在对自我决定权侵害、妨碍、危险、造成影响的，权利人都可以行使这些请求权，保护自我决定权，请求停止侵害行为、妨碍行为和造成危险、造成影响的行为，保持或者恢复自我决定权的完好状态，保障权利人依照自己的内心意志决定自由。其次，在行使这些人格权请求权保护自我决定权时，这些请求权都不受诉讼时效的限制，只要侵害行为、妨碍行为、造成的危险和影响存在，就都可以行使这些请求权，保护自己的自我决定权。例如，当医生对于医疗措施的所有风险未予告知时，患者可以请求医生进行全面告知，以作出适当的自我决定。权利人也可以直接向法院起诉，请求行为人停止侵害、妨害，消除危险或者影响，使自我决定权回复到圆满状态。例如，权利人改变自己姓名的决定遭到妨害的，权利人可以请求妨害人停止妨害行为。

（二）侵权请求权的保护

侵权责任对自我决定权与人格要素完整性的保护采用不同的法律技术，具体人格要素的存在具有一种外部的客观存在，相对于物权所要求的客观性，这种客观存在的表现形式更加多样，除了物理性存在之外，获得社会观念认可的稳定存在也能够满足外在客观性的要求，比如作为名誉权客体的名誉虽然不具有物理的客观性，但是，通过社会公众的客观性评价予以转介，也能够作为一种外在的客观存在，因而，对于具体人格权客体完整性的保护可以适用侵权责任一般条款予以解决，不需要特殊的法律技术。

由于自我决定权保护的并非具体人格要素的完整性，而是意志针对它们的自我决定自由，这种自我决定的自由并非权利客体所能吸收，不具有明确的权利外观，因此，需要不同于对人格要素完整性保护的特殊法律技术。对于自我决定权的侵害主要表现为相对人未履行告知义务或者自作主张为权利人作出决定，救济方法主要是损害赔偿。

自我决定权受侵害的情况主要表现为行为人未履行告知义务。这种侵权行为发生在侵权人与权利人之间存在某种法律关系的情况，通常是合同关系。在这种关系中，行为人的行为对于权利人的人格特质将产生重大影响，如果行为人未将相关情况告知权利人，权利人针对自身人格要素自我决定的机会被剥夺，自我决定权将受到侵害。此类侵权行为主要发生在医疗领域。

在医疗法中，自我决定权的保护是通过知情同意规则实现的，知情同意规则是实现患者自我决定权的前提条件，〔90〕在医疗活动中，医生要针对向患者提出的医疗处置方案，就其风险以及其他可以考虑采取的措施等做出详细的说明，是否接受医疗处置或者采用何种医疗处置方案应当由患者自己决定。因此，医生的告知义务就是一种必要的法定义务，只有在医生充分告知的基础上，患者才能够作出符合其真意的自我决定。同意是权利人被动接受，决定是权利人自主决定，并不相同，因而知情同意权的概念与自我决定权有相当的差别。医生的告知义务、患者的知情以及最终针对某种医疗处置方案的决定权，都是前置性的程序条件，其最终要实现的是患者针对自己人格要素的自我决定的权利，保护的是患者的人格权。〔91〕《民法典》第1219条规定："医务人员在诊疗活动中应当向患者说明病情和医疗措施。需要实施手术、特殊检查、特殊治疗的，医务人员应当及时向患者具体说明医疗风险、替代医疗方案等情况，并取得其明确同意；不能或者不宜向患者说明的，应当向患者的近亲属说明，并取得其明确同意。""医务人员未尽到前款义务，造成患者损害的，医疗机构应当承担赔偿责任。"这一规定正是自我决定权这一实际功能的具体展现。

未履行告知义务对于患者自我决定权造成的损害分为两种情况：第一，如果未履行告知义务的行为影响了患者的决定，构成意思决定的事实因果关系，在此情况下，要计算出充分告知与未告知两种情况下患者不同的决定之间的利益差，对此损害进行赔偿。这种损害主要包括人身损害、精神损害、财产损害以及丧失治疗最佳时机（包括存活机会）、最佳治疗方案的损害。第二，如果未告知并未影响患者的决定，即使在充分告知的情况下患者仍然会作此决定，因而不存在实际损害，只需要对患者自我决定机会的丧失的精神损害进行象征性赔偿。

---

〔90〕 翁玉荣：《从法律观点谈病患之自己决定权及医师之说明义务》，载《法律评论》第56卷第1～3期合刊。

〔91〕 自我决定权受侵害说已被日本和我国台湾地区学者所接受。参见［日］植木哲：《医疗法律学》，冷罗生等译，法律出版社2006年版，第327页；侯英泠：《从德国法论医师之契约上告知义务》，载《月旦法学杂志》第112期。

本章思考题

1. 结合讨论本章典型案例，问：怎样界定抽象人格权的概念？抽象人格权有哪些法律特征？对倪某、王某实施的侵害行为侵害了她们的什么权利？
2. 一般人格权有哪些内容？其基本功能是什么？
3. 公开权的权利性质是什么？《民法典》第993条确认公开权有哪些重要意义？
4. 确认自我决定权的意义是什么？对于自我决定权应当怎样进行保护？

第四章　人格权的民法保护

本章导读

本章介绍民法对人格权的保护方法。首先介绍《民法典》对民事权利保护方法即民事责任制度的改革，划清了固有请求权和侵权请求权之间的界限；其次分别介绍了人格权请求权和侵权请求权在保护人格权方面的具体方法；最后介绍的是对人格权的延伸保护，即民法对胎儿和死者人格利益的具体保护方法，以及《民法典》对人格权保护的特别规定。

民事权利保护方法　人格权请求权　侵权请求权　延伸保护　民事责任方式

典型案例

原告陈某系天津市解放前已故艺人吉某之母。1940年，吉某以"荷花女"为艺名参加天津"庆云"戏院成立的"兄弟剧团"演出，从此在天津红极一时，1944年病故，年仅19岁。被告魏某于1986年开始以"荷花女"为作品主人公创作小说，曾先后三次到陈某家了解"荷花女"的生平以及从艺情况，向"荷花女"之弟吉某利了解情况并索要照片。创作完成的小说《荷花女》约11万字，使用了吉某的真实姓名和艺名，陈某被称为陈氏，虚构了吉某从17岁到19岁病逝的两年间，先后同三人恋爱、商谈婚姻，并三次接受对方聘礼之事。其中说，吉某"百分之百地愿意"做妾。小说还虚构了吉某先后被当时天津帮会头头、恶霸奸污而忍气吞声的情节，最后影射吉某系患性病打错针致死。该小说还虚构了陈某同意女儿做妾和接收聘礼的情节。《今晚报》自1987年4月18日开始在副刊上连载该小说，并加插图。陈某及其亲属以小说插图及虚构的情节有损吉某的名誉为理由，先后两次到《今晚报》报社要求停载。《今晚报》报社表示，若吉某的亲属写批驳小说的文章可予刊登，但以报纸要对读者负责为由，将小说的题图修改后继续连载。经审理，天津市中级人民法院确认被告魏某、《今晚报》报社构成侵害死者名誉权，判决刊登道歉声明，赔偿精神损害，该小说不得再以任何形式复印、出版发行。被告不服上诉后，当事人双方达成调解协议。[1]

---

[1] 以上案情转引自《人民法院案例选》（1992年第1辑），人民法院出版社1992年版，第97～98页。本案是我国法院审理的第一件保护死者人格利益的案件，在人格权法发展中具有重大意义。

第一节　《民法典》对人格权保护方法的整合

一、原《民法通则》对不同的人格权保护方法的混淆

民事权利保护方法就是民事责任制度。1986 年,我国制定《民法通则》,将民事权利保护方法规定为民事责任,建立了包括违约责任、侵权责任以及其他民事责任的大民事责任体系,混淆了民事权利保护方法中固有请求权与侵权请求权之间的界限,使人格权请求权与侵权请求权缠绕在一起,无法分清对民事权利包括人格权究竟应当采用何种请求权方法进行保护。

(一)原《民法通则》规定民事责任体系对民事权利保护方法的错位

原《民法通则》第六章规定“民事责任”,概括了“一般规定”“违反合同的民事责任”“侵权的民事责任”“承担民事责任的方式”的内容,形成我国大一统的民事责任体系,着重规定违约责任和侵权责任,在逻辑上也包括其他民事责任。传统民法认为,保护民事权利的方法有两种,一是民事权利本身包含的固有请求权,二是被侵权人在民事权利被侵害后产生的侵权请求权。从原则上说,原《民法通则》规定的民事责任制度既包括固有请求权,也包括侵权请求权,人格权请求权包括在固有请求权之中。但是,在《民法典》之前的松散的类法典化民法中,没有分清固有请求权和侵权请求权的界限,人格权请求权也一样,与侵权请求权没有清晰的界限。

(二)原《民法通则》实施后民事权利保护方法的立法发展

原《民法通则》对民事权利保护方法即民事责任体系的规定,形成了我国民事立法的基础。在这个基础上,制定《合同法》《物权法》《侵权责任法》都未能绕开其制约,沿着民事权利保护方法的错位方向,将错就错地继续发展。

1999 年《合同法》专门规定了合同责任,不仅超出了《民法通则》规定的“违反合同的民事责任”的范围,而且在形式上也从《民法通则》大一统民事责任中分离出来。就对债权的保护方法而论,《合同法》在固有请求权和侵权请求权之间的关系上,错位并不明显。

制定《物权法》不可避免地要规定物权请求权,因而规定了返还原物请求权、排除妨碍请求权、消除危险请求权、恢复原状请求权和损害赔偿请求权,使其与侵权请求权的内容完全重合,无法分清二者的界限和区别。

2009 年制定《侵权责任法》同样出现了这种情形。原《侵权责任法》第 15 条把 8 种民事责任方式全都写到侵权请求权中,包括原《物权法》规定的返还原物请求权、排除妨碍请求权、消除危险请求权等物权请求权,使物权请求权与侵权请求权完全混在一起,成为完全不可辨识的民事权利保护方法,形成了一方面把物权请求权和侵权请求权均纳入民事责任体系之中,无法分清物权请求权和侵权请求权的界限;另一方面又保持了物权请求权和侵权请求权的不同称谓,各自的规则又完全相同的现状。

二、民事权利保护方法的固有请求权与侵权请求权的不同之处

民事权利保护方法包括固有请求权和侵权请求权两种方法体系，而这两种请求权并不相同。

（一）固有请求权与侵权请求权发生的根据不同

从两种不同请求权产生的方法看，固有请求权是民事权利本身就存在的自我保护方法，侵权请求权则是在民事权利受到侵害造成损害时发生的民事权利本身之外的权利救济方法。

（二）固有请求权与侵权请求权的功能不同

固有请求权与侵权请求权虽然都是民事权利保护方法，但是在功能上，固有请求权是恢复性的权利救济方法，侵权请求权是补偿性的权利救济方法。从固有请求权和侵权请求权在救济功能方面的差别，能够确定两种请求权的基本区别。

（三）固有请求权和侵权请求权与民事责任的关系不同

民事权利保护方法产生在民事义务的不履行之后，即义务不履行而使固有请求权具备了行使要件，使其消极的权能成为可以行使的请求权；实施侵权行为构成侵权责任，产生侵权请求权。固有请求权和侵权请求权作为民事权利保护方法，所对应的都是民事责任。但是，两种不同的请求权所对应的民事责任却是有区别的。固有请求权所对应的民事责任方式，是停止侵害、返还原物、排除妨碍、消除危险、消除影响恢复名誉。侵权请求权保护民事权利的救济方法是补偿性，因而其所对应的民事责任方式，主要是救济权利损害的损害赔偿请求权，以及恢复原状请求权。

正因为同样都是权利保护方法的固有请求权和侵权请求权存在上述区别，将它们混淆在一起而无法分开，就会带来立法的混乱以至于司法的混乱。在类法典化民法的领域中，恰恰就是这样，在人格权的保护上，无法分清固有请求权和侵权请求权的区别，因而导致适用法律的不统一。对此，必须进行改造。

三、《民法典》对民事权利保护方法进行的改造

（一）《民法典》对民事权利保护方法进行改造的具体方法

《民法典》对原《民法通则》规定的民事责任体系和民事权利保护方法进行了改造，实现了固有请求权与侵权请求权的分离，各自对应相应的民事责任方式。

1.《民法典》总则编对改造民事权利保护方法体系的举措

《民法典》总则编采取了三个重要的改造步骤。

（1）将侵权责任回归于债法，建立了完整的债权体系。实现民事权利保护方法的改造，首先必须使侵权法归位。《民法典》第118条规定："民事主体依法享有债权。""债权是因合同、侵权行为、无因管理、不当得利以及法律的其他规定，权利人请求特定义务人为或者不为一定行为的权利。"第120条规定："民事权益受到侵害的，被侵权人有权请求侵权人承担侵权责任。"这两个条文确立了传统的债的发生依据为合同、侵权行为、无因管理和不当得利等，建立了完

整的债权体系，就使侵权行为的后果归位于债权。[2]

（2）弱化民事责任规则。一是《民法典》总则编"民事责任"一章仅规定民事责任的一般性规则，没有民事责任的具体规则。二是即使规定不可抗力、正当防卫、紧急避险等具体免责事由，也由于这些免责事由是固有请求权和侵权请求权所共同适用的规则，因而仍然是一般性规则。三是虽然也规定了民事责任方式，但是，由于是一般性规定，就为民法分则各编规定不同类型的请求权各自归位于对应的民事责任方式提供了基础。通过上述三个办法，《民法典》总则编规定的民事责任规则体系大大弱化，为分离固有请求权和侵权请求权的民事权利保护方法奠定了基础。

（3）规定不适用诉讼时效的请求权，为划清固有请求权和侵权请求权的界限打下基础。《民法典》第 196 条规定："下列请求权不适用诉讼时效的规定：（一）请求停止侵害、排除妨碍、消除危险；（二）不动产物权和登记的动产物权的权利人请求返还财产……"在这里规定的不适用诉讼时效的请求权中，前两项规定的请求权因不适用诉讼时效而不是侵权请求权，是物权请求权。

2.《民法典》分则各编基本完成对民事权利保护方法的根本性改造

《民法典》分则各编对改造民事权利保护方法的举措是：

（1）改造和新规定固有请求权的各项请求权。具体内容是：第一，物权编中继续确认物权请求权，同时，在规定物权请求权的具体请求权方式中，在第 237 条和第 238 条规定恢复原状和损害赔偿请求权的规定中特别明确地加上"依法"二字，以区别于物权请求权而使其成为侵权请求权，把侵权请求权从中分离出来，区分了返还原物请求权、[3] 停止侵害请求权、排除妨碍请求权、消除危险请求权与恢复原状请求权、损害赔偿请求权分别是物权请求权和侵权请求权。第二，《民法典》继续确认合同之债的二次请求权，并在《民法典》第 1164 条关于"本编调整因侵害民事权益产生的民事关系"的规定中，涵盖了侵害债权的侵权责任，实现了对债权保护的债的二次请求权与保护债权的侵权请求权的不同，分离了债权二次请求权和侵权请求权。第三，《民法典》人格权编首次规定了人格权请求权，同时还规定了人格权请求权不受诉讼时效的限制，区别了与侵权请求权的界限，而成为与物权请求权相同的固有请求权。第四，《民法典》第 1001 条规定了身份权请求权，义务人不履行对身份权人所应当履行的义务的，身份权人有权依照该条规定的身份权请求权，请求义务人承担违反身份权义务的责任。通过以上的规定，我国民法典的固有请求权形成了完整的体系。

（2）改造侵权请求权。《民法典》侵权责任编对侵权责任请求权做了三个特别重要的规定；第一，规定在侵权构成要件中须具备损害要件。为确定固有请求权和侵权请求权之间的职能分工，在第 1165 条和第 1166 条规定侵权责任归责原则的条文中，明确规定了"损害"要件，其目的就是强调侵权责任构成要件必须具备损害的要件，侵权请求权的主要方式是损害赔偿，因而区别于固有请求权。第二，与第 1165 条和第 1166 条规定相对应，《民法典》将侵权责任编第二章的章名定为"损害赔偿"，强调了侵权请求权的基本内容就是侵权损害赔偿请求权。第三，《民法典》侵权责任编第 1164 条关于"本编调整因侵害民事权益产生的民事关系"的规定，界定

---

〔2〕 参见杨立新：《侵权责任法回归债法的可能及路径——对民法典侵权责任编草案二审稿修改要点的理论分析》，载《比较法研究》2019 年第 2 期。

〔3〕 关于返还原物请求权的性质还需要区分，即不适用诉讼时效的不动产物权和登记的动产物权的返还财产请求权为物权请求权，适用诉讼时效的不登记的动产物权的返还财产请求权，是侵权请求权。

了侵权责任保护的范围，替代了原《侵权责任法》第2条第2款规定的侵权责任保护范围的条文。

通过对固有请求权和侵权请求权关系的上述改造，《民法典》对原《民法通则》构建的民事责任体系的重大改造已经基本完成，形成了完整的民事权利保护方法的请求权体系，即由固有请求权和侵权请求权构成民事权利保护方法体系。

（二）《民法典》视野下的人格权请求权与侵权请求权之间的关系

1. 人格权请求权和侵权请求权是保护人格权的两种不同方法

《民法典》关于民事权利保护方法的逻辑和体系是完整的、清晰的，其中最典型的表现，就是明确了固有请求权与侵权请求权是两种不同的请求权，都是民事权利保护方法的组成部分，其中，固有请求权是民事权利固有的请求权，侵权请求权是新生的请求权，所对应的都是民事责任，构成民事权利保护方法封闭的、完整的逻辑结构。在人格权的保护方法中，人格权请求权作为固有请求权，与侵权请求权的人格权保护构成统一体，共同保护民事主体的人格权。

2. 人格权请求权与侵权请求权之间的区别

人格权请求权与侵权请求权除了有固有权和新生权的性质区别之外，还存在以下不同：

（1）归责原则不同。侵权请求权是新生的权利，因而须依照法定的归责原则确定请求权构成，基本适用过错责任原则，过错推定原则、无过错责任为例外。人格权请求权由于是固有的权利，是民事权利的消极权能，因而具备行使要件即可以行使，不存在过错归责的问题。

（2）要件不同。侵权请求权是新生权利，须具备构成要件方可成立，其中必须具备损害要件并且造成实际损失，因为没有损失就没有赔偿的基础。人格权请求权是固有权利，不需要具备构成要件，具备行使要件即可，且不必有损害的要件。

（3）举证责任不同。侵权责任是新生权利，其构成要件均须经证明方成立，因而原告的举证责任重大，不仅要证明所有的构成要件，而且还须证明损害的具体范围，以便确定赔偿责任。人格权请求权因其为固有权，权利人只要证明其具有行使该权利的要件即可，无须证明更多的事实。

（4）两种请求权的救济方法不同。人格权请求权是对权利自身的恢复性救济，主要是防止和制止对权利的侵害，使其保持圆满状态。而侵权请求权是新生权利，对权利的救济方法是填补性、补偿性的，功能在于使受到损害的人格权得到填补，因而"填平原则"是其基本原则，惩罚性赔偿为例外。

（5）责任方式不同。侵权请求权的主要救济方式是损害赔偿，目的是对权利损害的救济。人格权请求权的主要救济方式是非损害赔偿的民事责任方式，即停止侵害、排除妨碍、消除危险、消除影响、恢复名誉等。

（6）受诉讼时效的限制不同。侵权请求权是新生权利，其存续时间受到诉讼时效期间的限制，侵权请求权产生之后，诉讼时效期间一经完成，责任人产生永久性抗辩权。[4] 而人格权请求权由于是人格权包含的权利，因而不受诉讼时效的限制，只有债权的二次请求权例外。

---

〔4〕《民法典》第一编总则第192条第1款规定："诉讼时效期间届满的，义务人可以提出不履行义务的抗辩。"这种抗辩权是永久性抗辩权。参见杨立新：《论抗辩与抗辩权》，载《河北法学》1994年第10期。

3. 人格权请求权、侵权请求权与民事责任方式的对应关系

《民法典》第179条规定了11种民事责任方式,即停止侵害,排除妨碍,消除危险,返还财产,恢复原状,修理、重作、更换,继续履行,赔偿损失,支付违约金,消除影响、恢复名誉,赔礼道歉。人格权请求权、侵权请求权与民事责任方式的对应关系是:停止侵害、排除妨碍、消除危险、消除影响恢复名誉,都对应人格权请求权。对此,是以《民法典》第995条第2款关于不受诉讼时效限制的规定为依据。

损害赔偿的责任方式对应的是侵权请求权;恢复原状主要是针对财产损害的救济,属于侵权请求权。对赔礼道歉由于没有规定受诉讼时效限制,其性质应当属于侵权请求权。

第二节 人格权请求权

一、人格权请求权的概念和意义

(一)人格权请求权的概念与特征

人格权请求权是人格权的民法保护方法之一,是指民事主体在其人格权的圆满状态受到侵害、妨碍或者有侵害或妨碍之虞时,可以请求加害人承担相应的民事责任,以回复人格权圆满状态或者消除危险、消除影响的固有请求权。《民法典》第995条关于"人格权受到侵害的,受害人有权依照本法和其他法律的规定请求行为人承担民事责任"的规定,就是对人格权请求权的规范。

人格权请求权具有以下特征:

第一,人格权请求权是一种手段性权利。人格权请求权是人格权自身包含的权利,是一种手段性权利,功能是预防、保全母体权利即人格权不受非法妨害。故人格权请求权具有服务功能,其实质和目的仅仅是回复人格权的圆满状态。它能够使人格权主体反对特定的加害人及非法干扰者,从而使人格权相应的状态重新恢复。[5]

第二,人格权请求权的行使条件是人格权受到侵害或者妨害。当人格权受到侵害或者妨害尚未造成损害时,权利人就具备了人格权请求权的行使条件,可以行使人格权请求权保护自己。如果人格权受到侵害已经构成侵权行为,当事人仍然可以行使人格权请求权,发生人格权请求权和侵权请求权的聚合。

第三,人格权请求权的性质是请求权。人格权请求权的性质是请求权,是权利人对人格权义务人违反法定义务侵害或者妨害人格权的行为,请求其为一定行为或者不为一定行为的固有权。人格权的义务人对于特定的人格权人实施侵害或者妨害行为,或者有侵害或者妨害行为之虞,与权利人从绝对的关系变为相对的关系,人格权请求权即可行使。

(二)确认人格权请求权为独立请求权的意义

《民法典》已经确认人格权请求权,具有以下重要意义:

---

〔5〕 参见[德]卡尔·拉伦茨:《德国民法通论》,王晓晔等译,谢怀栻校,法律出版社2003年版,第326~328页。

第一,确认人格权请求权为独立请求权是对人格权保护方法的完善。人格的弘扬乃人类社会的根本,人是世界上最宝贵的东西。加大对人格权的保护力度,仅有侵权请求权并不完善,必须有人格权请求权进行保护。侵权请求权主要是对人格权已经造成损害的救济,如果人格权并没有受到实际损害,而是受到损害的威胁或者妨害,依靠侵权请求权就无法保护。只有建立了完善的人格权请求权制度,与人格权请求权构成一体,人格权才能得到完善的保护。

第二,确认人格权请求权为独立请求权是对私法请求权思考方法的完善。请求权是私法的基本思考方法之一。当今流行最广的案例分析方法,是根据请求权进行操作的。[6]不过,请求权的思考方法主要是围绕财产关系展开的,没有给人格权请求权以一席之地。人格权请求权没有取得合理的理论地位,与其母体权利即人格权的发展状况密切联系,因而认为人格权的保护自有办法,并非要建立人格权请求权和侵权请求权两套办法。这是对人格权及其保护的忽视。过分强调民法的财产法属性,使人格权请求权很难进入请求权基础的思考体系。强调民法是人法,并且首先是人法,就可以理所当然地确认人格权请求权为请求权基础思考方法的内容之一。在民法严密的请求权保护体系中,如果缺少人格权请求权,就是残缺的方法、残缺的请求权制度。

第三,确认人格权请求权为独立请求权能够厘清民事责任体系的混乱。人格权请求权和侵权请求权是两种不同的请求权。由于人格权请求权和侵权请求权的个性大于共性,如果将停止侵害、排除妨害等人格权请求权的责任方式纳入侵权请求权的体系,将会使以过错为基础的侵权法进一步消解,[7]不利于侵权法的内部协调,造成制度体系的混乱。《民法典》看到这一点,重新界定侵权责任的损害要件,对侵权责任归责原则进行调整,已经使人格权请求权和侵权责任请求权之间的界限清晰、明确。

(三)人格权请求权与人格权侵权请求权的关系

人格权请求权与侵权请求权的确在来源、内容、性质、功能、构成要件、举证责任、诉讼时效等方面都存在本质的差异,但是,也具有千丝万缕的密切联系。[8]尽管人格权请求权和人格权侵权请求权同为请求权,但是二者的个性大于共性。人格权请求权和人格权侵权请求权除了在固有权和新生权的区别之外,还存在以下区别:

1. 主体范围不同

人格权请求权的主体只包括加害人和受害人。侵权请求权的基本主体为侵权人和被侵权人;在侵权人之外还存在替代责任人,在被侵权人之外还存在间接受害人、受害人的法定继承人,父母、配偶、子女和为被害人支付丧葬费之人。[9]可见,侵权请求权的封闭性、相对性更强。

2. 程序的救济要求不同

人格权请求权要求相对简化的实现程序,而人格权侵权请求权的实现程序相对比较冗长、复杂。主张人格权请求权时,权利人的举证责任较轻,对于事实认定和对法律适用的要求都比

---

〔6〕[德]迪特尔·梅蒂库斯:《德国民法总论》,邵建东译,法律出版社2001年版,第70~72页。

〔7〕曾世雄认为,民事责任之基础并非单一,而系复数。惟复数之责任基础中,仍以过失惟其主干。亦即民事责任原则上仍建立在过失之要求上,例外之情形建立在危险、社会安全或保险之上。曾世雄:《损害赔偿法原理》,中国政法大学出版社2001年版,第7页。

〔8〕姚辉:《人格权法论》,中国人民大学出版社2011年版,第238页。

〔9〕参见曾世雄:《损害赔偿法原理》,中国政法大学出版社2001年版,第33页。

较低,加害人一般很难进行抗辩。如果把人格权请求权之诉纳入侵权之诉当中,将损害权利人的利益,即由于侵权之诉的审理时间相对较长,可能会使原本的妨害发展、转变为损害,或者使已经发生的损害继续扩大。

3. 适用阶段不同

人格权请求权适用于诉讼前后的一切阶段,停止侵害、排除妨害请求权在事前、事中、事后都可以适用。而人格权的侵权请求权由于基本方法是赔偿,只能是事后救济措施。换言之,在行使停止侵害、排除妨害等人格权请求权时,损害可能尚未发生,或者损害正在发生或者已经发生。而侵权请求权的行使则须在损害发生之后方可以行使,适用侵权责任的规定,否则没有适用侵权责任的条件。

4. 请求权内容的性质不同

人格权请求权的内容包括停止侵害、排除妨碍、消除危险、消除影响、恢复名誉、赔礼道歉,这些责任方式都具有人身性;而人格权侵权请求权的内容包括恢复原状和损害赔偿,这些责任方式都体现了救济方法的财产性,虽然赔礼道歉不具有明显的财产性,但是,《民法典》既然认为其性质属于侵权请求权,因而属于侵权请求权的特例。

二、人格权请求权的性质和目的

(一)人格权请求权的来源和性质

人格权请求权的来源是人格权。人格权是民事主体生而固有的权利,是必备权利,人格权请求权是附随于人格权的权利,是人格权保护自己的方法。一方面,人格权作为一类民事权利,都包含请求权,人格权请求权是人格权所具有的保护自己的请求权性质的权利。另一方面,每一个具体人格权都包含具体人格权的请求权,因而人格权请求权是人格权的具体权利,是随着人格权和具体人格权的产生而产生的。所以,人格权请求权也具有固有性、必备性的特点。

人格权请求权的性质属于非独立性请求权。请求权有独立请求权和非独立请求权之分。独立请求权自身具有一定的意义,具有独立的价值,本身就属于一种权利,如债权、亲属法中的抚养请求权等。非独立请求权则是为实现它的权利服务的,如物权、人格权、亲属权或无体财产权中的请求权。[10]人格权请求权是人格权保护自己的权利,具有手段性和方法性,属于非独立请求权、防卫性请求权。

(二)人格权请求权的目的和功能

人格权请求权的目的和功能,是通过排除妨害和停止侵害,起到预防和保全权利人人格利益的作用。人格权请求权能够使一个针对某人的和一个绝对权相应的状态得以实现。[11]在可能存在妨害的情况下,权利人可以行使排除妨害请求权。在存在侵害的情况下,权利人可以行使停止侵害请求权。在存在侵权危险的时候,可以请求消除危险,以及消除影响、恢复名誉、赔礼道歉。如果对人格权造成的损害已经发生了,则只能请求损害赔偿了。其实,这正是人格权

---

〔10〕[德]卡尔·拉伦茨:《德国民法通论》,王晓晔等译,谢怀栻校,法律出版社2003年版,第325页。作者将支配权、绝对权同人格权、人身亲属权和无体财产权并列,这种做法和我国传统民法理论是相悖的,存在逻辑上的矛盾,是我国在继受民法的过程中出现了某些错误,还是翻译上存在错误,暂且存疑。

〔11〕参见[德]卡尔·拉伦茨:《德国民法通论》,王晓晔等译,谢怀栻校,法律出版社2003年版,第326~328页。

请求权的优势和侵权请求权的劣势，因为侵权请求权着眼于损害已经发生，权利人已经受到了损害。侵权请求权的恢复原状和金钱赔偿是对损害发生后的补偿功能，其目的是使“被害人能够再处于如同损害行为未曾发生前之情况”。〔12〕而确立人格权请求权独立性的目的，较之确立物权请求权的独立性具有更大的意义，就在于损害尚未发生之际实现对人格权的救济。简言之，人格权请求权的目的在于防患未然；侵权请求权的目的在于亡羊补牢。

（三）人格权请求权的类型

人格权请求权的基本类型，分为停止侵害请求权、排除妨害请求权、消除危险请求权、消除影响恢复名誉、赔礼道歉请求权。

人格权请求权所针对的对象，是存在侵害行为、妨害行为或者存在危险、影响，而不是权利损害的结果。对于可能发生的妨害，权利人可以通过排除妨害请求权予以救济；〔13〕对于已经存在的侵害，权利人可以通过停止侵害请求权予以救济。对于存在的危险、影响和名誉损害，可以通过消除危险、消除影响、恢复名誉和赔礼道歉予以救济。实施这些请求权的目的，只是积极地预防或者保全权利人的人格权不受到损害。而侵权请求权直接指向的，必须是对人格权造成了一定程度的损害，包括财产损害、人身损害和精神损害。侵权请求权针对的主要是行为所导致的结果即损害。〔14〕无论是恢复原状，还是金钱赔偿，都以既存的损害为前提。没有损害，侵权请求权就不能发生。

（四）人格权请求权的举证责任

主张行使人格权请求权时，权利人只需证明妨害行为的违法性、侵害或者妨害行为可能发生或者正在进行以及因果关系的要件为已足，不必像行使侵权请求权那样，权利人必须证明构成侵权责任的违法行为、损害事实、因果关系和过错的要件，还要证明实际损失与赔偿责任范围。人格权请求权与侵权请求权在举证方面的最主要区别，一是主张行使人格权请求权不必证明行为人的主观心理状态，即是否存在过失；二是不必证明造成损害。因而相比较，显然行使人格权请求权的举证责任大大减轻。

（五）人格权请求权的诉讼时效

《民法典》第995条规定，人格权请求权不适用诉讼时效制度。其原因是：第一，如果对于人格权请求权也适用诉讼时效制度，将不利于对权利人人格权的保护。停止侵害请求权所指向的是持续的侵害行为，或者是持续的侵害状态。对于排除妨害请求权而言，其所针对的是已经发生或者有发生妨害的可能，因而难以适用诉讼时效制度。这是因为诉讼时效在人格权请求权起算点上难以确定，是诉讼时效不能适用于人格权请求权的一个因素。第二，人格权请求权与诉讼时效的设立目的相冲突。“规定请求权若干年不行使而消灭，盖期确保交易之安全，

---

〔12〕 曾世雄：《损害赔偿法原理》，中国政法大学出版社2001年版，第15页。

〔13〕 王泽鉴教授指出，在台湾地区“法”中，若无损害，虽然不成立侵权行为，但无碍于主张不作为请求权（第767条）。该条规定的是物权请求权。

〔14〕 该损害例外地存在以预期性利益为赔偿客体。曾世雄：《损害赔偿法原理》，中国政法大学出版社2001年版，第50页。

维持社会秩序耳。盖以请求权永远存在,足以碍社会经济之发展。”[15]这是因为,诉讼时效在本质上是交易的制度,是财产上的制度。而人格权请求权具有人身性,其主要行使方式(停止侵害和排除妨害等)都是非财产性的法律措施。人格权请求权救济措施的非财产性,决定了其不能适用诉讼时效制度。

三、人格权请求权的基本内容

(一)停止侵害请求权

1. 概念

停止侵害请求权,是指民事主体在人格权受到不法侵害时,可以请求加害人为停止侵害的民事责任,将已经发生的侵害予以停止,以回复人格权圆满状态的人格权请求权。

2. 行使要件

停止侵害请求权的行使要件是:(1)加害人实施了对他人享有的人格权的侵害行为,该侵害既可以是持续行为,也可以是可能重复发生的行为,表现为已经开始,正在进行;(2)加害人的侵害行为具有违法性,表现为违反保护他人人格权的不可侵义务;(3)受害人的人格权包括物质性人格权和精神性人格权,受到了该不法行为的侵害;(4)加害人的违法侵害行为和受害人的人格权受到侵害的事实之间具有因果关系。受害人行使停止侵害请求权不以造成损害为必要条件,对于没有损害的侵害行为或者有损害的侵害行为,都可以行使该请求权。

3. 抗辩事由

对停止侵害请求权的抗辩事由是:(1)侵害情节轻微,在权利人容忍范围内。权利人应该忍受适当的不舒适感觉,权利受到轻微的侵害不能获得司法救济。[16]人类共同生活不可能没有摩擦,如果法律允许民事主体动辄为鸡毛蒜皮的小事诉诸法庭,有限的司法资源就不能发挥对整个社会的调控作用。[17](2)受害人自己有不当行为。例如,有证据证明受害人在商场行窃,商场一方有权在公力救济不达时,对所谓的受害人的人身进行适当拘束,构成自助行为。(3)受害人允诺。受害人承诺对其施加适当的人格权侵害的行为,可以免责。(4)与公共利益相冲突。当民事主体的人格权请求权的行使有碍于公共利益时,法律不允许权利人行使人格权请求权。例如,重大传染病防疫期间,行为人实施违反防疫措施的行为,尽管是行使权利行为,但是,不得行使停止侵害请求权。(5)其他依据法律规定可以提供正当事由的,可以对抗停止侵害请求权。

4. 法律效力

停止侵害的主要作用在于能够及时制止侵害行为,保护受害人的人格权处于圆满状态;如果已经发生损害,也防止损害后果继续扩大。所以,停止侵害请求权的效力表现是,符合停止侵害请求权的行使要件的,权利人一经行使停止侵害请求权,加害人应该立刻停止侵害,以恢复权利人人格权的圆满状态。如果停止侵害会产生一定的费用,加害人应该承担该费用。如

---

〔15〕 王泽鉴:《民法总则》,中国政法大学出版社 2001 年版,第 516 页。

〔16〕 [德]克雷斯蒂安·冯·巴尔:《欧洲比较侵权行为法》(下卷),焦美华译,张新宝校,法律出版社 2001 年版,第 84 页;曾世雄:《损害赔偿法原理》,中国政法大学出版社 2001 年版,第 6~8 页。

〔17〕 从这个意义上讲,美国宪法修正案的 7 条规定小额诉讼的最低限额是有其道理的。《美国宪法修正案》第 7 条规定:“在普通法上之诉讼,关于价额超过 20 元的诉讼,有受陪审团审判的权利;由陪审团审理的事实,非依普通法上之规定,于合众国任何法院不得再理。”参见李龙:《宪法基础理论》,武汉大学出版社 1999 年版,第 339 页。

果加害人的行为不能使人格权回复圆满状态,受害人可以再次请求加害人采取措施回复其人格权的圆满状态。加害人拒绝或者故意拖延的,受害人可以请求人民法院强制执行。

(二)排除妨害请求权

1. 概念

排除妨害请求权,是指行为人实施的行为对他人的人格权行使构成了不法妨害,受害人可以请求加害人排除其对自己人格权的享有和行使构成的妨碍,以保持和回复自己的权利圆满状态的人格权请求权。

2. 行使要件

排除妨害请求权的行使要件应当具备:(1)行为人实施了对人格权人享有或者行使权利的妨碍行为;(2)受害人的人格权的享有和行使受到行为人行为的妨害;(3)行为人实施的行为具有违法性,违反了对他人人格权的不可侵义务;(4)行为人的妨害行为与受害人的人格权受到妨碍的事实之间具有因果关系。

3. 抗辩事由

对排除妨害请求权的抗辩事由是:(1)妨碍情节轻微,尚不超过权利人应当容忍的范围。(2)妨碍行为为行使权利所必需,且符合权利行使的正当性要求。(3)受害人允诺,准许行为人对其实施适当的妨碍行为。(4)妨碍行为符合公共利益和善良风俗要求。(5)其他依据法律规定可以抗辩的正当事由。

4. 法律效力

排除妨害请求权的效力是,当权利人依据法律规定向行为人请求排除妨害时,加害人应该采取相关措施,停止妨碍行为,结束妨碍行为的影响,清除妨碍行为造成的后果。权利人依据法律规定向人民法院请求排除妨害,符合行使要件要求的,由法院发出判决,行为人应该履行妨害排除的义务。排除妨害的费用由被告负担。如果被告不履行判决,可以请求人民法院强制执行。在英美法上,被告不执行法院的排除妨害禁制令时,被告的行为就构成蔑视法院,可以针对不同情况处以监禁、查封财产、罚金的处罚。第三人知情且帮助或者煽动违反禁制令,同样构成蔑视法院行为。如果需要,应该给予被告一定时间的宽限期,以免利益过多地向原告倾斜。[18] 这样的制度值得借鉴。

(三)消除危险请求权

1. 概念

消除危险请求权,是指行为人的行为和其管领下的物件对他人的人身安全造成威胁,存在侵害他人人身权益的危险,受到该危险行为威胁的人格权人享有的请求行为人采取有效措施,将具有危险因素的行为或者物件予以消除的人格权请求权。例如,房屋的所有人或管理人不修缮房屋,致使房屋处于可能倒塌、危及他人人身安全的状态,或者化工厂排放污染物,尚未造成实际损害,但存在人格权受到损害的可能性的,受到危险威胁的权利人有权行使消除危险请求权,行为人应承担消除危险的民事责任方式。

---

〔18〕 参见沈达明:《衡平法初论》,对外经济贸易出版社1997年版,第295页。

2. 行使要件

人格权人行使消除危险请求权的要件是:(1)行为人实施的行为有可能侵害他人的人格权,使权利人面临危险;(2)人格权人的人身安全存在受到侵害的危险,有可能造成人身损害后果;(3)危害人身安全的威胁存在,但是损害尚未实际发生;(4)行为人实施的行为与危险存在因果关系,如果停止实施的行为,危险就不会发生。

消除危险请求权保护的主要是物质性人格权,即消除的危险主要是生命权、身体权、健康权受到侵害造成损害的危险。至于精神性人格权,对于如果存在受到侵害的危险是否也可以行使消除危险请求权的问题,笔者持肯定态度。出现这样的情形,行使消除危险请求权可以参照适用上述行使要件的要求。

3. 抗辩事由

由于行使消除危险请求权的基本要求是损害尚未发生,因此,不存在危险、危险具有可控性、危险不会发生等,都是可以对抗该种请求权的事由。

4. 法律效力

权利人行使消除危险请求权,经法院确认的,行为人应当立即停止其实施的造成权利人权利受到损害危险的行为,或者采取必要和有效的措施,保证危险不会发生,不会造成权利人的人格权损害。

(四)消除影响、恢复名誉、赔礼道歉请求权

1. 概念

消除影响、恢复名誉、赔礼道歉请求权,是指行为人实施的行为对人格权人享有的人格权造成了负面影响,使权利人的名誉受到损害,受害人享有的消除负面影响、保持名誉圆满状态、请求行为人赔礼道歉的人格权请求权。

2. 行使要件

权利人行使消除影响、恢复名誉、赔礼道歉请求权,应当具备以下要件:(1)行为人实施了影响权利人名誉的行为;(2)该行为违反了对他人人格权负有的不可侵义务,构成违法性;(3)权利人的名誉受到影响,造成一定程度的损害;(4)行为人的行为与权利人影响名誉的损害之间具有因果关系。

对于消除危险、恢复名誉请求权存在两个问题需要解决:一是适用消除影响、恢复名誉、赔礼道歉请求权的行为侵害的是何种人格权。通常认为,造成名誉损害的,就是侵害名誉权的行为。不过,由于人格权请求权保护的是人格权的圆满状态,因而,侵害隐私权、肖像权、姓名权等,也可能影响名誉、造成损害。所以,凡是侵害人格权造成影响名誉后果的,都可以行使这一请求权予以救济。二是适用消除影响、恢复名誉、赔礼道歉请求权是否要造成名誉的损害。通常认为,精神性人格权一经受到侵害,就造成了精神利益的损害,无须具备特别的损害要件。所以,适用消除影响、恢复名誉、赔礼道歉请求权的影响名誉本身,就是损害。所以,消除影响、恢复名誉、赔礼道歉请求权通常与侵权请求权同时行使,构成责任聚合。

3. 抗辩事由

对消除影响、恢复名誉请求权的抗辩事由,主要是影响名誉的事实未发生。此外,正当行使权利,例如,舆论监督、具有正当性的媒体批评,都是这一请求权的抗辩事由。

4. 法律效力

行为人实施行为影响了受害人的名誉，应当在影响所及的范围内将受害人的名誉恢复至未受侵害时的状态。

消除影响、恢复名誉的具体适用，要根据违法行为所造成的影响及名誉毁损的后果来决定。《民法典》第1000条关于“行为人因侵害人格权承担消除影响、恢复名誉、赔礼道歉等民事责任的，应当与行为的具体方式和造成的影响范围相当”“行为人拒不承担前款规定的民事责任的，人民法院可以采取在报刊、网络等媒体上发布公告或者公布生效裁判文书等方式执行，产生的费用由行为人负担”的规定，就是对消除影响、恢复名誉、赔礼道歉请求权的效果和实际操作方法的要求，应当严格遵守。

第三节 人格权侵权请求权

一、人格权侵权请求权概述

（一）人格权侵权请求权的概念

人格权侵权请求权是另一种人格权保护方法，是指行为人实施的侵权行为侵害了他人的人格权，依照《民法典》侵权责任编的规定，行为人产生侵权损害赔偿责任，受害人依法享有请求侵权人承担以损害赔偿为主要方式的侵权请求权。

人格权侵权请求权是一种新生的权利，其实就是保护人格权的侵权请求权，是人格权受到损害的侵权责任救济权、保护权。《民法典》第120条规定的侵权请求权就包含着这种侵权请求权。人格权侵权请求权产生的事实基础，就是侵害人格权的侵权行为。

（二）人格权侵权请求权的法律特征

第一，人格权侵权请求权是新生权利。人格权侵权请求权与人格权请求权不同，不是人格权固有的保护权、救济权，而是在侵害人格权的侵权行为实施之后，权利人的人格权受到侵害，新生的保护人格权的请求权，其性质属于次生请求权。没有这种请求权发生根据的法律事实即侵权行为的出现，当事人之间不存在相对的权利义务关系。只有发生了侵权行为，侵权人的行为造成了被侵权人的人格权损害，才能在被侵权人一方发生人格权侵权请求权。

第二，人格权侵权请求权的发生根据是侵害人格权的侵权行为。人格权侵权请求权发生的事实是侵害人格权的侵权行为，而不是其他法律事实。其他法律事实也有可能发生请求权，例如，无因管理行为可以发生无因管理之债请求权、不当得利可以发生不当得利之债请求权，但是，都不会发生人格权侵权请求权。

第三，人格权侵权请求权是基于人格权益损害事实发生的请求权。人格权及人格利益的损害，既可以是生命权、身体权、健康权的人身损害事实，也可以是名誉权、肖像权、姓名权、隐私权以及人身自由权等权利的精神损害事实，还可以是侵害民事主体人格利益的损害事实。没有造成人格权益损害的客观事实，不产生人格权侵权请求权。

第四,人格权侵权请求权的赔偿责任主体是特定的人。人格权侵权请求权的责任主体,是实施侵害他人人格权益侵权行为的侵权人;请求权的特定内容是损害赔偿,在一般情况下,请求赔偿的范围只能是侵权行为所造成的人格权益损失的范围。

二、人格权侵权赔偿责任的归责原则及构成要件

(一)归责原则

侵害人格权侵权责任构成所适用的归责原则体系,是《民法典》第 1165 条和第 1166 条规定的过错责任原则、过错推定原则和无过错责任原则。

1. 过错责任原则

过错责任原则是以过错作为价值判断标准,判断行为人对其造成的损害应否承担侵权损害赔偿责任的归责原则。对于一般侵权责任中的侵害人格权侵权行为,应当由主观上有过错的行为人承担赔偿责任。过错是人格权赔偿责任构成的基本要件之一,缺少这一要件,即使加害人造成了对方人格权的损害,并且加害行为与损害结果之间有因果关系,也不承担侵权赔偿责任。

人格权侵权请求权适用过错责任原则的范围是:

(1)侵害精神性人格权的侵权责任构成,都适用过错责任原则,把过错作为行为人承担侵权责任的根据,有过错则有责任,无过错则无责任。

(2)侵害物质性人格权侵权责任的构成,凡是符合《民法典》第 1165 条第 1 款规定的一般侵权行为,以及符合《民法典》第 1194 条规定的网络侵权责任、第 1198 条规定的违反安全保障义务损害责任、第 1200 条规定的限制民事行为能力人在教育机构受到侵害、第 1218 条规定的医疗损害责任的,都适用过错责任原则确定侵权责任,有过错则有责任,无过错则无责任。

2. 过错推定原则

过错推定原则是过错责任原则的特殊表现形式,是指在法律规定的某些特殊场合,可以从损害事实推定加害人有过错,并据此确定行为人赔偿责任的归责原则。

适用过错推定原则的侵害人格权侵权责任,属于特殊侵权责任,应当依照《民法典》第 1165 条第 2 款的规定确定责任构成。在侵害人格权的领域,适用过错推定原则的是侵害物质性人格权的侵权行为,侵害精神性人格权侵权行为不适用过错推定原则。

在侵害物质性人格权的侵权行为中,过错推定原则的适用范围是:

(1)在关于责任主体的特殊规定中,《民法典》第 1188 条规定的监护人责任、第 1189 条规定的委托监护损害责任、第 1190 条规定的暂时丧失心智损害责任、第 1191 条规定的用人单位责任和劳务派遣责任、第 1192 条第 1 款规定的个人劳务损害责任、第 1193 条规定的定作人指示过失责任、第 1199 条规定的无民事行为能力在教育机构受到损害的责任。

(2)在机动车交通事故责任中,《民法典》第 1208 条规定的机动车造成非机动车驾驶人或者行人人身损害的。

(3)在医疗损害责任中,《民法典》第 1219 条规定的医疗伦理损害责任。

(4)在动物损害责任中,《民法典》第 1248 条规定的动物园动物损害责任。

(5)在物件损害责任中,《民法典》侵权责任编第十章规定的基本上都适用过错推定原则,只有第 1254 条规定的抛掷物坠落物损害责任除外。

3. 无过错责任原则

无过错责任原则是指在法律有特别规定的情况下，以已经发生的损害结果为价值判断标准，由与该损害结果有因果关系的行为人无论有无过错，都要承担侵权损害赔偿责任的归责原则。

适用无过错责任原则的意义，在于加重行为人的责任，使物质性人格权受到损害的受害人的损害赔偿请求权更容易实现，受到损害的权利及时得到救济。

侵害人格权侵权责任适用无过错责任原则的范围是：(1)《民法典》侵权责任编第四章规定的产品责任。(2)《民法典》侵权责任编第七章规定的环境污染和生态破坏责任。(3)《民法典》侵权责任编第八章规定的高度危险责任。(4)《民法典》侵权责任编第九章规定的动物损害责任中除了动物园动物损害责任之外的其他侵权责任。(5)《民法典》第1223条规定的医疗产品损害责任。(6)《人身损害赔偿司法解释》第11条和第12条规定的工伤事故责任。

在这些侵权责任类型中，被侵权人享有的物质性人格权受到损害的，通过适用无过错责任原则，使被侵权人能够得到更好的保护。

侵害精神性人格权及人格利益不适用无过错责任原则。

(二)人格权侵权损害赔偿责任的构成要件

1. 人格权侵权责任构成的违法行为

侵害人格权益的违法行为，就是行为人违反对他人人格权利的不可侵义务、违反保护他人人格利益的法律，以及故意违背善良风俗损害他人人格利益，而实施的作为或者不作为。

违法行为作为侵害人格权侵权民事责任构成的客观要件，包括行为和违法两个要素。首先，侵害人格权的侵权行为须由行为构成，而非由事件或思想等行为以外的事实构成。其次，侵害人格权益的行为必须在客观上违反法律，具有违法性，没有违法性不构成侵害人格权的侵权责任。

侵害人格权益的行为绝大多数是作为的行为方式，无论是侵害物质性人格权还是侵害精神性人格权，作为是主要的行为方式。不作为的行为方式也构成侵权责任，例如，负有法定救助义务的人不履行救助义务造成受害人损害；负有事先审查义务的媒体编辑出版机构未尽义务造成失实新闻发表造成诽谤后果。

侵害人格权益的违法性判断：

(1)违反法定义务的违法性，是自然人、法人、非法人组织作为他人享有的人格权的义务人时，负有法定的不可侵义务，侵害人格权，即违反该法定的不可侵义务，具有违法性。

(2)违反保护他人利益的法律的违法性，是行为人负有保护他人其他人格利益、死者人格利益以及胎儿的人格利益的法定义务，违反这种义务造成他人人格利益损害，也具有违法性。

(3)故意违背善良风俗的违法性，是行为的外在形式并不违反法律，但是行为人故意违背善良风俗致人以损害，构成违法。在侵害人格权益的侵权责任构成中，也存在这种违法性。

2. 人格权损害赔偿责任构成的损害事实

人格权损害赔偿责任构成的损害事实，是一定的行为造成侵害民事主体的人格权或者人格利益，从而造成财产利益和非财产利益减少或者灭失的客观事实。

损害事实由两个要素构成，一是人格权益被侵害，二是人格权益被侵害而造成的财产利益或者非财产利益损害的客观结果。

人格权侵权行为侵害的客体，包括人格权及人格利益。侵权行为侵害了人格权或者人格利益，造成的损害后果是相应的非财产利益或者财产利益受损害。

(1)人格利益的有形损害。侵害自然人身体权、健康权、生命权，其人格利益的损害为有形损害。这种有形损害，首先表现为身体、健康损伤和生命的丧失。当违法行为作用于受害人的物质性人格权时，受害人所享有的作为物质性人格权的客体的人体利益受到损害，造成伤害或死亡的后果。财产利益的损失，表现为自然人为医治伤害、丧葬死者所支出的费用，也表现为有形的损害。其次表现为人体伤害、死亡造成的财产损失，如伤残误工的工资损失，护理伤残的误工损失，丧失劳动能力或死亡所造成其扶养的人的扶养费损失等，这些损害也是有形损害。

(2)人格利益的无形损害。侵害精神性人格权所造成的人格利益损害是无形的人格利益损害。精神性人格权的客体均为无形的人格利益，与人格利益的有形损害相比，除了形式上的区别外，在主体上也有区别。人格利益有形损害的主体只能是自然人，法人、非法人组织不会产生这种损害；人格利益无形损害的主体，既包括自然人，也包括法人、非法人组织。人格利益的无形损害可能表现为三种形态，一是财产利益损失，包括人格权本身包含的财产利益损失和为恢复受到侵害的人格而支出的必要费用；二是一般人格利益的损害，即人格评价的降低、隐私被泄露、自由被限制、肖像或名称被非法使用等；三是受害人的精神创伤和精神痛苦。人格利益无形损害的这三种形态，以一般人格利益的损害为主要形态，其他两种形态均由该种损害所引起。

(3)侵害人身权益造成财产利益损害事实。侵害人格权人的人格权益，造成财产损失的，是侵害人格权人的公开权而造成的财产损失，是构成侵害人格权益承担财产损害赔偿责任的客观要件。

3. 人格权侵权损害赔偿责任构成的因果关系

侵害人格权的违法行为造成了人格权和人格利益的有形损害或者无形损害，二者之间具有引起与被引起的逻辑关系，就构成人格权侵权损害赔偿责任的因果关系要件。

确定违法行为与损害事实之间的因果关系，应当遵循以下因果关系规则：

(1)对于具有直接因果关系的违法行为与损害事实，适用直接因果关系规则确定因果关系。

(2)违法行为与损害事实之间因果关系较难判断的，采用相当因果关系规则确定因果关系。适用相当因果关系规则，关键在于掌握违法行为是发生损害事实的适当条件。适当条件是发生该种损害结果的不可缺条件，它不单是在特定情形下偶然地引起损害，而且是一般发生同种结果的有利条件。判断相当因果关系的标准，即确定行为与结果之间有无因果关系，要依行为时的一般社会经验和智识水平作为判断标准，认为该行为有引起该损害结果的可能性，而在实际上该行为又确实引起了该损害结果，则该行为与该结果之间为有因果关系。

在因果关系要件的证明中，还要注意确定违法行为对损害发生的原因力，以便根据行为原因力的大小，确定损害赔偿责任的数额。例如，郑某、张某与赖某等人在酒吧喝酒贺岁至次日凌晨，赖某饮酒过量无法走动，郑某与张某等丢下赖某不管，各自回家。酒吧老板刘某将赖某搀扶到店内在沙发上睡。次日上午，赖某因呕吐物进入气管、支气管，导致机械性窒息而死亡。赖某亲属向法院起诉，要求郑某、张某以及刘某等共同赔偿死者死亡赔偿金、丧葬费、被抚养人生活费等13万余元。法院判决认定,赖某大量饮酒是造成死亡的主要原因,刘某和劝酒者没有对醉酒者进行必要救助的不作为行为,也是赖某死亡发生的共同原因,具有一定的因果关系,判决承担相应的损害赔偿责任。这里确定的承担相应的赔偿责任,就与未尽照顾义务行为的原因力相适应。

4. 人格权侵权损害赔偿责任构成的过错

过错是指行为人在实施违法行为时的主观心理状态,包括故意和过失。故意是行为人预见自己行为的结果,仍然希望它发生或者听任它发生的主观心理状态。确定故意的标准在于,行为人应当认识到或者预见到行为的结果,同时又希望或听任其发生,就为具有故意。过失包括疏忽和懈怠。行为人对自己行为的结果,应当预见或者能够预见而没有预见,为疏忽;行为人对自己行为的结果虽然预见了却轻信可以避免,为懈怠。疏忽和懈怠都是过失,都是受害人对应负注意义务的违反。过失,是指行为人对受害人应负注意义务的疏忽或懈怠,即行为人的不注意的心理状态。

这些过错形态,在人格权侵权损害赔偿责任构成中都存在。在通常情况下,构成人格权侵权损害赔偿责任,故意、过失均可构成。但是,在特殊情形中,只有故意才能构成侵害某种人格权。

在侵害人格权责任构成的过错要件中,有特殊要求:

(1)侵害身体权、健康权、生命权的侵权责任构成,适用过错责任原则,即有过错(无论故意、过失)均应负责。在法律有特别规定的情形,过错可以推定,而且无过错亦应负责。

(2)侵害精神性人格权的侵权责任构成,应当适用过错责任原则,有过错则有责任,无过错则无责任。不适用过错推定原则和无过错责任原则。

(3)侵害某些精神性人格权,以故意为构成要件,过失不构成侵权。侵害姓名权、名称权,须以故意为要件,非法干涉他人姓名权、名称权行使,非法使用他人姓名、名称,均须故意所为,过失不构成侵害姓名权、名称权。

(4)侵害某些精神性人格权,对于过错程度区分具体情况而作不同要求。例如,刊载和出版侵害他人名誉权、隐私权、信用权等精神性人格权的稿件,编辑出版者应否承担侵权责任,因稿件的体裁不同而对过错程度作不同的要求。对以新闻、报告文学、纪实性文章以及广告、特写等体裁报道、描写真人真事的稿件,编辑出版者应负事实真实性的核实义务,未尽此义务而刊载、出版这类稿件,无论故意、重大过失或一般过失,均应负侵权责任。对小说、散文、剧本、诗歌等非以真人真事作为描写对象,即以虚构为其艺术特色的稿件,编辑出版者不负事实真实性的审查义务,只有故意或者重大过失发表此类稿件,或者发表以后故意拒不为受害人恢复名誉的,才负侵权责任。此外,在侵害精神性人格权中,凡属非法干涉权利者,均须以故意为构成要件。

三、人格权侵权请求权的产生时间

(一)人格权侵权请求权产生的事实根据

人格权侵权请求权产生所依据的法律事实,是侵权行为造成了损害事实。侵权损害事实一经发生,受害人一方即产生损害赔偿请求权,依法得向加害人要求对所造成的损害予以赔偿;加害人则产生对自己造成的他人损害予以赔偿的义务,应受害人的请求赔偿受害人因损害所造成的损失。

侵害人格权的损害事实包括人身损害事实、财产损害事实和精神损害事实。这些损害事实一经发生,受害人即产生人格权侵权请求权。

(二)侵害人格权益损害事实发生的时间

人格权益损害事实发生的时间,是指损害发生或者损害后果能够确定的时间,意义在于确定侵权责任的诉讼时效的起算。

对于人身伤害的损害事实确定,司法实践掌握的标准是,人身损害赔偿的诉讼时效期间,伤害明显的,从受伤害之日起算;伤害当时未曾发现,后经检查确诊并能证明是侵害引起的,从伤势确诊之日起算。

对于侵害精神性人格权造成无形损害事实的发生时间,一般是侵权行为实施终了之时。例如,文字诽谤侵权行为,侵权行为一经终了,损害事实即确定下来;实施拘禁人身侵害人身自由权的侵权行为,例如,拘禁五天,行为实施终了的时间应当是将被侵权人予以解禁时为标准,而不是实施拘禁行为的开始时间。

不过,在应用侵害人格权益损害事实发生时间确定诉讼时效期间计算中,除了时间要素之外,还要根据《民法典》第 188 条规定的"诉讼时效期间自权利人知道或者应当知道权利受到损害以及义务人之日起计算"的要求,要件有二:一是知道或者应当知道权利受到损害;二是知道或者应当知道义务人。

(三)人格权侵权请求权的证明责任

请求权与举证责任是两个密切相关的概念。对于人格权侵权请求权的证明责任,被侵权人负有举证责任,对自己所主张的事实和提出的请求承担举证责任;如果负举证责任的一方举不出证据来,诉讼的结果必然对其不利,承担败诉后果。

我国《民事诉讼法》第 64 条规定:"当事人对自己提出的主张,有责任提供证据。""当事人及其诉讼代理人因客观原因不能自行收集的证据,或者人民法院认为审理案件需要的证据,人民法院应当调查收集。""人民法院应当按照法定程序,全面地、客观地审查核实证据。"

人格权侵权请求权与举证责任的关系表现为:

1. 请求权人负有举证责任

人格权侵权请求权的权利人对自己的请求权主张,有责任提出证据证明。这既是请求权人的权利,也是请求权人向人民法院应尽的诉讼义务,体现了诉讼权利和诉讼义务的不可分离。请求权人在提出赔偿请求的时候,应当举出证据,证明对方侵害了自己的人格权益造成损失,构成侵权责任,自己的侵权请求权依法成立。不能证明自己的主张的,须承担败诉的结果。

2. 举证责任倒置

在适用无过错责任原则和过错推定原则的情况下,原告应当证明违法行为、损害事实和因果关系的构成。特殊情形是:

(1)适用过错推定原则的侵害人格权侵权责任,对过错要件实行推定,侵权人主张自己没有过错的,实行举证责任倒置,由侵权人证明自己没有过错。能够证明自己没有过错的,不承担侵权责任,不能证明自己没有过错的,承担侵权责任。

(2)适用无过错责任原则的侵害人格权的侵权责任,如果侵权人主张受害人是故意引起损害的,为免责事由,其举证责任倒置,由侵权人举证证明。能够证明者,免除侵权人的责任。

四、侵害人格权的损害赔偿责任承担

(一)人格权侵权损害赔偿责任概念和特征

人格权侵权损害赔偿责任是侵害人格权侵权请求权的基本责任方式,是指当事人一方因侵权行为侵害了他人的人格权益造成损害,在当事人之间产生的具有债的性质的请求损害赔偿的权利和履行赔偿责任的侵权责任方式。

人格权侵权损害赔偿责任的法律特征是:

第一,人格权损害赔偿责任的根本目的是救济损害。有损害才有赔偿,无损害则无赔偿。赔偿的目的是救济人格权益受到的损害,使受到损害的人格权益得到恢复。

第二,人格权损害赔偿责任是财产性责任方式。人格权损害赔偿完全是以财产的方式救济受害人非财产的损失,即人身损害和精神损害。对人身损害必须以财产的形式赔偿受害人的财产损失;对精神损害,其赔偿也只能以财产的方式进行。

第三,人格权损害赔偿责任同样具有相对性特点。相对性是债的基本特征,侵权请求权与其所对应的责任也具有这种相对性特征。损害赔偿永远发生在相对人之间,即权利主体和责任主体永远是特定的,且只在相对的特定主体之间发生。人格权受到侵害的被侵权人只能向特定的侵害人格权的行为人请求赔偿,赔偿责任主体也只须向特定的人格权受到侵害的被侵权人履行赔偿责任。

第四,人格权损害赔偿同样具有强制性法律特征。请求权侵权损害赔偿请求权相对应的不是义务,而是责任,是具有强制性的责任,权利人不是直接向责任主体请求,而是向法院请求,请求法院强制责任主体承担责任,就是民事责任强制性效力的具体体现。

(二)人格权侵权损害赔偿的权利主体和责任主体

1. 人格权侵权损害赔偿请求权人

在人格权侵权损害赔偿法律关系中,人格权受到损害的被侵权人是赔偿权利主体,是请求权人。此外,被侵权人的利害关系人、死者的近亲属在特定情形下,也是赔偿权利主体,享有损害赔偿请求权。

(1)直接受害人。直接受害人是人格权侵权损害后果的直接承受者,是因侵权行为而使人格权益受到侵害的自然人和法人、非法人组织。

(2)间接受害人。间接受害人是指侵权行为造成了直接受害人的人身损害,因而使人身权益受到间接损害的受害人。间接受害人有两种:一是扶养来源丧失之人,即行为人实施的侵害生命权或者侵害健康权行为,造成直接受害人劳动能力丧失,原来依靠直接受害人扶养,因直接受害人死亡或丧失劳动能力,而使其扶养来源丧失的人。二是震惊损害的间接受害人,目睹亲人在惨烈的人身损害事件中遭受损害事实的受害人近亲属,其精神利益受到严重损害,造成了严重的精神痛苦,是间接受害人。

(3)胎儿和死者近亲属的赔偿请求权。胎儿在其孕育过程中受到损害,准许胎儿在其出生为活体、取得民事权利能力后,行使赔偿请求权。死者的姓名、肖像、名誉、隐私、荣誉以及死者的遗体等法益受到侵害,因其已经丧失民事权利能力和民事行为能力,其赔偿请求权由其近亲属享有，可以死者利益保护人的身份向法院提出损害赔偿诉讼，以保护死者的人格利益。

2. 人格权损害赔偿责任人

在人格权侵权损害赔偿法律关系中，侵权人是赔偿责任主体，在诉讼中为被告。除侵权人外，在替代责任情况下，行为人不是责任主体，替代承担赔偿责任的责任人是赔偿责任主体，为被告。无民事行为能力人或者限制民事行为能力人致人损害，司法实务不认其法定代理人为赔偿责任主体，但却是赔偿责任的承受者，由其支付赔偿费用的做法不当。在物件致人损害中，物的所有人、占有人为赔偿义务主体。

（三）人格权侵权损害赔偿责任的具体内容

人格权侵权损害赔偿责任的具体内容是赔偿，即补偿损害的财产给付。赔偿的性质是行为，即赔偿责任主体向赔偿权利主体给付赔偿金的行为。

人格权损害赔偿的范围，依照《民法典》第 1179、1180、1182、1183 条的规定确定。具体确定损害赔偿范围，参照最高人民法院有关司法解释的规定。

1. 人身损害赔偿

《民法典》第 1179 条规定："侵害他人造成人身损害的，应当赔偿医疗费、护理费、交通费、营养费、住院伙食补助费等为治疗和康复支出的合理费用，以及因误工减少的收入。造成残疾的，还应当赔偿辅助器具费和残疾赔偿金；造成死亡的，还应当赔偿丧葬费和死亡赔偿金。"第 1180 条规定："因同一侵权行为造成多人死亡的，可以以相同数额确定死亡赔偿金。"《人身损害赔偿司法解释》，是关于处理人身损害赔偿的专门司法解释，其中第 17 条至第 35 条是关于人身损害赔偿计算规则的具体规定。应注意的是，对死亡赔偿金的赔偿，已经废止"同命不同价"的赔偿计算方法，城乡适用统一的死亡赔偿金标准。

2. 人格权财产利益损害赔偿

人格权财产利益损害赔偿，是指侵害他人人格权益造成财产损失，对被侵权人受到的损失予以赔偿的侵权损害赔偿责任。例如，侵害他人的姓名权、肖像权、名誉权、名称权、信用权、隐私权等人格权以及其他人格利益，造成被侵权人的财产利益损失，就是人格权的财产利益损害，对这种财产利益的损害赔偿，就是人格权财产利益损害赔偿。

这种损害赔偿责任是侵害公开权的损害赔偿。公开权受到损害，造成权利人的财产利益损失，应当承担这种侵权损害赔偿责任。

《民法典》第 1182 条规定："侵害他人人身权益造成财产损失的，按照被侵权人因此受到的损失或者侵权人因此获得的利益赔偿；被侵权人因此受到的损失以及侵权人因此获得的利益难以确定，被侵权人和侵权人就赔偿数额协商不一致，向人民法院提起诉讼的，由人民法院根据实际情况确定赔偿数额。"侵害公开权造成财产利益损失的赔偿方法，一是侵害他人人身权益造成财产损失的，按照被侵权人因此受到的损失或者侵权人因此获得的利益赔偿计算赔偿数额；二是被侵权人因此受到的损失以及侵权人因此获得的利益难以确定，被侵权人和侵权人就赔偿数额协商不一致，向人民法院提起诉讼的，由人民法院根据实际情况确定赔偿数额。这个计算方法的核心，是被侵权人有选择权。侵害人身权益造成财产损失，就是侵害了公开权造成被侵权人的损害。究竟是按照被侵权人因此受到的实际损失赔偿，还是按照侵权人因此获得的利益赔偿，如果依照顺位关系，就不存在选择权。规定了二者之间为选择关系，选择权就为被侵权人享有。被侵权人可以根据自己的利益，选择其中一种计算方法，计算赔偿数额。法院应当支持被侵权人的选择。

3. 精神损害赔偿

《民法典》第 1183 条第 1 款规定："侵害自然人人身权益造成严重精神损害的，被侵权人有权请求精神损害赔偿。"这一规定，既体现了实事求是的原则要求，也符合公平、正义的民法原则；既保护了受害人的合法权益，救济其损害，也保障侵权人不负担其侵权行为以外的原因造成的受害人损失，不使其合法权益受到侵害。《精神损害赔偿司法解释》对人格权的司法保护和精神损害赔偿办法规定了详细的规则，具有重要的意义。

4. 赔礼道歉请求权

赔礼道歉请求权，是指侵权人向受害人承认错误，表示歉意，以求得受害人原谅的侵权请求权。

对于赔礼道歉的性质究竟是人格权请求权还是侵权请求权，《民法典》规定并不清楚，表现形式是，除了在第 179 条民事责任方式中作了规定之外，第 995 条并没有将其规定为不受诉讼时效限制的民事责任方式，因而应当不属于人格权请求权；但是，在侵权责任编中也没有规定其为侵权请求权的内容。既然在人格权请求权中都规定了消除影响、恢复名誉请求权，却不规定赔礼道歉，应当是不认可其为人格权请求权，那只能将其认定为侵权请求权。

赔礼道歉请求权产生于构成侵害人格权的侵权责任，包括侵害物质性人格权和侵害精神性人格权。相比较而言，在适用侵害精神性人格权的侵权责任中适用赔礼道歉请求权会更多一些，即主要适用于对侵害精神性人格权损害的救济。

适用赔礼道歉责任方式，通常是与其他民事责任方式并用，也有仅用单一赔礼道歉方式的，但是比较少。

承担赔礼道歉责任有两种方式：一是口头道歉的方式；二是书面道歉的方式，原则上由被侵权人选择。口头道歉由侵权人直接向被侵权人表示。适用赔礼道歉责任方式，应当与行为的具体方式和造成的影响范围相当。侵权人拒不承担前款规定的民事责任的，人民法院可以采取在报刊、网络等媒体上发布公告或者公布生效裁判文书等方式执行，产生的费用由侵权人负担。

第四节　对人格权的延伸保护

一、对人格权的延伸保护概述

（一）对人格权的延伸保护的概念和特征

1. 对人格权的延伸保护概念

对自然人的人格权延伸保护，是指法律在依法保护自然人的人格权的同时，对于自然人在其诞生前或死亡后所依法享有的人格利益，给予的延伸至其诞生前和死亡后的民法保护。《民法典》第 16 条关于"涉及遗产继承、接受赠与等胎儿利益保护的，胎儿视为具有民事权利能力。但是胎儿娩出时为死体的，其民事权利能力自始不存在"的规定，以及第 994 条关于"死者的姓名、肖像、名誉、荣誉、隐私、遗体等受到侵害的,其配偶、子女、父母有权依法请求行为人承担民事责任;死者没有配偶、子女且父母已经死亡的,其他近亲属有权依法请求行为人承担民事责任”的规定,体现的就是对人格权的延伸保护规则。其中前一条文包含对胎儿人格利益的保护,后一条文则是明确的对死者人格利益的保护规则。

2. 对人格权延伸保护的法律特征

对自然人人格权的延伸保护的法律特征是:

第一,人格权延伸保护的主体是自然人。在历史上,人格权延伸保护的主体就是自然人。自然人作为民事主体,其享有的人格权极为广泛,因而在其出生前和死亡后,这些人格权所体现的利益,是先期存在和延续存在的。现代法律确认法人、非法人组织为拟制的法律人格,亦享有人格权,在其消灭后,存在某些延续的利益如名称、名誉、荣誉等。如果对法人或者非法人组织消灭后的人格利益需要保护,可以参照适用自然人人格权延伸保护的规则,但是不必认可法人或者非法人组织也有人格权延伸保护的一般规则,《民法典》第 994 条只规定了自然人的死者人格利益保护。

第二,人格权延伸保护的客体是人格利益而非权利本身。自然人享有民事权利能力,其人格利益通过享有人格权而享有、维护和支配;当自然人还未诞生以及死亡后,其作为权利主体尚未或者已经不存在,但是由于其围绕人格权而存在的先期人格利益和延续人格利益却客观地存在着,立法者不承认其为权利,却承认其为合法利益,并予以法律保护,因而成为法律保护的客体,保护的对象是人格利益。

第三,人格权延伸保护的界限为自然人民事权利能力取得前和终止后。延伸保护并非指对权利本身的保护,而是在权利取得之前或者权利消灭之后,将法律对该种权利所体现的先期利益或延续利益的保护向前延伸和向后延伸,在一个适当的期间内禁止他人侵害。向前延伸的保护,仅为对自然人出生前人格利益进行保护;向后延伸的保护,为自然人死亡后的人格利益进行保护,其界限均以民事权利能力取得之前和终止之后为准。

第四,人格权延伸保护与人格权保护相互衔接构成统一整体。人格权延伸保护与人格权保护目的相同,是一个统一的整体,只是在时间界限上互相衔接,互相配合,形成对人格权及人格利益的严密而完备的保护体系。因此可以说,称为人格权延伸保护,毋宁说是对人格利益的延伸保护,只是由于要将对胎儿人格利益保护、死者人格利益保护与人格权保护构建在一起,形成一个完整的制度,方采用人格权延伸保护的说法。

在原《民法通则》颁布施行之后不久,法院受理了本章的典型案例,引起了关于死者名誉保护的争论,进而扩展到全国法学界和司法界,成为热点讨论问题,引发了对人格权延伸保护问题的研究,并最终确立了人格权延伸保护制度,并被《民法典》所确认。

(二)人格权延伸保护的历史发展

对自然人人格权的延伸保护的规则,在立法上和学说上有一个产生、发展和形成的过程。

人格权的延伸保护最早源于血亲复仇制度,当自然人已经被杀害,血亲所享有的复仇权利就具有了人格权延伸保护的含义。

罗马法对人格权的延伸保护,一是向民事主体诞生之前延伸,认为胎儿或即将出生的婴儿被视为已出生,人格权的延伸保护溯及至其出生前的一段时间。二是向自然人死亡之后延伸,认为随着主体的死亡,某一主体的权利及其诉权转移到其他主体即继承人的身上。但是,针对继承人,只能按照其得到的范围提起罚金诉讼和混合诉讼,而且不得提起所谓的"当事人间的报复性诉讼"。[19]

近现代民事立法规定自然人民事权利能力始于出生、终于死亡。但是,对其人格权的法律保护却仍作延伸保护的规定。例如,规定继承开始时,应当对已经孕育的胎儿保留应继份;胎儿在孕育期间因侵害致死,出生时享有赔偿请求权。这些都是对人格权保护作向自然人出生前延伸的规定。

虽然对自然人人格权的延伸保护非至今日始,但是,在理论上使用这一概念,用以概括法律对自然人诞生前和消灭后的人格利益进行保护的客观现象,是笔者的看法,[20]也被其他学者所引用。[21]

(三)对自然人人格权延伸保护的理论基础

1. 早期理论

早在罗马法时期,保罗就指出:"当涉及胎儿利益时,母体中的胎儿像活人一样被对待,尽管在他出生以前这对他毫无裨益。"[22]康德在18世纪末出版的《法的形而上学原理》一书中,也提出了"一位好名声的人死后继续存在的权利"的看法,认为"一个人死了,在法律的角度看,他不再存在的时候,认为他还能够占有任何东西是荒谬的,如果这里所讲的东西是指有形物的话。但是,好名声却是天生的和外在的占有(虽然这仅仅是精神方面的占有),它不可分离地依附在这个人身上"。"我们看待人仅仅是根据他们的人性以及把他们看作有理性的生命。因此,任何企图把一个人的声誉或好名声在他死后加以诽谤或诬蔑,始终是可以追究的",理由是,"抽象就是撇开一切存在于空间和时间的那些有形的具体条件,于是,考虑人时,就逻辑地把他和附属于人体的那些物质因素分开","这种情况下,他们有可能确实受到中伤者对他们的伤害"。[23]这些论述,都阐释了对自然人人格利益延伸保护的理论基础,因而,说对自然人的人格利益进行延伸保护,并非空穴来风,而是古已有之。

2. 对自然人人格权延伸保护的不同见解

我国对人格权延伸保护理论学说的主要观点是:

(1)权利保护说,认为人格权之所以能延伸保护,就是因为死者仍是人格权的主体,仍享有权利,因而延伸保护的仍然是民事主体的人格权。[24]

(2)近亲属利益保护说,认为人格权延伸保护的实质与作用,是保护死者近亲属的利益。[25]

(3)家庭利益保护说,认为死者的名誉遭到侵害时,其遗属的名誉也往往会遭到侵害,这两者之间的连结点就是家庭名誉。[26]

(4)利益保护说,认为死者不能成为民事权利的主体,更不享有权利。对死者,法律所保护

---

〔19〕［意］彼德罗·彭梵得:《罗马法教科书》,黄风译,中国政法大学出版社1992年版,第30~31、109页。
〔20〕参见杨立新等:《人身权的延伸法律保护》,载《法学研究》1995年第2期。
〔21〕王利明:《人格权法》,中国人民大学出版社2009年版,第115页。
〔22〕［意］彼德罗·彭梵得:《罗马法教科书》,黄风译,中国政法大学出版社1992年版,第30~31页。
〔23〕［德］康德:《法的形而上学原理》,沈叔平译,商务印书馆1991年版,第119~121页。
〔24〕郭林等:《试论我国民法对死者名誉权的保护》,载《上海法学研究》1991年第6期。
〔25〕史浩明:《关于名誉权法律保护的几个理论与实践问题》,载《学术论坛》1990年第3期。
〔26〕陈爽:《浅论死者名誉与家庭名誉》,载《法学研究生》1991年第9期。

的是利益。法律不仅仅保护权利,而且还保护超出权利范围的合法权益,保护死者的利益。[27]

3. 人格权延伸保护的基本理论依据

对自然人人格权延伸保护理论的立论根据,是在当代人权思想指导下,以维护民事主体统一、完整的人格及其利益为基本目的,追求创造、保护社会利益与个人利益的和谐、统一。其理论要点是:

(1)自然人在其诞生前和消灭后,存在与人格权相区别的先期人格利益和延续人格利益。当代人权的最基本要素是人格权,因为如果没有一个有生命的人类个体的存在,人权的问题是没有任何意义的。[28] 自然人在取得民事权利能力之前和终止民事权利之后,就已经或者继续存在某些人格利益,而且这些人格利益都与该主体在作为民事主体期间的人格利益和人格权紧密相连,对于维护该主体的法律人格具有重要意义,当其受到侵害,将会对其事后取得或终止前的法律人格造成严重损害。

(2)先期人格利益和延续人格利益与人格权互相衔接,统一构成自然人完整的人格利益。自然人的人格利益由先期利益和延续利益构成。与这两种利益紧密地、前后相衔接的是人格权。先期人格利益、人格权、延续人格利益之所以能够紧密地、有机地衔接在一起,原因在于它们具有共同的基础,即客体都是自然人的人格利益。缺少其中任何一个环节,都会使这一锁链出现残缺,从而导致自然人的人格利益不完整,也必然导致自然人的人格损害。

(3)自然人人格利益的完整性和人格利益与人格权利的系统性,决定了法律对自然人的人格保护,必须以人格权的保护为基础,向前延伸和向后延伸。如果法律仅仅保护自然人的人格权,必然会使其先期人格利益和延续人格利益成为自然利益,无法抵御外来的侵害,进而损害人格权的本身。法律确认民事主体的先期人格利益和延续人格利益为法益,就确切地表明,法律以对民事主体人格权的保护为基础,向前延伸以保护自然人的先期人格利益,向后延伸以保护自然人的延续人格利益。这种完备、统一的人格利益法律保护,不仅是维护民事主体个体利益的需要,同时也是维护社会利益的需要。

(四)对自然人人格权延伸保护的基本内容

1. 对自然人人格权延伸保护的范围

(1)自然人先期人格利益延伸保护的范围。首先,胎儿享有先期身体利益。胎儿怀于母体,为母体之一部分。但是,其形体具有先期身体利益,应予保护。当其成活出生则成为身体权的客体,如果在母体中因致伤而堕胎,是对胎儿身体利益的侵害;流产的胎儿死体,应按善良风俗处理,非法利用者为侵害其先期身体利益,应追究民事责任。不过,由于胎儿娩出时为死体,没有成为人,无所谓先期人格利益,因而视为对母亲身体的伤害。其次,胎儿健康遭受损害,亦应予延伸保护,是为先期健康利益。例如,出生即发现其胎儿时期受到的损害,完全有理由主张侵权人予以损害赔偿。再次,胎儿是否享有先期名誉利益,尚未见成说。如果侮辱某胎儿为“杂种”,虽使其父母名誉受损害,也对该胎儿的先期名誉利益不无影响,不过,此种利益在保护上殊为困难,确认胎儿享有先期名誉利益,尚无把握。最后,对于其他人格利益,对胎儿无法予以延伸保护。

---

〔27〕 王利明主编:《人格权法新论》,吉林人民出版社 1994 年版,第 444 ~ 445 页。

〔28〕 宋惠昌:《现代人权论》,人民出版社 1993 年版,第 65 ~ 66 页。

（2）延续人格利益延伸保护的范围。一是延续姓名利益。自然人死亡后，其姓名权转变为延续姓名利益，应予延伸保护。二是延续肖像利益。对于自然人死亡后的肖像延伸保护，有肯定说与否定说之争。作为自然人人格标识的肖像，体现了自然人的人格尊严，也可能与他人的人格尊严甚至国家的、民族的尊严发生关联，因此，保护死者肖像的精神利益具有重要意义。〔29〕三是延续名誉利益。对死者名誉的延伸保护，为民法通说，我国先以司法解释形式予以肯定，后有《民法典》予以确认。四是延续荣誉利益。荣誉权一经取得，终生享有。自然人死亡后，其荣誉利益继续存续，法律予以延伸保护，自然人死后所追认的烈士称号，也受到法律保护。《民法典》第185条关于"侵害英雄烈士等的姓名、肖像、名誉、荣誉，损害社会公共利益的，应当承担民事责任"的规定，就是对这种看法的确认。五是延续隐私利益。隐私是自然人的私人生活安宁和不愿为他人知晓的私密空间、私密活动、私密信息等。当自然人死亡后，这种隐私利益继续存在，法律应以延续隐私利益予以延伸保护。六是延续身体利益。自然人死亡后，其身体变为尸体，具有物的性质，应当采用对身体权的延伸保护予以解释，符合一般社会观念。这些都是《民法典》第994条规定的对死者人格利益保护的范围。不过，该条文在列举这些死者延伸保护的人格利益后，使用了"等"字，表明还有其他死者的人格利益需要保护，例如对死者的形象、声音以及个人信息利益的保护。

2. 对自然人人格权延伸保护的方法

对自然人人格权延伸保护的方法，是指法律通过何种身份的人提出诉讼请求对人格权延伸保护。由于人格权属于私权，胎儿的先期人格利益进行保护，自有其出生后由自己进行保护。死者的延续人格利益保护，死者死矣，无法自己进行主张，而公力救济又必须由权利人或有权起诉的人提出，法院才能予以救济。

对于先期人格利益的法律保护，法律主要采取时间延长，待享有先期人格利益的胎儿出生，由其直接取得权利后，作为权利主体提出请求的办法实现其权利。对于娩出时为死体的，应当认为是对母亲身体的侵害，由母亲享有损害赔偿请求权。

对于延续人格利益的延伸保护，由死亡人亲属和遗嘱受益人提起诉讼。对亲属范围的确定有不同做法，有的规定为配偶和子女，有的规定为配偶、子女和父母，也有的只规定为亲属。我国原《民法通则》对此没有规定。最高人民法院《关于审理名誉权案件若干问题的解答》第5条规定："死者名誉受到损害的，其近亲属有权向人民法院起诉。近亲属包括：配偶、父母、子女、兄弟姐妹、祖父母、外祖父母、孙子女、外孙子女。"这一司法解释虽仅为延续名誉利益的延伸保护而规定，但是，可以扩张适用于人格权延伸保护的一般场合。《精神损害赔偿司法解释》第7条规定："自然人因侵权行为致死，或者自然人死亡后其人格或者遗体遭受侵害，死者的配偶、父母和子女向人民法院起诉请求赔偿精神损害的，列其配偶、父母和子女为原告；没有配偶、父母和子女的，可以由其他近亲属提起诉讼，列其他近亲属为原告。"这一规定完整地说明了死者人格利益的保护方法。《民法典》第994条规定由死者近亲属负责保护，并把近亲属分为两个顺序，一是配偶、子女、父母，二是其他近亲属，即兄弟姐妹、祖父母外祖父母、孙子女外孙子女。

按照上述办法，是将死者的近亲属作为死者人格利益的保护人规定的。在第一顺序保护人存在的情况下，第二顺序的保护人不能起诉、行使保护死者人格利益的权利，只能由第一顺

〔29〕 王利明主编：《人格权法新论》，吉林人民出版社1994年版，第391页。

序的保护人行使该权利;第一顺序的保护人均不在时,第二顺序的保护人可以行使保护死者人格利益的权利。

3. 人格权延伸保护的期限

对于自然人人格权延伸保护的期限,有不同的规定。一是先期人格利益延伸保护的期限,自胎儿出生之时,溯及其成功受孕之时。二是延续人格利益延伸保护为确定期限的,如著作人格权中的发表权,著作权法规定其保护期为作者终生及其死亡后50年。三是以死亡人近亲属可以提起诉讼的办法,限定人格权延伸保护期限,《民法典》第994条就是采取的这种办法。

与固定期限如死亡后50年的做法相比较,我国以近亲属健在的方法确定的保护期限稍宽,长短不等,大体估算,保护期限在50年左右,应属适当。

二、对自然人人格权延伸保护的主体理论:准人格

对人格权进行延伸保护的另一个理论基础是准人格理论,这是对人格权进行延伸保护有关主体方面的理论基础。

(一)准人格的概念界定

准人格是指胎儿、死者以及设立中的法人、非法人组织所具备的部分人格要素,以及不完善的民属主体地位和限制民事权利能力。因此,准人格也称为部分民事权利能力或者限制民事权利能力。〔30〕

民法中的人格是经过法律技术构建的概念,表现为典型的民法中的人的资格。这样的法律人格是通过法律技术明确规定的,具有清晰的边界,包括出生至死亡阶段的人即自然人,以及符合法律规定的组织构成并经登记的组织体即法人、非法人组织。

除了这种典型的人格之外,还存在一些并不完全符合这一标准的人和组织体存在形态,例如,胎儿、死者,设立中和解散后至注销前的法人、非法人组织。

自然人的人格是一个不断丰富发展而后又逐渐消退的过程。从受精后第14天开始,自然人已经具备了生命、身体和健康这些基础性的人格要素;在出生以后人又通过自己的行为不断地向外部世界表现并发展其人格,因而人格要素不断增多;在死亡以后,不但丧失了生命和健康这些基础性的人格要素,而且丧失了通过自己的行为发展人格的能力,随着时间的推移,其生前通过自己的行为所获得并表现出的姓名、名誉等部分社会性人格要素也会逐渐消退并最终消亡。因而人的发展历程中有些阶段并不完全符合传统民法的人格形象,仅具备法律人格的部分要素。例如,自然人在出生前的阶段存在并不具有意志能力,因而并不具备发展其人格的能力,但是,却具有作为意志能力物质性基础的生命和身体,并具有人类的尊严;死后的阶段虽然不再具备意志自由,丧失了人格发展的能力,但是仍然具有部分人格个性特征以及人的尊严。

至于组织体,其构建方式有很多种,团体内部的紧密程度也各不相同,只有符合法律规定的组织结构形态且经登记的才能具备完全的法律人格。其他的组织存在形态虽然并不完全符合法律规定的条件,但是已经通过一定的方式实现了获得共同决定的能力,具备了获得意志能力的物质性基础;拥有了一定的财产;可以以此为基础承担一定的责任;并且获得了名称、商号以及商誉等人格个性特征。因而,这些组织形态具备了法律所设定的完整法律人格的部分构

〔30〕 参见杨立新:《〈民法总则〉中部分民事权利能力的概念界定及理论基础》,载《法学》2017年第5期。

成要素。

对于并不符合法定人格模型的人或组织的人格状态及权利能力的研究,比较法上多有涉及,但是大多仅是对其中的个别类型的研究,〔31〕将它们作为一个整体概念进行研究的为数不多。德国法上存在从权利能力的角度统合它们的做法,专门研究它们的权利能力问题,构建了权利能力相对性的概念,认为权利能力的内容并非绝对相同,存在以行为能力为标准的相对化现象。根据人和组织的行为能力的不同,人的权利能力的内容体现出层次化的形态。〔32〕这一研究成果具有重大意义,却并未具体分析它们的人格要素的具体状态。正是这些并不符合法定人格模型的人或组织的人格要素状态正当化了其在某些范围内具有的权利能力,人格要素占有的范围决定了权利能力的范围,正是人格要素的层次性使权利能力表现出层次性。在我国,有学者在对胎儿的人格利益予以保护的研究中,提出胎儿具有准法律人格的观点,认为准法律人格是既非完全法律人格者亦非完全无法律人格者。〔33〕这种观点认识到胎儿具有部分人格的特性,但是没有对准人格作出界定。类似于胎儿的具有部分人格构成的其他人或组织的存在也被忽略了。因此,应当对于准人格的概念进行全面的重新界定。

由于这些胎儿、死者、合伙以及设立中法人等人和组织并不具备全部的法律人格要素,因而并不符合法律人格的构成要件,不能作为法律人格,但是,具有法律人格中的部分人格要素和形态,因而称为准人格,或者限制民事权利能力。

(二)准人格的特征

1. 只具有部分人格要素

准人格并不具有完全的民法人格构成要素,只具有部分人格要素,而且每种准人格所具备的人格要素并不相同。

作为人存在的准人格形态的共同特征是并不具有意志能力,不能通过意志的决定去发展自己的人格,以及去参与法律交易。它们只具有一些简单的静态人格组成部分。其中,胎儿并不具有意志或者意识反应,只具有身体和生命这些物质性人格要素。这些人格要素作为人的存在的基础,是人格的重要部分,因而胎儿已经具有了部分人格要素。死者已经丧失了依赖于生命的意志能力,也不具有自我发展的能力,但是,仍然具有姓名、肖像、名誉等外化的社会性人格形态,以及在世时通过一定方式得到外在化固定的人格个性。这些人格形态和个性是意志曾经的载体和表现,是人格的重要组成部分。

作为组织体存在的准人格形态也具有部分的人格组成部分。筹备中的法人虽然尚未现实地具有意志,但是已经具有了相对独立的财产和组织形式,具有了意志产生的现实基础,而且其在特定目的范围内具有了名称,具备了可识别的社会个性。因而作为准人格存在的组织体在一定程度上具有了部分人格要素。

2. 欠缺规范化的意志能力

准人格并不具备法定的规范化的意志能力,这是准人格与人格的本质区别。民法通过抽象的法律技术为人格构建了一种规范化的意志能力,这种意志并不是现实生活中存在的人与

---

〔31〕 主要是对于胎儿和死者的人格保护问题,以及对于合伙和设立中法人的权利能力的讨论。

〔32〕 Fritz Fabricius, Relativität der Rechtsfähigkeit, C. H. BECK Verlag, Berlin 1963.

〔33〕 张莉:《胎儿的准人格地位及其人格利益保护》,载《政法论坛》2007 年第 4 期。

人之间的具有差异的心理意志，而是一种抽象的认识、判断与决定能力。这种抽象的意志能力通过年龄的划定实现了绝对的平等，只要达到成年的人都具有平等的意志能力，而无论现实中人与人之间的意志能力存在多大差异；未成年人则通过监护人的意志间接获得了这种平等的意志能力。准人格或者尚未发育到意志能力的程度而不适合被赋予这种能力（胎儿），或者曾经具有这种能力但是现在不再具有（死者），或者具有一定的意志能力但是并不符合法律的规定（形成中的法人）。因而，准人格并不具备法定的规范化的意志能力。

3. 其法律主体地位并未得到或者不能得到法律的规定

被法律作为典型予以确认的只是从出生至死亡阶段的自然人，以及得到法律承认的法人、非法人组织。他们具有完满的民法人格，权利能力得到法律的明确规定。准人格并不符合法律所确定的完满人格的构成，并不具备规范化的意志能力，不能自我负责地广泛参与法律交易，因而并不能具备法律所规定的全面的一般权利能力。但是，由于准人格具有部分人格要素，以此为基础在某些方面具有了参与特定法律关系的能力，因而具有了获得部分权利能力的正当要求，虽然这种能力并未得到法律的规定。由于不同的准人格类型所具有的人格要素种类并不相同，因而他们能够具有的权利能力的内容也不会相同。不同的准人格所能够具有的权利能力的内容是由他们所具有的人格要素的内容所决定的。

（三）准人格理论在人格权延伸保护中的价值

准人格理论的最重要价值，在于为人格权延伸保护制度提供主体资格的理论基础。在人格权延伸保护中受到保护的，不是具有完整人格的自然人，但是具有准人格。而人格权延伸保护制度的建立，正是对具有准人格的胎儿、死者进行人格利益保护的必要措施。如果没有准人格的主体资格理论作为基础，就不存在人格权的延伸保护问题；同样，如果市民社会中的某种物不具有人格，也不具有准人格，也就不存在对其人格权或者人格利益的保护或者延伸保护的问题。

三、对胎儿人格利益的延伸保护

（一）对胎儿人格利益延伸保护的基本原则

罗马法认为，胎儿从实际的角度上讲还不是人，但是，由于他是一个潜在的人，为保存并维护其自出生之时即归其所有的那些权利，而且为对其有利，其权利能力自受孕之时起产生，而不是从其出生之时起计算。近现代民事立法规定胎儿在其母体中受到侵权行为的侵害，自其出生时始，享有损害赔偿请求权。胎儿受到损害的利益，包括物质性人格利益、精神性人格利益与财产性利益。[34]这些理论、立法和司法实践确定的基本原则是：胎儿在母体中受到侵权行为的侵害，身体、健康受到损害，有权在其出生后，就其损害请求赔偿。

（二）保护胎儿人格利益的主要方面

1. 胎儿身体、健康受到损害的损害赔偿请求权

胎儿在其母体中孕育，为母体的组成部分，但是，其形体具有身体和健康的人格利益，应当予以法律保护。胎儿的形体受到侵权行为侵害，造成身体或健康的损害，当其成活出生，成为

---

〔34〕 朱晓峰：《生育中人格权益的民法保护》，中国财经出版传媒集团、经济科学出版社 2019 年版，第 51 页。

一个具有民事权利能力的人时,就享有身体和健康的损害赔偿请求权,有权依法行使,使其受到损害的先期人格利益得到恢复,权利得到保护。

2. 对胎儿其他人格利益的保护

(1)胎儿的身份利益。这是确定胎儿的身份关系,包括亲子关系、亲属关系,在胎儿未出生之前,这种关系实际上就已经确定了的。任何人否认这种关系,都是不准许的。(2)胎儿的扶养关系。胎儿虽然尚未出生,但是,对亲子关系和亲属关系中的扶养关系也是确定了的,一经出生,其父母就对其负有扶养的义务。对此,最有实用价值的就是,侵权行为的直接受害人受到伤害致死或者致残,其生前或者致残前所抚养的人,有权请求加害人承担其抚养损害的赔偿。如果直接受害人生前或致残前有尚未出生的胎儿的,该胎儿出生后,也可以请求同样的损害赔偿。(3)胎儿的继承关系。在继承开始时,对胎儿要保留应继份,在胎儿活着出生之后,发生继承的法律效果。

(三)保护胎儿利益的规则

侵害胎儿身体利益的行为有两种形式:一是直接侵害胎儿人身,是行为人的行为直接指向胎儿的身体健康。行为人的意图是造成胎儿的健康受损,行为是直接指向胎儿,就是针对胎儿的侵权行为。二是间接侵害胎儿人身,是行为人的行为侵害了怀孕的母亲的身体健康,进而造成了胎儿的身体健康受损。这种侵权行为较为常见,是最常见的侵害胎儿身体健康的侵权行为。

确定侵害胎儿身体健康的侵权责任的基本规则是:

第一,胎儿的人格利益受到法律的保护,其在母体中受到身体损害或者健康损害,法律确认其产生损害赔偿请求权。

第二,胎儿的这种损害赔偿请求权,在胎儿尚未出生前,是一种潜在的权利,因为他(她)还没有享有这种权利的民事权利能力。因此,这种损害赔偿请求权应待其出生后依法行使。这时,胎儿就不再是胎儿,而是一个具有民事权利能力的主体,行使损害赔偿请求权不再存在任何障碍。

第三,由于初生儿具有民事权利能力而不具备民事行为能力,因而在行使侵权损害赔偿请求权时,应当由其亲权人作为法定代理人代为行使,而不是单由母亲行使。

第四,如果胎儿娩出时为死体,无论是侵权行为致死还是其他原因所致,胎儿都不能产生损害赔偿请求权,而由受害人即怀孕的母亲享有损害赔偿请求权。这是因为,胎儿是母体的组成部分,伤害胎儿就是伤害母亲的身体健康,其母亲产生损害赔偿请求权。

第五,胎儿的身体健康是否受到损害在出生时不能得到确定,能否行使损害赔偿请求权的问题,则应当在该结论能够确定之时,即损害状况能够得到确定之时再决定。

第六,这种案件的损害赔偿诉讼时效,从权利人知道或者应当知道权利被侵害之时起计算。胎儿受到伤害的索赔,应当从知道或者应当知道权利受到侵害,即损害能够确定之时计算。在出生时即可确定损害的,即时起计算,在以后的时间才能确定的,在伤害确定之时计算。

四、对死者人格利益的民法保护

(一)死者人格利益的保护范围

原《民法通则》没有规定关于死者的人格利益的民法保护问题。《精神损害赔偿司法解释》

第3条规定:“自然人死亡后,其近亲属因下列侵权行为遭受精神痛苦,向人民法院起诉请求赔偿精神损害的,人民法院应当依法予以受理:(一)以侮辱、诽谤、丑化或者违反社会公共利益、社会公德的其他方式,侵害死者姓名、肖像、名誉、荣誉;(二)非法披露、利用死者隐私,或者以违反社会公共利益、社会公德的其他方式侵害死者隐私;(三)非法利用、损害遗体、遗骨,或者以违反社会公共利益、社会公德的其他方式侵害遗体、遗骨。”《民法典》在此基础上规定了具体规则:“死者的姓名、肖像、名誉、荣誉、隐私、遗体等受到侵害的,其配偶、子女、父母有权依法请求行为人承担民事责任;死者没有配偶、子女且父母已经死亡的,其他近亲属有权依法请求行为人承担民事责任。”根据这一规定,死者的姓名、肖像、名誉、荣誉、隐私以及身体利益,都受到民法的保护。所不同的是,在保护死者这些人格利益中,并不需要违反公共利益、社会公德等条件,凡是侵害死者姓名、肖像、名誉、荣誉、隐私、遗体以及形象、声音、个人信息的,都在保护范围之内。

(二)保护死者人格利益的基础

死者的姓名、肖像、名誉、隐私、荣誉、尸体等利益,应当予以保护,原因是死者的人格利益具有利用价值。

这种价值首先表现为精神利益的价值,是人格权的基础,也是人格利益的基础。一个人只有具有人格,并且这种人格受到法律的承认,才能够享有全部的权利,承担全部的义务。法律维护死者的人格利益,就在于“一个一生无可指责的人,死后也应该受到尊重”。“他的后代和后继者——不管是他的亲属或不相识的人——都有资格去维护他的好名声,好像维护自己的权利一样。”[35]这就是死者人格利益的价值之一。对死者人格利益的保护还涉及社会公共利益、死者近亲属的利益等。

这种价值还表现为死者人格利益的财产价值。这是死者人格利益商业利用的基础问题。对死者的姓名、肖像、隐私等人格利益的商业利用,在于利用死者人格利益因素中的财产利益。人的人格只具有精神利益,并不具有财产利益因素。但是,一方面,人格是取得财产的基础,民法的财产法就是规定人对世界上的财富支配的规则,是谁享有哪项财产,怎样享有该项财产;另一方面,人格中的精神利益在一定的条件下能够转化为财产利益因素,并且依此可以获得财产利益。在死者的人格利益中,肖像利益、姓名利益、隐私利益、名誉利益、荣誉利益以及身体利益的客体,都有转化为财产利益的可能。换言之,死者人格利益的财产利益转化,是这种人格利益的客体在使用中的转化。

死者人格利益因素转化为财产利益的机理,在于上述各方面因素对于社会或者公众的价值。这些因素一旦应用到商业领域或者社会有关领域,就可以产生人格的号召力,应用这些因素的商品或者事业就会产生公众的兴趣,关注这些商品和事业,投入热情,发生商业上的作用,转化为财产利益。

死者人格利益商业化利用的基础,就是死者人格利益具有财产利益转化的可能。没有这样的转化可能,任何商人都不会对死者的人格利益产生兴趣。这说明,在死者人格利益上隐藏着巨大的商业价值,在商品经济社会,对这种商业价值进行开发,可以创造巨大的商业利益。由此而言,对死者人格利益的民法保护,既是对死者人格利益中的精神利益的保护,也是对死

---

〔35〕［德］康德:《法的形而上学原理》,沈叔平译,商务印书馆1997年版,第120页。

者人格利益中的财产利益的保护。在现实的商品经济社会中，后一种保护具有更重要的意义，并发展为公开权。

（三）死者人格利益保护与商业化利用的平衡

民法保护死者人格利益，涉及死者人格利益所包含的财产利益在不同主体之间的平衡问题。

1. 获得死者人格利益中的财产利益的主体

（1）死者近亲属。死者人格利益中的财产利益，最主要的承受者是死者的近亲属。这种承受关系类似于继承关系，可以参照继承的规则处理死者人格利益中财产利益的归属。即自然人因侵权行为致死，或者自然人死亡后其人格或者遗体遭受侵害，死者的配偶、父母和子女向人民法院起诉请求赔偿精神损害的，列其配偶、父母和子女为原告；没有配偶、父母和子女的，可以由其他近亲属提起诉讼，列其他近亲属为原告。

（2）公众和国家。某些死者的人格利益归属于公众，公众是这种利益的承受者。例如，在鲁迅姓名使用上，如果使用在公共利益上，作为学校命名，这种人格利益就归属于公众。对于公众人物，民法对其死后的人格利益不再予以保护，其人格利益中的财产利益归属于公众承受，某些死者的人格利益归属于国家享有。例如，《英雄烈士保护法》第 25 条规定，对侵害英雄烈士的姓名、肖像、名誉、荣誉的行为，英雄烈士的近亲属可以依法向人民法院提起诉讼。英雄烈士没有近亲属或者近亲属不提起诉讼的，检察机关依法对侵害英雄烈士的姓名、肖像、名誉、荣誉，损害社会公共利益的行为向人民法院提起诉讼。负责英雄烈士保护工作的部门和其他有关部门在履行职责过程中发现上述违法行为，需要检察机关提起诉讼的，应当向检察机关报告。

（3）开发者。在死者的人格利益不为死者近亲属保护和承受时，这种财富就成为公共资源，对于其中的财产利益因素进行开发的开发者，可以享有其依靠这种公共资源开发所创造的价值。

2. 平衡死者人格利益产生的财产利益的原则

（1）死者人格利益中的财产利益归属，由对死者人格利益保护的权利人所承受。对死者人格利益享有保护权利的人，就是其财产利益的承受人。保护死者人格利益和承受死者人格利益中的财产利益相一致，是处理这类问题的最好办法。

（2）公众人物死亡后的人格利益归属于国家和公众，国家和公众使用这种人格利益，应当予以保障。公众人物死亡后，其人格利益在很大程度上归属于公众和国家，首先满足公众和国家的使用。因为这种使用对国家和社会有益，可以满足更多的人的需要。对此，死者的近亲属不应予以干预。

（3）对于超过保护期限的死者人格利益中的财产利益，他人可以进行开发，以满足社会的需要，创造社会价值，但须遵守公序良俗。

3. 民法保护死者人格利益和准许对其进行商业化利用的规则

（1）民法将对死者人格利益的保护以及商业化利用的权利确认为死者的近亲属享有。死者的近亲属是死者生前最亲近的人，由他们对死者的人格利益进行保护，是最恰当的。同样，对死者人格利益中的财产利益的商业化使用权利即公开权，也应当归属于死者的近亲属。死者近亲属可以对死者的人格利益进行支配，对其中财产利益进行开发。任何人使用死者的人格利益，都要经过死者近亲属的同意或者准许，否则为侵权行为。死者的人格利益受到侵害，死者近亲属有权向法院提起诉讼，请求并获得赔偿。对于未经死者近亲属准许而进行的商业化使用，死者近亲属有权予以制止，并且有权起诉，请求赔偿损失。

(2)对死者人格利益的民法保护的期限。在我国，对死者人格利益的保护，采用确定对死者人格利益保护的主体范围的做法明确保护期限。死者在有近亲属存在的期限内，其人格利益就受到保护，在没有近亲属存在时，就超出了保护期限。对死者肖像利益的保护期限应当缩短，一般以10年为宜，以保护肖像制作人的著作权，但他人对死者肖像进行商业化使用的，不受这个期限的限制。

(3)为公共利益和国家利益而使用死者人格利益者优先。对于死者人格利益的使用，应当保证为国家利益和公众利益的优先使用。如果国家使用和公众使用与死者近亲属的利益发生冲突，应当首先满足国家和公众利益。

(4)他人对死者的人格利益进行商业化利用应当征得死者近亲属的同意。他人对死者人格利益进行商业化利用，在死者近亲属存在时，应当征得死者近亲属的同意，采用许可使用合同的方式确定使用的方式、范围、期限等问题，不得违背死者近亲属的意志而为使用，违反者为侵权行为。在死者没有近亲属的情况下，他人对死者人格利益的商业化利用，必须遵守社会公德和公序良俗，不得有损于死者的人格利益，不得对社会造成负面影响。

第五节　对人格权保护的特别规定

一、民事主体享有违约精神损害赔偿请求权

《民法典》第996条规定："因当事人一方的违约行为，损害对方人格权并造成严重精神损害，受损害方选择请求其承担违约责任的，不影响受损害方请求精神损害赔偿。"这是对违约行为造成精神损害可以直接适用精神损害赔偿责任救济的规定，这是一项新规则。我国最高人民法院以前的司法解释是禁止在违约责任中适用精神损害赔偿责任救济的。

违约行为造成的损害，原则上是合同的预期利益损害，在加害给付的情形下，会造成固有利益的损害。对于固有利益的损害，通常是人身损害和预期利益之外的财产利益损害。正因为这样，最高人民法院才规定违约损害赔偿不得请求精神损害赔偿救济。如果违约行为确实造成了债权人的精神损害，需要承担精神损害赔偿责任，也须另行起诉侵权之诉。

一个违约行为造成预期利益和预期利益以外的精神利益的损害，形成的机制是，对合同约定的义务债务人未履行，造成了债权人的可得利益损害，而该合同履行利益对债权人而言，不仅具有财产利益，而且具有人身意义，该人身意义又包含精神利益。当违约行为发生时，一方面造成了债权人的财产利益损害，另一方面又造成了债权人的精神利益的损害，侵害了债权人的人格利益。例如，旅行社组织的旅行团混进严重传染病人，其他团员面临感染疾病的威胁，造成了严重的精神损害。

其实，违约行为造成债权人的精神利益损害，也是固有利益的损害，是可能存在的。司法

实践采取违约行为不得请求适用精神损害赔偿责任的做法，当事人如果坚持主张，应通过民事责任竞合的方法，选择侵权诉讼方可获得支持，是有一定道理的。但是，这样的做法却对当事人形成讼累，一个违约行为既造成债权人的财产利益损害，又造成精神利益的损害，却须提起两个诉讼，并且可能还不是由同一个法院管辖。为避免这种情形的发生，《民法典》规定，因违约造成严重精神损害的，受害人可以直接起诉精神损害赔偿责任，就可以解决这个问题，有利于受害人方便、及时地行使权利，保护自己。

适用这一条文规定，主张违约责任同时主张精神损害赔偿的要件是：(1)双方当事人存在合同等债的关系；(2)一方当事人违反合同构成违约行为；(3)在侵害了债权人债权的同时，还侵害了债权人的人格权造成严重精神损害；(4)既造成了债权人的财产利益损害，也造成了精神利益的严重损害。具备上述要件，受损害一方请求其承担违约责任，也可以一并请求违约方予以精神损害赔偿。

《民法典》第996条与第1183条第1款关于精神损害赔偿责任一般规定的关系是，第1183条是普通规定，第996条是特别规定，在违约责任领域，第996条具有优先适用的效力。

二、侵害人格权行为的禁令

《民法典》第997条规定："民事主体有证据证明行为人正在实施或者即将实施侵害其人格权的违法行为，不及时制止将使其合法权益受到难以弥补的损害的，有权依法向人民法院申请采取责令行为人停止有关行为的措施。"这是对民事主体享有的对侵害人格权禁令请求权的规定。

禁令就是禁止实施某种行为的命令。侵害人格权的禁令，是人民法院发出的禁止行为人实施有可能侵害他人人格权的行为的命令。这种命令具有强制性，受禁令禁止的行为人必须遵从禁令的要求，不得实施被禁令禁止的行为。违反者，应当承担民事责任。

在具体的诉讼中，禁令须法律作出明确规定。我国长期以来没有与人格权请求权相协调的禁令规则，立法存在较大缺陷。具体表现在：第一，《民事诉讼法》用先予执行替代禁令的做法存在局限。"先予执行"的作用与禁令的作用相似，对因情况紧急需要先予执行的案件，法院可以根据当事人的申请裁定先予执行，紧急情况包括需要立即停止侵害、排除妨碍以及立即制止某项行为的情形。但是，先予执行和禁令还是不能相互代替，因为先予执行是法院在诉讼过程中采取的措施，不能完全起到禁令的作用。[36] 第二，没有规定被告不执行禁令，人民法院仍有可能无法强制执行的相应措施。充当强制执行的客体仅仅是作为，而不包括不作为，在作为中仅指可替代的行为，而不包括不可替代的作为。即使人民法院作出了命令或者禁止的裁定，被申请人不履行裁定时，人民法院仍然有可能无法强制执行。[37] 第三，没有考虑应该对不执行禁止令状的自然人和法人、非法人组织的不同处理措施。

《民法典》第997条作出保护人格权的禁令的规定，就弥补了这一立法缺陷，不仅使权利人保护自己的人格权有了禁令的规定，而且使人民法院采取禁令措施有了法律依据。

对行为人发出禁令的要件是：(1)民事主体有证据证明行为人正在实施，或者即将实施某种违法行为；(2)该种行为能够侵害受害人的人格权；(3)不及时制止将会使受害人的合法权益

---

〔36〕 参见江伟、王景琦：《WTO协议与中国民事司法制度的完善》，载《中国法学》2001年第1期。

〔37〕 参见江伟、肖建国：《民事诉讼中的行为保全初探》，载《政法论坛》1994年第3期。

受到难以弥补的损害;(4)受害人须向人民法院请求发布禁令。符合上述要件要求的,人民法院应当对行为人发布禁令,行为人受到该禁令的拘束。

应当解决《民法典》没有规定的两个问题:(1)申请发布禁令的请求人对禁令应当提供担保,因为一旦出现请求禁令错误,使受禁令禁止的行为人受到损害的,应当承担侵权责任;未提供担保的,人民法院可以拒绝发布禁令。(2)被禁令禁止的行为人违反禁令,继续实施被禁止的行为的,应当承担造成损害的赔偿责任,违反禁令的行为也应当同时受到民事诉讼强制措施的制裁。对于这些立法的不足,法院在积累足够的司法经验之后,应当作出司法解释,统一执法尺度。

三、认定侵害精神性人格权的损害赔偿责任应考虑的因素

《民法典》第998条规定:"认定行为人承担侵害除生命权、身体权和健康权外的人格权的民事责任,应当考虑行为人和受害人的职业、影响范围、过错程度,以及行为的目的、方式、后果等因素。"这是对认定侵害生命权、身体权、健康权以外的精神性人格权承担民事责任,主要是侵权损害赔偿责任的规则。

人格权分为物质性人格权和精神性人格权,除生命权、身体权和健康权外的人格权,就是精神性人格权,即姓名权、名称权、肖像权、声音权、名誉权、荣誉权、隐私权和个人信息权等。侵害物质性人格权产生的是人身损害赔偿请求权;侵害精神性人格权发生的损害赔偿请求权,是精神损害赔偿请求权。行为人承担侵害除生命权、身体权和健康权外的人格权的民事责任,就是指权利人享有的侵害精神性人格权的精神损害赔偿责任。

《民法典》在这一规定中,并没有侵害精神性人格权的精神损害赔偿责任,但是,人格权请求权包括的停止侵害、排除妨碍、消除危险、消除影响、恢复名誉请求权,并不需要具备条文列举的这些要件。因此,这一条文规定的民事责任,应当是指侵权责任的精神损害赔偿责任请求权。

之所以对确定侵害精神性人格权的民事责任要考虑特定因素,是因为精神性人格权的客体均为无形的人格利益,在客观上没有实在的外在表象。例如,名誉权的客体是他人对自然人、法人、非法人组织的属性所给予的社会评价;隐私权的客体是与公共利益、群体利益无关私人生活安宁及不愿为他人知晓的私密空间、私密活动和私密信息;人身自由权的客体则是人的行为、意志不受他人约束的状态;等等。对这些精神性人格权的无形人格利益造成损害,其损害形态也是无形的。在具体认定侵害精神性人格权的民事责任中,应当看到侵害精神性人格权造成的人格利益无形损害可能表现为三种形态,一是财产利益损失,包括人格权本身包含的财产利益损失和为恢复受到侵害的人格而支出的必要费用;二是一般人格利益的损害,即人格评价的降低、隐私被泄露、自由被限制、肖像或名称被非法使用等;三是受害人的精神创伤和精神痛苦。这三种形态,以一般人格利益的损害为主要形态,其他两种形态均由该种损害所引起。人格利益无形损害的三种形态,决定了对这种损害的赔偿责任,既有可计算的一面,也有不可计算的一面,与人格有形损害形成鲜明对照。

这些无形的精神性人格利益的损害,很难像财产损害那样只计算财产利益的损失,也不像人身损害那样只计算造成人身伤害后引起的财产损失,必须借助于行为人和受害人的职业、影响范围、过错程度、行为目的、方式、后果等因素,确定造成的实际损害范围。这正是无形损害转化为有形赔偿的计算方法,也是精神性人格利益转化为用财产计量的精神损害赔偿责任应

当斟酌的内容。

确定侵害精神性人格权的精神损害赔偿责任,应当考虑的因素是:(1)行为人和受害人的职业;(2)侵权行为的影响范围;(3)行为人的过错程度;(4)行为人的行为目的、方式;(5)行为所造成的后果;(6)其他相关因素。例如,恶意诽谤他人的侵害名誉权的行为,与记者调查事实进行新闻报道因过失而使事实失实的侵害名誉权行为,虽然都是侵害名誉权,但是在职业、影响范围、过错程度以及行为人的行为目的、方式和后果等方面都有不同。认定侵害精神性人格权的民事责任,应当斟酌这些不同情节,确定适当的精神损害赔偿责任,而不能一概而论。

四、合理使用他人的人格要素与不当使用的民事责任

《民法典》第999条规定:"为公共利益实施新闻报道、舆论监督等行为的,可以合理使用民事主体的姓名、名称、肖像、个人信息等;使用不合理侵害民事主体人格权的,应当依法承担民事责任。"这是对合理使用他人人格要素与不当使用应当承担责任规定的规则。

新闻报道,是媒体告诉公众正在发生的事实的信息,是对新近发生的事实的报告。新闻的本源是用事实说话,是对客观事实进行报道和传播而形成的信息,是对事实具有真实性的传达。客观事实本身不是新闻,被报道出来的新闻是在报道者对客观事实进行主观反映之后,形成的观念性的信息,是记者把自己对客观事实的主观传达出来而产生的信息。

舆论监督,是媒体以及其他舆论通过发表新闻、评论等,对社会的政治生活、经济生活、文化生活等方面进行批评,实行监督的权利和功能。原本意义上的舆论监督,涵括在权力监督体系之中。舆论监督被进一步扩展,其含义已经超出了对权力监督的职能,几乎成了无所不能的权利和功能。舆论监督属于新闻自由的范畴,是新闻批评的自由和权利,媒体通过行使新闻批评的自由和权利,实现对社会生活的监督功能。

新闻批评自由是新闻自由的一个组成部分。批评是媒体公共职能之一,是一种权利,新闻的采写、出版者有权通过新闻媒体对不正当的社会生活现象提出批评,形成舆论,督促其改进,推动社会文明的进步。

正因如此,新闻报道和舆论监督不可避免地要涉及被报道和监督人物的人格利益。为保障媒体的公正性和媒体职能的实现,推动文明进步和社会发展,保障公众知情权,新闻性就是抗辩承担侵害人格权民事责任的正当事由。具有新闻性的合理抗辩事由,能够阻却新闻报道、舆论监督侵害人格权的违法性,成为正当的合法行为。

因正当事由合理使用他人人格要素的行为,不构成侵害人格权的民事责任。其要件是:(1)为公共利益实施新闻报道、舆论监督等行为;(2)使用的是民事主体的姓名、名称、肖像、个人信息等人格要素;(3)须符合正当使用的范围,即为时事新闻报道、舆论监督的目的,不得超出该范围。符合上述要件要求的,对他人人格要素的使用为正当使用,不承担民事责任。例如,拍摄新闻事件中人物的肖像进行报道,不构成侵害肖像权。

行为人对他人的人格要素进行不合理使用,应当依法承担民事责任。不合理使用的行为包括:(1)没有正当事由而使用,如为个人创作而使用;(2)使用的人格要素超出了法律规定的范围,如揭露个人隐私;(3)超出了正当使用的范围,即在正当使用的范围之外进行使用。这些对他人人格要素的使用都是非法使用,构成侵害人格权的民事责任。

五、行为人承担侵害人格权责任应与行为方式和影响范围相适应

《民法典》第1000条规定："行为人因侵害人格权承担消除影响、恢复名誉、赔礼道歉等民事责任的，应当与行为的具体方式和造成的影响范围相当。""行为人拒不承担前款规定的民事责任的，人民法院可以采取在报刊、网络等媒体上发布公告或者公布生效裁判文书等方式执行，产生的费用由行为人负担。"这是对行为人依照人格权请求权人的权利请求承担的民事责任，应当适用与其行为方式和影响范围相适应规定的新规则。

与人格权请求权和侵权请求权相对应的是民事责任，包括消除影响、恢复名誉、赔礼道歉等。这里提到的几种民事责任，都是精神性的民事责任，既包括人格权请求权，也包括侵权损害赔偿请求权。当精神性人格权受到侵害后，救济该种精神损害的民事责任，就是侵害精神性人格权请求权和侵权请求权的具体内容。

确定消除影响、恢复名誉、赔礼道歉等精神性民事责任方式的具体方法是：

第一，应当与行为的具体方式相当。要求行为人承担消除影响、恢复名誉、赔礼道歉责任，与行为人的行为方式不相适应，会引起损害扩大的后果。例如，在互联网上造成的损害，不能要求到传统媒体上消除影响。

第二，与行为造成的影响范围相当。不能扩大范围进行消除影响、恢复名誉、赔礼道歉，例如，在本地报刊上进行诽谤，不能责令行为人在全国性传统媒体进行消除影响等。不相适应的消除影响、恢复名誉、赔礼道歉，将会扩大损害后果，对人格权造成新的侵害。

消除影响、恢复名誉、赔礼道歉责任方式，可以口头方式，也可以书面方式进行，其内容不得违反法律规定和公序良俗，书面材料需要公布的，必须经人民法院审核同意。消除影响、恢复名誉、赔礼道歉的范围应当适当，防止借此扩大侵权影响。如果采用停止侵害的责任方式，在媒体侵权中一般是禁止刊有侵权新闻的报纸、杂志继续发行。对此应采慎重态度，在判决时采用须确有必要；在诉讼中，原告申请侵权禁令的，应当事先提供担保。

对确定了上述民事责任、责任人拒不承担民事责任的，人民法院可以对这些民事责任方式进行强制履行，方法是人民法院可以采取在报刊、网络等媒体上发布公告或者公布生效裁判文书等方式执行，对于强制履行方式而产生的费用，由行为人负担。这本身也是一种制裁方式。

六、身份权请求权准用人格权请求权规则

《民法典》第1001条规定："对自然人因婚姻家庭关系等产生的身份权利的保护，适用本法第一编、第五编和其他法律的相关规定；没有规定的，可以根据其性质参照适用本编人格权保护的有关规定。"这是对身份权请求权规定的新规则。

身份权请求权，是身份权本身包含的保护自己的固有请求权，是在配偶权、亲权、亲属权被侵害后，为救济身份权的损害，权利人请求行为人承担民事责任，以恢复身份权圆满状态的请求权。

与物权请求权、人格权请求权一样，身份权请求权是身份权包含的权利，既不是身份权的本身（是身份权包含的手段性权利），也不是新生的侵权请求权，而是属于固有请求权的一种。它的功能是预防、保全母体权利即身份权不受非法侵害，通过这种救济手段，使身份权回复圆

满状态。德国学者拉伦茨认为，人身亲属权（身份权）请求权实际上具有服务的功能。[38]当遭遇侵害或者有妨碍行为之虞时，绝对性转化为相对性，身份权法律关系中对于任意第三人的绝对义务就转变为直接针对加害人的相对义务。权利人可以向加害人直接行使，也可以向人民法院起诉。

需要进一步明确的是：（1）行使身份权请求权的前提是自然人的身份权受到侵害或者妨碍，概括为妨害，是没有构成损害的侵害，妨害是对权利人之于其客体意思支配力的侵害；而损害则是造成权利之于其主体的物质上和精神上的有用性减损的侵害。[39]（2）身份权请求权通常涉及三方主体，而其他绝对权请求权的主体一般只涉及两方当事人。这是因为，作为身份权请求权基础的身份权的权利主体具有共生性，此类主体的权利能力可以称为身份性人格。（3）在民事责任体系中，身份权请求权单独对应的一类责任方式，称为状态责任，或者存续保障责任。[40]（4）近亲属（甚至包括其他亲属）侵害身份权时，受害人谅解发生的频率往往很大，身份权请求权的适用通常是当事人退而求其次的选择。正是基于这些考虑，身份权请求权才往往让位于伦理规范。

这一条文规定的意义是：第一，确认身份权的概念。在以往的民事法律中，没有明确使用过身份权的概念，《民法典》第112条使用的是"自然人因婚姻家庭关系等产生的人身权利"的概念，而第1001条是第一次正式使用身份权的概念。第二，确认身份权请求权的概念。在以往的民事法律中，将身份权请求权与侵权请求权相混淆，未加严格区分，立法正式确认身份权请求权，在民事权利保护体系中是一件大事。第三，对于身份权请求权的具体规则，适用《民法典》总则编、婚姻家庭编和其他法律的相关规定；没有规定的，适用人格权请求权的具体规则，因而不再规定身份权请求权的具体规则。

本章思考题

1. 确立人格权请求权保护人格权的必要性是什么？人格权请求权与人格权侵权请求权有哪些区别？人格权请求权的内容是什么？
2. 怎样确定侵害人格权侵权责任的归责原则？侵害人格权侵权责任的构成要件应当如何掌握？
3. 结合讨论本章典型案例，问：为什么要对人格权进行延伸保护？对胎儿和死者的人格利益应当怎样进行保护？本案在人格权法律保护的发展中具有哪些重要意义？

---

〔38〕参见［德］卡尔·拉伦茨：《德国民法通论》，王晓晔等译，谢怀栻校，法律出版社2003年版，第325页。

〔39〕参见徐晓峰：《请求权概念批判》，载《月旦民商法学·法学方法论》，清华大学出版社2004年版，第134页。

〔40〕"状态责任"的提法，参见［德］鲍尔·施蒂尔纳：《德国物权法》，张双根译，法律出版社2004年版，第233页。"存续保障责任"的提法，参见徐晓峰：《请求权概念批判》，载《月旦民商法学·法学方法论》，清华大学出版社2004年版，第140页。

下编 | 分论

第五章　生命权、身体权和健康权

| 本章导读 |

本章介绍的是物质性人格权,即生命权、身体权和健康权。首先介绍生命权、身体权、健康权的客体即生命、身体、健康及其利益;其次介绍三种物质性人格权的概念、特征和权利内容;最后分别介绍对三种物质性人格权的人格权请求权保护方法和侵权请求权保护方法。

生命权　生命尊严　身体权　完整性　健康权　完善性　劳动能力　捐献　临床试验

| 典型案例 |

王某成,终年49岁。1984年10月,王母夏某患肝硬变腹水,1986年6月23日病危,王某成与其姐妹将夏某送往汉中市传染病医院治疗,当日医院发病危通知书,夏某疼痛难忍,喊叫想死。6月25日,王某成和其姐妹确认其母无治好希望,找到主治医生蒲某要求实施安乐死,并表示愿意承担一切责任。蒲某给夏某开了100毫克复方冬眠灵处方一张,注明“家属要求安乐死”,王某成在处方上签名。注射后,夏某在6月29日凌晨5时临床死亡。王某成与蒲某被检察机关以故意杀人罪提起公诉,关押1年3个月,于1992年被法院宣告无罪释放。2000年11月,王某成患胃癌并做了手术,2002年11月,癌细胞扩散到身体其他部位,2003年1月7日再次住院治疗,6月7日要求医生给自己实施安乐死,但没有医生敢为承诺。王某成在绝望中于7月4日出院,回家后拒绝治疗,于8月3日凌晨在痛苦中离开人世。[1]

第一节　生　命　权

一、生命权的客体:生命

(一)生命的概念与意义

生命是生命权的客体。研究生命权,必须首先研究生命的概念。

生命是生物学的概念。生物能通过新陈代谢作用,与周围环境进行物质交换而维持其生

---

〔1〕 本案包括了两个安乐死的内容,对于研究生命权以及生命尊严和安乐死具有重要价值。

命。生物的新陈代谢停止，生命就结束，因而生物学的生命是“生物体所具有的活动能力”，[2]或者是“由高分子的核酸蛋白体和其他物质组成的生物体所具有的特有现象”，[3]是生物体所具有的利用外界的物质形成自己的身体和繁殖后代，按照遗传的特点生长、发育、运动，在环境变化时能够适应环境的活动能力。生命的本质是蛋白质存在的一种形式，基本特征是蛋白质通过新陈代谢而不断地与周围环境进行物质交换，保持其活力，新陈代谢停止了，蛋白质即失去活力而分解，生命不复存在。

由于生命本身具有伦理、道德和社会等层面的价值，所以，生命也成为哲学、伦理学和社会学等诸多学科研究的对象。[4]由于各个学科是从不同角度阐释生命的价值和有关规则的，因而对生命的理解并不相同。

法律上的生命不是泛指一切生物的生命，而是仅指自然人的生命，是指自然人的人体维持其生存的基本物质活动能力，是维持其民事主体地位的最高人格利益。

人的生命是人的最高人格利益，具有至高无上的人格价值，是人的第一尊严。生命之于人的意义是：

第一，生命是人具有民事权利能力的基础。人之所以具有民事权利能力，就是因其具有生命，所以，法律规定自然人的民事权利能力始于出生，终于死亡，即在自然人具有生命形式时，才具有民事权利能力。人不具有生命，就不成其为民事权利主体，亦不具有完全的民事权利能力。

第二，生命具有不可替代性。世界上“没有类似生命的东西，也不能在生命之间进行比较”，因而人的生命“没有什么法律的替换品或代替物”。[5]人的生命一旦丧失，就不可逆转地消灭，没有任何办法予以挽回。

第三，生命不仅对于人的本身具有价值，而且对于整个社会具有价值。人之所以能够制造工具改造自然，创造物质财富和精神财富，系以其具有生命为前提。人享有生命而创造财富，对他人、对社会均具有重要意义。

（二）生命的开始与终止

1. 生命始于出生

确定出生，有“阵痛说”“一部露出说”“全部露出说”“断带说”“独立呼吸说”“发声说”等不同主张。出生应当具备两个要件，一为“出”，即指与母体分离；二为“生”，则指脱离母体的婴儿应有生命，而不论其生命能保持时间的长短。按照当代医学公认的标准，出生应为胎儿完全脱离母体，独立存在，并能自主独立呼吸。

胎儿是否有生命，否定说认为，尚未出生的胎儿不具有民事权利能力和主体资格，而仅属母体的一部分；[6]肯定说认为，胎儿虽未具有民事权利能力，但是其已具有生命的形式。胎儿（包括成功受孕的孕卵、胚胎）在客观上具有生命的形式，具有准人格，但是，这不是生命权的客体，而是先期生命利益，法律对这种先期生命利益予以保护。

---

[2]　《现代汉语词典》，商务印书馆1979年版，第1016页。
[3]　《辞海》（缩印本），上海辞书出版社1979年版，第1727页。
[4]　王利明：《人格权法研究》，中国人民大学出版社2019年第3版，第257页。
[5]　[德]康德：《法的形而上学原理》，沈叔平译，商务印书馆1991年版，第166页。
[6]　王利明主编：《人格权法新论》，吉林人民出版社1994年版，第299页。

在实务上确定出生的时间即生命开始的时间，应以医学上确认的出生时间为准。司法实践认为，出生的时间以户籍证明为准；没有户籍证明的，以医院出具的出生证明为准。没有医院证明的，参照其他有关证明认定。

2. 生命终于死亡

对于死亡的认定，有"脉搏停止说""心脏停止说""呼吸停止说""生活机能丧失说""脑死亡说"的主张。确定死亡，在理论上应采"生活机能丧失说"作为判断标准，即人的生命机能遭到损害不能复生为死亡。但是，应当看到"脑死亡说"的优势。在实践中，应当遵照医学上的死亡确定为标准，以死亡证书上记载的时间为准。自然人死亡，其生命即时结束。

确定自然人生命终止的死亡为自然死亡，不包括宣告死亡。宣告死亡不必然引起生命终止，只有自然死亡才必然引起生命终止。《民法典》总则编关于"被宣告死亡的人重新出现"的规定，就是以宣告死亡并非必然引起生命终止为依据。

生命始于出生，终于死亡，在生命存续期间，生命是生命权的客体，是生命权维护自然人的最高人格利益。

二、生命权的概念及特征

（一）生命权的概念和性质

生命权是指自然人维持其生命存在，以维护其生命安全和生命尊严为基本内容的具体人格权。《民法典》第1002条规定："自然人享有生命权。自然人的生命安全和生命尊严受法律保护。任何组织或者个人不得侵害他人的生命权。"

对生命权是否为独立的人格权，在学说上主要有三种主张：一是否定说，认为生命非为独立人格权，因为有权利则有救济为法律上不可动摇的格言，如无救济之途，即不得谓为权利。在丧失生命之情形，被害人的人格即已消灭，自无由行使赔偿请求权，结局对于生命之丧失，不得请求何等赔偿，故生命非权利。〔7〕二是肯定说，认为生命为人格利益中之最高贵者，应加特殊保护，故应为独立的人格权。三是身体权之一部说，认为生命权为身体权之一部分，生活之身体为身体权成立之要素，身体的保护，当然包括生命之保护在内，盖所谓保护身体，乃谓保护生活之身体，而使生命绝止，系侵害身体之最者故也。〔8〕

生命权是一项具有普世性的基本人权。1948年《世界人权公约》第3条规定："人人都有权享有生命、自由和安全。"《自然人权利和政治权利国际公约》第6条也规定："人人固有的生命权，应受法律保护，不得任意剥夺任何人的生命。"这些规定表明，生命权对于自然人而言，具有极为重要的地位和价值，是重要的民事权利。我国原《民法通则》明文规定生命健康权，包含生命权、健康权和身体权，确认生命权为独立的人格权。《民法典》继续确认生命权是自然人的人格权，并且明确规定了生命权的基本内容是维护生命安全和生命尊严。因此，生命权是独立的人格权，为我国民法学通说，并有法律予以确认。

（二）生命权的法律特征

第一，生命权以自然人的生命安全和生命尊严为客体。生命权与身体权为相互依赖的人

〔7〕　龙显铭：《私法上人格权之保护》，中华书局1948年版，第42页。

〔8〕　［日］鸠山秀夫：《日本债权法各论》，第817页。转引自龙显铭：《私法上人格权之保护》，中华书局1948年版，第42页。

格权。生命存在于身体之内,身体依赖于生命的存在而存在。但是,生命权与身体权并非一个权利,身体权的客体是人体的整体构造,生命权的客体则是人的生命安全和生命尊严。法律赋予自然人以生命权,即依法保护其生命安全和生命尊严的利益,禁止他人侵害其生命,侵害其生命尊严。

第二,生命权以维护人的生命活动延续为其基本内容。生命权的基本内容是维护人的生命活动的延续,防止人为地将其终止。生命权与健康权相互依赖,人体生命活动的延续依赖于人的健康状况,人的健康状况又以人体生命活动的存在为前提。但是,这两种人格权也有本质区别。健康权维护的是人体机能的完善性,保持其正常运作,而生命权维护的是人的生命活动的延续。违法行为侵害健康权,破坏了人体机能的完善性,但是经过治疗,可以完全恢复健康或者部分恢复健康,即使受到破坏的健康状况不能恢复,但是终无生命丧失的危险。而违法行为侵害生命权,则使人的生命活动不能继续延续,其必然后果是死亡。

第三,生命权的保护对象是人的生命活动能力。生命活动能力的基础在于人体蛋白质的新陈代谢能力。人体蛋白质的新陈代谢能力保证人体不间断地与周围环境进行物质交换,使人体生长、发育、运动、繁殖,保持其生命活动能力。生命权保护的是人的生命活动能力,而不是劳动能力。劳动能力是人的一种重要能力,为健康权的基本内容之一,是人创造物质财富和精神财富活动的体力和脑力的总和。生命活动能力和劳动能力的区别在于:一是内容不同,前者的内容为人体蛋白质的新陈代谢能力,后者是在具有生命活动能力的基础上,为从事劳动,创造财富的体力和脑力;二是性质不同,人的生命活动能力是一项独立的人格利益,劳动能力则不是一项独立的人格利益,是健康权所保护的健康利益的一项具体内容。

第四,生命权在人格权中的地位至高无上。在所有的人格权中,生命权具有最高的、其他人格权所无法比拟的法律地位,是至高无上的人格权,是各种具体人格权以及其他民事权利享有的基础。一个人的生命丧失,就丧失了所有的民事权利。且生命权具有不可重复性,一旦丧失,无法再生,因而,民法保护人的权利,最重要的就是保护生命权。生命权是平等的权利,每一个人的生命都具有同样的价值,不存在高低贵贱之分,所谓"同命不同价"的死亡赔偿金的计算方法,违背的正是生命权平等的原则。生命权也是不得克减的权利,不受任何组织和个人的非法限制。

三、生命权的内容

(一)生命享有权

生命的享有权是权利人有权享有自己的生命利益,维护自己的生命延续而享受生命、享受生活。自然人只有享有生命,才能作为一个民事主体,享有民事权利,承担民事义务,参与市民社会活动。因此,生命是自然人第一位的人格利益。生命的享有,一方面是保持自然人的生命存在,另一方面是保持人的生命延续。生命延续是人体的正常功能,是自然的因素,人可以通过锻炼和增加营养等方式提高健康水平,使人的生命适当延长,但却不可以改变其必然死亡的客观规律。自然人享有生命,就是有权保持自己的生命的存在和延续。

(二)生命安全维护权

维护生命安全,是权利人保持其生命,防止他人危害其生命的权利。法律保护人的生命延续，不是通过提高健康程度而延长生命，因为这是健康权的内容，而是保护人的生命不因受外来非法侵害而丧失，保护的是人的生命安全利益。

首先，生命维护权的实质是禁止他人非法剥夺生命，而使人的生命按照自然界的客观规律延续。可以依据维护生命安全的权利，防止他人对自己生命的非法侵害。当有非法侵害生命的行为和危害生命的危险发生时，权利人有权采取相应的措施，保护自己，排除危害。其中最基本的措施是正当防卫和紧急避险。有人认为，《民法典》规定生命维护权就是规定了自卫权，自卫权是美国法的权利，包括持枪权，就是暴力，而自卫权是对抗国家的权利，人格权编规定自卫权，就是鼓励对抗国家。〔9〕这是一种误解，维护生命安全的权利是每一个人享有的权利，包括当面对他人的不法侵害而享有的正当防卫的权利。自然人行使生命维护权保护自己的生命安全，可以防卫来自他人的甚至国家的对生命权侵害的行为。这种防卫权的行使受到法律的约束，既不是没有限度，也不是要颠覆国家，而是保护生命权人的生命安全所必需。

其次，维护生命的安全延续，在环境对生命构成危险尚未发生时，可以要求改变生命危险环境，保护生命安全。当周围环境对生命安全构成危险，损害尚未发生时，生命权人有权要求改变环境，消除危险。改变生命危险环境包括造成威胁生命的一切场合、处所、物件。改变生命危险环境可以由权利人自行改变，也可以要求危险环境的管理人、占有人改变。《民法典》第1005条规定："自然人的生命权、身体权、健康权受到侵害或者处于其他危难情形的，负有法定救助义务的组织或者个人应当及时施救。"因此，生命权人有权申请司法机关依法消除危害生命危险的请求权，是生命权法律保护的重要内容。权利人行使这一权利，应当依照法定程序进行。对于负有保护责任的司法机关，对该种请求必须认真负责，妥善处理，不得互相推诿。对于渎职造成申请人生命权损害后果的，必须严肃处理，依法追究其渎职罪的刑事责任。

（三）生命尊严权

生命尊严是人格尊严的重要组成部分，生命尊严包括生的尊严、活的尊严和死的尊严。不过，由于人没有选择出生的权利，因而对于个人维护自己的生的尊严而言，是难以做到的，通常由社会和其父母予以保障。只有在出生之后，在其具有民事权利能力后，享有人格尊严，才有权得到最起码的社会的尊重和他人的尊重，维护自己活的尊严。在自然人临近死亡时，有权保障自己死也要有死的尊严，有权选择自己有尊严地死去，这才能真正实现自然人的生命尊严。

生命的终极价值在于维护人自己的人格尊严，而人格尊严在于人的自我决定，人因为能够自我决定，所以才具有尊严。基于自然人对自己的人格尊严的维护，就当然地对其生命具有决定力。尽管自杀不是合法的行为，不属于生命权的自我决定范畴，但是，当出现病痛使生命不能发挥维护人格尊严的作用，反而成为人格尊严的负累时，人就应当有权决定终止它，使自己有尊严地死去。如果只有活的尊严，而没有死的尊严，一个人的人格尊严就不完整，就无法保护自己最后的尊严。从这个意义上讲，生命尊严的核心价值，不在于维护生的尊严，而在于维护死的尊严。因此，维护生命尊严，特别是维护人的死的尊严，才是维护其人格尊严的最终价值，生命尊严是实现人的尊严的最终环节。

维护生命尊严最重要的是维护死的尊严，包括选择尊严死、生前预嘱和临终关怀等内容。

---

〔9〕 梁慧星：《不赞成规定所谓"自卫权"》，载法律讲坛微信公众号，https://mp.weixin.qq.com/s/gXkniup_yiM8lWA9xrPmrQ，最后访问日期：2019年12月18日。

当自然人的生命濒临终结不可治愈且采取延命措施会有巨大痛苦时,权利人有权选择生前预嘱等方式,选择尊严死,实行临终关怀,给予减轻痛苦的医疗措施。维护生命尊严是否包括可以采取安乐死,是一个有争论的问题。从原则上说,生命尊严是安乐死的上位概念,尽管本条并未明确规定积极安乐死,但是,消极安乐死应当包括其中。不过,规定了生命尊严,将会给安乐死立法设定法律依据,有利于安乐死立法的进一步展开。

(四)依法支配权

生命权是否包括生命利益的支配权,实际上意味着生命权人可否处分自己的生命。因为对于自然人而言,生命只有一次,一旦处分,不可逆转、不可回复。传统民法理论对此持否定态度,认为自然人无权处分自己的生命,因为一旦认为自然人有权处分自己的生命,就给自杀提供了合法根据。因而自然人对生命的支配,只是一种事实上的支配,而不是法律上的支配,没有上升为权利的必要。

完全否定生命权的支配权是不适当的。如果完全否定生命权的支配权,将无法解释为社会公共利益、他人利益或个人气节而慷慨赴死、舍己救人的献身精神,也无法解释安乐死制度。反之,主张有限制的生命利益支配权,即依法支配权,〔10〕不仅完全有根据,而且对这些问题都能够提供解释的空间和法律依据。

1. 献身

狭义的献身是指奉献生命,体现了生命权人对生命利益的支配或者处分。

献身,是古往今来的志士仁人所崇尚的人生追求境界,宁死不屈、视死如归、宁为玉碎、不为瓦全,都是传世的格言。在当代社会,人们为高尚的目的,不惜舍弃自己的生命,谱写英雄赞歌,都为人永世颂扬。

献身精神的实质,在于人们对于生命价值的评判。生命尽管对于人来说具有最高的人格价值,但是,当人们认识到个人的生命利益与他人的和社会公共利益相比,后者具有更高的价值时,权利主体毅然放弃自己的生命利益,去换取更高的社会价值。在这样的场合,权利人对于自己生命利益的处分不仅是受到尊敬、赞扬的英勇行为,而且从法律的角度上看也是合法的行为。

法律反对轻生,因为轻生的价值选择是不正确的。但是,法律并不禁止人们为崇高的目的而献身,正是因为献身所换取的社会价值更为重要,因而生命权的生命利益支配权是有限制的,而不是绝对的。限制的标准,就在于生命利益损失与换取的利益是否平衡。二者平衡或后者高于前者,权利人处分其生命利益就是合法行为。后者利益低于前者的利益,处分其生命利益就是轻生,法律不认其为合法行为。

2. 安乐死

安乐死一词源于希腊,意为无痛苦死亡、快乐的死亡和有尊严的死亡,〔11〕又称安乐术或怜杀、〔12〕无痛苦致死,是指对于身患绝症、濒临死亡的患者,无法忍受剧烈痛苦,本人或其家属要

---

〔10〕 王利明:《人格权法研究》,中国人民大学出版社 2019 年第 3 版,第 270 页。

〔11〕 倪正茂等:《安乐死法研究》,法律出版社 2005 年版,第 26 页。

〔12〕 包瑜、国惠霞:《安乐死与公民生命权的保障》,载《法制与社会》2008 年第 5 期。

求医生依照其请求按照法定程序，采取措施提前无痛苦地结束患者生命的行为。[13]

民法研究安乐死，是研究安乐死的根本性问题，即生命权人对于生命利益的支配权问题。如果生命权人享有生命利益支配权，就有权利选择安乐死，否则，对他人实施安乐死的行为，就是杀人罪。

安乐死有多种形式。以当事人与医院的关系为标准，可以分为：自愿安乐死，是根据病人的意愿或者得到他的同意而实施的致死行为；非自愿安乐死，是对于无法矫治的畸形婴儿或植物人等无法表达意愿的危重病人，无法得到本人同意而实施的致死行为。以行为方式为标准，可以分为：积极安乐死，是对患有绝症的病患采取积极的作为方式致死的行为；消极安乐死，是对患有绝症的病患，不采取救治措施延长其生命，放任死亡发生的行为。

对于安乐死的态度，肯定说认为，安乐死虽然在形式上符合故意杀人罪的要件，但是，由于安乐死是被害人的承诺行为，因而使安乐死行为阻却违法而成为合法行为。其理论依据是利益亏损原理，承诺人把自己所属的利益的保护权自愿放弃，把侵害性变成放任性，并经国家承认，视为正当行为，成立阻却违法事由，是基于被害人同意的一种自愿放弃生命的行为，为正当的行为。[14]否定说认为，安乐死虽经被害人的同意，但这并不能阻却其行为的违法性，仍构成刑法上的故意杀人罪，一是人道主义以尊重生命为基本原则，安乐死违背这一原则；二是刑法是保护人的生命的，安乐死提早结束病患的生命，于法不容；三是个人对其生命不能让与和支配，无权就放弃自己的生命而为承诺，“明日面临死运之人，今日提早杀之，仍为生命权之损害”。[15]

对于安乐死，我国学者的基本意见是赞成一定条件下有限制的安乐死，认为安乐死是社会文明进步的一种表现，大势所趋；有利于从精神上、肉体上解除病人的痛苦；可以减轻家庭的精神、经济、情感和人为负担，解放生产力；有利于社会卫生资源的分配。[16]《民法典》第1002条关于“生命尊严”的规定，为安乐死的合法化提供了法律依据。事实上，安乐死并不是生与死的选择，而是痛苦死亡还是安乐死亡的选择，是对自己的死亡是否有权保持尊严的选择。现代意义上的安乐死强调的是没有痛苦的致死，其目的是通过人工调节和控制，使死亡呈现一种良好的状态，以避免精神和肉体的痛苦折磨，达到舒适和愉悦，即改善死者濒临死亡时的自我感觉状态，维护死亡的尊严。[17]

安乐死须具备四个要件：

第一，病患须身患绝症临近死期。所谓绝症，是指所患的疾病按照当时的医学水平，是无任何治愈希望的病症。临近死期，则为根据一定医学标准判断病患即将死亡，且与死期相距不远。

第二，病患须极度痛苦不堪忍受。这种痛苦限于肉体痛苦，不包括精神痛苦，肉体的痛苦必须达到不堪忍受的程度。

第三，病患须自愿请求实施安乐死。目前多有学者主张病患家属可以请求采取安乐死的

---

〔13〕《比利时安乐死法》第2条规定：“从本法的目的来看，安乐死应该定义为在被实施安乐死的人的请求下，有其他人来有目的地终结请求人生命的行为。”

〔14〕赵秉志等：《中国刑法的运用与完善》，法律出版社1989年版，第371页。

〔15〕史尚宽：《债法总论》，荣泰印书馆1978年版，第140页。

〔16〕祝敏：《安乐死与生命权》，载《法制与经济》2008年第6期。

〔17〕赵丽娜：《对安乐死与生命权问题的浅析》，载《法制与社会》2010年第3期。

意见,这是不能同意的,因为放弃生命利益只有权利主体本人才有权作出决定,其他人无权剥夺他人生命。

第四,病患的请求必须经过医务部门同意。医务部门的准许,应由医疗伦理委员会讨论同意,个别医务人员或医治医生无权同意。同时,采用的方式应当合乎人道,不具残酷性。

认识安乐死的关键,在于是否承认自然人有生命利益的支配权。维护死的尊严,是主张安乐死的理由和目的;自然人有依照法律规定的支配权,才是安乐死的权利依据。反对安乐死的一个重要理由,是自然人没有死亡的权利。事实上,当病患身患绝症,临近死期,且极度痛苦又不堪忍受时,允许病患自愿请求结束其生命,不仅是对个人权利的尊重,且对社会利益和国家利益并无损害。

承认生命权包括生命利益支配权,就可以解决对安乐死的基本认识问题。生命利益支配权不是绝对的权利,而是有限的权利,它只限定于特定的场合,权利主体可以支配自己的生命利益,作出放弃生命利益的决定。

四、生命权的民法保护

对侵害生命权的救济,是以侵权责任为主要方法,人格权请求权无法适用。

(一)民法救济生命权的理论

1. 救济生命权损害的不同学说

侵害生命权以受害人死亡为其结果。受害人既已死亡,该损害赔偿法律关系缘何而生,理论上不无争论。主要有以下不同主张:

(1)民事权利能力转化说。认为自然人死亡是其民事权利能力终止的法律事实,这两件事实是同时发生的。但是,民事权利能力由存在到不存在有一个转化的过程,在这个转化过程中,产生损害赔偿请求权。〔18〕

(2)加害人赔偿义务说。认为加害人的赔偿义务不因被害人死亡而消灭,所以被害人得受赔偿的地位当然由其继承人继承。民法创设不法侵害他人之权利者负损害赔偿责任的规定,系就加害人赔偿义务而为规定。加害人赔偿之义务,初不因被害人之死亡而消灭,则被害人受赔偿之地位,当然由继承人继承。〔19〕

(3)同一人格代位说。认为继承人与被继承人二者的人格在纵的方面相连结,而为同一人格,故被害人因生命侵害而生的赔偿请求权,可由其继承人取得。〔20〕

(4)间隙取得请求权说。认为被害人从受致命伤到其生命丧失之时,理论上总有一个或长或短的间隙,在这个间隙中,被害人是有民事权利能力的,故可取得损害赔偿请求权。〔21〕侵害生命与丧失生命即权利主体消灭之间,理论上实不无多少之间隔,自应解为被害人已取得损害赔偿请求权,继承人得为继承。〔22〕

---

〔18〕　[日]末川博:《权利损害论》,第418页。转引自龙显铭:《私法上人格权之保护》,中华书局1948年版,第45页。

〔19〕　史尚宽:《债法总论》,荣泰印书馆1978年版,第141页。

〔20〕　参见龙显铭:《私法上人格权之保护》,中华书局1948年版,第45页。

〔21〕　孙亚明主编:《民法通则要论》,法律出版社1991年版,第204页。

〔22〕　胡长清:《中国民法债编总论》,商务印书馆1946年版,第129~130页。

2. 双重受害人说

民事权利能力转化说与同一人格代位说的不可采处较为明显，因为自然人的民事权利能力因死亡而即时丧失，不存在渐变的转化过程；各个自然人的人格是完全独立的，也不存在同一人格代位的问题。加害人赔偿义务说和间隙取得请求权说，则均有可采之处，都有不完善的问题。

上述学说的共同点是，认为侵害生命权的损害赔偿请求权存在一个继承的问题，即侵害生命权的受害人享有损害赔偿请求权，在其死亡之后，由其继承人继承；但是，这些说法却忽视了一个客观事实，就是在侵害生命权的法律关系中，实际上存在双重的直接受害人。原《侵权责任法》第 18 条第 1 款前段关于“被侵权人死亡的，其近亲属有权请求侵权人承担侵权责任”的规定，采纳的是双重受害人的学说。《民法典》第 1181 条第 1 款前段继续采用这个理论作为基础，作了相同的规定。

双重直接受害人，是指侵害生命权的行为，既造成了生命权人生命丧失的损害事实，又造成了生命权人的近亲属财产损失和精神痛苦的损害事实，形成的两种不同的受害人。生命丧失的直接受害人是死者，而财产损失和精神痛苦的直接受害人则是死者的近亲属。这两种受害人均为侵害生命权的直接受害人。依照这种理论，侵害生命权的损害赔偿请求权实际上并不存在继承的问题；同时，侵权人负有的损害赔偿责任存在两个权利人，其中的生命权人死亡以后，还存在另外一个权利人，因而加害人的损害赔偿义务并未发生任何变化，只是向仅存的一方受害人承担赔偿责任而已。

死者近亲属作为直接受害人，一般应以与死者共同生活的近亲属为限，因为在一般情况下，共同生活的近亲属的财产是共同财产，以共同财产支付死者的费用。死者不与他人共同生活，或者不与他人为共同财产者，应以对其有继承既得权的近亲属为限，因为赔偿所得财产应由这些继承人承受，其他为死者支付财产之人则从赔偿金中偿付。

（二）侵害生命权的归责原则

确定侵害生命权的侵权责任构成，应依据《民法典》第 1165 条和第 1166 条规定，分别适用过错责任原则、过错推定原则和无过错责任原则。

构成侵害生命权的侵权责任，一般适用过错责任原则，构成要件须具备违法行为、损害事实、因果关系和过错。适用过错推定原则，侵权责任的构成仍须具备上述四个要件，过错要件实行过错推定。适用无过错责任原则确认侵害生命权的侵权责任，没有过错要件的要求。

（三）侵害生命权的责任构成

1. 侵害生命权的违法行为

侵害生命权的违法行为包括作为和不作为，其行为也包括直接行为和间接行为，行为亦须具备违反民法关于保护自然人生命权的规定，具有违法性。

2. 侵害生命权的损害后果

侵害生命权的损害事实包括以下四个层次：

(1)生命丧失的事实。侵害生命权的侵权责任构成，损害要件为权利人死亡，以客观后果论。即使行为人具有杀人动机，但未造成死亡后果的，仍应认定为侵害健康权而不是侵害生命权。

(2)生命丧失导致死者近亲属财产损失的事实。包括死者近亲属为抢救受害人而支出的费用,如抢救医疗费、护理费、车船费、住宿费等;也包括死者近亲属为安葬而支出的丧葬费。应依此确定损害赔偿请求权的范围。

(3)生前扶养的人的扶养损害事实。受害人生命丧失后,死者生前有直接扶养的人,因死者死亡而丧失了扶养来源,是侵害生命权所导致的客观结果,是损害事实的内容之一。

(4)死者近亲属的精神痛苦损害。侵权行为致权利人死亡,死者近亲属蒙受巨大精神创伤,承受感情上的痛苦,亦为侵害生命权损害事实的内容之一,应作为抚慰金赔偿的标的。

与侵害生命权的损害事实相对应,侵害生命权的受害人包括以下三种:一是直接受害人。侵害生命权的直接受害人包括生命权直接受侵害之人和为抢救死者、丧葬而遭受财产损失的死者近亲属两种。二是间接受害人。侵害生命权的间接受害人是受死者生前扶养之人。三是因权利人死亡而遭受震惊损害精神痛苦的受害人。侵害生命权造成死者近亲属丧失亲人的精神损害,所受精神损害的近亲属亦为侵害生命权的受害人。以上受害人,在侵害生命权的侵权法律关系中均为请求权主体,有权请求赔偿相应的损失。只有死者的损害赔偿请求权并合在财产利益受损失之人的请求权中,才由财产利益受损失之人行使请求权。

3. 因果关系

侵害生命权的违法行为与生命权丧失的损害事实之间,须具备因果关系。判断因果关系的标准应采相当因果关系理论,依通常的社会经验和知识水平判断,并非要求必然因果关系的存在。

在以“诱因”致受害人死亡即“蛋壳脑袋”的案件中,侵权人的违法行为不是生命丧失的主要原因,受害人原存在的某些病变是主要原因,违法行为所起的是催化、引发的作用,加速死亡的到来。对于这类案件,第一,肯定该种违法行为与死亡结果之间有因果关系。这种原因有助成的作用,没有这种违法行为受害人不会立即死亡。否认其与死亡结果有因果关系为不妥。第二,确认诱因是死亡结果发生的共同原因。在这种案件中,受害人死亡结果的发生非由一个原因所引起,而是外力作用与内在病因互相结合而使死亡结果发生。第三,违法行为与原病因相较为次要原因,依其原因力承担相应的部分责任,而非承担全部责任或主要责任。部分责任的大小,应以其实际产生的原因力大小确定。

4. 过错

侵害生命权责任构成中的过错要件无特殊要求,故意、过失均可构成。在适用无过错责任原则的场合,则无须具备过错要件。

(四)侵害生命权的赔偿范围

1. 常规治疗损失的财产赔偿

在遭受人身损害丧失生命的案件中,对于因抢救、治疗而发生的医疗费、误工费、护理费、交通费、住宿费、住院伙食补助费和必要的营养费的损失,都是正常的财产支出。按照人身损害赔偿财产损失的规则进行赔偿。

2. 丧葬费赔偿

丧葬费赔偿标准采用统一的计算方法和赔偿标准,即受诉法院所在地上一年度职工月平均工资乘以6个月。

3. 死亡赔偿金

对于死亡赔偿金的计算标准,原司法解释的规定是,按照受诉法院所在地上一年度城镇居民人均可支配收入或者农村居民人均纯收入标准计算。用一次性方法赔偿，期限是20年。如果受害人为60周岁以上的，年龄每增加1岁减少1年；75周岁以上的，按5年计算。

《民法典》第1180条专门规定了因同一侵权行为造成多人死亡的，可以以相同数额确定死亡赔偿金。适用相同数额确定死亡赔偿金的规则是：(1)因同一个侵权行为造成受害人死亡，即大规模侵权；(2)死亡人数为二人以上；(3)这里规定的“可以”，带有一定的强制性，就是在没有极为特殊的情况下，都应当以相同数额确定死亡赔偿金；(4)相同数额的确定，应当就高不就低，采用最高的赔偿数额确定。

对于死亡赔偿金，自2004年以来，一直实行区分死者身份的区别对待政策，被称为“同命不同价”的死亡赔偿。原《侵权责任法》曾经试图进行改变，增加了第17条规定，力争在这种情形下不发生死亡赔偿金“同命不同价”的后果，[23]但未能从根本上改变这种局面。死亡赔偿金依照城乡标准分别计算，虽然有一定的道理，不过，每一个人的生命权都是同等的权利，不会因为城乡身份的不同而使城市人口和农村人口在死亡价值上存在显著差别，因而必须进行有差别的死亡赔偿金制度。目前，地方法院在根据中共中央、国务院《关于建立健全城乡融合发展体制机制和政策体系的意见》提出的改革人身损害赔偿制度，统一城乡居民赔偿标准的要求，正在进行人身损害赔偿纠纷案件统一城乡居民赔偿标准的试点，其中之一就是要实行人身损害赔偿标准中的死亡赔偿金的统一，明确统一标准，告别“同命不同价”，实现“一视同仁”，城乡居民的人格平等、死亡赔偿金的“同命同价”。

4.其他费用赔偿

司法实践对受害人亲属办理丧葬事宜支出的交通费、住宿费和误工损失等其他合理费用，也都予以赔偿。

5.抚慰金赔偿

侵害生命权的精神损害赔偿请求权，基于死者的近亲属遭受的失去亲人的痛苦，而这一痛苦是基于特定的身份关系产生的，这就是父母、子女、配偶等人之间的关系，是一种以情感寄托为内容的精神利益关系，[24]法律应当保障。受害人近亲属请求精神损害赔偿的，应当依照《民法典》第1183条第1款的规定，确定精神损害抚慰金赔偿。

第二节　身　体　权

一、身体权的客体：身体

（一）身体的概念

身体权的客体是身体，即自然人在身体上享有的人格利益。

---

〔23〕 参见杨立新：《侵权责任法条文背后的故事与难题》，法律出版社2011年版，第70～71页。

〔24〕 王一士：《侵害生命权的精神损害赔偿性质探析》，载《法治研究》2009年第9期。

身体,是指"一个人或一个动物的生理组织的整体",〔25〕即"人和动物的躯体"。〔26〕从这个角度上说,人和动物的生理组织的整体即躯体,都称为身体。

法律意义上的身体,专指自然人的身体,是指自然人的生理组织的整体,即人的躯体。身体包括两部分,一是主体部分,二是附属部分。主体部分是人的头颅、躯干、肢体的总体构成,包括肢体、器官和其他组织,是身体的基本内容。附属部分,如毛发、指(趾)甲等附着于身体的其他人体组织。身体虽然由头颅、肢体、器官、其他组织以及附属部分构成,但却是一个完整的整体。身体具有完整性和完全性的基本特征。破坏了身体的完整性和完全性,就破坏了身体的有机构成。

(二)身体概念的特殊问题

随着现代医学科学的发展,器官和其他人体组织的移植手术应用比较普遍,如输血、植皮、器官移植等。移植以后的器官或者人体组织与受移植人成为一体即成功移植的,成为受移植人身体的组成部分,原来的身体权人不得再主张这些器官、组织的身体权。脱离原身体权人的人体器官和组织,在未移植到受移植人的身体之前,具有物的属性,〔27〕在捐赠前和捐赠后,分别属于捐赠人和受捐赠人。

镶装、配置的人工制作的身体残缺部分的替代物,如假肢、假牙、义眼、人工心脏瓣膜等,已构成躯体不可分离的一部分的,属于身体;可以由普通人自由装卸的,不属于身体;须专业医学人员严格依照医学操作规程进行,否则可能造成健康损害或生命丧失的人工装置,视为身体的组成部分,如种植牙、心脏起搏器等,侵害这种身体的人工装置,构成侵害身体权;进而危害健康的,构成侵害健康权。

二、身体权

(一)身体权的概念和特征

1. 身体权的概念

身体权是自然人维护其身体完整,并支配其肢体、器官和其他组织的具体人格权。《民法典》第1003条规定:"自然人享有身体权。自然人的身体完整和行动自由受法律保护。任何组织和个人不得侵害他人的身体权。"〔28〕

曾经有学者认为,我国法律不承认身体权为一项独立的人格权,依据是原《民法通则》没有在"人身权"一节明文规定身体权,只规定了"生命健康权"。这样的意见是不正确的,理由是:第一,我国法律对身体权是有规定的,《宪法》第37条第2款末段规定"禁止非法搜查自然人身体",原《民法通则》第119条规定"侵害自然人身体造成伤害"应承担民事责任,人身损害赔偿司法解释第1条明确规定身体权为具体人格权。第二,认可身体权为独立的人格权有历史的依据,在《德国民法典》问世之时就宣告了身体权是自然人的基本民事权利,我国《大清民律草案》第955、960条等明确规定身体权为自然人民事权利。因而确认身体权是自然人的一项独

〔25〕《现代汉语辞典》,商务印书馆1978年版,第1008页。

〔26〕《辞海》(缩印本),上海辞书出版社1979年版,第1008页。

〔27〕参见杨立新、陶盈:《人体变异物的性质及其物权规则》,载《学海》2013年第1期。

〔28〕对该条文规定的行动自由的内容,不属于身体权,而属于人身自由权的范畴。见本书下文的分析。

立权利，既有法律依据又有客观依据。[29]《民法典》第1003条明确规定身体权是自然人的人格权，对这样的争论作出了最后的结论。

2. 身体权的法律特征

身体权具有以下法律特征：

第一，身体权以自然人的身体及其利益为客体。身体是自然人享受法律人格的物质基础，离开了身体，自然人无任何权利可言，不能具备法律上的人格。生命权是人的第一位重要的人格权，但是，生命的物质载体是身体，没有身体，则生命不能存在。身体权以身体为客体，最重要的就是保持其身体整体的完全性、完整性。任何人破坏自然人的身体完整性，就构成对身体权的侵害。

第二，身体权是支配权。身体权还表现为权利人对自己身体组成部分的肢体、器官和其他组织的支配权。传统理论并不认可身体权包含自然人对自己肢体、器官和其他组织的支配权，只承认身体完整性不得破坏，不得将身体的组成部分予以转让。但是，随着医学科学技术的发展和现代法律伦理的进化，允许自然人将属于自己身体组成部分的血液、皮肤甚至器官转让给他人。这种转让，正是体现自然人对其身体组成部分的器官、组织的支配权，属于人格权自我决定权的范畴。对于自然人身体的上述器官、组织，只有自然人本人才享有支配的权利，任何人都无权决定其转让。如果他人违背权利人自己的意志，强行索取、使用自然人身体的组成部分，就侵害了自然人对身体组成部分的支配权。《民法典》第1006条规定，正是对自然人行使身体支配权行为的规范。

第三，身体权是自然人的基本人格权。身体权是基本人格权之一，属于物质性人格权，表现为自然人对于物质性人格要素的不转让性支配权，[30]是人格权而不是所有权。身体权和所有权同为支配权，但是，其支配的并非同一种客体。所有权支配的是物，身体权支配的却是自然人自身的物质性人格要素，客体仍然是自然人的人格要素。

（二）身体权的性质

对于身体权的性质，有以下不同的主张：

第一，所有权说，认为身体为所有权之一种，而非人格权的一种，因为人格只是无形的法律观念而已，而身体是有形的，应属于以其身体为基础的人格所有，尽管身体不像一般财产那样可以任意处分，但是，这只是由于身体的特有性质决定的，并不能因此而否认身体的所有权性质。[31]

第二，健康权说，认为原《民法通则》仅规定了“自然人享有生命健康权”，并未将身体权单列为一种独立的人格权，故身体权应包括在健康权之内。[32]

第三，人格权说，认为身体既不同于所有权，也不同于健康权，是一种独立的人格权，原《民法通则》第98条规定自然人享有的生命健康权，细分为生命权、身体权、健康权，[33]各个为具体人格权。

---

〔29〕 参见杨立新：《论公民身体权及其民法保护》，载《法律科学》1994年第6期。

〔30〕 张俊浩主编：《民法学原理》，中国政法大学出版社1991年版，第142页。

〔31〕 [日]末弘严太郎：《债权各论》，第1022页。转引自龙显铭：《私法上人格权之保护》，中华书局1948年版，第59页。

〔32〕 卢庆昌：《试论我国的人身权利制度体系》，载《河北法学》1991年第2期。

〔33〕 梁慧星：《中国民法经济法诸问题》，法律出版社1991年版，第68页。

身体权当然是人格权。其理由是:首先,身体权的性质不能是所有权,认为身体权是所有权,错误在于将人的身体混同于物,将身体权认定为一种所有权,则系以自己身体为物界之一部分,亦甚反于一般社会观念。[34]人的身体是人的物质形态,而人是权利主体,不能以自己的物质形态作为所有权的客体,即自己所有自己。其次,身体权与健康权是两种独立的人格权。身体权以身体的整体为客体,体现的利益是自然人身体组织、器官的完整性和完全性;而健康权的客体是健康,体现的利益是自然人肌体功能的安全运作及其完善性。二者相比较,前者有明显的支配性质,后者没有明显的支配性质。因而,身体权是独立的人格权。

(三)身体权与生命权、健康权的区别

1. 身体权与生命权

生命权为不受他人之妨害而对于生命之安全享受利益之权利,[35]其客体是自然人的生命。生命依附于身体而存在,身体依赖于生命的存在而存活。尽管如此,生命权与身体权在法律意义很容易区分。

2. 身体权与健康权

健康权是自然人以其器官乃至整体的功能利益为内容的人格权,它的客体,是人体器官及系统乃至身心整体的安全运作,以及功能的正常发挥。[36]二者的区别:(1)身体权的客体是身体,健康权的客体是健康;(2)身体权体现的利益是自然人身体组织的完全性、完整性,健康权体现的利益是自然人肌体功能的完善性;(3)身体权是自然人对自己身体组成部分的支配权,支配性较强;健康权的支配性质较弱。例如,49 岁的伦敦居民华芬太太是卧室整理工人,5 年前她偶然发现右乳房似有个硬块,便到某家诊所检查,又到某医院作进一步检查,确认患乳腺癌,先后切除两个乳房。5 年后即 1984 年,她去皇家马什德医院检查癌病有否复发,医生确认她根本就没有患乳腺癌,其双乳被切除为医生诊断过失所致。经诉讼,高等法院 1986 年 10 月 23 日宣判卫生当局赔偿华芬太太 98631 英镑,其中身体痛苦赔偿 2.5 万英镑,职业损失赔偿 49870 英镑,不能有效作家务赔偿 3000 英镑,补助家庭生活费 1.5 万英镑。[37]在这个案例中,医生侵害的不是华芬太太的健康权,而是身体权,至为明显。

(四)身体权的内容

1. 保持身体完整权

保持身体完整权,是自然人对自己身体的完整性享有保持的权利,禁止任何人侵害自己的身体,破坏自己身体的完整性。

身体的完整性包含两个含义:一是身体的实质性完整,是指身体的实质组成部分不得残缺;二是身体的形式完整性,是指身体的组成部分不得非法接触。任何人非法侵害自然人的身体,造成了身体实质性完整的损害,或者形式完整性的损害,都构成侵害自然人的身体权。

对身体实质性完整的维护,是禁止他人非经本人同意,而取得自己身体的组成部分。这种

---

〔34〕 龙显铭:《私法上人格权之保护》,中华书局 1948 年版,第 59 页。

〔35〕 何孝元:《损害赔偿之研究》,商务印书馆 1982 年版,第 124 页

〔36〕 张浩俊主编:《民法学原理》,中国政法大学出版社 1991 年版,第 144 ~ 145 页。

〔37〕 《中国法制报》1986 年 11 月 29 日,第 4 版。本案受害人年已 44 岁(致害时)切除其双乳房,破坏的是其身体构成的完整性,不影响其身体机能的完善性,故应为侵害身体权的损害事实。

身体的实质性完整，包括身体组成的全部，但是，主要的是指不涉及健康的身体组成部分。

对身体形式完整性的维护，是权利人有权保持自己的身体不被他人非法接触、触碰。我国国民意识欠缺身体权观念，例如，在排队时愿意“亲密接触”，不愿意离开适当距离以防止自己的身体被他人侵犯。因而，有必要对身体权的概念进行深入宣传，使国民增强身体权尤其是身体形式完整性的观念。

2. 身体利益支配权

身体利益支配权，是指自然人对自己的身体组成部分在法律准许的情况下，有适当的支配权，对自己的身体组成部分进行适当处置。具体表现是：首先，自然人对自己的血液、体液、毛发等附属部分有处置的权利，依照自己的意志进行支配。例如，义务献血，捐献脊髓，救助他人，这是将自己的身体组成部分予以支配，奉献他人和社会。其次，自然人对自己的器官，也可以有限度地捐献给他人，救助他人，使他人因此恢复健康、挽救生命。这也是行使身体权的行为，是高尚的行为。最后，生前留下遗嘱，死后将自己的遗体或者角膜等器官捐献给医疗机构、医疗教学机构和眼库等，进行医学研究、教学或者为他人救治疾病，也是对自己身体组成部分的合理支配，是合法的行使身体权的行为。

自然人支配自己的身体组成部分，包括身体的附属部分和器官，应当合法，并符合善良风俗要求。自愿捐献、救助他人的行为值得赞赏。出于营利目的，进行非法器官买卖、非法卖血等行为，超出了身体合理支配权的范围，不是正当行使身体权的行为，法律予以禁止。

（1）对身体组成部分的捐献

《民法典》第1006条规定：“完全民事行为能力人有权依法自主决定无偿捐献其人体细胞、人体组织、人体器官、遗体。任何组织或者个人不得强迫、欺诈、利诱其捐献。”“完全民事行为能力人依据前款规定同意捐献的，应当采用书面形式，也可以订立遗嘱。”“自然人生前未表示不同意捐献的，该自然人死亡后，其配偶、成年子女、父母可以共同决定捐献，决定捐献应当采用书面形式。”这是《民法典》对自然人捐献人体组成部分和遗体及具体方式的具体规定。

自然人捐献自己的身体组成部分或者遗体，是行使身体权的行为，受《民法典》第130条规定的自我决定权的约束，须自主决定。捐献自己人体组成部分的行为，是有利于他人的高尚行为，在不影响或者不严重影响自己健康的情况下，依照权利人自己的意志进行。捐献行为不得有偿进行，但是，并不妨碍受益人给予一定的补偿或者营养费等费用，以弥补权利人健康受到的损害。捐献的对象是身体的组成部分，包括人体细胞、人体组织、人体器官，也可以是自己死亡后的遗体，但是，不得捐献影响生命或者严重健康损害的人体组成部分，因为这样不符合医学目的。

身体权的义务人是权利人以外的其他任何主体，对身体权都负有不可侵义务。对于捐献自己身体组成部分的行为，任何组织和个人都不得进行强迫、欺诈、利诱，不能通过这样的方法强令自然人进行上述人体组成部分的捐献。实施强迫、欺诈、利诱的方法使自然人违背其真实意志而实施捐献行为的，构成侵害身体权的侵权行为，应当依照过错责任原则的规定，承担侵权责任。

完全民事行为能力人同意捐献自己的人体细胞、人体组织、人体器官、遗体的，应当依照民事法律行为的方式进行，采用书面形式或者有效的遗嘱形式。以书面形式捐献身体组成部分或者遗体，应当签订书面捐赠合同，将捐献的内容和方式以及受赠人明确约定好。采用遗嘱方式捐赠的，遗嘱应当合法有效。

自然人生前未表示不同意捐献的，不等于其拒绝捐献。自然人生前没有明确表示拒绝捐献自己的身体组成部分或者遗体的，在该自然人死亡后，其配偶、成年子女、父母可以采用书面形式共同决定捐献。有人对此有异议,认为这样有可能违背死者生前的意愿。自然人死亡之后,其遗体变成具有人格利益因素的物,其近亲属取得所有权,因而也可以处置这种具有所有权的特殊物。这种对死者遗体的处置,只要不违背公序良俗,不违反法律的强制性规定,就是合法的,况且死者捐献尸体以及组成部分,是有利于他人和公益的行为,是值得鼓励的行为。《民法典》作这一规定,是完全有道理的。

捐献身体组成部分给他人的权利演变的过程是:第一,身体权人行使身体权,决定将自己的身体组成部分捐献给他人;第二,医务人员根据其意愿,施行手术,将其捐献的身体组成部分与其身体分离,成为独立的物;第三,权利人对分离的身体组成部分即身体分离之物享有所有权,进行处分,捐赠给身体组成部分的受体权利人;第四,受体的权利人接受捐赠,取得身体组成部分即身体分离物的所有权;第五,受体权利人支配受赠的身体分离物的所有权,决定植入自己的身体;第六,医务人员施行手术,将受体权利人决定植入身体的身体分离物植入其身体,成为其身体组成部分;第七,植入受体权利人的身体分离物与其身体成为一体,构成受体权利人身体权的客体的组成部分,完成这一身体组成部分的捐献过程。

(2)禁止身体组成部分买卖

《民法典》第1007条规定:"禁止以任何形式买卖人体细胞、人体组织、人体器官、遗体。""违反前款规定的买卖行为无效。"这是《民法典》对禁止买卖人体组成部分的规定。

任何人体细胞、人体组织、人体器官以及遗体,都是人的身体组成部分,与人体分离之后是人的身体变异物,都不是交易的对象。出于救助他人的高尚目的,自然人可以将自己的身体组成部分或者遗体捐献给他人或者公益组织,但是,这不是买卖,而是施惠于他人的高尚行为。进行人体细胞、人体组织、人体器官或者遗体的买卖行为,是违法行为。任何买卖人体细胞、人体组织、人体器官以及遗体的行为,都是无效的行为,都在被禁止之列。

买卖合同是商品交换发展到一定阶段的产物,是商品交换的最基本、最重要、最有代表性的法律形式,其法律特征是转移标的物的所有权的合同。非法买卖人体组成部分的行为尽管也是转移标的物所有权,对方给予报酬的行为,但是,由于其违反法律的强制性规定、违反公序良俗,因而是无效的民事法律行为。

赠与合同是赠与人将自己的财产及权利无偿给予受赠人,受赠人表示接受赠与的合同。在赠与合同中,转让财产的一方为赠与人,接受财产的一方为受赠人。赠与人依法处分自己财产,要求赠与人须有民事行为能力,须享有赠与标的物的所有权或者处分权。接受赠与是一种纯获利的行为,法律承认无民事行为能力人和限制民事行为能力人的受赠人法律地位,由其法定代理人或者监护人代理接受并管理受赠财产。捐献身体组成部分的行为,赠与的标的是人体组成部分的分离物,行为是无对价的无偿行为,因而是赠与而不是买卖。即使在捐献身体组成部分或者遗体时会有一定的补偿费用,但是,这不是赠与物的对价,而是对捐献者奉献自己的身体组成部分而使身体受损的补偿,且通常是由医疗机构给付的。

可见,买卖人体组成部分和捐赠人体组成部分这两种行为的性质完全不同,一种是法律严格禁止的行为,一种是法律支持、保护的行为。

接受捐赠身体组成部分的人体分离物的人,在接受移植手术时需要支付费用,该费用主要由两部分构成:一是移植的费用,二是给付捐赠人的补偿费用。医疗机构给付捐献身体组成部分分离物的人以补偿费,应当是从这一接受移植的病患支付的费用中支出的。

（五）不属于身体权内容问题

在研究身体权的时候，应当特别说明，行动自由和性利益不是身体权的内容。

1. 关于行动自由

《民法典》第 1003 条将行动自由规定在身体权的内容之中，是不适当的。行动自由也称为身体自由，虽然命名为身体方面的自由，但却不是身体权的内容，而是人身自由的内容。人身自由权包括身体自由权即行动自由，也包括思维自由权即意志自由。身体权的内容是维护身体组成部分的完整性，与行动自由毫无关系。由于《民法典》第 990 条第 2 款误将人身自由定性为一般人格权，使人身自由无法成为独立的具体人格权，因而不得不将行动自由放在身体权的规定中予以规范。对此，应当在理论上分清，不能混淆人身自由权和身体权的性质和界限。

2. 关于性利益

同样的问题，是《民法典》第 1010 条对规制性骚扰行为的做法，也是不适当的。性骚扰行为，是侵害自然人性自主权的违法行为，法律应当规定规制的办法。但是，由于立法者不愿意单独规定性自主权，因而采取变通办法，将规制性骚扰行为的内容规定在身体权项下。这种做法的好处是，总算解决了性自主权的部分问题，使性骚扰终于写进了《民法典》中；存在的问题是，性骚扰行为确实可以是由侵害身体权的行为构成，但是，不接触权利人身体的行为也可以构成性骚扰行为，例如，第 1010 条规定的“以言语”的方式，或者以行为方式却不接触被侵权人的身体，都构成性骚扰行为，侵害权利人的性自主权。对此，在研究人格权时，应当在理论上确认，性利益不是身体权的内容，性骚扰行为侵害的不是身体权。

三、对身体权的民法保护

对身体权的民法保护，分别由人格权请求权和侵权请求权承担。身体权请求权是人格权请求权的范畴。身体权侵权请求权是身体权遭受侵权行为侵害，构成侵权责任，依照《民法典》第 120 条规定，身体权人产生的请求权，以救济自己身体权的损害。

（一）侵害身体权的行为

1. 非法搜查身体

依法搜查是职务授权行为，具有阻却违法的效力，不构成侵害身体权。非法搜查身体是指无权搜查或者有权搜查的机关或个人违反法律程序，擅自对自然人身体进行搜查的行为。非法搜查的主体可能是公、检、法机关，也可能是其他有权的机关或个人。司法机关有权搜查，但是，如果未履行法定手续而擅自搜查他人身体，构成非法搜查行为；没有搜查权的机关或个人只要对他人身体进行搜查，就构成非法搜查身体。非法搜查自然人身体，故意、过失均可构成。

2. 非法侵扰身体

非法侵扰自然人的身体，是行为人对自然人身体以外力进行非法干扰，是对自然人维护自己身体安全以及支配权的侵害。这种行为往往有威胁、恐吓的内容，但是并未对身体造成实际伤害。行为人通过一种相当于企图殴打和威胁的行为，使他人处于遭受直接殴打的恐惧或忧虑之中，这种行为就是可以诉讼的胁迫。这种胁迫也认作非法侵扰身体行为。

3. 对身体组织的疼痛破坏

对身体组织的破坏只要不造成严重的痛楚，不认为是对健康权的侵害，而是对身体权的侵害。根据这种标准，构成对身体侵害的行为，一般应是针对人体没有痛觉神经的身体组织而实施的行为。对有痛觉神经的身体组织进行破坏，只要不是造成严重的痛楚、不破坏健康，也认作对身体权的侵害，例如牙齿损伤，强行抽取他人适量的血液等。对于固定于身体成为组成部分而不能自由卸取的人工装置部分，造成损害的，为侵害身体权行为。

4. 不破坏身体组织的殴打

殴打既是侵害身体权的行为，也是侵害健康权的行为。对这两种行为的区分应以后果加以区别，其标准为是否破坏身体组织功能的完善。殴打致受害人的身体组织功能不能完善发挥的，是侵害健康权，殴打已经进行但尚未造成上述后果的，是侵害身体权。在实务中，最常见的区分方法是行为是否造成伤害。我国古代有“见血为伤”〔38〕的说法，在现代则有区别重伤、轻伤、轻微伤的鉴定标准。我国目前实行重伤鉴定标准、轻伤鉴定标准，轻伤标准是确定殴打行为的刑民界限，构成轻伤标准的殴打，构成伤害罪，不构成轻伤的，应以侵权行为论处。在民事领域，以是否构成轻微伤的鉴定结论为标准，构成轻微伤的作为侵害健康权处理，不构成轻微伤的作为侵害身体权处理。

5. 不当外科手术

医师施行外科手术，系为保全生命或身体之重要部分而为较小之牺牲，其目的正当，故欠缺违法性。唯若医师不合手术之方法或治疗之目的及施行过度，致侵害患者之身体者，仍属于身体之侵害，而为损害赔偿之原因。〔39〕这种侵害身体权的行为，行为人的主观方面应当是过失。如果是借用手术机会故意进行伤害，如利用切除阑尾的机会摘除患者卵巢，为故意伤害罪。〔40〕

6. 损害尸体

自然人死亡后，民事权利丧失，其所遗尸体仍应依法予以保护，是对身体权的延伸保护，在具体操作上，侵害尸体构成侵权责任，采用精神损害赔偿的保护方法予以救济。

（二）对身体权的人格权请求权保护

身体权是绝对权、对世权，除权利主体之外，其他任何人都负有不得妨碍、侵害身体权的法定义务。违反这一义务，侵害他人身体权，致身体的实质完整性和形式完整性受到损害，受害人有权依法请求行为人承担相应的责任。受害人行使这一权利，可以直接向加害人请求，也可以直接向人民法院起诉。

依照《民法典》第995条规定，身体权请求权包括停止侵害、排除妨碍、消除危险、消除影响、恢复名誉、赔礼道歉请求权。权利人有权行使人格权请求权，请求行为人承担上述责任方式，维护自己身体的完整性，排除他人妨害。

（三）对身体权的侵权请求权保护

1. 侵害身体权的责任构成

侵害身体权的行为，是以身体权为侵害客体的行为。确定侵害身体权的侵权责任，应当适用过错责任原则。依照《民法典》第1165条第1款规定，侵害身体权的侵权责任构成要件是：

---

〔38〕《宋刑统·斗讼律》“斗殴故殴故杀”条。

〔39〕何孝元：《损害赔偿之研究》，商务印书馆1982年版，第135页。

〔40〕杨立新：《侵权损害赔偿》，吉林人民出版社1990年版，第86～87页。

(1)违法行为。构成侵害身体权的行为须具有违法性,即违反保护自然人身体权的不可侵义务。《民法典》第1003、1165、1166条都是保护自然人身体权的立法。行为人的行为违反了上述保护自然人身体权的法律规定,违反了对他人身体的不可侵义务,即具有行为违法性的要件。侵害身体的行为方式,主要以作为的方式构成,如殴打、非法搜查、侵扰等均为作为的方式。当行为人对他人负有特殊的作为义务时,不作为也可以构成。例如,医师施行手术以后,于适当时间怠于除去绷带因而使创口化脓,为不作为的侵害身体权行为。[41]

(2)损害事实。确认侵害身体权的损害事实须与侵害健康的损害事实区分开,标准在于,侵害身体权的损害事实须是对身体构成的完整性、完全性受到损害,对于身体机能运作的正常性及其整体功能的完善性发挥没有明显影响。

(3)因果关系。侵害身体权责任构成的因果关系,适用侵权责任构成因果关系要件的要求。在一般情况下,在侵害身体权的行为与结果之间,因果关系明显、直观,容易判断。在有些情况下,因果关系需要认真判断和证明,如不作为行为与身体权损害事实之间的因果关系情况比较复杂,确认因果关系必须有充分的证据证明。

(4)过错。故意、过失均可构成侵害身体权责任。在非法搜查、侵扰、殴打等行为中,行为人的过错应为故意,违反法定作为义务的不作为所生身体损害或不当外科手术所致身体损害,由过失构成。其过错采用原告证明方式,不适用过错推定。

无过错责任原则适用于侵害身体权行为的场合较为少见。在适用无过错责任原则的产品责任、高度危险责任、环境污染和生态破坏责任、饲养动物损害责任和工伤事故案件,均可造成物质性人格权的损害,但主要是造成生命权、健康权的损害。上述侵权行为一般不会造成身体权的损害,一旦发生,可以适用无过错责任原则确定侵权责任。

2. 侵害身体权的责任承担

民法对自然人身体权的保护,仍采认其为侵权行为并责令侵权人对被侵权人承担损害赔偿责任的方式为之。

侵害身体权可以请求精神损害赔偿,并将这种赔偿定为精神抚慰金,确立了对身体权的抚慰金赔偿制度。对侵害身体权的行为应当依照《民法典》第1183条第1款规定,判决侵权人承担精神损害赔偿责任,救济被侵权人的身体权损害。

造成实际损害的,依照《民法典》第1179条规定确定损害赔偿责任,可以采取以下办法:(1)坚持财产损失全部赔偿的原则,对于造成财产损失的侵害身体权行为,责令加害人予以赔偿。(2)对于难以确定损失价值的身体损害,应当参照相当的标准,确定适当的赔偿标准。例如,非法抽血等形式的侵权行为,应当按照所抽取血液的数量等作为标准,适当高于这个标准确定赔偿数额。(3)对没有办法计算的可以做估价,以估价作为赔偿计算的标准。

---

[41]　参见龙显铭:《私法上人格权之保护》,中华书局1948年版,第60页;何孝元:《损害赔偿之研究》,商务印书馆1982年版,第135页。

第三节 健 康 权

一、健康权的客体:健康

健康是健康权的客体,民法通过健康权保护自然人的健康利益。

健康的语义,为人体各器官发育良好,功能正常,体质健壮,精力充沛并且有良好劳动效能的状态;〔42〕或者人体生理机能正常,没有缺陷和疾病。〔43〕

在法律上称健康,有以下不同主张:一是生理健康说,认为"健康则系生理之机能",〔44〕不包括心理之机能,即健康就是人体生理机能的一般完善状况。二是肉体、精神健康说,认为健康既包括肉体上的功能完好,也包括精神上的功能完好。三是生理、心理健康说,认为"健康是指身体的生理机能的正常运转以及心理状态的良好状态,包括生理健康和心理健康"。〔45〕

作为健康权客体的健康,是指维持人体生命活动的生理机能的正常运作和功能的完善发挥。健康有两个要素,一是生理机能的正常运作,二是生理功能的完善发挥。通过这两个要素的协调一致发挥作用,达到维持人体生命活动的最终目的。对于健康的外延,通常认为只包括生理健康,不包括心理健康,因为心理健康很难用民法保护。随着医学科学技术的发展,健康的概念不断扩展,对于心理健康也能够通过医疗而获得救济,因此,《民法典》第1004条规定的健康权的健康,包括身心健康,即生理健康和心理健康。

二、健康权

(一)健康权的概念与法律特征

1. 健康权的概念

健康权是指自然人以自己的机体生理和心理正常运作与功能完善发挥,以维护身心健康,维持人体生命活动利益的具体人格权。《民法典》第1004条规定:"自然人享有健康权。自然人的身心健康受法律保护。任何组织和个人不得侵害他人的健康权。"

2. 健康权的法律特征

(1)健康权以人体的生理、心理机能正常运作和功能完善发挥为具体内容。但是,不以人体的整体构造为客体。健康权和身体权的客体即健康和身体的区分,"惟身体系肉体之构造,健康则系生理之机能"。〔46〕身体损害必须是身体组成部分构成的完整性、完全性受到损害,而对于身体机能运作的正常性及其整体功能的完善性没有明显影响。对身体构成的完整性、完

---

〔42〕《辞海》(缩印本),上海辞书出版社1979年,第254页。

〔43〕《现代汉语词典》,商务印书馆1978年版,第550页。

〔44〕何孝元:《损害赔偿之研究》,商务印书馆1982年版,第135页;胡长清:《中国民法债编总论》,商务印书馆1946年版,第130页;龙显铭:《私法上人格权之保护》,中华书局1948年版,第59页。

〔45〕王利明主编:《人格权法新论》,吉林人民出版社1994年版,第303页。

〔46〕何孝元:《损害赔偿之研究》,商务印书馆1982年版,第135页。

全性受到损害,并对人体机能运作的正常性及其整体功能的完善性造成损害的,应当认定为对健康权的损害。

(2)健康权以维持人体的正常生命活动为根本利益。维持人体的正常生命活动,是健康权维护的根本利益,但是,不以人的生命安全和生命价值为客体。健康权所体现的根本利益,在于维护人体机能发挥的完善性,进而维持人体的正常生命活动。生命和健康同样存在于身体这一物质形态之中,相伴相存,但是,健康是维持人体正常生命活动的基础,当健康受到侵害时,无论是发生器质性的改变,还是功能性的改变,都可以经过医治而使其康复或好转,保持人体的生命能力;当生命权受到侵害时,生命的丧失却具有不可逆性,不能"恢复原状"。健康损害的可康复性和生命损害的不可逆性,是健康权和生命权的根本区别。此外,健康权以维持人体的正常生命活动为根本利益,却不是以生命为客体,不是保护生命安全、生命价值的利益。有些行为的侵害目标是健康权,但是,却因健康状况的严重损害而最终导致生命的丧失,对此,应当以最终结果论,造成死亡后果的,就是侵害生命权行为。

(3)健康权保护的是自然人身体功能的正常发挥。健康权保护自然人的身体功能正常发挥,使其运作、运动自主、自如,但却不是保护身体、意志不受外界约束。健康权与人身自由权都保护人的自主运动和自主思维,但是,健康权保护的人的自主运动和自主思维是指人体自身的功能,这种功能决定人能够按照自己的意志去行动,去思维。人身自由权所保护的人的自主运动、自主思维,是指人的行为、意志不受外来的非法拘束,而按照自己的意志进行。行为侵害健康权,作用于人的内在因素,使其不能自主运动、自主思维,原因在于人体机能完善性的破坏和功能发挥的受限制,完全属于人体的内因。侵害人身自由权的行为并不破坏人体机能和功能,而是对人的行动、意志设置外来的障碍,使人因外界的束缚或影响而不能自主行动、自主思维,非法限制人身自由完全是外因所致。

(二)健康权的内容

1. 健康享有权

健康享有权是健康权的基本内容之一,是权利人享有保持其身体健康、发展其身体健康的权利。权利人对于自己的身体健康,如身体各器官、系统发育,功能发挥,体质、精力如常,保持劳动能力等,依法享有权利,有权保持健康,有权发展健康。保持健康,是权利人对自己的健康状况有权保持,不被破坏;发展健康,是权利人通过各种手段,内在的如通过锻炼、健身等,增强体力,提高健康水平;外在的如通过医疗、康复等,战胜疾病,恢复健康。这不仅是自然人维护自身生命、提高自己生活质量,追求体格、精神的完美状态,同时也具有维护社会利益,提高人的生存质量的意义。保持自己的健康,就是使自己的健康状况保持完好的状态,通过各种体育活动提高健康水平,在生理机能、功能出现不正常状况,即健康状况下降时,有请求医疗、接受医治的权利,使健康状况达到完好的状态或者恢复到原有状态。

2. 健康利益支配权

健康利益支配权是权利人对自己的健康利益进行适度支配的权利。健康利益支配权不是绝对的支配权,受到适当限制。对健康权限制的程度应当次于对生命支配权的限制。对健康权的主要限制是:

(1)强制治疗、强制戒毒等强制性改善自然人健康状况的行政措施,不是对健康利益支配权的干涉和侵犯,而是维护个人健康和公共利益的必要手段,是对权利人健康利益支配权的适当限制。权利人放弃治疗自愿就死,不属于健康利益支配权的范围,除了符合消极安乐死要件的之外,其亲属以及医务人员有义务对其进行救治。

(2)为了医学进步和人类发展,需要以人体进行新药、新技术的试验,不可避免地会危及受试人的健康。接受人体试验是高尚的行为,是为了全体人民的福利而进行的活动,是值得尊重的。民法尊重和保护个人的自我决定权,进行人体试验应当由个人决定,但这种选择不得违反法律和公共道德。《民法典》第1008条第1款规定:"为研制新药、医疗器械或者发展新的预防和治疗方法,需要进行临床试验的,应当依法经相关主管部门批准并经伦理委员会审查同意,向受试者或者受试者的监护人告知试验目的、用途和可能产生的风险等详细情况,并经其书面同意。"为了提高医学科学水平,维护人类的健康,法律准许对自愿受试者进行临床试验,经过临床试验后,取得医疗经验,将成熟的医疗技术和药品应用于临床,使更多的患者采用同样的医疗技术或者药品进行治疗而受益,恢复健康,生活得更好。

临床试验的积极性源于两个方面:一方面,是提高医学科学水平、维护人类健康的要求,因而企业积极进行研发,创造新药,造福人民。当然也存在利润的驱使和企业创收的问题。另一方面,接受临床试验的人为了医学进步和人类健康,勇于奉献自己的身体和健康,进行试验,取得科研数据,推动医学研究发展,当然也有刚好病症相符而愿意接受临床试验,改善自己健康状况的情况。无论源于哪一方面,临床试验对于医学发展和人类健康的重要性都是不言而喻的。

凡是临床试验就会存在风险,临床试验的目的之一,就是探索新的医疗技术和药品的风险所在,以及如何改进。因此,进行临床试验必须经过严格的批准程序,要符合法律规定的范围,否则就是违法的,是侵害受试者的身体权、健康权的行为。《民法典》规定临床试验的范围有:一是研制新药;二是研制新的医疗器械;三是发展新的预防方法;四是发展新的治疗方法。只有在这个范围的行为,才是法定的临床试验范围,超出这个范围进行的试验,都是违法的,都是侵害受试者身体权、健康权的行为。

进行临床试验的程序是:第一,依法经过相关主管部门的批准;第二,经过医疗机构的伦理委员会审查同意;第三,须向受试者或者受试者的监护人履行告知义务,告知的内容是实验目的、用途和可能发生的风险等,告知的要求是要详细;第四,接受临床试验的受试者或者受试者的监护人须有书面同意,口头同意不发生效力,以避免日后发生纠纷。

符合上述规定的试验范围和试验程序的临床试验,是合法的临床试验,法律予以保护。违反者,为侵权行为,须承担民事责任。

(3)从事与人体基因、人体胚胎等有关的医学和科研活动的,应当遵守法律、行政法规和国家有关规定,不得危害人体健康,不得违背伦理道德,不得损害公共利益。《民法典》第1009条的这一规定,是对从事与人体基因、人体胚胎的医学和科研活动须依法进行的规定,是为人体基因和人体胚胎有关医学和科研活动划出的一条不可逾越的红线。

人体基因,是DNA分子上携带有遗传信息的功能片段,是生物传递遗传信息的物质。人体基因主宰生命,是人生老病死的根源。研究人体基因,就是通过体液、血液检测,经提取和扩增其基因信息后,通过基因芯片技术或超高通量SNP分型技术,对被检测者细胞中的DNA分子的基因信息进行检测,分析所含有的各种疾病易感基因的情况,使人们能及时了解自己的基因信息,预测身体患病的风险,从而有针对性地主动改善自己的生活环境和生活习惯,预防和避免重大疾病的发生。人体胚胎,是人体早期发生,从受精至第8周末的发育时期,即胚前期和胚期的胚胎。

随着当代医学科学的发展,对人体基因的研究和生殖技术发展已经达到了相当的水平,并且在继续发展。因此,涉及人体基因和人体胚胎的医学和科研活动都在深入进行,这些活动都是有益于人类健康的,符合社会发展的需要。不过,凡是进行高科技研究,都会存在风险,处置不当就会对人类造成危害。

已经发生了人体基因编辑的研究和试验。2018 年 11 月 26 日,南方科技大学贺某宣布,一对经过基因编辑的婴儿于 11 月诞生,这对双胞胎的一个基因(CCR5)经过了修改,能天然抵抗艾滋病病毒 HIV。社会舆论对此反映强烈。同日,国家卫健委回应,要依法依规处理。次日,科技部表示,本次"基因编辑婴儿"如果确认已出生,属于被明令禁止的,将按照中国有关法律和条例进行处理。中国科协生命科学学会联合体发表声明,坚决反对有违科学精神和伦理道德的所谓科学研究与生物技术应用。初步查明,该事件系贺某为追逐个人名利,自筹资金,蓄意逃避监管,私自组织有关人员,实施国家明令禁止的以生殖为目的的人类胚胎基因编辑活动。这些研究是突破研究底线的危险做法,应当禁止。

对此,《民法典》作出规定,凡是从事人体基因、人体胚胎等有关医学和科研活动的,都必须遵守法律规定的"红线",即第一,必须遵守法律、行政法规和国家有关规定;第二,不得危害人体健康;第三,不得违背伦理道德;第四,不得损害公共利益。违反这些"红线"之一,就是突破了研究和医学的底线,就是违法行为,就在禁止之列。

(4)订立处分健康权的合同,或者订立免除侵害健康权责任的免责条款,或者设立已将健康毫无意义地置于危险状态为内容的合同,应当认为无效。[47]不过,在体育运动以及其他有关场合,符合善良风俗要求的这种行为为有效。

(5)健康利益不得利用和转让。健康利益不具有财产利益,不得将健康利益商品化,应用于商业交易之中。健康权是权利人的人格权,具有固有性,不得转让他人或者被他人利用。

3. 劳动能力

劳动能力不是一种独立的人格权,而是一种人格利益,是健康权的内容。劳动能力以自然人机体组织功能完善为基础,自然人保持健康就保有劳动能力,自然人健康受到相当程度的破坏,劳动能力就会相应减少乃至丧失。故劳动能力是自然人从事创造物质财富和精神财富活动的脑力和体力的总和,是自然人健康权的基本人格利益。

劳动能力的内容是:(1)创造物质财富和精神财富的能力。作为一个劳动者,具有创造物质财富的能力,或者具备创造精神财富的能力,或者具备两种财富的创造能力,均为有劳动能力。(2)劳动者脑力和体力的总和。创造物质财富应以体力因素为主,创造精神财富则以脑力因素为主。当判断劳动能力的减少时,应以两种能力因素的综合考察为判断标准。

自然人对享有劳动能力的权利是:(1)有权保有劳动能力的人格利益;(2)有权利用自己的劳动能力以满足自己及社会的需要;(3)有权发展自己的劳动能力的人格利益。

三、对胎儿健康利益的保护

(一)对胎儿健康利益保护的必要性

对自然人人格权的保护应延伸至自然人出生前的胎儿时期,即保护胎儿的健康利益。

---

〔47〕 参见尹田:《自然人具体人格权的法律探讨》,载《河南省政法管理干部学院学报》2004 年第 3 期。

国外立法多承认这一人格利益的保护，例如，《日本民法》第721条规定："胎儿，就损害赔偿请求权，视为已出生。"《德国民法典》第844条对胎儿的扶养赔偿请求权作了规定，予以保护，对于胎儿健康利益的保护虽无明文规定，但是，在司法实践中，则确认这一原则。〔48〕加拿大最高法院法官拉蒙特在1933年对"蒙特利尔电车公司诉列维利案"的判词中指出："如果认为一个婴儿在出生之后没有任何因出生之前的伤害提出诉讼的权利，那么，就会使他遭受不可弥补的错误伤害。""正是出于自然公平的缘故，活着出生并且能够存活下来的婴儿，应当有权对处于母亲子宫中时，由于错误行为给他造成的伤害起诉。"英国法律委员会在《关于未出生胎儿人身伤害问题的工作报告》中，专门引用了拉蒙特的这段判词，并且在报告中肯定了这种观点。〔49〕

辛德尔是美国加利福尼亚州的一位女性乳腺癌患者，患病原因是其母在怀她时为保胎，服用了当时广为采用的防止流产的"乙烯雌粉"。后来研究证明，孕妇服用此药，可能导致胎儿患乳腺癌。辛德尔在胎儿时就因此使健康利益受到侵害，潜伏至其成年终致发病。辛德尔向初审法院起诉，请求当地当时生产该药的阿伯特化学厂赔偿，初审法院不予受理。上诉法院接受了辛德尔的上诉，审理确认胎儿的健康利益受到损害，在其出生以后有权请求法律保护。由于辛德尔无法证明其母所服该药是当时生产该药的11家工厂中的哪一家工厂所生产，故确认应由该11家同类工厂连带负责，故判决该11家工厂共同赔偿辛德尔胎儿健康利益受侵害所造成患乳腺癌的损失。11家工厂上诉后，加州最高法院判决11个被告按照市场份额承担按份责任。

上述规定和判例，既反映了民法对自然人健康权延伸保护的必要性，也反映了立法和司法对自然人健康权延伸保护的客观规律认识的深化。我国对此采取同一立场，保护胎儿的健康法益。《民法典》第16条规定："涉及遗产继承、接受赠与等胎儿利益保护的，胎儿视为具有民事权利能力。但是，胎儿娩出时为死体的，其民事权利能力自始不存在。"这一规定赋予胎儿具有部分民事权利能力，有所遗憾的是，该条文没有明确说明保护胎儿的健康法益，而是将其包含在"等"字当中。

部分民事权利能力，指的是只具有部分人格要素的主体，在特定情况下享有的民事权利能力状态，与完全民事权利能力相对应。〔50〕《民法典》第13条规定了自然人完全民事权利能力起止时间的一般规则，即"自然人从出生时起到死亡时止，具有民事权利能力，依法享有民事权利，承担民事义务"，确认自然人自出生时起到死亡时止享有完全民事权利能力。为了更周全地保护自然人的人身利益与财产利益，延伸保护至自然人出生前以及死亡后的这段时间，保护的方式就是有限地承认胎儿与死者具有部分民事权利能力。关于胎儿的部分民事权利能力的确认，正是由《民法典》第16条作出规范。

（二）对胎儿健康法益的保护方法

胎儿，是指自然人未出生但在受胎之中的生物体状态。胎儿不是刚出生的婴儿。刚出生的婴儿具有完全民事权利能力，享有民事权利，承担民事义务。胎儿因尚未出生，无法获得完全民事权利能力。为了保护胎儿的利益，民法实行预先保护主义，规定胎儿以将来非死产者为

---

〔48〕　参见［美］彼得·斯坦等：《西方社会的法律价值》，王献平译，中国人民公安大学出版社1990年版，第204～205页。

〔49〕　参见［美］彼得·斯坦等：《西方社会的法律价值》，王献平译，中国人民公安大学出版社1990年版，第204～205页。

〔50〕　杨立新：《〈民法总则〉中部分民事权利能力的概念界定及理论基础》，载《法学》2017年第5期。

限，关于其个人利益之保护，视为既已出生。其含义是，在胎儿娩出时是活体的情况下，法律将其出生时间提前，视胎儿为已出生，使胎儿具有部分民事权利能力，从而得以享受权利。

胎儿取得部分民事权利能力系以“娩出时为活体”为条件。确定胎儿民事权利能力产生的时间，应当从胎儿出生的事实推溯于其出生前享有部分民事权利能力。在胎儿出生前，可以享有的一切权利，包括损害赔偿请求权、抚养费请求权、继承权、受赠与权、非婚生胎儿对其生父的认领请求权等，均已存在，尚未享有，待其出生成为法律上的“人”时，即可当然地以自己的名义享有和行使这些权利。

对胎儿健康利益的民法保护，应自胎儿成功受孕时起。无论胎儿是因合法婚姻关系而受孕，还是胎儿因合法婚姻关系以外的男女性行为而受孕，均在法律保护的范围之内。这是因为，胎儿因合法婚姻关系受孕或因合法婚姻关系外的男女性行为受孕，就胎儿而言，均享有合法的健康利益，这和非婚生子女与婚生子女法律地位平等、权利平等是一致的。胎儿在成功受孕时，即享有健康利益。成功受孕当指精子与卵子结合，并于子宫内膜着床时始，并非要待胎儿初具人形，或者胎儿要有胎动之时，才视为成功受孕。

对胎儿健康利益的侵害，表现为胎儿怀于母腹之中时，外力作用于母体，致胎儿身体功能的完善性受损害，既可以是致成外伤，也可以是致其内伤，还可以是致其患某种疾病。前文所述案例中的辛德尔即为后者。输血、输液造成母亲感染疾病，并使胎儿也受此感染者，属于胎儿健康利益受害。当外力作用于母体致胎儿外伤，或致内部器官损伤，因而致胎儿功能损害，皆为对胎儿健康利益的侵害。

确定胎儿健康利益的损害事实，须在胎儿出生，具有完全民事权利能力以后。胎儿尚在母腹之中，其健康利益的损害无法确定，只有在其出生之后才能够确定。因而，对胎儿健康利益的法律保护，虽为对健康利益的延伸保护，然而在客观上，则须在其出生之后才能正式进行。在此时提出法律保护的请求，溯及胎儿受孕之时的损害，予以法律救济。在其出生后请求法律保护，应以健康利益的损害能够确定时为准。胎儿在母体中健康受潜在损害，待其出生后，其损害有显迹并可确认时，有权请求保护。至其有权请求保护之时起，应开始计算诉讼时效。其时效期间应与人身伤害的诉讼时效期间相同。

胎儿健康利益损害的请求权，应由胎儿出生后具有民事权利能力的本人享有并行使，不能由他人行使。在其不具有或不完全具有民事行为能力时，其行使权利可由其亲权人或监护人代理，但本人为权利主体。

对于胎儿健康利益的损害赔偿，应当依照健康权损害赔偿责任的一般规则进行。

四、对健康权的民法保护

（一）对健康权的人格权请求权保护

健康权请求权在保护自然人健康权中，主要有两个问题。

1. 健康权请求权的行使

《民法典》规定的人格权请求权，包括健康权请求权。健康权请求权保护的目的，主要集中在对侵害健康权的防范和预防，以及造成损害的权利恢复。当健康权受到侵害的，受害人有权依照《民法典》和其他法律的规定，请求行为人承担民事责任。其请求权的主要内容是停止侵害、排除妨碍、消除危险，这些请求权的行使不适用诉讼时效规定的限制。

2. 请求救助权

《民法典》第 1005 条关于“自然人的生命权、身体权、健康权受到侵害或者处于其他危难情形的，负有法定救助义务的组织或者个人应当及时施救”的规定，赋予了自然人在处于危难时享有请求救助的权利。当自然人的人身受侵害或者处于危难情形时，负有法定救助义务的组织和个人应当及时履行救助义务。权利人可以行使这一权利，请求负有法定救助义务的组织和个人履行救助义务，使自己脱离危难，维护健康权。

负有法定救助义务的组织和个人，是指公安机关、医疗机构、院前急救机构以及负有法定救助义务的单位和个人等，这些机构和个人依照法律的规定，负有对处于危难之中的自然人的救助义务。院前急救是指在医院之外对急危重症病人的急救，广义的院前急救是指患者在发病时由医护人员或目击者在现场进行的紧急抢救，而狭义的院前急救是指具有通讯器材、运输工具和医疗基本要素所构成的专业急救机构，在病人到达医院前所实施的现场抢救和途中监护的医疗活动。其他负有法定救助义务的机构如消防队、矿山救援队等，在发生火灾、矿难中，对处于危难情形的人，负有紧急救助义务。

不属于负有法定救助义务的组织或者个人，如果发现自然人的健康权受到侵害或者处于其他危难情形，依据道德要求，也应当予以救助，造成被救助人的损害，应当适用《民法典》第 184 条规定免除责任。

（二）对健康权的侵权请求权保护

1. 适用的归责原则

确定侵害健康权侵权责任构成，应当依据《民法典》第 1165 条和第 1166 条的规定，根据不同情况，分别适用过错责任原则、过错推定原则和无过错责任原则。

构成侵害健康权的侵权责任，在一般场合，应当适用过错责任原则，其构成要件须具备违法行为、损害事实、因果关系和过错四项。适用过错推定原则，其侵权责任构成仍须具备上述四个要件，唯有过错要件实行过错推定，举证责任倒置。适用无过错责任原则确认侵害健康权行为责任，不须具备过错要件，其余三个要件的内容相同。

2. 侵害健康权侵权责任构成

（1）侵害健康权的违法行为。侵害健康权的违法行为，作为和不作为均可构成。作为的侵害健康权行为，是违反了保护他人健康权的不作为义务，通过积极的行为而致他人损害，是主要的行为方式。最主要的行为方式是殴打，各种肇事、食源性疾患、药物中毒、毒气中毒、污染行为也是重要的侵害健康权的行为。不作为的侵害健康权行为，特征是行为人负有保护他人健康的作为义务，违背该作为义务而不作为，即为不作为的侵权行为。如《民法典》第 1256 条规定的公共道路堆放物、倾倒物、遗撒物致人损害，第 1257 条规定的林木折断致人损害，第 1258 条规定的地下工作物施工未设安全标志和防范措施、管理人未尽管理职责致人损害等，均是。

侵害健康权行为的违法性，表现为违反民事立法关于保护自然人健康权的规定。《民法典》第 1004 条明文规定“任何组织或者个人不得侵害他人的健康权”，违反该条规定，即具备违法性要件。

（2）侵害健康权的损害事实。损害事实侵害健康权所致损害事实是构成侵权责任的要件，包括三个层次：一是健康受损的事实，表现为自然人维持人体生命活动的生理机能正常运作和功能完善发挥受到损害,因而生理机能不能正常运作,功能不能完善发挥。二是健康受损导致受害人财产利益的损失,是受害人因医治伤害、恢复健康所支出的费用,以及因健康受损而致的其他财产损失。三是精神痛苦的损害,是因健康受损造成的受害人精神上的痛苦和折磨。

(3)侵害健康权的因果关系。确定侵害健康权违法行为与损害事实之间的因果关系,应依相当因果关系学说判断。违法行为与健康损害结果之间依一般社会经验和智识判断,能够发生因果联系,在客观上该种行为又确实引发了这样的损害结果,即应确认其二者具有因果关系。在违法行为直接引起健康权损害结果的情况下,因果关系至为明显。

确认此种引起与被引起的关系,即构成因果关系要件。在违法行为间接引起健康权损害结果的场合,违法行为只是引起健康权损害结果发生的原因之一,还有其他原因与违法行为相互作用引起损害的发生。在这种场合,因果关系要件的确定有四种情况:第一,违法行为与自然原因相互配合,致受害人伤害;第二,违法行为与第三人的行为相互配合,致受害人伤害;第三,违法行为与受害人自身的原因相互配合,致受害人伤害;第四,违法行为致受害人伤害后,第三人的行为致损害进一步扩大。在这些情况下,违法行为以外的其他原因事实对损害结果的发生所起的作用分为两类:一是助成,二是扩大。无论助成还是扩大,均为健康权损害的共同原因。

凡是因共同原因致健康权损害事实发生者,判断因果关系要件的规则,一是不否认违法行为是损害事实发生的原因,即须确认违法行为与健康损害事实间有因果关系;二是应当区分违法行为对健康损害事实发生的原因力大小,依其原因力确定行为人所应承担的责任范围,对于因自然原因、受害人自身的原因致损害发生,应依其原因力大小,由受害人自己承担责任;对于因第三人的原因致损害发生,亦依其原因力大小,由该第三人承担责任。

(4)侵害健康权的过错。侵害健康权,故意、过失均可构成侵权责任。在适用过错责任原则时,过错应由受害人证明;在适用推定过错责任时,受害人不负举证责任,加害人无过错,由加害人证明。适用无过错责任原则,则不要求有过错的要件。

3. 对健康权损害的赔偿责任

对于健康权损害的常规赔偿,应当适用《民法典》第1179条规定,参照人身损害赔偿司法解释的有关规定进行。

(1)医疗费赔偿。医疗费赔偿的目的,在于对侵害人身造成伤害所致财产损失的补偿。这项赔偿实行的是全部赔偿原则,即损失多少就赔偿多少,赔偿应当与损失相一致。医疗费赔偿的具体办法是,根据医疗机构出具的医药费、住院费等收款凭证,结合病历和诊断证明等相关证据确定。赔偿义务人对治疗的必要性和合理性有异议的,应当承担相应的举证责任。医疗费的赔偿数额,按照一审法庭辩论终结前实际发生的数额确定。器官功能恢复训练所必要的康复费、适当的整容费以及其他后续治疗费,赔偿权利人可以待实际发生后另行起诉,但根据医疗证明或者鉴定结论确定必然发生的费用,可以与已经发生的医疗费一并予以赔偿。

(2)误工费赔偿。误工费损失的赔偿,补偿的是受害人由于人身受到伤害,耽误工作而造成的财产损失。误工费根据受害人的误工时间和收入状况确定。误工时间根据受害人接受治疗的医疗机构出具的证明确定。受害人因伤致残持续误工的,误工时间可以计算至定残日前一天。受害人有固定收入的,误工费按照实际减少的收入计算。受害人无固定收入的,按照其最近三年的平均收入计算;受害人不能举证证明其最近三年的平均收入状况的,可以参照受诉法院所在地相同或者相近行业上一年度职工的平均工资计算。

(3)护理费赔偿。护理费赔偿补偿的是受害人因为受损害生活不能自理,需要有人进行护理而造成的财产损失。赔偿方法是,护理费根据护理人员的收入状况和护理人数、护理期限确定。护理人员有收入的,参照误工费的规定计算;护理人员没有收入或者雇佣护工的,参照当地护工从事同等级别护理的劳务报酬标准计算。护理人员原则上为一人,但医疗机构或者鉴定机构有明确意见的,可以参照确定护理人员人数。护理期限应计算至受害人恢复生活自理能力时止。受害人因残疾不能恢复生活自理能力的,可以根据其年龄、健康状况等因素确定合理的护理期限,但最长不超过20年。受害人定残后的护理,应当根据其护理依赖程度并结合配制残疾辅助器具的情况确定护理级别。

(4)交通费赔偿。对于救治人身损害需要支出交通费的,应当赔偿交通费损失。这种赔偿是赔偿受害人因人身损害而支出的实际财产损失。赔偿方法是,交通费根据受害人及其必要的陪护人员因就医或者转院治疗实际发生的费用计算。交通费应当以正式票据为凭;有关凭据应当与就医地点、时间、人数、次数相符合。

(5)住院伙食补助费。受害人遭受人身损害需要住院的,在住院期间支出一定的伙食补助费,应当予以赔偿。赔偿方法是,住院伙食补助费可以参照当地国家机关一般工作人员的出差伙食补助标准予以确定。受害人确有必要到外地治疗,因客观原因不能住院,受害人本人及其陪护人员实际发生的住宿费和伙食费,其合理部分应予赔偿。

(6)营养费赔偿。对于需要住院治疗的受害人,应当赔偿营养费损失,根据受害人伤残情况参照医疗机构的意见确定。

(7)精神损害抚慰金赔偿。受害人请求精神损害赔偿的,依照《民法典》第1183条第1款规定,侵害自然人人身权益造成严重精神损害的,应当支持受害人的请求。精神损害抚慰金的请求权不得让与或者继承,但是赔偿义务人已经以书面方式承诺给予金钱赔偿,或者赔偿权利人已经向人民法院起诉的除外。

(8)对劳动能力丧失的赔偿。侵害健康权行为造成受害人劳动能力减少或丧失的后果,加害人应当承担赔偿损失的义务。人身损害赔偿司法解释对劳动能力丧失的赔偿,采取有限的所得丧失说,即支付残疾赔偿金的方法予以赔偿,有利于受害人的保护,也对制裁违法行为具有更好的惩戒作用。丧失劳动能力的赔偿方法是,受害人因伤致残的,其因增加生活上需要所支出的必要费用以及因丧失劳动能力导致的收入损失,包括残疾赔偿金、残疾辅助器具费、被扶养人生活费,以及因康复护理、继续治疗实际发生的必要的康复费、护理费、后续治疗费,赔偿义务人也应当予以赔偿。残疾赔偿金根据受害人丧失劳动能力程度或者伤残等级,按照受诉法院所在地上一年度城镇居民人均可支配收入或者农村居民人均纯收入标准,自定残之日起按20年计算,进行赔偿。但60周岁以上的,年龄每增加1岁减少1年;75周岁以上的,按5年计算。受害人因伤致残但实际收入没有减少,或者伤残等级较轻但造成职业妨害严重影响其劳动就业的,可以对残疾赔偿金作相应调整。

本章思考题

1. 结合讨论本章典型案例,问:生命权保护的人格利益为人的最高利益表现在哪些方面?怎样用生命权的理论解释安乐死的合法性？本案两个安乐死行为各为何种类型？两个安乐死行为都符合法律规定吗？

2. 为什么要确认身体权是一个独立的具体人格权？身体的实质完整和形式完整应当怎样区分？侵害身体权有哪些具体的侵权行为？

3. 健康权应当怎样界定？其包含哪些权利内容？辛德尔案例对胎儿健康利益的保护体现了哪些规则？

第六章　人身自由权和性自主权

| 本章导读 |

本章介绍人身自由权和性自主权。《民法典》将这两种人格权规定在身体权的范围内，但这两种权利都是独立的具体人格权，而不是身体权的内容。人身自由权是自然人在法律规定的范围内，按照自己的意志和利益进行行动和思维，不受约束、控制或妨碍的具体人格权。性自主权是自然人保持其性纯洁的良好品行，依照自己的意志和利益支配性利益，不受他人干扰、限制和强制的具体人格权。

人身自由权　身体自由　意志自由　性自主权　性骚扰　权利保护主义　职场保护主义

| 典型案例 |

矿工医院医生张某经常发表一些有悖于社会政治背景的意见，该院领导认为其精神不正常，依据精神病院个别医生出具的精神分裂症“门诊印象”和“初步诊断”，决定不允许张某上班工作。张某坚持上班工作，该院下发文件，认定张某不具备自主行为能力，并为其指定监护人。张某不服，该院在未经张某本人及家属同意的情况下，派人强行将张某送到该市精神病医院，强制住院治疗38天。医院的结论为：“病员自住本院一月余，未发现明显精神症状，故未给予抗精神病药物治疗。”张某向法院起诉医院侵害其人身自由权，法院以侵害名誉权确定被告的侵权责任。[1]

第一节　人身自由权

一、人身自由权的客体：人身自由

人身自由权的客体是人身自由。人身自由权保护自然人的人身自由不受非法侵害。

（一）自由的概念

自由作为严格的法律概念，是指在法律规定的范围内，自然人按照自己的意志和利益进行

[1] 该案报道请参见1988年5月28日《安徽法制报》。这个案件虽然发生时间较久，但它是涉及人身自由权的第一案，对于我国人格权法的发展具有重要影响。

行动和思维,不受约束、不受控制、不受妨碍的状态。只要不违反任何法律禁令,不侵犯其他人的合法权利,那么,任何人可以说想说的任何话,做想做的任何事。[2]

自由的原意是从被束缚中解放出来,即"不受约束、控制或限制""国家或团体应当把每一个理智健全的人当作自由人,让其能按照自己的利益进行行动和思维,按自己的方式发展自身的能力,行使和享受作为这种发展之条件的其他各项权利"。[3]自由是"免于外来的控制,免于所有除由法律正当施加以外的约束""是免于任意专断的约束,而非对由团体共同利益施加的合理规章和禁令的免除"。[4]可见,自由的本义是不受限制、不受约束。

在历史上,法律使用自由概念有不同含义:(1)在罗马法,一个自然人要作为权利主体,必须具备人格(caput),而人格的基本要素就是自由,没有自由就没有人格,奴隶没有自由,因而不具有法律上的人格。这种意义上的自由,实质上是指自然的权利。(2)资产阶级启蒙思想家提出了自由是天赋的、不可剥夺的权利,并且在资产阶级革命胜利后,第一次把自由确立在资产阶级国家的立法上。俄罗斯 1991 年 11 月 22 日《人和自然人的权利和自由宣言》规定,"确认人的权利和自由及其人格和尊严是社会和国家的最高价值",并在第 1 条和第 2 条规定,"人的权利和自由生而有之""人和自然人的权利和自由,只能在必须维护宪法制度,民主社会其他人的道德、健康,合法权益的情况下由法律加以限制"。

我国《宪法》为自然人行使自由权利提供法律保障。

(二)自由的特征

第一,自由是一种人的状态。自由本身不是权利,而是权利的客体。自由为自然人所享有,是自然人思维、行动不受约束、不受限制、不受妨碍的状态。这种状态免于外来的控制,免于任意专断的拘束,而由人依自己的意志和利益所决定。

第二,自由体现国家的意志。自由是人思维、行动不受约束、限制、妨碍的状态。这种状态受到国家法律的调整。国家按照统治阶级的意志规范自由的内容,因而,超越法律的自由是不存在的,违反法律的自由是不允许的。

第三,自由总是要受到一定的限制。在社会生活中,每个自然人的自由都必须以社会的利益和他人的自由为前提。只有当他的思维和行动与他人的类似的自由和社会公共利益相协调时,个人的自由才能存在。因此,自由总是受到一定的约束和限制。

第四,自由以法律为保障。没有法律保障的自由是不可能实现的。任何人思维、行动不受约束、限制或妨碍的状态受到破坏时,法律依法予以保护。

(三)人身自由

人身自由是自由中的主要表现形式,是指人的身体和思维的不受约束、不受控制和不受限制的状态,包括身体自由和思维自由。有学者认为,人身自由中不能包含精神活动自由即思维自由,只包括身体自由即行动自由。这个思想影响了《民法典》的立法,形成的后果就是《民法典》第 1003 条和第 1011 条。前者规定"行动自由"包含在身体权的内容之中,后者规定"以非

---

〔2〕《牛津法律大辞典》,光明日报出版社 1988 年版,第 554 页。

〔3〕《牛津法律大辞典》,光明日报出版社 1988 年版,第 555 页。

〔4〕*Black's Law Dictionary*, West Publishing Co. 1979, Fifth Edition, p. 827.

法拘禁等方式剥夺、限制他人的行动自由”,构成侵害身体权中的行动自由。其理由是,精神自由权个人按照自己的意志和利益,在法律规定的范围内自主思维的权利,是个人自由支配自己内在思维活动的权利。其本质上就是思想自由,确定人身自由包括精神自由,将不当扩大人身自由权的内涵,混淆宪法所规定的公民基本权利与民事权利的界限,且精神活动自由很难界定特定的侵害对象。[5] 这种意见的不当之处在于,一方面将精神自由权界定为个人按照自己的意志和利益,在法律规定的范围内自主思维的权利;另一方面又将精神自由权的范围无限扩大,认为思维自由本质上就是思想自由,将思维和思想混为一谈,形成了对思维自由的错误理解。可以说,思维自由的本质是思想自由,这是一个正确的命题,但是,思想自由却不等同于思维自由,因为思维自由就是思想自由的一部分;由于思维自由在本质上是思想自由,因而思想自由就是思维自由,却是错误的命题。可见,这些都不是将思维自由排除在人身自由范围的充分理由,不能动摇人身自由包括身体自由和思维自由的结论。

人格权法研究的自由是人身自由,是人身自由权的客体,而不是一般的自由。一般的自由极为广泛,包括宗教自由、表达自由、结社自由等。而人身自由就是指自然人的身体自由和思维自由,不包括其他自由。

作为人身自由权客体的人身自由,与人格自由有严格的区别。人格自由是抽象的权利,内容是保持人格的自由和发展人格的自由,并非具体的自由权利。而人身自由是具体人格权,是使自己的行动和思维不受干扰、不受限制、不受控制的权利。

二、人身自由权

(一)人身自由权的概念和性质

人身自由权是指自然人在法律规定的范围内,按照自己的意志和利益进行行动和思维,不受约束、控制或妨碍的具体人格权。

人身自由权在性质上属于何种权利,有以下诸种不同学说:(1)政治权利说。认为自由权是国家法的概念,是自然人的政治权利,很难说人身自由权是自然人的民事权利,保障人身自由权的任务也不应由民法承担。(2)一般人格权说。认为人身自由权为一般人格权,不是泛指主体的行为自由和意志自由,也不包括财产自由和契约自由。作为特定的人格利益,人身自由的内容包括各项权利,所以它不是地位而是一种集合性的权利。[6] (3)具体人格权说。认为自由权是一种具体人格权,是与名誉权、身体权等并列的具体人格权。这是民事立法的通例,也是民法学理论的通说。

否认人身自由权为民事权利,而只认其为政治权利的观点是不正确的,理由如下:第一,从立法传统看,自然人的民事自由权作为人格权的组成部分,民法都予以规定。例如,《德国民法典》将生命、身体、健康、自由作为自然人四大生活利益,在第 823 条第 1 款规定,侵害自由权者,构成民事侵权行为。自由权无疑可作为自然人的基本民事权利之一。第二,从我国近代以来的民事立法传统上看,自由权亦规定为自然人的民事权利。《大清民律草案》第 50 条对自由权就有规定。《民国民法》第 17 条和第 195 条规定:“自由不得抛弃。自由之限制,以不背于公共秩序或善良风俗者为限。”“不法侵害他人之身体、健康、名誉或自由者,被害人虽非财产上之

---

[5] 王利明:《人格权法研究》,中国人民大学出版社 2019 年第 3 版,第 353 ~ 355 页。

[6] 王利明主编:《人格权法新论》,吉林人民出版社 1994 年版,第 176 ~ 177 页。

损害,亦得请求赔偿相当之金额。”中国近现代民事立法不但把自由权作为自然人的基本民事权利之一加以规定,而且规定得相当完备。第三,我国现行立法并未否定自由权为自然人的民事权利。我国《宪法》第37条规定了公民享有人身自由权。2001年《精神损害赔偿司法解释》确认人身自由权的人格权性质。《民法典》第109条也明确规定人身自由权为民事权利。

认为人身自由权是一般人格权亦不正确。作为民事权利的自由权是指人身自由权,将人身自由权作为一般人格权对待,范围超出了人身自由权的具体内容,包括了人格自由这个一般人格权的内容,失之过宽。民法保护的自然人的人身自由权,包括自然人的身体自由权和思维自由权,因而,是具体人格权而不是一般人格权,是具体的权利而不是抽象的权利,一般人格权不能替代具体人格权中的人身自由权。[7]

人身自由权作为我国自然人的具体人格权之一,为我国法律所确认。确认和保护自然人的这一具体人格权,是我国民法的基本任务之一。《消费者权益保护法》和《国家赔偿法》明文规定自然人的人身自由权为具体人格权之一种,对于保护人身自由权有重要意义。

(二)人身自由权的具体内容

人身自由权所侵害的客体,包括自然人的身体自由权和思维自由权。

1. 身体自由权

身体自由权也称作行动自由权,是指自然人按照自己的意志和利益,在法律规定的范围内,自由支配自己外在身体运动的权利。对此,《俄罗斯人和自然人的权利和自由宣言》第8条规定:“每一个人有自由和人身不可侵犯的权利。”“非经本人自愿同意,对任何人不得进行医疗、科学和其他试验。”我国《国家赔偿法》第33条规定:“侵犯自然人人身自由的,每日赔偿金按照国家上年度职工日平均工资计算。”《民法典》第1011条规定的“以非法拘禁等方式剥夺、限制他人的行动自由”,都是指身体自由权。

2. 思维自由权

思维自由权也称作意志自由权。自然人按照自己的意志和利益从事正当的思维活动,观察社会现象,是进行正确的民事活动的前提,法律应当予以保障。因而,思维自由权是自然人按照自己的意志和利益,在法律规定的范围内,自主思维的权利,自自支配自己内在思维活动的权利。非法限制、妨碍自然人的思维自由,为侵权行为。浙江省仙居县杨某收到一封电报,该电报从黑龙江省呼兰县发来,收报人是杨某的父母。电报称:杨某在呼兰县工作的哥哥被汽车撞成重伤,正在呼兰县医院抢救。杨某的父母得悉此情非常悲痛,立即从浙江乘车赶到呼兰县,结果见杨某的哥哥安然无恙,并无被车撞伤的事实。经了解,弄清杨某哥哥的一个同事谢某因与杨某哥哥发生口角,以此诈欺方法愚弄杨某的父母,进行报复。[8]在这个案例中,杨某的父母对杨某哥哥在黑龙江省呼兰县的生活、工作均认为正常,无任何担忧之事。侵权人谢某虚构事实,使其陷入其子身负重伤的错误思维之中,不仅损失财产,精神上也造成了巨大痛苦,其思维自由权受到了侵害。

最高人民法院《关于贯彻执行〈民法通则〉若干问题的意见(试行)》第149条规定:“盗用、假冒他人名义,以函、电等方式进行欺骗或者愚弄他人,并使其财产、名誉受到损害的,侵权人

---

〔7〕 王利明:《人格权法》,中国人民大学出版社2010年版,第182页。

〔8〕 该案案情参见《人民日报》1990年10月23日,第5版。

应当承担民事责任。”该条文所述情形，正是以诈欺方法侵害他人思维自由权。具有使被诈欺人陷于错误之故意、胁迫者，乃故意以不当之目的或手段，预告祸害，使人心生恐怖的行为，就是侵害思维自由的行为。各国立法对于诈欺、胁迫，虽无明文规定为侵权行为，但是通说则认为诈欺、胁迫均系侵害自由权，盖其所侵害者，乃被害人之精神的自由故也。〔9〕可见，确认这种行为为侵害思维自由权，是有充分根据的。

三、人身自由权的民法保护

（一）侵害人身自由权的行为

1. 侵害身体自由权主要有以下五种：

（1）非法限制、拘禁。非法限制自然人身体自由，甚至予以非法拘禁，为侵权行为。对此，应当区分公法与私法的界限。国家机关非法限制、拘禁甚至错误逮捕自然人，侵害的是公法人格权，而非私法人格权，应当适用《国家赔偿法》的规定。民事主体非法限制、拘禁自然人身体自由，侵害的是私法人格权，是民法调整的违法行为。认为违法的司法拘留、非法的行政强制、错误逮捕、错误实施刑事拘留，都是侵害自由权的侵权行为，〔10〕是不正确的，混淆了公法人格权和私法人格权的界限。

（2）非法妨害行动。利用被害人自身的羞耻、恐怖的观念，妨害其行动，也为侵害人身自由权的违法行为。例如，夺去入浴妇女的衣服，使其无法行动，构成侵害身体自由权。〔11〕向债务人索债而将债务人扣为人质，错误地实施自助行为限制他人人身的，〔12〕也是非法妨害行动的侵权行为。

（3）妨害公路通行。对于公路的一般使用为一种自由，不法加以妨害，即属对自由的侵害，为非法行为。对于私路有相邻权、地役权等通行权人妨害其通行者，也认为构成侵害自由权的违法行为。〔13〕

（4）侵害通信自由。通信为自然人传达意思的手段，系自然人身体自由即行为自由的范畴，故侵害书信或通讯之秘密，系侵害自由权。〔14〕

（5）非法进行强制医疗。未经本人或者其近亲属同意，采取强制治疗手段，限制他人人身，例如，强制进行精神病治疗，强制进行其他限制人身自由的医疗措施，都是侵害人身自由的侵权行为。

2. 侵害思维自由权主要包括以下两种违法行为：

（1）欺诈胁迫。欺诈是故意以使他人陷入错误为目的的行为；胁迫是故意以不当的目的和手段预告凶险而使人产生恐怖的行为。欺诈和胁迫，均妨碍、干涉、限制自然人正当的思维，使其陷入错误的观念，为侵害思维自由权的违法行为。

（2）虚伪报告及恶意推荐。在一般情况下，对于因劝告、通知、介绍等所发生损害，不能认为是侵害思维自由权的违法行为。但是，如果故意使人陷入错误而进行虚伪报告或恶意推荐

---

〔9〕 何孝元：《损害赔偿之研究》，商务印书馆1982年版，第141页。

〔10〕 王利明：《人格权法研究》，中国人民大学出版社2019年第3版，第361页。

〔11〕 何孝元：《损害赔偿之研究》，商务印书馆1982年版，第140页。

〔12〕 王利明：《人格权法研究》，中国人民大学出版社2005年版，第403页。

〔13〕 郑隆兴：《现代损害赔偿法论》，华泽彩色印刷公司1988年版，第273页。

〔14〕 龙显铭：《私法上人格权之保护》，中华书局1948年版，第78页。

者，是对思维自由权的侵害，为违法行为。

（二）对人身自由权的人格权请求权保护

人身自由权受到侵害或者妨碍，或者存在人身自由权被侵害的危险，以及侵害人身自由权造成名誉毁损的，权利人有权依照《民法典》第995条的规定，行使人身自由权请求权，救济自己的人身自由权。

人身自由权受到侵害的，其侵害行为无论是刚刚开始还是正在继续，受害人都有权请求行为人停止侵害，使自己的人身自由权免受行为人行为的侵害。

人身自由权受到妨碍的，该妨碍行为已经开始正在继续的，受到妨碍的权利人有权主张行使排除妨碍请求权，请求行为人停止实施妨碍行为，清除妨碍人身自由的物品或者措施。

人身自由权存在被侵害危险的，受害人有权行使消除危险请求权，请求行为人消除危险，使自己的人身自由权不受危险威胁。

人身自由权受到侵害造成权利人名誉毁损的，受害人有权行使消除影响、恢复名誉请求权，保护自己人身自由权的完满状态。

（三）对人身自由权的侵权请求权保护

1. 侵害人身自由权的责任构成要件

（1）侵害人身自由权的违法行为。侵害人身自由权的行为须具有违法性。这种行为的违法须以违背现行法律关于保护人身自由权的规定为标准，即以行为的不法为必要。侵害人身自由权的不法行为，须违反法律所规定的关于自然人人身自由权的保护、禁止拘禁或者限制自然人人身自由的禁令，以及行使自由和权利不得损害其他自然人合法自由和权利的限制。侵害人身自由权的行为可以由不作为方式构成，例如，对于在坑底矿工不将其引出矿坑，[15]构成对自由权的侵害。侵害人身自由权行为的具体表现，因侵害身体自由权和侵害思维自由权而不同。

（2）侵害人身自由权的损害事实。侵害人身自由权的损害事实，表现为行为侵害自然人身体自由权和思维自由权所造成的客观表现和最终结果。

侵害人身自由权损害事实的客观表现，是自然人按照自己意志和利益进行思维和行动状态的改变。当侵权行为作用于受害人，使受害人的行为、思维不受拘束或限制的状态受到非法改变时，就使自然人保持自己身体和精神的自由状态的权利受到了侵害。当他人通过他的行为的力量，使自然人的身体遭受非法限制或控制而不能自由行动的时候，就改变了自然人身体不受拘束、不受妨碍的状态，形成了侵害身体自由权的客观事实。通过他人行为的力量，使自然人的思维和观念受到强制，去想非由他自己的意志所决定去想的事情，亦改变了他的思维不受干涉和强制的状态，亦属侵害思维自由权的客观事实。身体自由的改变，要表现在时间上的延续和空间上的变化。即使是纯粹主观上的意志自由的改变，也必须有思维状况改变的外在表现形式。

侵害人身自由权损害事实的最终结果，是侵权受害人精神利益和财产利益的损害。侵害人身自由权的行为改变受害人的身体自由状态和精神自由状态的最终结果，是损害受害人的

---

〔15〕 史尚宽：《债法总论》，荣泰印书馆1978年版，第143页。

合法利益。非法改变自然人的自由状态,导致的最终结果必然是自然人精神利益的损害,造成精神上的痛苦和创伤,不能按照自己的意志去做想做的事和去说想说的话,也会使自然人丧失相关的财产利益,造成财产的损失。

(3)侵害人身自由权的因果关系。确定侵害人身自由权民事责任构成中的因果关系,当行为人的行为与受害人人身自由权受到损害的客观事实具有因果关系时,即成立该要件。侵害人身自由权的因果关系,在一般情况下为直接因果关系,行为实施以后,受害人的人身自由状态即发生改变,也不排除相当因果关系规则的适用。对于侵害思维自由权的因果关系,应当适用相当因果关系规则判断。

(4)侵害人身自由权的过错。确定侵害人身自由权行为的侵权责任,应当依照《民法典》第1165条第1款规定适用过错责任原则,行为人须在主观上有归责性的意思状态即具备过错要件。行为人故意限制、干涉、妨碍他人人身自由,构成侵权责任;过失侵害人身自由亦构成侵权责任。侵害人身自由权的过失是对保护他人自由权义务的违反,行为人在主观上不会有希望或者放任侵权后果发生的意思状态,但因其疏于注意,不履行或未能履行保护他人人身自由权的义务,而造成侵害他人人身自由权损害后果。

2. 侵害人身自由权的抗辩事由

(1)限制人身自由的行为系依法进行。以下行为为依法限制人身自由:国家机关及其工作人员依法限制或剥夺自然人人身自由,如依法逮捕、拘留等;自然人依法自动维护公共利益和公共秩序的行为,如制止犯罪,扭送人犯;因执行职务而强制他人非按他自己的意志而行动,如在灾害事故中强制他人离开灾区,因爆破而临时禁止在公路上通行,为防止疫情传播而将疑似病患与病患密切接触者依法隔离。

(2)正当防卫。当公共利益、他人或本人的人身或其他利益受到不法侵害时,对非法侵害人以限制人身自由的方法进行防卫,为合法行为。

(3)紧急避险。紧急避险的危险来源,既可能来自自然力,也可能来自人的行为。如果采取临时限制或控制他人自由的方法就可以避免危险,为合法行为。

(4)自助行为。当权利人为保护自己的权利,在情事紧急而又不能及时请求国家予以救助的情况下,对他人的自由加以适当限制,不为侵害自由权;但是,这种限制自由必须适当,超出适当范围,即为侵权。例如,对在餐馆用餐后不付款而欲逃走的客人,适当拘束其人身,让其亲友送钱过来付账,不为侵害人身自由权。

3. 侵害人身自由权的责任承担

(1)民法救济的法律依据。人身自由权受到侵害的民法救济方法,《民法典》有明确规定,应当依照第1165条第1款、第1183条规定确定侵权责任。对于以胁迫、欺诈方法侵害自然人思维自由权的行为,除了应当适用《民法典》第1165条第1款规定外,还可以参照适用最高人民法院《关于贯彻执行〈民法通则〉若干问题的意见(试行)》第149条关于"盗用、假冒他人名义,以函、电等方式进行欺骗或者愚弄他人,并使其财产、名誉受到损害的,侵权人应当承担民事责任"的规定。条文中的"欺骗"和"愚弄"他人的表述,是受害人思维自由受到限制、妨碍的表现形式;而"财产、名誉受到损害",则为损害事实的最终结果,即财产利益和精神利益的损害。

(2)责任的承担。侵害人身自由权的民法救济方法,分为非财产性救济方法和财产性救济方法。

非财产性的侵权责任救济方法是赔礼道歉。在侵害人身自由权的民法救济中,人身自由权受到侵害的自然人,都可以请求侵权人对其赔礼道歉。

财产性救济方法,一是依照《民法典》第 1183 条第 1 款规定,侵害自然人人身权益造成严重精神损害的,被侵权人有权请求精神损害赔偿的规定,包含了侵害人身自由权的精神损害赔偿责任的内容,具有重要的意义。二是参照《国家赔偿法》第 33 条关于"侵犯公民人身自由的,每日赔偿金按照国家上年度职工日平均工资计算"的规定,确定侵害人身自由权的赔偿数额。三是不法侵害他人人身自由权,造成受害人财产上的损失的,依照一般侵权行为的规则,受害人可以请求赔偿损失。侵害人身自由权造成经济损失,包括直接损失和间接损失。前者如以欺诈方法诱骗受害人从甲地到乙地,其往返费用的损失。后者如非法拘禁、限制人身自由,造成受害人工资、报酬的减少。侵害人身自由权造成的财产损失,无论是直接损失还是间接损失,均应由侵害人予以赔偿。

第二节　性 自 主 权

一、性自主权的客体:性利益

(一)性利益的概念

性自主权的客体是自然人的性利益。性自主权保护自然人的性利益不受非法侵害。

性自主权也称作贞操权,[15]故贞操这种人格利益就是贞操权的客体。[17]贞操权的概念并不准确,存在男女不平等的嫌疑,故将其称为性自主权。

将贞操作为性自主权的客体不妥。贞操是指一个人坚定不移的意志和品行。旧时也指女子不失身或从一而终的操守。这些释义不是法律意义上对性自主权客体的界定。法律认为贞操者,涉及两性关系,特指与性自主、性纯洁联系在一起的一种人格利益。从这个意义上说,所谓的贞操,其实就是性利益。

作为性自主权客体的性利益,是权利人就自己的性的生理因素、心理因素和法律因素所享有的利益。性,被弗洛伊德定义为,指由异性的身体(尤其是性的器官)所得到的快感和满足;就最狭义的概念来说,意即指性器官的接触和性的动作的完成。[18]性利益具有三位一体的内涵,即具有生理因素、心理因素和法律因素。就生理因素而言,性利益是指自然人的性自由,即任何人不能以暴力、胁迫或其他手段违背其意志实施性行为;就心理因素而言,性利益是权利主体因其保有性自由,通过性交往对象的选择,而获得内心快乐体验和美的享受;就法律因素而言,性自由的行使必须在法律范围内进行,超越法律范围的性行为即不法性行为。

---

〔16〕 王利明:《人格权法研究》,中国人民大学出版社 2005 年版,第 644 页;段勇、冯鼎五:《对贞操权应给予民法保护》,载《人民司法·案例》2008 年第 12 期。

〔17〕 王利明:《人格权法》,中国人民大学出版社 2009 年版,第 306 页。

〔18〕 转引自陈运华:《论作为人格权的性权利及其法律限制》,载《政治与法律》2008 年第 8 期。

（二）性利益的法律特征

第一，性利益是自然人的性的品行。从一般意义上说，贞操为道德的范畴，是人的有关道德的行为。人依照社会高尚道德的要求，保持自己性的纯洁，使其具有高尚的道德品行，是贞操的基本内涵。性利益同样具有这样的内涵，在对于性的问题上，保持自己的性纯洁，具有高尚的性品行，就是性利益的含义。

第二，男女享有平等的性利益。保持性的纯洁，具有高尚的性品行的性利益，是男女都享有的人格利益，是平等的人格利益。将贞操作为性自主权客体的后果，一般都仅认女子有贞操，男子无贞操可言，因此，贞操权是不平等的权利。用性利益作为性自主权的客体，就能够避免使用贞操概念的争论，而不再存在这个问题。

第三。性利益包括性的不可侵犯。性利益的不可侵犯，目的在于使自然人保持自己的性纯洁。性利益是一种人格利益，而不是义务。在习惯上理解贞操，常认其为义务，并将其强加给女性，认其不贞为堕落，是罪行，而不失身、从一而终为贞女。这种理解既不正确，也不公正。性利益是一种品行、操守，表现为保持性的纯洁性，排斥他人的非法侵害。

第四，性利益的实质是自然人的性自由。自然人的性利益的支配自由，是自然人对于自己的性利益的支配。这种支配就权利人本人而言，在于自己对于性利益的选择和支配，而获得自身的幸福和快乐。当权利主体为支配自己的性利益而为承诺，与其发生性关系包括性交和性的其他关系的人，不为对性自主权的侵害。

二、性自主权

（一）性自主权的概念和特征

1. 性自主权的概念和法律依据

性自主权是指自然人保持其性纯洁的良好品行，依照自己的意志支配性利益，不受他人干扰、限制、强制的具体人格权。《民法典》第 1010 条关于“违背他人意愿，以言语、文字、图像、肢体行为等方式对他人实施性骚扰的，受害人有权依法请求行为人承担民事责任”“机关、企业、学校等单位应当采取合理的预防、受理投诉、调查处置等措施，防止和制止利用职权、从属关系等实施性骚扰”的规定，虽然主要规范的是对性骚扰行为的规制，但是其中包含了性自主权的内容。

2. 性自主权的法律特征

第一，性自主权是以性为特定内容的独立的人格权。现代的人格权是以人作为民事主体构成其资格的特定内容，即以确认主体资格在法律上的抽象反映为标志。确认该种内容能否成为独立的法定权利，关键在于它所抽象的特定内容能否完全由其他权利所替代。侵害性自主权可能会造成受害人身体、健康、自由、名誉等方面的损害，并且可以通过救济被侵害的身体权、健康权、自由权、名誉权的方法使其得到恢复，但是，它们毕竟不能概括性利益所抽象的性的特定内容。性自主权的核心内容——性，不可能简单地由身体利益、健康利益、自由利益、名誉利益所涵盖，因而性自主权以此与其他所有的人格权相区别，为一种独立的以人的性利益为特定内容的特定人格权。

第二，性自主权以人的性利益为客体。性自主权虽然是以人的性为特定内容的权利，但并非所有有关性的利益均构成性自主权的客体,而只有保持或维持性纯洁的操守和品行,支配自己的性利益,才是性自主权的客体。

第三,性自主权以人的性所体现的利益为具体内容。性的利益包括实体上的利益和精神上的利益。实体上的利益体现为保持自己性器官不被他人非法接触,保持自己不为违背自己意志的性行为。精神上的利益则表现为人的以自己性纯洁为内容的精神满足感,以及社会和他人对权利人性纯洁的评价。

第四,性自主权是权利人享有适度自由的人格权。性自主权既然是关于性的权利,因而权利人可以在法律允许的范围内,依自己的意愿而行使。不过,性自主权的自由应当依法适当限制,局限在自己的性利益之上,受法律、道德的约束,不得违反公共利益和善良风俗,尤其在已婚男女之间还要互负忠实义务。

(二)性自主权为独立的具体人格权

性自主权是否为独立的具体人格权,学说上有肯定说和否定说两种不同主张。

肯定说认为性自主权为一种独立的人格权,认为性自主权乃以"保全人之性的品格"利益为内容之权利。由于权利主体的性别不同而分为两派,部分学者认为性自主权为女子的人格权,部分学者认为性自主权为男女共同享有的人格权。

否定说认为性自主权之侵害实质上是侵害一种或几种其他权利,事实上不存在独立的性自主权,或者没有必要设立独立的性自主权。有的学者甚至认为,在现代社会,人的民事权利无微不至、无处不在,但是,这绝不意味着,个人或司法机关可以肆意创制新型权利。带有浓重封建气味的"贞操权",在现代社会是一个不合时宜的法律概念。[19]

在学说上尽管有上述争论,但是,在实务上对侵害性自主权应当予以民法救济,则是一致的见解。所不同的是,肯定说直接认侵害性自主权为侵权行为,受害人得依法请求损害赔偿。否定说则采类推适用法律关于保护其他人格权的规定,对侵害性自主权予以民事救济。

性自主权的主体是所有自然人。性自主权是一种独立的人格权,是权利主体具有独立、完整的人格所必须具备的权利。无论男子,还是女子,作为平等的民事主体,都应当具有独立、完整的人格,在法律上都应当平等地享有性自主权。

承认性自主权为一种民事权利虽为通说,但是,其究竟为何种性质的民事权利,认识上不无分歧。通说认为,性自主权是一个独立的具体人格权。

(三)性自主权的内容

1. 维护权

维护自己的性操守和性品行,是性自主权人最主要的权利。性自主权人以真实意思保持自己性的纯洁,不为他人所侵害,保持自己坚贞不移的性品格,保持自己精神上的满足和充实,获取社会或者他人对自己的相应评价,从而享受人生安全及其他社会活动自由。因此,任何性自主权人都享有对自己提出善意的、恶意的进行性器官接触和发生性交要求的拒绝权。

2. 防卫权

权利人在自己的性利益受到侵害时,享有防卫权,有权实施正当防卫、紧急避险和自助行

---

〔19〕 乔新生:《"贞操权"有违权利法定原则》,载《民主与法制》2007 年第 14 期。

为。性自主权不同于财产权,一旦遭到侵害,即无法“恢复原状”。当权利人面临非法侵害时,赋予其防卫权是十分必要的。防卫权应包含正当防卫、紧急避险和自助行为所准许实施的一切保护措施,以成功地制止侵害、防止性利益受到损害为适度。

3. 承诺权

性自主权人在对自己的性利益上受自己意志支配,因而享有承诺权。权利人与他人进行性方面的接触,原则上依自己的意志而为承诺,经承诺而为性行为者,不为侵害性自主权。承诺权并非人人均可享有,而应以达到一定的认识水平而享有。不满 14 周岁的未成年人为无承诺能力,14 周岁以上至不满 18 周岁的未成年人为有部分承诺能力,18 周岁以上成年人为有完全承诺能力,但是,不能辨认自己行为的无民事行为能力人或者不能完全辨认自己行为的限制民事行为能力人,一律无承诺能力。承诺权不是一种不受限制的权利,其限制源于三个方面,一是法律的约束,二是公共利益和善良风俗的约束,三是已婚男女忠实义务的约束。前两种约束是社会范围内的约束,后一种约束仅限于夫妻之间,以不为婚外性交为内容,承诺者虽不构成犯罪行为,但是却违反忠实义务,侵害了配偶一方的配偶权。

三、性骚扰行为及其民法规制

(一)保护性自主权应当规制性骚扰行为

性骚扰这种社会现象古已有之,但是,性骚扰成为深受关注的社会问题和法律问题,乃是人们的性权利意识被现代文明所唤醒的结果。

对性骚扰进行法律规制,肇始于美国,渐及于世界各国。目前,大多数国家和地区尤其是政治经济较为发达的国家和地区,均通过两性平等法、劳动就业法、反歧视法、妇女保护法以及民法、刑法和判例等不同法律形式,实现对性骚扰的法律规制。

我国立法机关 2005 年 8 月 28 日通过《妇女权益保障法》修正案,设立了反性骚扰的立法,新增加的第 40 条规定:“禁止对妇女实施性骚扰。受害妇女有权向单位和有关机关投诉。”这一规定明确了对妇女不得实施性骚扰行为,但是却没有规定具体的救济方法,仅仅规定有权投诉。《民法典》第 1010 条规定:“违背他人意愿,以言语、文字、图像、肢体行为等方式对他人实施性骚扰的,受害人有权依法请求行为人承担民事责任。”“机关、企业、学校等单位应当采取合理的预防、受理投诉、调查处置等措施,防止和制止利用职权、从属关系等实施性骚扰。”《民法典》的这一规定,首先,解决了实施性骚扰行为应当承担民事责任的法律依据;其次,确定了职场对防范性骚扰的职责,比较全面地解决了对性骚扰行为的法律规制问题。

(二)规制性骚扰行为的立场应当采纳权利保护主义

性骚扰行为,是行为人违背权利人的意愿,与权利人强制实施性交之外的性行为,侵害权利人性自主权的违法行为。对他人实施侵害性自主权的性骚扰行为,构成侵害性自主权,应当承担民事责任,其法律规制的中心价值,就是保护自然人的性自主权。一切以暴力、胁迫、语言、动作、欺诈和诱导等方式施加以违背他人意愿的有关性的关系的行为,都是侵害性自主权行为。法律禁止以任何不当方式干预对性利益的自主决定权。对于任何一个人,除了生存权本身之外,几乎没有其他的个人权利和自由比性自主权更重要。因而,性自主权更加需要法律保护,依法制裁性骚扰行为。

规制性骚扰行为的法律制度,从一开始就是按照两个方向发展的:一个方向是职场保护主义,即以职场劳动者的保护为中心,认定规制性骚扰行为的法律制度为劳动法制度,保护的是劳动者的权利,因而责任应以雇主承担为主;另一个方向是权利保护主义,即以人的私权利的保护为中心,认定规制性骚扰行为的法律制度是私法制度,保护的是人的私权利,是人格权,因而责任人应当是侵权人,对其进行法律制裁。我国立法规制性骚扰行为采取以权利保护主义为主、职场保护主义为辅的立场,追究实施性骚扰行为的行为人的责任,辅之以追究职场负责人未尽保护义务的责任。《民法典》第1010条第2款暗含了职场保护主义的规则,规定了机关、企业、学校等单位的职场义务,即在工作场所采取合理的预防、投诉调查、处置等措施,防止和制止利用职权、从属关系对职场工作人员进行性骚扰,只是没有直接规定责任条款。不过,只要规定了上述单位的职场义务,在职场发生性骚扰行为,侵害了员工的性自主权,就可以依照《民法典》关于违反安全保障义务的责任(第1198条)或者用人单位的责任(第1191条第1款)的规定,追究职场的民事责任。

(三)性骚扰侵害的是性自主权

性自主权在刑法中已经得到普遍承认,如我国台湾地区的"刑法"有"妨害性自主罪"章,规定强制性交罪、强制猥亵罪等,我国大陆刑法亦有强奸罪、容留妇女卖淫罪等规定。

在民法上,性骚扰行为侵害的就是性自主权。性自主权乃是普世之下人皆拥有的,决定何时及是否与人产生性的关系的自由。一切以暴力、胁迫、语言、动作、欺诈和诱导等方式施加以人不受欢迎的性的关系的行为都是侵害性自主权。鉴于在性的交往中,人所固有的感情脆弱性和潜在的身体危险的可能性,性自主权至少比财产权更需要保护。但是,在法律赋予自然人赖以自由和独立存在的基本个人权利的权利名单中,性自主权明显地被遗漏了。性自主权不应该附属于其他利益而作为身体权的副产品存在,是一项独立的利益和权利,而且是所有的人最重要的核心利益和权利。任何一个承诺保护个人基本权利的受尊重的法律体系,应当以性自主权本身的名义,将其置于保护和关爱的中心位置,直接加以保护。性自主权乃天赋之人权,是生而有之的自然权利,是值得尊重的一项真正的权利,法律要认真地对待性自主权,对之加以明确、培育和保护。[20]《民法典》在这方面迈开了第一步,还需要迈出第二步,即承认性自主权。

四、对性自主权的民法保护

(一)侵害性自主权的具体行为

1. 性骚扰行为

性骚扰行为是典型的侵害性自主权的违法行为,已如前述。

2. 强奸行为

强奸行为可以分为:以强暴、胁迫、药剂、催眠术等手段使被害人不能抗拒而被奸淫的;以暴力手段,利用权势等,使被害人在非正当允诺的情况下而被奸淫的。无论哪种强奸行为,都不以既遂、未遂或是否构成犯罪作为侵害性自主权的界限,强奸行为一旦发生,侵害性自主权

---

〔20〕 Stephen J. Schulhofer, Unwanted Sex, *The Culture of Intimidation and the Failure of Law*, Harvard University Press, 1998, pp. 99 – 133.

的行为即告成立。

3. 奸淫幼女及鸡奸儿童等侵害未成年人性自主权的行为

未成年人处于身心发育阶段，对性行为尚无认识，为了保护未成年人的身心健康，理论学说和立法把侵害未成年人性自主权的行为作特殊规定。未成年人没有或缺乏为性行为的承诺能力，所以，他们作出的为性行为的意思表示，均属无效。

4. 强迫他人卖淫的行为

强迫他人卖淫指以暴力、威胁或其他手段迫使他人在违背自己意志的情况下与他人发生性交关系。强迫他人卖淫，不论是否以营利为目的，也不以其情节是否构成犯罪为标准，只要有强迫他人卖淫的行为，就构成侵害性自主权。明知他人为人所迫卖淫而与之发生性关系，也构成侵害性自主权。

5. 猥亵行为

猥亵行为泛指以刺激、满足性欲为目的，用性交以外的方法实施的淫秽行为。例如，非法接触他人性敏感部位；强行接吻；以毁损他人性纯洁为目的，撕破他人衣服；违背意志鸡奸他人等，为侵害性自主权的违法行为。

6. 以欺诈手段诱使女子在非正当承诺的条件下被奸淫

侵权行为人隐瞒事实，制造假象，使被害人足以产生错误的理解，而承诺与其发生性关系。这种承诺基于侵权人的欺诈而作出，并非性自主权人真实的意思表示，因而不能阻却侵权人的行为违法。

7. 利用从属关系奸淫或猥亵

这种行为是指滥用从属关系，使他人在非正当承诺的条件下被奸淫。如对于因亲属、监护、教养、救济、公务或业务关系中从属于自己的人，利用这种关系，使其违心承诺与之发生性关系或被猥亵。应当注意的是，从属人员曾明示或默示地向其监督、管理自己的人表示，为了获得某种利益而承诺与其发生性关系作为交换条件的，不得主张性自主权被侵害。

（二）对性自主权的人格权请求权保护

性自主权受到侵害，依照《民法典》第995条规定，权利人享有人格权请求权，以维护自己的性自主权。

性自主权是绝对权、对世权，除权利人之外，其他任何人都负有不得侵害的义务。性自主权受到妨碍或者受到侵害时，权利人有权维护自己的性利益，保持性纯洁，维护性自主权的圆满状态。

性自主权受到侵害的，其侵害行为无论是刚开始还是正在继续，受害人都有权请求行为人停止侵害，使自己的性自主权免受行为人违法行为的侵害。

性自主权受到侵害造成权利人名誉毁损的，受害人有权行使消除影响、恢复名誉请求权，消除名誉毁损的影响，恢复自己的名誉。

性自主权受到妨碍的，该妨碍行为已经开始、正在继续的，受到妨碍的权利人有权主张行使排除妨碍请求权，请求行为人停止实施妨碍行为，清除妨碍行使性权利措施。

性自主权存在被侵害危险的，受害人有权行使消除危险请求权，请求行为人消除危险，使自己的性自主权不受危险威胁。

就实际情况而言，在救济性自主权的侵害上，行使人格权请求权予以保护，前两种请求权比较常用,后两种的适用机会不多。

(三)对性自主权的侵权请求权保护

1. 侵害性自主权责任构成要件

(1)行为具有违法性。侵害性自主权的行为须具有违法性,才能成立侵害性自主权的构成要件。违法性表现在,违背保护性自主权的法律规定,违背公共利益和善良风俗。不具有这样的违法性,不构成侵害性自主权责任。

(2)性自主权遭受损害的事实。侵害性自主权的损害事实是指非法侵害性自主权,造成受害人性利益损害的客观结果。这种结果是对自然人作为一名社会成员自然生存和社会生存的基本需要的损害,首先,表现为自然人性纯洁的破坏,如性器官遭受侵犯、猥亵、强吻,以及违背权利人本人的意志而被侵害。不具备上述实体侵害的,不构成性利益遭受损害的客观事实。这种损害会造成受害人精神的创伤,即受害人因侵权行为造成的精神上的恐惧、悲伤、怨愤、绝望、羞辱痛苦,以及使受害人在社会评价上所受到的损害。侵害性自主权的行为也可能同时会造成身体伤害和财产损失,例如,因奸淫而受孕、生产,以及因此而支出的财产。特殊的情形是,以语言形式进行性骚扰,构成侵害性自主权,在具体的损害表现上,是精神利益和精神痛苦的损害,与实质的性器官接触并不相同,语言性骚扰行为一经实施,损害即已成立,构成损害事实的要件。

(3)侵害性自主权的行为与性利益损害事实有因果关系。侵害性自主权的损害赔偿责任要求侵害性自主权的行为是引起损害事实的原因,加害人只对其侵害性自主权行为所引起的损害后果承担责任。对于侵害性自主权引起受害人自杀等其他后果的情形,是否认其有因果关系,有不同的主张:一是认为行为人不应对自杀引起的损害后果负责,理由是,侵权行为不能必然导致自杀,而仅仅是自杀的一个条件,不构成因果关系;二是认为应当承担赔偿责任,原因是性自主权对于自然人尤其对于女性的重要性,往往因性自主权被侵害而导致自杀的结果,对这种损害不予赔偿不合情理。对这种情况,应当确认有因果关系,作为精神损害的后果,以抚慰金的方式予以赔偿。

(4)侵害性自主权的过错。构成侵害性自主权,行为人应当具备故意要件,过失不能构成。性利益侵害的故意,以有其为不当性交之决意的认识为已足,无须有损害发生之预见。[21]这只是一个方面,有为猥亵的故意亦构成这种故意。性利益的损害,依受害人的承诺而阻却违法,不构成侵害性自主权。受害人应当证明侵权人的故意,但是,在侵害性自主权的损害赔偿中,由于损害没有明显易辨的物理特征,使请求权人在事实上很难举证。所以,侵害性自主权的行为一旦发生,只要行为人不能证明受害人承诺,就应当认为行为人有故意。在英美法中亦采取此原则处理人格权损害赔偿,只要受害人提出了侵害事实的证据,侵权行为即告成立。[22]这种方法可以借鉴。

2. 侵害性自主权的侵权责任救济方法

救济性自主权损害的侵权责任方法是:

(1)侵害性自主权所造成的经济损失应予赔偿。这种损失包括:一是侵害性自主权对受害

---

〔21〕 史尚宽:《债法总论》,荣泰印书馆1978年版,第144页。

〔22〕 申政武:《论人格权及人格损害赔偿》,载《中国社会科学》1990年第2期。

人造成身体上的伤害，因治疗人身损害花费的费用，如治疗费、护理费等。二是因侵害性自主权而使受害人怀孕，其流产、生育的费用及营养费，亦应赔偿。三是因侵害贞操而使受害人感染性病，治疗费应予赔偿。四是因侵害性自主权造成身体上的其他伤害，以及造成的其他经济损失，均应予以赔偿。如果性自主权受侵害而失去某种职业或减少就业的机会或造成身体残疾等，均为其他损失。对于这类经济上的损失，原则上应全部赔偿，涉及身体损伤造成的损失，应按照《民法典》第1179条规定的赔偿范围赔偿；造成财产损失的，可以依照第1184条规定处理。典型案例，如原告于2006年3月应聘到某公司任业务员，被告在该公司担任业务经理，是原告的直接上级。同年4月，被告隐瞒已婚且育子的事实，与原告确定恋爱关系，并以允诺结婚为由与原告租房同居。5月原告怀孕。6月1日，原告被诊断为子宫内早孕45天，做了人工流产手术。原告得知被告已婚生育子女的事实后，与被告中断关系。原告认为被告通过欺骗的方法夺去了其最珍贵的贞操，诉至法院，请求法院判令被告向原告赔礼道歉，并赔偿精神损失3万元。受诉法院认为，贞操权是男女均享有的以性行为为特定内容的一项独立人格权，应受法律保护。被告在已婚有子的情况下，向原告谎称其未婚，使原告信以为真，与其恋爱、同居。被告这种以故意违背善良风俗的方法，以允诺结婚骗取原告的信任而发生性关系，并致使原告怀孕及终止妊娠，给原告造成了身体和心理的损害，已构成侵害原告的贞操权，应承担精神损害赔偿责任。原告要求被告予以精神损害赔偿，证据充分，理由正当，依法判决被告赔偿原告贞操权受到侵害的精神损害抚慰金2万元。〔23〕

（2）侵害性自主权所造成的精神损害应予赔偿。精神损害应包括两部分，即精神利益的损失赔偿和精神创伤的抚慰金赔偿。〔24〕应当依照《民法典》第1183条第1款规定确定赔偿数额。在确定赔偿数额上，人民法院可根据侵权人的过错程度、侵权行为的具体情节、给受害人造成精神损害的后果等情况酌定。

3. 障碍性自主权受到侵害救济权实现的问题

对侵害性自主权的民法救济方法存在的问题是，构成侵害性自主权的民事责任，对受害人最重要的民事救济方法就是损害赔偿。在对侵害性自主权的损害赔偿中，目前的最大障碍是，刑事附带民事制裁，《刑法》第36条规定："由于犯罪行为而使被害人遭受经济损失的，对犯罪分子除依法给予刑事处罚外，并应根据情况判处赔偿经济损失。"第37条规定："对于犯罪情节轻微不需要判处刑罚的，可以免予刑事处罚，但是可以根据案件的不同情况，予以训诫或者责令具结悔过、赔礼道歉、赔偿损失，或者由主管部门予以行政处罚或者行政处分。"从实务上看，这种情况往往仅限于对人身伤害所造成的损失，难以概括性自主权受到侵害的赔偿。《刑事诉讼法》第99条规定："被害人由于被告人的犯罪行为而遭受物质损失的，在刑事诉讼过程中，有权提起附带民事诉讼。被害人死亡或者丧失行为能力的，被害人的法定代理人、近亲属有权提起附带民事诉讼。""如果是国家财产、集体财产遭受损失的，人民检察院在提起公诉的时候，可以提起附带民事诉讼。"这些规定难以涵盖性自主权受侵害的赔偿诉讼。而侵害性自主权的侵害行为主要以犯罪行为构成，因而大部分应由附带民事诉讼程序解决的因犯罪而导致损害的民事救济，较难实现。对此，《民法典》第187条关于"民事主体因同一行为应当承担民事责任、行政责任和刑事责任的，承担行政责任或者刑事责任不影响承担民事责任；民事主体的财产不

〔23〕 本案是法院明确确认侵害性自主权（贞操权）的典型案件，值得重视。

〔24〕 马原主编：《民事审判实务》，中国经济出版社1993年版，第184页。

足以支付的，优先用于承担民事责任”的规定，在司法实践中存在较大的障碍。对强奸妇女、奸淫幼女、鸡奸幼童、强迫妇女卖淫、猥亵等罪行，应准许受害人依据《民法典》《刑事诉讼法》《刑法》的上述规定，对性自主权的侵害通过刑事附带民事判决，确认刑事罪犯的赔偿责任，予以损害赔偿。还可以准许受害人在刑事诉讼之外，另行提起单独的民事诉讼，实现自己的索赔权利。

本章思考题

1. 结合讨论本章典型案例，问：人身自由权的基本内容有哪些？为什么欺诈和胁迫能构成侵害思维自由权？侵害人身自由权有哪些行为？本案构成侵害人身自由的理由是什么？
2. 性自主权是否为一个独立的具体人格权？性骚扰行为是否构成侵害性自主权？

第七章　姓名权和名称权

| 本章导读 |

本章介绍姓名权和名称权。这是分别属于自然人和法人、非法人组织的人格权,虽然都是标表不同主体的人格特征的具体人格权,且都以人格的文字标识所体现的人格利益为内容,但是,权利内容、行使和管理规则以及保护方法都不相同,不可混淆。

姓名　姓名权　姓名平行　姓名混同　名称　字号　商号　名称权

| 典型案例 |

高中毕业生罗某参加高考,总成绩514分。某县公安局政委王某一获取罗某的高考信息,伪造其户口迁移证等证件,使成绩为335分的其女王某二冒用罗某之名被贵州师范大学思想政治教育专业补录。第二年罗某被天津师范大学录取,由于王某二毕业时冒用罗某的姓名办理了毕业证、学位证、教师资格证等相关证件,罗某在毕业时申办开通网上银行业务时被拒,后确认王某二盗用其身份证信息。2009年5月17日,罗某以侵害姓名权、受教育权为由,向法院起诉王某一、王某二、贵州师范大学等。2010年8月13日,法院主持罗某与各方达成和解协议,王某一一次性给付罗某赔偿金4.5万元。

第一节　姓　名　权

一、姓名权的客体:姓名

姓名权的客体是自然人的姓名。法律通过姓名权保护自然人的姓名利益不受非法侵害。

(一)姓名的概念和意义

《民法典》没有对姓名进行界定。学理认为,姓名是用以确定和代表自然人的人格特征,并与其他自然人相区别的文字标识。

姓名包括姓和名两部分。姓,是一定血缘遗传关系的记号,标志着个体自然人从属于哪个家族血缘系统;名,则是特定的自然人区别于其他自然人的称谓。姓和名的组合,构成一个自然人完整的文字标识,因而姓名是自然人的人身专用文字符号和标记,是自然人姓名权的客体。其意义在于,姓名在法律上使某一个自然人与其他自然人区别开来,便于参加社会活动,行使法律赋予的各种权利和承担相应义务。姓和名的组合，表现了个人对社会团体或血缘家族或某一类人的归属，也表现了从个体到群体的关系。[1]

我国少数民族的姓出现较晚，姓名制度有三种情形：一是有姓有名；二是无姓有名；三是连名制（父子等名字相连接）。[2]

狭义的姓名为本名。广义的姓名包括姓名本名以及字、号、笔名、艺名等区别自然人人身特征的文字符号。在我国大陆地区，自然人的字、号已少见，但是，别名、笔名、艺名、网名的使用较为普遍，且为多数人所熟知，乃甚于本名。这些本名之外的别号，在某些活动中有比本名更重要的意义。

（二）对自然人姓氏的选取规则

《民法典》第 1015 条规定："自然人应当随父姓或者母姓，但是有下列情形之一的，可以在父姓和母姓之外选取姓氏：（一）选取其他直系长辈血亲的姓氏；（二）因由法定扶养人以外的人扶养而选取扶养人姓氏；（三）有不违背公序良俗的其他正当理由。""少数民族自然人的姓氏可以遵从本民族的文化传统和风俗习惯。"这一对自然人姓氏选取规则的规定，源于原《婚姻法》第 22 条和全国人大常委会《关于〈中华人民共和国民法通则〉第九十九条第一款、〈中华人民共和国婚姻法〉第二十二条的解释》，合并成为《民法典》的这一规则。

自然人的姓氏，原则上应当随父姓或者母姓。这是因为，姓氏与名字不同，姓氏标表的是特定自然人的血缘传承，至于随父姓的血缘传承，还是随母姓的血缘传承，则可以选择，中国汉民族基本上习惯于随父姓的传统。所以，自然人对姓氏的选择，应当随父姓或者随母姓。

作为特例，如果自然人选择父姓、母姓之外的第三姓，须符合以下法定条件：

第一，选取其他直系长辈血亲的姓氏。例如，祖父母、外祖父母的姓氏与父母姓氏不一致，而选择祖父母、外祖父母的姓氏。

第二，因由法定扶养人以外的人扶养而选取扶养人姓氏。例如，长期被父母以外的人扶养但未形成收养关系而随扶养人的姓氏。

第三，有不违背公序良俗的其他正当理由。例如，本家族原姓氏为"萧"，因错误简化为"肖"，而恢复姓萧。

少数民族自然人对姓氏的选取，可以遵从该民族的文化传统和风俗习惯。

二、姓名权

（一）姓名权的概念和历史发展

1. 姓名权的概念和性质

姓名权是指自然人决定、使用和依照规定改变自己姓名，或者许可他人使用自己的姓名，并维护其姓名利益的具体人格权。《民法典》第 1012 条规定："自然人享有姓名权，有权依法决定、使用、变更或者许可他人使用自己的姓名，但是不得违背公序良俗。"

姓名权为自然人的具体人格权，学说上已有定论。但是，也有学者主张姓名权是具有双重

---

[1] 王利明：《人格权法研究》，中国人民大学出版社 2005 年版，第 405～406 页。

[2] 纳日碧力戈：《姓名论》，社会科学文献出版社 2002 年版，第 240 页。

属性的民事权利,主要观点,一是主张姓名权有双重性,既为人格权,又为身份权;[3]二是主张姓名、肖像等商业化利用作为法律问题的前提,分为人格性姓名权和财产性姓名权,具有人格权性质和财产权性质的双重属性。[4]

首先,姓氏代表的是特定家族的血缘关系,名并非如此。抚养、赡养、继承都依身份关系发生,并非因为姓名而发生这些法律关系,因而,姓名权标表的是人格,而不表明身份。其次,姓名权中的财产利益因素是客观存在的,但是,并非凡是具有财产利益的人格权就必须具有财产权性质,就必须是人格权的同时还必须是财产权,将姓名权的性质界定为财产权,混淆了人格权与财产权的界限。

姓名权的性质是人格权,是具有一定财产利益因素的人格权。其原因不是姓名权具有双重属性,而是姓名权的客体即姓名利益具有双重性,既有精神利益,又有财产利益。

2. 姓名权的历史发展

姓名,远在氏族社会就存在,一直延续至今。姓名原本不具有事实上的及社会上的意义,所以,每个人原本可以任意使用姓名而不受法律束缚。不过后来发生了变化,姓名具有了社会的属性和身份的意义。

对于姓名权,法国早在19世纪中叶就在判例中得到了认可。《德国民法典》最早确认姓名权为民事权利。1907年《瑞士民法典》第29条对姓名权作出了规定。《日本民法》没有对姓名权的规定,根据特别法也只不过规定了在特定情况下对姓名等进行保护;但是,在学术上却很早就将姓名权作为人格权予以认可,“二战”之前,就存在认可姓名权的判例。美国则通过隐私权对姓名权提供保护,禁止在广告和商业行为中擅自使用他人姓名。[5]

中国古代立法不承认姓名权为民事权利,在户婚律中对姓名有所规范。《大清民律草案》开始确认姓名权为民事权利,《民国民律草案》对姓名权作了两条规定,1929年《民国民法》第19条规定:“姓名权受侵害者,得请求法院除去其侵害,并得请求损害赔偿。”正式建立了中国的姓名权及民法保护制度。

1949年以来,在拟定的几个民法草案中,均未规定姓名权。1986年《民法通则》第99条和第120条规定了自然人姓名权和姓名权保护的法律制度。《侵权责任法》第2条第2款明确规定姓名权受该法保护。《民法典》第1012条确认自然人享有姓名权。

(二)姓名权的内容

1. 命名权

命名权,是指自然人决定自己姓名的,任何组织或者个人无权干涉的权利。在中华传统文化中,姓氏体现血缘传承、伦理秩序和文化传统,自然人选取姓氏涉及公序良俗,[6]个人原则上无选择权。名,一般都是自然人在出生时,由其父母等予以命名,但这不是对自然人自己享有命名权的否定,而是父母实施亲权的代理行为,表达的是命名者的期待、意愿以及其他社会

---

[3] 关今华等:《精神损害赔偿实务》,人民法院出版社1992年版,第236页。

[4] 袁雪石:《姓名权本质变革论》,载《法律科学》2005年第2期。

[5] [日]五十岚清:《人格权法》,[日]铃木贤、[中]葛敏译,北京大学出版社2009年版,第117页。

[6] 全国人民代表大会常务委员会《关于〈中华人民共和国民法通则〉第九十九条第一款、〈中华人民共和国婚姻法〉第二十二条的解释》。

心理。[7]自然人成年后,可以通过姓名变更手续变更自己的名字。

命名权还意味着自然人可以选择自己的别名,可以根据自己的意志和愿望,给自己确定本名以外的笔名、艺名、网名以及其他相应的名字,他人不得干涉。这也是命名权的内容之一。《民法典》第1017条规定:“具有一定社会知名度,被他人使用足以造成公众混淆的笔名、艺名、网名、译名、字号、姓名和名称的简称等,参照适用姓名权和名称权保护的有关规定。”广义的姓名,包括姓名本名以及笔名、艺名、网名等具有人身特征的文字符号。在我国大陆地区,自然人的字、号已很少见,但别名、笔名、艺名、网名的使用则很普遍,且为多数人所熟知,乃甚于本名,如鲁迅、茅盾、红线女等。这些本名之外的别号,在某些活动中有比本名更为重要的意义,也应当用姓名权、名称权的保护方法进行保护。笔名,是写作者在发表作品时使用的作者标表自己人格特征的署名,如鲁迅、二月河等。艺名,是艺术家在艺术领域使用的标表自己人格特征的署名,如红线女、小白玉霜等。网名,是自然人以及其他主体在互联网等网络上使用的署名,也叫昵称。译名,是翻译之后得到的名称,如Karl Marx的中文译名为卡尔·马克思。上述这些对自然人的称谓,只有在具备法定条件时,才适用姓名权和名称权的保护方法进行同等保护:一是具有一定知名度,即这些称谓必须达到一定的社会知名度,否则不予以保护,例如鲁迅、金庸这样的笔名具有相当的知名度;二是被他人使用足以造成公众混淆。不遵守对这些自然人、法人或者非法人组织的称谓的保护规则,进行干涉、盗用或者冒用,同样构成对姓名权、名称权的侵害行为,应当承担民事责任。

2. 使用权

使用权,是自然人对自己的姓名的专有使用权。自然人在民事活动中,除法律另有规定之外,可以使用本名,也可以使用自己的笔名、艺名或网名等。任何人不得强迫自然人使用或不使用某一姓名。姓名使用权是专有使用权,重名不在其内。重名也叫姓名的平行,即数人合法取得同一姓名而使用。在此情形,各人使用同一姓名,而各人均系行使其权利,故属正常。[8]

3. 改名权

改名权,是指自然人按照法律规定改变自己姓名的权利,亦称姓名变更权。其含义为,自然人可以按照自己的意愿依照规定改变自己的姓名,不受其他限制。[9]这种变更姓名的行为,虽然仅依单方意思表示为已足,唯其表示须经公示,否则不得对抗第三人。登记姓名的变更,非依变更登记程序不生效力。[10]

在现实生活中,自然人行使姓名变更权的难度较大。公安机关进行姓名登记,是一种行政管理职能,自然人不得随意变更姓名是正确的,但是,姓名权是自然人的人格权,凡是具有正当理由的变更姓名的请求,都应当予以准许,强制不得变更姓名是侵权行为。

4. 许可他人使用权

依照传统看法,姓名权是对自己的姓名专有使用权,不得转让,转让姓名权属于违法行为。但是,《民法典》不仅在第993条规定姓名为公开权的范畴,且在第1012条中专门规定姓名权包括许可他人使用自己姓名的权利。

对此,应当对姓名许可他人使用的问题与肖像许可他人使用问题作同等对待。其含义是,

---

〔7〕 纳日碧力戈:《姓名论》,社会科学文献出版社2002年版,第1页。

〔8〕 龙显铭:《私法上人格权之保护》,中华书局1948年版,第91页。

〔9〕 王利明等:《民法新论》(上册),中国政法大学出版社1988年版,第187页。

〔10〕 张俊浩主编:《民法学原理》,中国政法大学出版社1991年版,第148页。

转让的是姓名利益的使用权，且为部分转让，不是全部转让，更不是对姓名权的转让。

姓名使用权的部分转让，就是姓名权人行使公开权，将自己的姓名许可他人使用。对此，双方当事人应当签订姓名许可使用合同，确定双方的权利义务和使用范围和期限，使用一方按照姓名许可使用范围和期限的约定内容予以使用，超出范围和期限的使用，构成侵害姓名权。

三、姓名权的民法保护

（一）侵害姓名权的行为

1. 不使用他人姓名的行为

姓名乃正当之指示手段，指明某人时，应使用其人之姓名。[11]应当使用他人姓名而不予使用，为侵权行为，其行为人是负有使用他人姓名的义务人，负有不履行作为义务的不作为侵权行为。例如，对著作权人应当标表姓名而不标表，或者标表有误，[12]而不能认为是原作者；应称呼姓名而未称呼，是指明某人时，应使用其人之姓名，否则其人之姓名权即受侵害；[13]不称呼他人姓名而代以谐音，例如，将他人姓名以滑稽发音，而侵害他人姓名权。[14]

2. 干涉行使姓名权的行为

这是行为人对自然人行使姓名权的命名权、使用权、改名权、许可他人使用权的无理干预，阻碍自然人对其姓名权的行使。干涉命名权是指干涉自然人给自己命名。自然人成年以后，自我命名别名、笔名、艺名、网名，均须允许，干涉者为侵害姓名权。干涉姓名使用权主要表现为不准某自然人使用其姓名，或者强迫某自然人使用某姓名。干涉改名权是指强迫自然人变更姓名，或者强迫自然人不得变更姓名的行为。

3. 非法使用他人姓名的行为

非法使用他人姓名的行为，包括盗用他人姓名和假冒他人姓名。盗用他人姓名表现为未经本人授权，擅自以该人的名义进行民事活动或从事不利于姓名权人、不利于公共利益的行为。假冒他人姓名是冒名顶替，使用他人姓名并冒充该人参加民事活动或实施其他行为。这两种行为的相同点是，行为人都是在受害人不知情的情况下进行的，在心理上都是故意，并有一定的目的，都会造成一定的损害后果，都违反法律。不同之处，一是盗用姓名是未经姓名权人同意而擅自使用，而假冒姓名是专指冒名顶替；二是盗用姓名只是擅自使用他人姓名，行为人并未直接以受侵害人的身份进行民事活动，假冒姓名则是以姓名权人的身份直接进行活动；三是盗用姓名只是以他人的姓名进行民事活动，假冒姓名则不仅假冒他人姓名，还包括故意利用自己的姓名与被侵害人姓名相同或相近的特点，冒充他人进行民事活动。

4. 姓名的故意混同行为

姓名的故意混同，是并非使用姓名权人的姓名，而是使用可能与姓名权人的姓名相混同的姓名，造成与使用姓名权人的姓名有同样效果的事实，是侵害姓名权的行为。使用与他人姓名在外观上、称呼上和观念上相类似之姓名，如变更拼音，变更字划，全然不变更文字而发音类

---

〔11〕 何孝元：《损害赔偿之研究》，商务印书馆1982年版，第152页。

〔12〕 张俊浩主编：《民法学原理》，中国政法大学出版社1991年版，第148页。

〔13〕 龙显铭：《私法上人格权之保护》，中华书局1948年版，第89页。

〔14〕 何孝元：《损害赔偿之研究》，商务印书馆1982年版，第152页。

似，以及虽有语音不同而观念上则属同一者，均成立姓名权之侵害。[15]这是因为行为人利用姓名在外观上、称呼上或观念上与他人姓名相类似的特点，故意与姓名权人的姓名相混同，以达到自己的目的。利用重名即姓名的平行而故意混同，亦为侵害姓名权。姓名的平行，如有具体的混同危险时，则各人应于其姓名上附以特别之眉书，否则构成因不作为而侵害他人姓名权。[16]

（二）姓名权的人格权请求权保护

姓名权请求权是人格权请求权的范畴，在姓名权受到侵害或者妨害时，姓名权人可以行使该权利予以救济，依照《民法典》第995条的规定，行使人格权请求权予以保护。

姓名权受到侵害的，侵害行为已经开始，或者正在继续，受害人都有权请求行为人停止侵害，使自己的姓名权免受行为人违法行为的侵害。

姓名权受到侵害造成权利人名誉毁损的，受害人有权行使消除影响、恢复名誉请求权，消除名誉毁损的影响，恢复自己的名誉，保护姓名权的圆满状态。

姓名权受到妨碍的，无论该妨碍行为是已经开始，还是正在继续，受到妨碍的权利人有权主张行使排除妨碍请求权，请求行为人停止实施妨碍行为，清除妨碍姓名权行使措施。

姓名权存在被侵害危险的，受害人有权行使消除危险请求权，请求行为人消除危险，使自己的姓名权不受危险的威胁。

（三）姓名权的侵权请求权保护

1. 侵害姓名权的责任构成

（1）侵害姓名权的违法行为。构成侵害姓名权的侵权责任，通常由作为的行为方式构成，即积极的侵害姓名权的行为。盗用、冒用姓名或者干涉姓名权行使的行为，均须以作为的方式实施，不作为不构成此种侵权行为。以不作为方式侵害姓名权，是消极的侵害姓名权的侵权行为，只存在应使用而不使用他人姓名的场合。

（2）侵害姓名权的损害事实。主要是姓名被非法使用，或者应当使用而未使用姓名。故侵害姓名权的损害事实以盗用、冒用他人姓名、干涉他人行使姓名权、不使用他人姓名的客观事实为已足，不必具备精神痛苦、感情创伤等特别情形。受害人只要证明侵害姓名权的行为为客观事实，即完成举证责任，无须证明侵害姓名的事实已为第三人知悉。

（3）侵害姓名权的因果关系。侵害姓名权的违法行为和损害事实有合一化的特点。例如，非法使用他人姓名，违反了保护他人姓名权的不可侵义务，具有违法性；同时，非法使用他人姓名又是权利人姓名权被侵害的损害事实。从不同的角度观察，这个要件既是违法行为，又是损害事实，因而二者之间的因果关系无须加以特别证明。

（4）侵害姓名权的故意。故意侵害姓名权才能构成侵害姓名权侵权责任，过失不构成侵害姓名权，这是侵害姓名权侵权责任构成的特点之一。过失造成与他人姓名混同，不认为是侵害姓名权，因为命名权为姓名权的基本内容，权利主体有权决定使用什么样的姓名。如果故意使用姓名混同方法达到某种目的，则为侵害姓名权。

---

〔15〕 龙显铭：《私法上人格权之保护》，中华书局1948年版，第90页。
〔16〕 何孝元：《损害赔偿之研究》，商务印书馆1982年版，第153页。

2. 侵害姓名权的责任承担

侵害姓名权责任一经成立，侵权人即应承担侵权损害赔偿责任。确定侵害姓名权的行为人承担损害赔偿责任，应当注意的是，姓名权既不像名誉权那样没有明显的经济利益，又不像肖像权那样具有明显的经济利益。侵权人是否承担损害赔偿责任，应当以是否造成损害后果为标准。确定的方法，应当适用《民法典》第 1182 条规定，被侵权人可以选择以自己因此受到损失，或者侵权人因此获得的利益为根据，计算赔偿损失的具体数额。如果难以确定，由法院根据实际情况确定赔偿数额。

侵害姓名权造成被侵权人严重精神损害的，可以依照《民法典》第 1183 条第 1 款规定请求精神损害赔偿。

被侵权人请求侵权人承担赔礼道歉责任的，应当予以准许，侵权人应当赔礼道歉。

3. 对死者姓名的保护

自然人死亡以后，其姓名法益仍需保护一段时间。侵害死者姓名的，构成侵权行为，依照《民法典》第 994 条规定，死者的近亲属可以向法院起诉，请求承担民事责任。

首先，行为人必须具备侵害死者姓名的故意。由于姓名的使用有平行问题，一般不能认为某一使用死者姓名的行为就是侵权行为。构成侵害死者姓名的侵权责任须具备恶意，即以侵害死者姓名为目的，否则不构成侵权。

其次，必须处理好侵害死者姓名和侵害死者名誉的关系。在一般情况下，以侮辱、诽谤、贬损、丑化的行为方式使用死者姓名，属于侵害死者的名誉，因而构成侵害死者名誉的侵权责任。处理的原则，一是行为人的意图是对死者进行侮辱、诽谤、贬损、丑化的，构成侵害死者名誉，不构成侵害死者姓名。二是行为人既具有上述故意，又具有侵害死者姓名故意的，构成侵权责任的竞合，行为是一个的，按照吸收原则以一个侵权行为论，从重确定赔偿数额。三是可以确认分成两个行为的，认定行为实施了两个侵权行为，确定两个赔偿数额后，合并计算。

第二节 名 称 权

一、名称权的客体：名称

（一）名称的概念界定

名称权的客体是法人、非法人组织的名称。起有字号的个体工商户、个人合伙，其字号也认为是名称权的客体。

名称，是指法人、非法人组织以及特殊的自然人组合等在社会活动中，用以确定和代表自身，并区别于他人的文字符号和标记。名称不是自然人的文字符号和标识，而是法人、非法人组织以及特殊的自然人组合的文字符号和标记。特殊的自然人组合者，是指个体工商户、个人合伙等不享有法人资格，但又不是自然人、法人、非法人组织的经营者。由于法律承认他们的存在，并且具有经营能力，因而对其字号以名称权予以保护。名称的基本作用在于使上述主体在社会活动中确定自身的称呼，以其代表自身，并区别于其他自然人、法人和其他组织。名称是一种文字符号和标记,不是图形,也不是形象。

（二）字号、商号

字号在中国古代有两种含义,一是指以文字作为编次符号;二是指商店名称,旧时商店标牌皆称字号,开设商店亦云开设字号。[17] 现代语义学称字号为商店的名称,[18] 也不再使用原来的第一种含义。现代的字号不仅用于商店的名称,还扩展到个体工商户、个人合伙所使用的名称;此外,字号往往具有“厂店合一”的特点,通常采取前店后厂的形式,店、厂使用同一字号。

商号亦称商业名称,是商业主体依法申请登记,用以表示自己营业之名称,亦即商业主体在营业上所使用的名称,[19] 特征是由商业主体享有,依法登记,在营业上使用。

字号与商号之间的差别在于:第一,主体种类有所不同。字号的主体一般不包括法人,主要是非法人组织、个体工商户、个人合伙等特殊的自然人组合使用;商号主要是由营利法人在营业时使用,主体是从事商业活动的营利法人。但是,这一区别并不是绝对的。历史沿用下来的老字号,经工商登记后仍然使用,既是字号又是商号,还是企业的名称。第二,确立形式不同。确立字号采取自由主义,可以登记,也可以不登记;确立商号则非经登记不能取得。第三,使用范围不同。字号既可以称其个体工商户或个人合伙的自身,也可用于商业营业;商号则仅指商业主体在营业时使用的名称。

字号和商号均为名称之一种,不是名称的全部。名称除字号和商号以外,还包括非商业主体法人的名称,如机关法人、事业单位法人以及特别法人等。

由此可见,名称概念的外延包括字号、商号和非商业主体法人的名称这三个部分。

（三）名称的简称

《民法典》第1017条规定了对法人、非法人组织名称的简称,也是名称权的客体,也予以保护。

名称的简称,就是法人、非法人组织名称的简化版,而非名称的全称。例如,北京大学简称为“北大”,中国人民大学简称为“人大”,大陆的清华大学简称为“清华”,我国台湾地区的清华大学简称为“清大”等。

对于民事主体的姓名和名称简称的保护,法人、非法人组织名称的简称更重要,因为其指代性更强,而自然人的姓名的简称比较简单,或者只称呼姓,或者只称呼名即可,离开具体的人,缺少必要的指代性,不容易造成人格的混淆。因而,对于简称的保护,更多的是对法人、非法人组织名称简称的保护。

对法人、非法人组织名称的简称的法律保护,须具备必要条件。该必要条件是,名称的简称被他人使用足以造成公众混淆。例如,北方工业大学须简称为“北工大”,北京交通大学须简称为“北交大”,都不能简称为“北大”,因为将这两所大学简称为“北大”,就会与北京大学的人格特征相混淆。

对于简称的最主要保护方法,就是禁止使用。如果使用了足以造成公众混淆的他人名称

---

〔17〕《辞源》,商务印书馆1991年合订版,第423页。

〔18〕《现代汉语词典》,商务印书馆1978年版,第1518页。

〔19〕刘清波:《商事法》,商务印书馆1986年版,第31页。

的简称,应当承担民事责任。

二、名称权及其内容

(一)名称权的概念

名称权,是指法人、非法人组织等对自己的名称,依法享有使用、变更、转让或者许可他人使用,并排除他人非法干涉、盗用或冒用的具体人格权。《民法典》第1013条规定:“法人、非法人组织享有名称权,有权依法决定、使用、变更、转让或者许可他人使用自己的名称。”

名称的起源晚于姓名,但是,确认其为权利,却与姓名权几乎是在同时。名称源于合伙,作为合伙的字号而广泛使用。不过,这只是一个事实,在法律上并不认其为权利,亦不受私法的保护。罗马法和日耳曼法对合伙认其为契约,并无名称的规定。至中世纪,公司在意大利沿海都市兴起,并在后半叶迅速发展,公司的商号广泛应用,但是,仍未作为私法上的权利予以法律保护。

在近代民事立法中,各国法律开始对商号权予以重视,并采取私法方法对其进行法律保护。采取民商分立的国家率先在商法中确认商号权。采取民商合一立法例的,则将商号权概括在姓名权中一并加以保护。在我国,国民政府制定民法典采民商合一制,对姓名权扩大解释,将商号权概括在姓名权中,采取同一的法律保护。在英美法系国家,名称与姓名为同一概念,确认姓名权即确认名称权。

在我国,名称权与姓名权不能混同,也不能用商号权替代名称权。原《民法通则》第99条第1款在规定了自然人的姓名权以后,设立第2款,确认法人、个体工商户、个人合伙享有名称权,将字号、商号权的范围予以扩大,包含了更多的内容。《民法典》第1013条确认法人、非法人组织享有名称权。

(二)名称权的法律特征

第一,名称权的性质是人格权。名称权具有人格权的一切基本属性,因此,名称权是人格权,性质属于绝对权、专属权、固有权、必备权。概言之,名称权是法人、非法人组织之所以为主体的基本权利之一,不享有名称权,法人、非法人组织不能成立,不能成为民事主体。

第二,名称权的主体是法人、非法人组织和特殊的自然人组合体。法人包括营利法人、非营利法人和特殊法人,非法人组织包括个人独资企业、合伙企业、不具有法人资格的专业服务机构等。特殊的自然人组合体,主要是指个体工商户、个人合伙。这些都是名称权的主体。

第三,名称权的客体具有明显的财产利益因素。人格权以不具有直接的财产因素或不具有财产因素为基本特征,但是,名称权不同,具有明显的财产利益因素。这主要表现在商业名称上,老字号、老商号、名牌企业的效益好、信誉高,必然带来高利润,因而使商业名称具有较高的使用价值。基于此,名称权具有可转让性这一显著特征,区别于其他任何人格权,也区别于姓名权。

(三)名称权的性质

名称权究竟为何种法律性质,有以下五种不同主张:

第一,姓名权说,认为法人等的名称权就是姓名权,无论是自然人或法人均享有姓名权,自然人叫姓名权,法人叫名称权。[20]

第二,财产权说,认为名称权具有财产权的一般特征,是一项可以占有、使用、收益、出卖、继承以及作其他处分的财产。[21]

第三,工业产权说,认为名称权的性质实为一种无体财产权,实乃与商标权、专利权相同,且有关国际工业产权条约已将名称权作为工业产权加以保护,[22]其性质为工业产权。

第四,双重性质说,认为名称权同时具有财产权和人身权的属性,一方面是人身权,企业具有自己的名称是取得主体资格的必备要件;另一方面名称权又是财产权,可以作为财产使用、收益、转让、继承以及作其他处分。[23]

第五,身份权说,认为名称权与姓名权不属于同一性质的权利,姓名权是人格权,而名称权因其可以被转让和继承,因而不是人格权而是身份权。[24]

这些意见均有不当之处。名称权的性质是人格权,理由是:首先,名称权的客体是法人、非法人组织等的人格利益,只有具有名称才能使一主体与他主体相区别,无名称则无人格。其次,名称权具有人格权的全部特征,是固有权、专属权、必备权,其客体又是人格利益,虽然名称权可以转让、继承,但这并不能否认其专属权的性质,更具固有权、必备权的特征。最后,名称权虽具有某些无体财产权的属性,但是,这是其具体内容的性质,而不是其本质属性。因而,确认名称权为人格权是有充分根据的。

(四)名称权的内容

1. 名称设定权

法人、非法人组织享有名称权的基本内容,是为自己设定名称的权利,他人不得干预。各国对名称的设定采取不同做法:一是采取自由主义,法律不加限制,可以自行选定自己的名称;二是采取限制主义,法律规定商号、法人的名称应当表明其经营种类、组织形式,非经登记不发生效力。我国立法采折中主义,即法人、非法人组织必须设定名称,并且依照法律的规定设定,非经依法登记不发生效力,不取得名称权。个体工商户、个人合伙等自然人组合体,由于其不是民事主体,则依其自愿,可以设定名称,也可以不设定名称。

2. 名称使用权

名称权主体对其名称享有独占使用的权利,排除他人非法干涉和非法使用。名称经依法登记,即产生名称权主体的独占使用效力,法律予以保护,在登记的地区内,他人不得再予登记经营同一营业性质的该名称;未经登记而使用者,为侵害名称权。在同一地区内,数个单位曾使用同一名称,其中一方经登记后,其他各方不得再使用该名称,否则为侵权。名称的使用范围应以其登记核准的范围为限,限于在本省、本市、本县以至本镇内使用,在核准使用的范围内,该名称独占使用。国家级企业的名称在全国范围内使用,均不得在国内再使用同一名称。名称的独占使用限于同一行业,不排除不同行业使用,但是,在使用时必须标明行业的性质,如“东海商厦”与“东海制药厂”。

---

〔20〕 曹康:《人身权基本知识》,天津大学出版社1990年版,第25页。

〔21〕 杨明仑:《论企业名称权》(续),载《北京律师》1992年第2期。

〔22〕 参见《保护工业产权巴黎公约》第8条。

〔23〕 王利明主编:《人格权法新论》,吉林人民出版社1994年版,第346页。

〔24〕 王利明主编:《人格权法新论》,吉林人民出版社1994年版,第346页。

3. 名称变更权

名称权人在使用名称过程中,可以依法变更自己登记使用的名称。名称变更可以是部分变更,也可以是全部变更。变更名称必须进行变更登记,其程序与设定名称相同。名称一经变更登记后,原登记的名称视为撤销,不得继续使用,应当使用新登记的名称进行经营活动。名称变更应依主体意志而为,他人不得强制干涉。

4. 名称转让权

营利法人和部分非营利法人以及非法人组织,依照法律规定,有权转让其名称,特别法人以及事业单位法人、社会团体法人等的名称不得转让。依照《民法典》第 1013 条规定,名称转让专指名称权的全部转让,不包括部分转让,部分转让规定为许可他人使用。名称权全部转让的,原名称权人丧失名称权,不得继续使用;名称权的受让人成为该名称的权利人,享有专有使用权及名称权的其他一切权利。

5. 许可他人使用权

名称权人将自己的名称许可他人使用,是将自己的名称使用权部分转让于他人使用。因而,许可他人使用自己的名称,首先转让的是名称使用权,不是转让名称权;其次对名称使用权也是部分转让,名称权人仍享有名称权,仍得自行使用自己的名称。名称使用人依双方当事人的名称许可使用合同的约定,在约定的期限和范围内使用该名称。

三、名称管理及名称权转让

(一)名称管理

营利法人、部分非营利法人、非法人组织的名称权,标志着它们的独立法律人格和法律地位,具有重要意义。一方面,名称权主体应当十分珍视自己的名称;另一方面,国家也应当对名称权主体享有的名称进行严格管理。

我国《企业名称登记管理规定》第 11 条规定:“企业应当根据其主管业务,按照同类行业标准划分的类别,在企业名称中标明所属行业或者经营特点。”这种企业名称登记的基本要求,体现了真实主义的要求。企业名称确定之后,必须进行登记注册,是法人登记的必要内容,为法人资格取得的一个条件。企业名称由工商行政管理机关核定,予以登记后,在规定的范围内使用,无特殊原因,在一年内不准申请变更。改变名称,应当按照规定办理名称变更登记,擅自变更名称的,应当按照规定处罚。对于企业法人分支机构的名称,分支机构具有独立法人资格的,可以注册登记专有名称,享有名称专用权;分支机构不具有法人资格的,其名称应冠以其所隶属的企业名称,标以分公司、分厂、分店、分部门作为其名称,不享有名称专用权。

个人合伙的字号是全体合伙人从事经营的工商业的名称,也是其营业的外部标记。合伙可以起字号,也可以不起字号。起字号的,可以包括合伙人的姓名,也可以另起字号,均须以文字构成,不得冠以中国、中华、某省市的字样,经核准登记后,享有专有使用权。

个体工商户也可以起字号,字号是该经营业务的名称,也是经营者的外部标记。个体工商户起字号,应在进行工商登记时一并注册登记,经核准后在规定的范围内享有专有使用权。

对于名称的管理,最重要的是名称权登记。《民法典》第 1016 条规定:“自然人决定、变更姓名,或者法人、非法人组织决定、变更、转让名称的,应当依法向有关机关办理登记手续,但是法律另有规定的除外。”“民事主体变更姓名、名称的,变更前实施的民事法律行为对其具有法律约束力。”

法人、非法人组织享有名称权，包括命名权（决定权）、使用权、变更权和转让权，有权决定或者变更自己的名称，以及转让自己的名称。凡是有上述要求的，都应当依照《民法典》的这一规定，向有关机关办理登记手续。例如，法人、非法人组织决定和变更名称，以及转让自己的名称，应当在有关管理机关进行登记，营利法人应当在工商管理部门登记，非营利法人应当在民政部门或者其他相关部门登记。这里所说的转让自己的名称，是法人、非法人组织全部转让自己的名称，不仅转让自己的名称，而且是让与自己的名称权，因此，必须依照法律规定进行登记。部分转让名称，适用许可使用合同确定的，依照许可使用合同的约定，确定转让方和受让方的权利义务关系。

应当特别强调的是，《民法典》第 1016 条第 2 款关于民事主体变更名称的，变更前实施的民事法律行为对其具有约束力，不能认为自己已经变更了名称，就对变更之前实施的法律行为逃脱法律责任，应当继续享有权利，负有应尽的义务。

（二）名称权转让

名称权转让，是名称权人将其享有的名称权利全部让与受让人，其效力是受让人成为该名称权的主体，出让人丧失名称权。

名称权让与有两种方式：一是绝对转让主义，名称转让应当连同营业同时转让，或者在营业终止时转让，名称转让以后，转让人不再享有名称权，受让人独占该名称权。各国商法典一般采此学说。二是相对转让主义，即自由转让主义，名称转让可以与营业分离而单独转让，并可以由多个营业同时使用同一名称，名称转让以后，转让人仍享有名称权，受让人亦取得名称权。绝对转让主义更符合名称权让与的本质，有利于维护商业秩序和民事流转秩序，有利于保护当事人的合法权益，故应采纳这种立场。

名称权让与为名称权的绝对转让，因而名称权人在转让其名称时，只能将名称与其营业一起转让，或者在其终止营业时将名称权转让。在民间，个体字号连同营业一并转让，通常称为“兑”或者“盘”，即为前者。后者则是营业主体在停业清算后，仅将名称权转让给受让人，营业并不转让。

名称权让与后，出让人丧失该名称权，在该名称登记的地区，出让人不得再使用该名称，也不得再重新登记该名称，使用的，为侵权行为。名称权与营业一起转让的，不能在同一地区再经营同一营业，以防止不正当竞争，但是，不应限制过严，期限也不亦过长。

名称权受让人承受名称权后，成为新的名称权人，有权使用该名称，享有权利，负担义务。受让人承受该名称权时，应就原来营业的债权、债务关系如何处理，与原名称权人协商处理办法，有明确约定的依约定处理；没有约定或约定不明确无法执行的，营业与名称一并受让的受让人，对于转让人因营业而产生的债务，亦负清偿责任，转让人的债权人就转让人因营业而产生的债权向受让人实行清偿时，以清偿人系善意且无重大过失情形为限，其清偿为有效；受让人清偿债务和受领清偿之后，可以将其后果转移给转让人。

（三）名称权继承

对于名称权可否继承，肯定说认为名称权虽为人格权，但是，因其具有无体财产的性质，可以发生继承,只限于个体工商户和个人合伙,法人不发生名称权继承问题。[25]否定说认为,名称权为人格权,不是无体财产权,不能发生继承问题。

名称权是人格权,虽然不是无体财产权,但是,却具有某些无体财产权的性质,其可转让性就是特征之一。当营业实体的自然人死亡后,其财产应当由其继承人继承,该营业作为财产权的客体成为遗产,由其继承人继承。而继承人继承该营业,其名称权当然就由继承人实际予以继承。因此,名称权虽非全部都可以继承,但是,部分名称权确实能够继承,发生名称权依继承而转让的后果。

名称权继承应连同营业一并继承。在营业终止后的一定时期内,继承人未声明继承并进行继承登记的,视为放弃名称权的继承,该名称应停止使用。名称权继承以后,在一定期间内,继承人不再继续营业或未转让他人使用的,则丧失该名称权。

名称权继承应当进行继承登记。继承人依法继承营业时,应当依其继承事由,申请继承登记。商业继承登记,不仅为商业之继承登记,而且包括商业名称之继承登记在内。[26]经过登记,继承人便取得该名称权。名称权主体在终止后,其字号、商号等商业名称只有其继承人有权使用,他人未经继承人同意而使用该名称的,构成对名称权的侵权行为。

(四)名称使用权许可他人使用

依照《民法典》第1023条第1款规定,名称权人可以将其名称许可他人使用,双方当事人依名称许可使用达成协议,签订合同,准许名称权受让人部分使用该名称,构成名称使用权部分让与,对双方当事人发生法律拘束力。

名称使用权部分转让行为的性质,为名称许可使用合同。日本学者称之为商号借贷契约或字号借贷契约,内容是有信用的人准许他人使用自己的姓名,取得营业许可者把名称借贷给无许可者等而使用。[27]依据我国民事立法,首先,名称许可使用合同的性质是合同,因其符合双方意思表示一致,设立、变更或消灭民事法律关系,在平等、自愿基础上进行,约定对双方均具有法律拘束力等合同的基本特征。其次,该种行为的内容是名称的使用而非借贷,可以有偿使用,亦可无偿使用,均依当事人约定。最后,能够确定双方当事人的权利义务关系,均依合同约定行事,发生纠纷亦可依约定和《民法典》的规定处理。

名称许可使用合同的主体只能是名称权人和名称使用人,其他人不能成为该合同的主体。就使用第三人的名称而达成协议,不构成名称许可使用合同。名称许可使用合同的客体是对名称的使用许可,名称权人把自己的名称使用权部分地转让给使用人,使用人在约定的范围内使用该名称。这种约定须采明示方式,默示不发生效力。名称许可使用合同的内容依双方约定,有偿的名称许可使用合同为双务合同,双方就名称权的使用及报酬进行约定,互享权利,互负义务;无偿的名称许可使用合同为单务合同,使用人享有使用名称的权利,名称权人负有许可使用人部分使用名称的义务,使用人违反约定,名称权人享有合同解除权。名称许可使用合同是诺成性的要式合同,双方意思表示一致,采书面形式,并经登记而发生合同效力。应强调的是,名称许可使用合同具有人身权让与使用的性质,承诺使用人使用自己名称的名称权人,

---

〔25〕 王利明主编:《民法·侵权行为法》,中国人民大学出版社1993年版,第282页。

〔26〕 刘清波:《商事法》,商务印书馆1986年版,第38页。

〔27〕 《新版新法律学辞典》,中国政法大学出版社1991年版,第743页。

对于误认使用人为名称权人而为交易者，就交易产生的债务，名称权人与名称使用人负连带清偿责任。

四、名称权的民法保护

（一）侵害名称权的行为

1. 干涉名称权的行为

干涉名称权的行为，是指对他人名称权的行使进行非法干预的行为。非法干预包括对名称设定、专有使用、依法变更、依法转让或者许可他人使用行为的干预，具备其一即为非法干涉。干涉名称的行为大多为故意行为，例如，强制法人或其非法人组织使用或不使用某一名称，阻挠名称的转让、变更、许可他人使用的行为。非法宣布撤销他人的名称，也属于干涉名称权的行为。〔28〕

2. 非法使用他人名称的行为

非法使用他人名称的行为，是指未经他人许可，冒用或盗用他人注册名称的违法行为。盗用名称是未经名称权人同意，擅自以他人的名称进行活动。冒用名称是冒充他人的名称，以为自己的目的而行为，即冒名顶替。盗用和冒用他人的名称为非法使用，各国立法均认其为侵权行为。在名称登记范围内，同行业的营业不得以不正当竞争目的而使用与登记相似易于为人误认的名称。这种行为为名称的混同，也是非法使用他人名称的侵权行为。

3. 不使用他人名称的行为

应当使用他人名称而不使用或改用他人的名称，同样构成对名称权的侵害。例如，甲商店出售乙厂的产品，却标表为丙厂的名称，甲对乙的名称的不使用行为，构成对乙厂名称权的侵害。再如，被告焦某曾在原告厂承包担任厂长，后终止承包合同，被解除厂长职务，但是，却将原告厂的财务专用章私自带走，到市体委创办市体委体育用品厂。工商登记时，工商机关考虑本市有相同名称的企业，拟不予注册登记，焦某见状，即称该厂已经撤销。工商机关承办人要其提交正式文件，焦某即回去印制撤销原告厂名称的文件，盖上了私藏的原告财务章，将原告厂予以注销。工商年检时，原告申请换发营业执照，工商机关以该厂已撤销为由拒绝办理，致使原告无法经营，造成经济损失。原告起诉，经法院调解，协议由被告停止侵害，消除影响，归还财务专用章，赔偿经济损失。焦某的行为是典型的侵害名称权的行为，冒用原告厂的名称，谎称该厂已经撤销，致使该厂受到经济损失，名称权受到侵害。

（二）对名称权的人格权请求权保护

姓名权受到侵害或者妨碍的，名称权人可以行使人格权请求权予以救济，依照《民法典》第995条的规定行使保护自己名称的权利。

名称权受到侵害，侵害行为已经开始，或者正在继续的，受害人有权请求行为人停止侵害，使自己的名称权免受行为人违法行为的侵害。

名称权的行使受到妨碍的，无论该妨碍行为是刚刚开始，还是正在继续，权利人有权主张行使排除妨碍请求权，请求行为人停止实施妨碍行为，清除妨碍名称权行使的措施。

---

〔28〕 王利明主编：《民法·侵权行为法》，中国人民大学出版社1993年版，第282页。

名称权存在被侵害危险的，受害人有权行使消除危险请求权，请求行为人消除危险，使自己的名称权不受危险的威胁。

（三）对名称权的侵权请求权保护

侵害名称权的行为是侵权行为，应当依照《民法典》侵权责任编的规定，确定侵权责任是否构成，是否应当承担侵权责任。确认侵害名称权的行为为侵权行为，即使构成不正当竞争行为也是一样，应当责令侵权人承担侵权损害赔偿责任，名称权人有权行使侵权请求权。

确定侵害名称权损害赔偿责任的构成，仍须具备侵权责任构成要件，即具备侵害名称权的违法行为、名称权受有损害的客观事实、该违法行为与损害结果有因果关系，以及过错四个要件。

侵害名称权责任的最主要方式是赔偿损失。根据侵害名称权行为的特点，其赔偿损失的基本方法包括以下几种，可以根据具体情况选择使用。

1. 以实际损失确定赔偿数额

以受害人在名称权受到侵害期间的财产利益损失为标准，确定赔偿数额，是侵害名称权损害赔偿的基本方法。名称权受到侵害所受到的直接损失，最基本的表现形式就是受害人在侵权期间所受到的财产不利益，即受到的损失。当这种损失明显、具有可计算的因素时，采用这种方法计算受害人的财产利益损失并予以赔偿，是最准确的赔偿数额。其计算公式是：

$$W=(P-C)\times(A_1-A_2)$$

其中，W 是损失数额，P 是单位产品（或服务）的价格，C 是单位产品（或服务）的成本，A_1 是指在侵权期间受害人应销售的产品量（或提供的服务量），A_2 是在侵权期间实际产品销售量（或服务量）。依此公式，即可计算出受害人在侵权期间应得的财产利益和实得的财产利益之间的差额，即为财产损失数额，为赔偿的数额。

2. 以所获利益计算赔偿数额

以侵权人在侵权期间因侵权而获得的财产利益数额为标准，也可以确定赔偿数额。侵权人因侵权行为所获得的利益是不法所得，是通过侵害他人名称权，使他人财产利益受到损害而获得的。如果受害人损失的财产利益无法计算或不易计算，以侵权人在侵权期间所获利益推定为受害人所受到的损失，至为公平、合理。其计算公式是：

$$W=A\times(P-C)$$

其中，W 是所获利益额，A 是侵权人在侵权期间销售的产品量（或提供的服务量），P 为单位产品（或服务）的价格，C 是单位产品（或服务）的成本。依此公式，即可计算出侵权人在侵权期间所获的不法利益，推定其为受害人的财产利益损失额，依此确定赔偿数额。

3. 综合评估方法

在受害人的财产利益实际损失或侵权人在侵权期间所获财产利益均无法计算或不易计算时，可以采取综合评估的方法确定赔偿数额。要根据侵害名称权的具体因素综合评估，推算合适的损害赔偿数额。考虑的因素包括侵权行为的程度和情节、侵权期间的长短、损害后果的轻重、给受害人造成的经济困难程度，以及侵权人的实际经济状况。将这些因素综合考虑，确定一个适当的数额，作为赔偿的数额。应当注意的是，适用这种方法计算赔偿数额，一般不应超过最高限度，该限度即为该名称使用权转让费的数额。

侵害名称权的责任方式还包括赔礼道歉，权利人要求赔礼道歉的，还应当责令侵权人予以赔礼道歉。

本章思考题

1. 结合讨论本章典型案例，问：姓和名的含义是一样的吗？姓名权的内容有哪些？姓名平行与姓名混同怎样区别？罗某主张王某二侵害其姓名权的主张是否成立？理由是什么？
2. 名称、字号、商号之间有哪些联系和区别？名称权有哪些主要内容？名称权转让有哪些种类和具体要求？
3. 对自然人的姓名与法人、非法人组织的名称的简称，应当如何进行保护？

第八章　肖像权、形象权和声音权

| 本章导读 |

本章介绍肖像权、形象权和声音权。这三种人格权都是以具有特别的人格特征所体现的人格利益为客体的具体人格权,《民法典》着重规定的是肖像权,用准用形式规定了声音权,没有明确规定形象权,但是在肖像权的规定中包含了形象权的内容。本章将对这三种人格权分别进行说明。

肖像　肖像权　形象　形象权　声音　声音权

| 典型案例 |

女青年某甲在海南打工回家休假,摄影师某乙提出要为其免费拍摄人体写真,次日到影楼拍摄后,将制作精良的影册送给某甲。某乙未经某甲同意,私自将拍摄的两幅照片命名后,送交全国第一届人体摄影大奖赛组委会参加评奖,被命名为《美姿》的作品获银奖。该片描写的主体是某甲的身体,面部只有鼻子以下部分,以上部分被剪除(只有半张脸)。在巡展中,该照片被某甲的同事认出,某甲方知其肖像权被侵害,向法院起诉,追究某乙的侵权责任。[1]

第一节　肖　像　权

一、肖像权客体:肖像

(一)肖像的概念

肖像权的客体,是自然人的肖像。

肖像亦称写照、传神和写真。美术意义上的肖像属于造形艺术,是模仿人物外形而塑造形象,是以描绘人物形象为内容的造形艺术、视觉艺术。

法律意义上的肖像,是自然人的一种具体人格利益,德国 1876 年《美术著作物之著作权法》和《不法模作之照像保护法》使用了肖像的概念,对肖像权的保护作出了规定。德国 1907

---

〔1〕 本案法律适用的关键之处是半张脸是否构成肖像,对其使用是否构成侵权。作者认为,尽管该肖像使用的是权利人的半张脸,但人格特征清晰可辨,构成侵害肖像权。

年新《美术作品著作权法》认为肖像既体现了肖像作品的著作权，也包括肖像人就该肖像所享有的人格权。

在人格权法意义上界定肖像，是指通过绘画、照相、雕塑、录像、电影等艺术形式使自然人的外貌在物质载体上再现的视觉形象。《民法典》第1018条第2款规定："肖像是通过影像、雕塑、绘画等方式在一定载体上所反映的特定自然人可以被识别的外部形象。"立法上对肖像的定义与学理上的定义基本相同，差别在于学理认为，肖像是再现的视觉形象"外貌"，立法定义认为"外部形象"。

（二）肖像的法律特征

第一，肖像是自然人的外貌形象。肖像是自然人所具有的客观的、实在的物质实体的外在形态，因而只有自然人才会有肖像。法人不具有外貌形象，不享有肖像权。

第二，肖像是自然人外貌所再现的视觉形象。自然人的外貌形象并非肖像，自然人的外貌形象只有经过再现，即经过转换而得到的视觉形象，才成为肖像。换言之，肖像不是自然人外貌形象的本身，而是自然人外貌形象的真实反映，或称之为"映象"。它是一种视觉形象，需要观赏者以视觉来感知。肖像包括自然人的整个外貌形象，但主要在于其面部形象，即"容姿"。其真实程度应为清晰可辨，即肖像反映的视觉形象与自然人本人的外貌形象清晰可辨，具有一致性。学者认为，肖像为以自然人正面或者侧面之面部（五官）为中心的人体形象。[2]立法和学理上对肖像理解的差别是，外貌的重点在于"貌"，还是"形象"。貌者，面容，容貌。《战国策·赵策三》："今吾视先生之玉貌，非有求于平原君者。"[3]外貌，人或物外表的样子。[4]肖像的外貌，主要是以面部为主的外部形象，而非自然人的全部外部形象。肖像作为自然人形象的反映，主要是以人的面部为中心的形态和神态的表现。[5]不过，《民法典》这一规定也有一个好处，可以将自然人的外部形象进行分解，以面部为主的外部形象交由肖像权保护，非面部外部形象交由形象权保护。

第三，肖像须通过艺术形式将自然人的外貌映象固定在物质载体上。人的外貌映象只有固定在物质载体上，才能成为法律意义上的肖像，如果这种映象无法固定，就不能使用，也不存在肖像权的问题。镜中和水中的人的外貌映像不是肖像，因为没有固定在物质载体上，如果将其再通过艺术手段固定下来，则是肖像。此外，理解肖像概念，应当区分肖像和肖像载体的区别，[6]肖像权保护的客体是肖像，而不是肖像的载体。

第四，肖像具有物的属性。一是肖像固定在物质载体之上，即与肖像人在客观上相脱离，独立于世；一旦自然人的形象固定在物质载体上成为肖像，就立即脱离了肖像所模写的自然人，不依赖于肖像人而存在。二是肖像固定在物质载体上，能够为人力所支配。三是肖像固定在物质载体之上，使之脱离权利人，可以被他人使用，并因此而产生一定的财产利益。

---

〔2〕 李启林：《论发展着的人格权》，法律出版社2018年版，第278页。

〔3〕 王力等：《古汉语常用字字典》，商务印书馆2016年第5版，第269页。

〔4〕 《现代汉语词典》，四川辞书出版社2012年第6版，第1336页。

〔5〕 王利明：《人格权法研究》，中国人民大学出版社2019年版，第420页。

〔6〕 王利明：《人格权法论》，中国人民大学出版社2005年版，第446页。

(三)肖像的法律类型

1. 个人肖像和集体肖像

单人的肖像是个人肖像,二人以上的肖像为集体肖像或称集体照相。在集体肖像中,一人关于其肖像享有的利益,为全体的利益所压倒,一人之个性为全画面所掩蔽,而人格权失其存在之基础。[7]因而,对个人肖像,肖像人可以主张肖像权;集体肖像,各肖像人不得主张肖像权。[8]

2. 新闻肖像与其他肖像

新闻肖像是个人涉及新闻事件而被他人通过拍摄等方法取得的肖像,具有新闻性,因而与其他肖像不同,如无特别不利于肖像人的事由,肖像人不得主张新闻肖像的肖像权。新闻肖像以外的肖像为其他肖像。《民法典》第1020条第2项规定:“为实施新闻报道,不可避免地制作、使用、公开肖像权人的肖像”“可以不经肖像权人同意”。

3. 着衣肖像与人体肖像

着衣肖像与人体肖像,一为穿着衣物的形象再现,一为非着衣的形象再现。对此,肖像人均享有肖像权。但是,人体肖像在肖像权之外,还涉及个人的隐私权保护,涉及文化传统和风俗习惯,因而应予特别保护。

4. 写实肖像与漫画肖像

写实肖像为自然人形象的写照,肖像人可以主张肖像权。漫画肖像以艺术夸张的方式再现人物形象,亦属法律意义上的肖像,也应受法律保护。漫画肖像的容貌特征无法确认,又无文字说明为谁者,对其不得主张肖像权。

二、肖像权概述

(一)肖像权的概念及特征

1. 肖像权的概念

肖像权是自然人对自己的肖像制作、使用、公开或者许可他人使用,以及对肖像所体现的精神利益和财产利益为内容所享有的具体人格权。《民法典》第1018条第1款规定:“自然人享有肖像权,有权依法制作、使用、公开或者许可他人使用自己的肖像。”

2. 肖像权的法律特征

(1)肖像权的基本利益是精神利益。肖像权作为自然人的具体人格权,所体现的基本利益是精神利益。法律保护自然人的肖像权,最主要的是保护肖像权所体现的这种精神利益,保护的是人之所以为人的肖像人格利益,保障自然人的人格尊严。

(2)肖像权具有明显的财产利益。自然人的肖像作为艺术品,具有美学价值。在市场经济条件下,这种美学价值能够转化为财产上的利益,享有肖像权,就可以获得财产上的利益。众多商业广告出重金聘用明星来制作,就是出于这个原因。肖像权所包含的这种财产利益并不是其主要内容,而是由肖像权的精神利益所派生、转化的利益,带有附属的性质。

(3)肖像权是自然人专有的民事权利。肖像权的专有性,首先体现在形象再现的专有性,

---

[7] 龙显铭:《私法上人格权之保护》,中华书局1948年版,第93页。

[8] 但是在人格利益的商业化使用中,集体照相存在人格利益准共有问题,不可简单适用这一规则。

即自然人享有是否允许他人再现自己形象的权利。其次体现在肖像使用的处分性,使用权属于肖像权人,肖像使用权的转让,是肖像权人对其肖像使用权的处分。未经肖像权人同意而擅自使用,属于对肖像的侵害。

(4)肖像权的主体只是特定的自然人。肖像是自然人有关形象的人格标识,反映的是自然人的外貌属性。肖像权只能由自然人所享有,且须特定的自然人所享有。法人不享有肖像权。

(二)肖像权的性质

肖像权的性质为具体人格权自无疑义。也有学者认为,肖像权是一种介于人格权与身份权之间的特殊人身权,理由是肖像权非与生俱来,具有特定的身份确定过程,同时又必须基于个人形象这一人格前提而产生。[9] 这种认识不正确。理由是,人身权只有人格权和身份权这两种基本类型,不存在介于人格权和身份权之间的特殊人身权;肖像权是与生俱来的固有权、专属权、必备权,无须基于一定事实而取得,而是生而有之,具备人格权的所有特征;肖像权不具有身份权的特征,所体现的并非身份利益,不具备非固有性、非必备性的特点,而是人之所以为人的人格利益。

(三)肖像权的内容

1. 制作专有权

肖像的制作,是指通过造型艺术手段将人的外部形象表现出来,并固定在某种物质载体之上的过程。只有经过这个制作的过程,人的形象才能转化为肖像,以游离于人体之外的物质形态而为人们所传播和利用。[10] 制作专有权一方面表现为肖像权人可以根据自己的需要和他人、社会的需要,通过任何形式由自己或由他人制作自己的肖像,他人不得干涉;另一方面肖像权人有权禁止他人非法制作自己的肖像。

2. 使用专有权

由于肖像具有美学价值,并在一定条件下可能产生物质利益,因而肖像不仅对于本人,而且对于他人乃至社会都具有利用价值。肖像使用专有权就是肖像权人对于自己的肖像利用价值的专有支配权。首先,意味着肖像权人对自己的肖像有权以任何方式进行自我使用,自己使用自己的肖像,以取得自己精神上的满足和财产上的收益,是合法使用,任何人不得干涉。其次,意味着肖像权人有权禁止他人非法使用自己的肖像。任何人未经本人同意而使用肖像权人的肖像,构成对肖像使用专有权的侵害。

3. 使用转让权

肖像权与名称权不同,只包括使用权的部分转让,即许可他人使用自己的肖像,不得将肖像权全部让与他人。对于肖像利用价值的专有支配权表现在权利主体可以依自己的意志,将肖像的利用价值转让他人,许可他人使用。许可他人使用肖像权人的肖像可以出于多种目的,可以是有偿的,也可以是无偿的;可以约定期限,也可以不约定期限。无论怎样使用,均须由使用人和肖像权人协商,由肖像权人本人决定他人是否可以使用。肖像许可他人使用权的转让,只能是部分转让,是因为肖像利益是自然人的人格利益,全部转让肖像使用权,等于权利人抛

---

〔9〕 陈爽:《略论肖像权》,转引自最高人民法院办公厅编:《报刊资料》1992 年第 1 期。

〔10〕 王利明主编:《人格权法新论》,吉林人民出版社 1994 年版,第 373 页。

弃了自己的人格利益，而人格利益是不准抛弃的。换言之，如果肖像权人抛弃了肖像权，自己连身份证都不可以使用了。

三、对肖像权的特别保护与肖像合理使用

（一）对肖像权的特别保护

《民法典》第1019条规定："任何组织或者个人不得以丑化、污损，或者利用信息技术手段伪造等方式侵害他人的肖像权。未经肖像权人同意，不得制作、使用、公开肖像权人的肖像，但是法律另有规定的除外。""未经肖像权人同意，肖像作品权利人不得以发表、复制、发行、出租、展览等方式使用或者公开肖像权人的肖像。"这是对不得非法使用肖像权人肖像的特别规定，也是对肖像权的义务人所负不可侵义务的规定。

肖像权是绝对权，其权利主体是肖像权本人，其义务主体是其他任何自然人、法人和非法人组织，即任何组织或者个人。绝对权义务人负有的义务是不可侵的不作为义务，肖像权义务人所负的义务就是不可侵义务。

肖像权的义务主体负有的义务是不可侵义务，主要包括：

第一，不得以丑化、污损，或者利用信息技术手段伪造等方式侵害他人的肖像权。丑化、污损他人肖像，或者利用信息技术手段"深度伪造"他人的肖像，都属于侵害他人肖像权的行为，丑化和污损肖像应当具有恶意；深度伪造肖像可能为恶意，也可能为善意，只要未经本人同意，都是侵害肖像权。

第二，未经肖像权人同意，不得制作、使用、公开他人的肖像。制作、使用和公开肖像，是肖像权人本人的权利，他人都不得实施，经过权利人授权的，当然不为侵权。只要未经本人同意，制作、使用和公开他人的肖像，都是侵权行为。所谓法律另有规定的除外，是指合法使用他人肖像的行为，例如，缉拿犯罪嫌疑人的通缉令使用被通缉人的肖像，寻人启事使用走失者的肖像等，均为合法使用。

第三，在肖像权保护中，有一种特殊的义务主体，即肖像作品的权利人。由于肖像是通过艺术方式固定在特定的载体之上，构成作品，因而就存在作品的著作权人，除非权利人本人自己作为作者，如自画像。从原则上说，肖像的作者虽然享有肖像作品的著作权，但是，也受到肖像权的拘束，只要是未经权利人的同意，肖像作品的权利人也不得以发表、复制、发行、出租、展览等方式使用或者公开肖像权人的肖像。

本条没有提到肖像权保护的两个问题：一是没有提到人体模特的肖像权问题。艺术品是基于艺术家的创作而再现生活的作品，它的生命力在于社会的承认，它的价值在于公众对它的评价和认可。一件艺术品，如果创作出来只能锁在画室里，供创作者一人观赏，那就永远也得不到公众的评价和社会的承认，也就失去了它的艺术价值，只有将它公之于世，让人们公开地进行观察、欣赏，才能评价它的真实价值。从艺术品的这一基本特性出发，人体模特同意供艺术家临摹、创作，就应当首先推定其同意以其肖像创作的作品进行展览、复制和买卖。如果肖像权人即人体模特不同意上述对艺术品进行处分的活动，需要双方在肖像使用合同中作特别约定，这种特别的约定应以明示的方式作出，作为合同的禁止条款规定下来。如果没有禁止条款的特约，应当推定为同意公开使用。二是没有提到肖像权人死亡后的保护期限问题。对死者肖像权益的保护期限，就肖像作品的作者而言，一般保护10年，10年之后肖像著作权人可以

使用、公开，不受《民法典》第994条规定的限制。但肖像著作权人之外的其他人对死者肖像的使用，应遵守《民法典》第994条的规定。

（二）对肖像的合理使用

《民法典》第1020条规定："合理实施下列行为的，可以不经肖像权人同意：（一）为个人学习、艺术欣赏、课堂教学或者科学研究，在必要范围内使用肖像权人已经公开的肖像；（二）为实施新闻报道，不可避免地制作、使用、公开肖像权人的肖像；（三）为依法履行职责，国家机关在必要范围内制作、使用、公开肖像权人的肖像；（四）为展示特定公共环境，不可避免地制作、使用、公开肖像权人肖像；（五）为维护公共利益或者肖像权人合法权益，制作、使用、公开肖像权人的肖像的其他行为。"这是对肖像合理使用的规定，实际上是对肖像权侵权主张抗辩事由的规定。

符合上述规定的事由，可以不经过肖像权人的同意，直接制作、使用、公开肖像权人的肖像，不构成侵害肖像权，阻却行为的违法性。

肖像合理使用的事由是：

第一，为个人学习、艺术欣赏、课堂教学或者科学研究，在必要范围内使用肖像权人已经公开的肖像。合理使用的方式是，个人学习、艺术欣赏、课堂教学、科学研究。合理使用的范围是必要范围，在上述方式的可控范围内，不得超出该范围。使用的须是肖像权人已经公开的肖像，而不是没有公开的肖像，更不是自己擅自制作的他人肖像。

第二，为实施新闻报道，不可避免地制作、使用、公开肖像权人的肖像。这种合理使用的抗辩事由被称为"新闻性"，当一个人的肖像淹没在新闻事件里时，对这种新闻照片，肖像权人不得主张肖像权。例如，在新闻事件中拍摄的肖像不得认为是侵害肖像权。新闻性作为抗辩事由，主要在于两个方面：一是在公众视野中具有新闻性的人物，如元首、政治家等，凡具有新闻兴趣的人皆不得主张肖像权和姓名权。〔11〕二是具有新闻性的事件，例如，在公众视野中参加集会、游行、仪式、庆典或者其他活动的人，由于这类活动具有新闻报道价值，任何人在参加这些社会活动时，都允许将其肖像和姓名、名称用于宣传报道，〔12〕不得主张肖像权等权利。

第三，为依法履行职责，国家机关在必要范围内制作、使用、公开肖像权人肖像。最典型的方式是对逃犯使用、公开其肖像进行刑事通缉。

第四，为展示特定公共环境，不可避免地制作、使用、公开肖像权人肖像。例如，为了给天安门城楼拍照而不可避免地将现场的路人拍摄在画面之中，对此不得主张肖像权。

第五，为维护公共利益或者肖像权人合法权益，制作、使用、公开肖像权人肖像的其他行为。例如，在寻人启事中使用走失者的肖像，是为了肖像权人的合法权益而合法使用。

四、肖像许可使用行为

《民法典》第1021条和第1022条对肖像许可使用合同作了特别规定，并且作为公开权行使方式的范例，准许对姓名等的许可使用参照适用。

---

〔11〕 史尚宽：《债法总论》，荣泰印书馆1978年版，第150页。

〔12〕 王利明主编：《人格权与媒体侵权》，中国方正出版社2000年版，第680页。

(一)肖像许可使用行为的性质和特征

1. 肖像许可使用行为的性质

肖像许可使用行为就是肖像使用行为,早在20世纪90年代,肖像使用合同的概念就已被提出。〔13〕肖像权人同意使用人使用其肖像,其肖像使用行为就是合法行为;肖像权人不同意使用人使用其肖像的肖像使用行为,就是违法行为。可见,肖像许可使用行为的性质,排除具有阻却违法事由的肖像使用以外,就是肖像许可使用合同。

肖像许可使用合同具有合同的一般特征:一是肖像许可使用合同是双方意思表示一致的民事法律行为;二是肖像许可使用合同的基础产生于双方当事人就他们之间设立以至变更、消灭肖像许可使用关系的协议;三是肖像许可使用合同是当事人在平等、自愿的基础上实施的民事法律行为;四是肖像许可使用合同的约定对双方具有法律拘束力。

2. 肖像许可使用合同的特征

(1)合同的主体只能是肖像权人和肖像使用人。肖像许可使用合同的主体只能是肖像权人和肖像使用人,其他人不能成为该合同的主体。就他人的肖像使用和就使用他人的肖像所达成的协议,不成立肖像许可使用合同。

(2)合同的客体是对肖像的许可使用。肖像许可使用合同的客体,是对肖像的使用行为,即肖像权人把自己肖像的使用权部分地转让给使用人使用,使用人在约定的范围内使用肖像权人的肖像。肖像的许可使用范围依合同约定,并且只能是部分、有限转让,不可能是全部、无限转让。

(3)合同的内容和形式在于双方约定。肖像许可使用合同的内容和形式在于双方约定,既可以是有偿的,也可以是无偿的;既可以是双务的,也可以是单务的;既可以是要式的,也可以是非要式的。有偿的肖像许可使用合同是双务合同,无偿的肖像许可使用合同是单务合同。

(4)肖像使用合同具有诺成性。肖像许可使用合同是诺成性合同,一经成立,即发生法律效力,对双方当事人都具有拘束力。

(二)确认肖像许可使用行为为合同性质的意义

确认合法的肖像许可使用行为的性质为肖像许可使用合同,为肖像权的法律保护提供判断依据。在排除阻却违法事由之外,依照有效的肖像许可使用合同的约定使用肖像权人的肖像,为合法行为,法律予以保护;没有有效的肖像许可使用合同作为依据而使用肖像权人的肖像,或者超出肖像许可使用合同约定范围而使用肖像权人的肖像,是违法行为,法律不予保护,并追究其责任。

依据这样的判断标准,讨论人体模特的肖像权问题就是非分明。对此有两种对立的见解。一是认为模特供艺术家描绘或者塑造的肖像,事前已经取得本人的同意,支付了相应报酬,由于依此创作的肖像是作品,可以不再取得本人同意而使用。〔14〕二是认为以人体模特制作的艺术品非经肖像权本人明示同意,不得进行展览、出卖等公开或者处分行为,不能因为某自然人

---

〔13〕 参见杨立新等:《侵害肖像权及其民事责任》,载《法学研究》1994年第1期。

〔14〕 李由义主编:《民法学》,北京大学出版社1988年版,第567~568页。

为了艺术的需要而作了裸体美术模特，就推定可将该自然人的裸体画像出卖。[15]

人体模特肖像权问题的实质，是肖像权许可使用合同的问题，肖像的使用就在于当事人双方的约定，看肖像许可使用合同对使用范围是怎样约定的，并以此确定使用人的行为是否构成侵害肖像权。因而以人体模特创作艺术品是否构成侵害肖像权，首先应当看肖像使用合同对作品的使用是否有禁止条款的特别约定。

（三）对肖像许可使用合同的解释和期限确定

1. 对肖像许可使用合同肖像使用条款的解释规则

《民法典》第1021条规定："当事人对肖像许可使用合同中关于肖像使用条款的理解有争议的，应当作出有利于肖像权人的解释。"这是对肖像许可使用合同的肖像使用条款发生争议解释方法的规定。

肖像许可使用合同的肖像使用条款，是该合同的核心条款，是确定就该肖像使用的双方权利义务的合意，使用人违反合同的约定使用肖像权人的肖像，或者超出肖像许可使用合同约定的范围而使用肖像权人的肖像，是违约行为，须依法承担民事责任。因此，双方当事人对肖像许可使用合同中肖像使用的范围、方式、报酬等约定的条款发生争议，应当依照《民法典》合同编规定的合同解释原则进行解释。由于肖像许可使用合同是支配人格利益的合同，因而在解释时，应当作出有利于肖像权人的解释，以保护肖像权人的合法权益。例如，关于使用方式约定得不够明确，双方发生争议的，为保护肖像权人的合法权益，应当采用有利于肖像权人的理解作出解释。

2. 当事人对肖像许可使用合同的解除权

《民法典》第1022条规定："当事人对肖像许可使用期限没有约定或者约定不明确的，任何一方当事人可以随时解除肖像许可使用合同，但是应当在合理期限之前通知对方。""当事人对肖像许可使用期限有明确约定，肖像权人有正当理由的，可以解除肖像许可使用合同，但是应当在合理期限之前通知对方。因解除合同造成对方损失的，除不可归责于肖像权人的事由外，应当赔偿损失。"这是对肖像许可使用合同解除权及其行使规则的规定。

肖像许可使用合同的解除权分为两种。

（1）对肖像许可使用合同没有约定期限或者约定不明确的解除权。对于肖像许可使用合同，当事人对使用期限没有约定或者约定不明确的，采用通常的规则，即任何一方当事人都可以随时解除肖像许可使用合同，终止合同的履行。唯一的要求是，解除合同之前要留出适当的合理期限，并应当在合理期限之前通知对方。这种解除权是任意解除权，不受法定解除权、约定解除权、协商解除的限制，只要一方提出行使解除权，通知对方之后，该合同即解除。原因在于，这是有关人格利益的许可使用合同，不是一般的交易关系，因而尊重肖像利益使用各方的意志，如果一方提出行使解除权，该合同立即解除，没有给对方留出合理期间做好解除合同的准备工作，将会使对方的利益受到损害。另外，肖像许可使用合同没有约定期限或者约定期限不明确，等于没有期限，当然可以随时解除。这种肖像许可使用合同解除权的性质属于法定解除权，是《民法典》第563条第5项规定的"法律规定的其他情形"的内容，没有附加任何解除合同的条件，只要行使解除权的一方给对方留出合理期限，该解除权即发生效力。

---

[15] 孟玉：《人身权的民法保护》，北京出版社1988年版，第99页。

(2)肖像许可使用合同对期限有明确约定的解除权。当事人对肖像许可使用期限有明确约定,在合同约定的肖像许可使用期限内,只有肖像权人享有单方解除权。这种肖像权人的单方解除权,不属于任意解除权,须有正当理由,才可以解除肖像许可使用合同。在行使合同解除权时,解除权人也应当在合理期限之前通知对方,给对方当事人留出准备时间。肖像权人单方享有的解除权与没有约定使用期限或者约定不明确的解除权的区别在于:一是使用期限有明确约定;二是在使用期限内行使解除权;三是解除权是肖像权人的单方权利;四是须肖像权人有正当理由。使用肖像的一方当事人没有这种解除权。肖像权人单方解除要有正当理由,没有正当理由也不得行使解除权。正当理由的确定,应当根据具体情形判断,如肖像使用权人有违约行为等。肖像权人没有正当理由而解除合同的,构成违约行为,应当承担违约责任。肖像权人行使解除权,因解除合同造成对方损失的,应当承担赔偿责任,但是,对于不可归责于肖像权人的事由而行使解除权的,不承担赔偿责任。

在这两种解除权的行使要求中,都规定要在合理期限之前通知对方。考虑合理期限,应当斟酌的要素是:一是肖像许可使用的通常事理;二是肖像许可使用的通常习惯;三是原合同的许可使用期限;四是当事人的认可程度。根据上述应当考虑的要素进行斟酌,由法官确定合理期限。一般不应超过三个月,如果是因为使用权人的原因而解除合同的,确定为一个月比较适宜。

肖像权人在合同中承诺使用后反悔要求解除合同的,使用人符合合同约定的肖像使用行为不构成侵权,肖像权人已就肖像使用人的肖像使用行为表示承诺的,不得再以侵权为由起诉。使用肖像的承诺即使是肖像权人的法定代理人作出的,对于权利人亦有拘束力,可以解除合同,但是不得追究肖像使用人的侵权责任。

五、对肖像权的民法保护

(一)对肖像权的人格权请求权保护

肖像权受到侵害,或者行使肖像权受到妨碍,肖像权人有权行使人格权请求权,保护自己的肖像权。

行使肖像权的请求权,应当依照《民法典》第995条规定进行。肖像权是绝对权、对世权,除权利人之外,其他任何人都负有不得侵害的义务。肖像权受到侵害时,肖像权人有权维护自己的肖像利益,保持其肖像权的完满状态。

行使肖像权请求权的内容是:(1)肖像权受到侵害的,有权行使停止侵害请求权,行为人应当终止侵害肖像权的行为。(2)肖像权人行使肖像权受到行为人的行为妨碍的,有权请求排除妨碍,保障权利人正常行使肖像权。(3)行为人实施的行为对肖像权人的权利构成危险的,权利人有权主张消除危险请求权,行为人应当消除侵害肖像权的危险。(4)侵害肖像权行为给肖像权人造成不当影响或者名誉损害的,权利人有权请求消除影响、恢复名誉、赔礼道歉请求权。

(二)对肖像权的侵权请求权保护

1. 侵害肖像权责任的构成要件

(1)须有肖像使用行为。侵害肖像权责任的首要构成条件,是肖像使用行为。肖像为肖像权人所专有,他人不得私自制作、使用其肖像。但是,只是制作肖像而不予以使用,尚不足以构成侵害肖像权;或者认为构成侵权,但是不属于“严重精神损害”;[16]或者制作而不使用,权利人根本就不知道。侵害肖像权中的使用肖像行为,包括一切再现自然人形象的视觉艺术作品及其复制品的使用。使用并非只是包括商业利用,而是包括一切对肖像的公布、陈列、复制等行为。商业上的使用和非商业上的使用,都可以是公布、陈列或复制。

(2)须未经肖像权人同意而使用。肖像权是自然人的专有权,肖像的使用应以合同约定。未经权利人的同意而使用,破坏了肖像权的专有性,具有违法性,在主观上具有过错。在一般情况下,侵害肖像权行为人的主观心态为故意,这是因为肖像使用行为是行为人的有意识行为,通常不会因为不注意的心态而误用他人肖像,但是,也不排除过失侵害肖像权的可能。例如,认为某幅肖像是虚构的人物画而擅自使用,同样构成侵权,为过失侵害肖像权。

(3)须无阻却违法事由而使用。虽然未经本人同意而使用他人肖像,但是,如果有阻却违法事由,则该使用行为为合法。肖像使用行为的阻却违法事由,《民法典》第1020条作了明确规定,应当按照规定确定是否阻却违法。此外,集体照相中的个人,不得主张该照片的肖像权;现代史上著名人物肖像的善意使用,亦为阻却违法。

侵害肖像权责任的构成以具备以上三个要件为已足,无须再加其他要件。这样,既能完整地保护肖像权所体现的精神利益和财产利益,又能妥善地保护肖像权人和肖像许可使用人的各自权益。

应当特别强调,营利目的不是侵害肖像权责任的构成要件。第一,坚持把营利目的作为侵害肖像权责任的构成要件,难以制止非营利目的的其他非法使用肖像的行为。坚持营利目的为侵权要件的必然结果,是承认非营利目的的使用他人肖像行为合法化。第二,坚持营利目的作为侵害肖像权责任的构成要件,难以保护肖像权人的人格尊严,使着意保护自然人肖像权的精神利益的立法意图失去意义。引起这种误解的,是对原《民法通则》规定肖像权条文的理解,因为原《民法通则》第100条关于“自然人享有肖像权,未经本人同意,不得以营利为目的使用自然人的肖像”规定中的“营利目的”,被误解为规定的是侵权责任构成要件。这一规定不是侵权责任的规范,而是授权性规范。而且这一条文的规定存在缺陷,不能准确表达立法者的本意,是由于立法当时的条件所限。第三,侵害肖像权的侵权责任构成的规范是原《民法通则》第120条,请求权的基础在这个条文中,并没有规定营利目的,应当依照这一规定确定侵害肖像权的责任构成要件。对此,司法实践早已形成定论。原《民法通则》已经被废止,《民法典》对此规定明确,不能再去重翻旧账,拿出“营利目的”作为侵害肖像权构成要件来说事。

2. 侵害肖像权的责任承担

构成侵害肖像权,侵权人应当承担侵权责任。确定侵害肖像权的民事责任,应当着重考虑肖像权本身含有财产利益,特别重视财产责任方式的适用。

首先,应当依照《民法典》第1182条规定,一是侵害肖像权人的肖像权造成财产损失的,按照被侵权人因此受到的损失或者侵权人因此获得的利益赔偿,两种方法由肖像权人从自己的利益出发进行选择。二是被侵权人因此受到的损失以及侵权人因此获得的利益难以确定,可以进行协商,按照协商的意见确定。三是被侵权人和侵权人就赔偿数额协商不一致,向法院提起诉讼的,由法院根据实际情况确定赔偿数额。

---

〔16〕 原《侵权责任法》第22条用语。

其次,依照《民法典》第 1183 条规定,侵害肖像权人肖像权,造成严重精神损害的,可以请求行为人承担精神损害赔偿责任。

从侵害肖像权的共性与特性出发,确定侵害肖像权赔与不赔,应确定两种不同的标准:一是对于以营利为目的擅自使用他人肖像的,应当依照《民法典》第 1182 条规定,无论情节是否严重,也无论使用后是否营利,肖像权人请求赔偿的,都应当确定承担赔偿责任。二是对于非以营利为目的侵害肖像权的,应以情节严重这一精神损害赔偿的基本标准为准,不以营利为目的而擅自使用他人肖像,造成较严重后果的,依照《民法典》第 1183 条规定认定,肖像权人请求赔偿,可以按照精神损害赔偿标准确定赔偿责任。

3. 侵害肖像权的几个具体问题

(1)对肖像作品著作权的保护。在肖像上体现两种权利:一是肖像权人的肖像权,二是肖像作品制作人的著作权。在两个权利发生冲突时,应遵循的原则是:第一,肖像著作权的行使应服从肖像权。即未经肖像权人同意,肖像作品不得展览、复制、发表或出售。第二,肖像著作权的行使,须依肖像著作权人与肖像权人约定。这种约定,可以在制作肖像之初进行,也可以在肖像制作完成之后进行。肖像权人同意肖像著作权人展览、复制、发表、出售的,肖像著作权人得行使其对作品的著作权。约定应以明示方式,如无明示约定,应视为肖像权人不同意肖像著作权人行使展览、复制、发表或出售的权利。

肖像权与著作权的冲突有四种情形:一是肖像作者认为自己对肖像作品享有著作权,因而将肖像转让他人使用,与肖像的使用人达成肖像作品使用协议。这种未经肖像权人同意的肖像作者与肖像使用人关于使用该肖像作品的协议,对肖像权人不具有拘束力。二是在艺术创作活动中,将一种艺术形式经再创作而转化为另一种艺术形式,是准许的,其中涉及的主要是著作权问题,即须原著作权人同意,才能进行再创作。但是,当作品的内容是以人的肖像为中心时,这种再创作不得用于经营活动,否则,也构成侵害肖像权。三是一个非法的肖像使用行为,既侵害肖像权又侵害肖像作品著作权,是法规竞合的一种表现形式,产生两个请求权,即肖像权请求权和著作权请求权。受侵害的肖像权人和受侵害的著作权人都有权向法院起诉,请求被告依法承担责任。侵权人应当同时承担侵害肖像权的责任和侵害著作权的责任。四是肖像许可使用人违反约定,将该肖像扩大许可使用范围,或者转让他人使用,是违约行为,就扩大许可使用的部分构成侵权责任。

(2)侮辱性使用肖像行为的性质。侮辱性使用他人肖像,是指肖像使用人在使用他人肖像时,非以营利及欣赏等为目的,而是意图通过该行为而侮辱权利人的人格。对此,应当依据请求权竞合理论,同一行为在一个受害人的身上产生两个以上的请求权,而其请求权的内容、目的又相等的,应当采取择一方式,受害人从中选择一个行使,一个请求权行使以后,其他请求权即行消灭。请求权选择行使,可以从有利于权利人的权利保护出发进行选择。当两个请求权的行使后果并无差别时,以侵权行为的基本特征更为突出的方面确定案由。

(3)受托人对肖像权的侵害。一方委托他人设计广告、橱窗、产品介绍等,受托人在设计中侵害他人肖像权的,应当从考察双方对侵害肖像权是否具有过错来确定责任。一是单位雇用他人为自己服务,如果该他人是自己组织的组成部分,法人单位应当为其执行职务负责,适用《民法典》第 1191 条第 1 款规定确定责任,由用人单位承担责任。二是如果该他人并非用人单位的组成部分,则为承揽关系,用人单位并不为该他人承担侵权行为的后果责任,应当依照《民法典》第 1193 条规定,承担定作人指示过失责任。三是如果受托方使用他人肖像,委托方知情的，应当认定为共同侵权，依照《民法典》第1168条规定承担连带责任。

(4)对死者肖像的保护。人格权的延伸法律保护，包括死者肖像的延伸法律保护，其理论依据自应适用。例如，甲老妇在社区遇到老邻居乙老妇，互相询问住在哪个小区。乙指着高楼大厦告诉甲，我家就住在那栋楼。甲用手遮住阳光，向指的方向观看。一位摄影家抓住机会抓拍成功，创作了题为《我家住在那栋楼》的摄影作品，参加影展获奖。甲去世后，某广告公司制作司机防晕眩眼镜广告，使用了该作品中甲手遮阳光仰望远方的肖像，广告词是“司机朋友，慈母盼你平安归”。甲的近亲属主张该行为侵害了死者肖像利益，应当依照《民法典》第994条规定确定责任。

在司法实践中对死者肖像进行保护，第一，确认保护的客体是死者的肖像法益。第二，行使死者肖像延伸保护请求权的主体，以死者近亲属为限。第三，关于死者肖像保护的期限，因涉及肖像作品著作权的行使问题，因而应当缩短，参照德国立法规定，确定为10年为宜，可以使肖像作品作者尽早不受限制地行使其著作权。第四，对死者肖像保护的方式，使用死者的肖像须经死者近亲属同意，使用人与死者近亲属应以肖像许可使用合同为之，超出使用范围而使用的，为侵权。

第二节　形　象　权

一、形象权的客体：形象

（一）形象的概念和特征

1. 形象的概念

形象是形象权的客体。形象，通常是指形状、相貌。[17]法律意义中的形象，是指作为自然人外在表现的有关形状、外貌，并借以区别于其他自然人人格特征的表象。

2. 形象的法律特征

(1)形象的主体是自然人，不包括法人和非法人组织，采纳狭义概念。

(2)形象是自然人的外在表现的形状，不是自然人的内在因素，也不是外界对自然人的客观评价，而是其外在的表现形态。

(3)自然人的外在表现形态，具有标表特定自然人人格特征的作用，通过其外在表现的形状，借以区别其他民事主体。

(4)形象与肖像不同，肖像是以自然人的面部形象为主体的形象再现在某种物质载体上，再现的主要是面部形象，而形象则是民事主体的其他外在形状的本身；侵害肖像权一定是对肖像的非法使用，而侵害形象权既包括对自然人其他形象的使用，也包括对形象的模仿、仿制等。

---

〔17〕《辞海》（缩印本），上海辞书出版社1979年版，第814页。

(二)形象利益的范围

形象权保护形象,保护的是外在的人格形象利益,包括精神利益和物质利益。形象是形象权保护的客体,形象受到侵害,是对形象的非法利用和破坏,受到损害的最终表现是形象利益受到损失。因此,侵害形象必然造成形象人格利益的损害。

形象权所保护的形象人格利益的范围是:

1. 自然人除面部形象之外的身体形象

形象与肖像不同。肖像是以自然人的正面或侧面的面部(五官)为中心的外貌在物质载体上再现的视觉形象。而形象权所保护的形象是自然人面部之外的身体形象,包括形体特征、侧影、背影等。即纵然为面部之部分、背面或者面部以外的其他人体部分,只要足以判断其所表现的特定自然人是谁,也是人格权商品化的对象。[18]

2. 自然人的整体形象

在某些情况下,自然人的一些可以指示特定身份的因素,如富有特色的装扮、特有的动作、特殊的道具等,综合起来,可以明确地指向某一特定的人,或者能让公众意识到某一特定的人。这些综合因素所构成的整体形象也是形象权保护的范围,即自然人的整体形象。[19]

二、形象权概念与性质

(一)形象权概述

1. 形象权的概念

形象权是指民事主体对标表其人格特征的形象利益独占享有、制作、使用、公开或者许可他人使用的具体人格权。《民法典》没有明确规定形象权,在第 1018 条关于肖像权的规定中,包含了形象权的内容。

2. 形象权与公开权的关系

形象权所保护的形象利益,可加以商品化利用并产生财产利益。这种对形象利益进行商品化利用的权利,是公开权的内容之一。

形象权与公开权具有密切联系,但是又不同于公开权,区别在于:第一,形象权概念中的形象,是与姓名、名称、声音、肖像在逻辑上属于同一层次的、具有个性化的人格特征。这种人格特征,是形象得以商品化利用即公开权实现的基础;而公开权所保护的人格利益是不同类的人格利益,是那些能够被商业化开发的人格利益,而不是一般人格利益或者单一的具体人格利益。第二,形象权的功能在于保障权利人的形象利益,包括维护形象权人的人格独立及人的自由发展的精神利益,以及保障形象权人人格利益中的财产利益。而公开权是允许他人使用、开发自己的人格利益(包括形象利益在内)并获得财产利益的权利,主要功能是保障、促进人格利益商业利用的成果归属于权利人,因而公开权所指向的利益更多地体现为物质利益。第三,被商品化的人格标识主要是一种降低消费者搜寻成本的标志,发挥的是认知、品质保障和广告的功能,因此,公开权的保护对象比形象权的保护对象更为宽泛,可以扩及一切可以进行商品化利用的人格标识,如肖像、姓名、声音、真实人物形象、表演者形象等。

---

〔18〕 李启林:《论发展着的人格权》,法律出版社 2018 年版,第 278 页。

〔19〕 1992 年,美国的“怀特”一案是将各种因素综合起来的整体形象判定是否侵犯他人形象权的典型判例。

因此,形象权是具体人格权,而公开权是抽象人格权,性质不同。

(二)形象权的历史发展

在美国普通法中,形象权这个概念已经是一个常用概念。在 1953 年 Haelen Laboratoties Inc. v. Topps Chrming Cam 案中,Frank 法官明确提出了形象权的概念,并就形象权的含义进行论证:"我们除了独立隐私权,每个人还就其肖像的形象价值享有权利。这就是允许他人独占性使用自己形象的权利。这种权利可以称之为'形象权'。"正是在这里,Frank 法官突破了传统的隐私权观念,不再将商业性地使用他人的人格利益局限在精神痛苦的范围之内。同时,"形象权"也被定义为一种财产权。美国知识产权学家尼莫教授认为,名人需要的不是对于隐私的保护,而是对于自己身份的商业价值的保护。"尽管名人不愿意将自己隐藏在隐私的盾牌之后,但他们也绝不愿意让他人未经自己的许可或者未向自己支付报酬而使用、公开自己的姓名、肖像或形象。"在法官和学者的共同推动下,美国的形象权从传统的隐私权中独立出来,形成一种新的权利类型。到目前为止,美国有 24 个州在成文法或判例法中承认形象权。[20] 在这些立法或判例中,形象权被界定为一种仅仅与真实的自然人相关的财产权。

日本从 20 世纪 70 年代开始引进商业形象权,最早的判例将其定义为:商业形象权,是名人对其姓名、形象及其他对顾客有吸引力、有识别性的经济利益或价值进行排他性支配的权利。对于形象权的界定,判例与学说有两种倾向:一种是广义的商业形象权,是指除自然人以外,漫画或动画中的人物,甚至动物、其他的物品,只要对顾客有吸引力,也能成为商业形象权的对象;另一种是狭义的商业形象权,是基于隐私权、肖像权、名人的形象所具有的经济价值而产生的权利。[21]

(三)形象权的性质

1. 关于形象权性质的不同主张

在较早提出形象权概念的美国,判例及学理将形象权界定为财产权,不过美国法中的财产权并不能等同于成文法民法体系的财产权,与我国民事权利体系中的财产权有不同的含义。我国也有学者认为形象权是一种财产权,[22] 或者认为形象权是无形财产权,[23] 或者认为形象权即商事人格权的权利形式之一种的不同见解。[24]

上述这些观点,未能反映形象权的本质特征,没有准确界定形象权的法律性质。"财产权说"或"无形财产权说"与前述将形象权与公开权等同的思路有关。这种观点重视了形象利益中的物质利益,忽视了形象利益中所包含的自由、平等、安全等精神利益,也忽视了形象权中禁止他人侮辱、亵渎、毁损自然人人格形象的重要内容。"商事人格权说"较好地体现了形象权所包含的人格权属性与财产价值,但是,不足之处在于无法解决这种旨在维护"相对独立人格利益"的权利在民法体系中的法律地位和性质的问题。

---

〔20〕　参见李明德:《美国形象权法研究》,载《环球法律评论》2003 年冬季号。

〔21〕　参见[日]萩原有里:《日本法律对商业形象权的保护》,载《知识产权》2003 年第 5 期。

〔22〕　李明德:《美国形象权法研究》,载《环球法律评论》2003 年冬季号。

〔23〕　吴汉东:《形象的商品化与商品化的形象权》,载《法学》2004 年第 10 期。

〔24〕　姜新东、孙法柏:《形象权探讨》,山东科技大学学报 2003 年第 6 期;类似观点有熊进光:《商事人格权及其法律保护》,载《江西财经大学学报》2001 年第 5 期。

2. 形象权是独立的具体人格权

确认一个人格利益是不是构成具体人格权，最重要的标准就是这个人格利益是不是具有独立的属性，是不是能被其他具体人格权所概括、所涵盖。如果一个具有独立意义的人格利益不能被其他人格权所涵盖、所概括，并且与一般人格利益相比，具有鲜明的特征和内容，就应当把这个人格利益作为一个具体人格权。〔25〕所以，形象权是独立的人格权，应当将其纳入具体人格权的体系。其理由是：第一，形象利益具有独立的属性和价值。形象利益是民事主体固有的、因其特定的形象人格本身而产生的利益，并非基于某种法律事实而产生，因此具有独立的属性。第二，形象利益不能为其他具体人格权所概括，与形象人格利益最相关联的是肖像权，但是，肖像并不是狭义的形象，形象利益也并不包含肖像利益。形象权概念中的形象，是肖像以外的其他人体形象。第三，形象权所保护的形象人格利益与一般人格利益相比较具有特殊性，由于一般人格利益具有趋同性，一般人格权所保护的是人格独立、人格自由与人格尊严，而形象权所保护的形象人格利益具有丰富的积极权能，一般人格利益的保护事实上是一种兜底的作用，其主要作用是保护那些物质利益因素不明显的其他人格利益，一般人格利益难以涵盖形象人格利益，一般人格权保护形象人格利益力所不及。

因此，形象权是一个新型的人格权，其性质是独立的具体人格权。在市场经济形势下，自然人的人体形象作为一类重要的人格标识，已经被广泛运用在商业活动和社会实践中，并产生明显的商业价值。〔26〕

三、形象权的内容与形象的合理使用

（一）形象权的内容

1. 形象专有权

形象是自然人的人格特征，是自然人的固有人格利益，而不是一般的社会评价，因而，形象权的主要内容就是形象专有权，是自然人保持、维护其形象人格特征，借以区别与其他自然人的区别，保持形象人格利益的权利。形象专有权的客体是形象利益，包含两个部分，一部分是精神利益，是占有、保持、维护形象不受侵害，保持自己的形象人格利益；另一部分是财产利益，即通过对形象利益的开发、利用，以产生财产利益。因此，权利人可以不断增进其对公众的吸引力和信赖感，使其形象具有更大的社会价值，并由此获得更大的财产利益。

2. 形象专用权

形象权是固有权、绝对权，因而形象权的内容之一就是具有排他性的专有使用权。未经权利人的准许，任何人都不得非法使用权利人的形象。形象专用权是形象权人对于自己的形象专有使用的权利。这种独占的专有使用权的含义是：第一，形象权人对自己的形象有权以任何不违反公序良俗的方式进行利用，以取得精神上的满足和财产上的收益。第二，形象权人有权禁止非权利人非法使用自己的形象，任何未经形象权人授权而使用权利人的形象，都是对形象使用专有权的侵害。

3. 形象支配权

形象权是绝对权，性质是支配权，其内容之一就是对形象利益的支配。由于形象对公众可能产生的吸引力、信赖感及在商业化条件下可以产生物质利益的属性，使形象不仅对于形象权

〔25〕 参见杨立新、袁雪石：《论声音权及其民法保护》，载《法商研究》2005 年第 4 期。
〔26〕 马俊驹：《人格和人格权理论讲稿》，法律出版社 2009 年版，第 256 页。

人,而且对于他人乃至社会都具有利用价值。形象支配权就是权利人对形象利益具有的管领和支配的权利。权利人可以采用合法方式,许可他人使用其形象,并获取应得的利益。应当注意的是,形象权的性质为人格权,因而表现为处分自己的形象为他人使用的支配权,并不是绝对的支配和处分,而是有限的支配和处分,并非对形象权的权利的处分,而仅仅为处分形象权的部分使用权,不具有处分全部权利的效力。自然人不得将自己的形象权全部转让而自己不再享有形象权,而只能许可他人合法使用自己的形象,本人并不因此而丧失形象权。因而,形象权的支配权与肖像权相同,与名称权相异。

(二)形象的合理使用

1. 许可他人使用

形象权受到公开权的支配。自然人要将自己的形象利益许可他人使用,须与形象使用人通过合同约定,确定形象的使用部位、期限和具体范围,约定双方的权利义务关系。具体的形象许可使用合同,应当参照肖像许可使用合同的法律规定进行。

对形象许可使用合同使用条款的解释,以及形象许可使用合同的解除权,参照适用《民法典》第1021条和第1022条规定进行。

2. 合理使用的抗辩

参照《民法典》第1020条关于肖像合理使用的规定,为个人学习、艺术欣赏、课堂教学或者科学研究,在必要范围内使用形象权人已经公开的形象;为实施新闻报道,不可避免地制作、使用、公开形象权人的形象;为依法履行职责,国家机关在必要范围内制作、使用、公开形象权人的形象;为展示特定公共环境,不可避免地制作、使用、公开形象权人形象;为维护公共利益或者形象权人合法权益,制作、使用、公开形象权人的形象的其他行为,都是对形象合理使用的行为,形象权人不得主张形象权。

四、形象权的民法保护

(一)对形象权的人格权请求权保护

形象权人有权维护权利人的形象完整、维护形象利益不受侵犯,一是维护形象的完整、完善,任何人不得对民事主体的形象进行侵害;二是维护形象权中的形象精神利益不受侵害,亵渎性地使用他人形象,构成对形象权人精神利益的侵害,即便褒奖性地使用他人形象,只要未经形象权人许可,同样构成对权利人人格独立、人身自由和人格尊严等精神利益的侵害;三是维护形象权中的物质利益,形象权中所包含的任何物质利益都归属于权利人本人,他人不得侵害,任何人未经许可,对权利人的形象进行商业性开发、使用,都构成侵权行为。

上述形象利益受到侵害,形象权人有权主张人格权请求权,保护自己的形象权不受侵害,行使停止侵害请求权、排除妨害请求权、消除危险请求权以及消除影响、恢复名誉请求权。

(二)对形象权的侵权请求权保护

1. 侵害形象权的侵权责任构成

形象权受到侵害,造成形象利益损失的,构成侵权责任,被侵权人取得侵权请求权。被侵权人可以依据侵权请求权,提起形象权侵权之诉,寻求司法救济。

构成形象权的侵权请求权，法律的要求比形象权请求权的行使条件要严格，增加的构成要件是形象权的精神利益和财产利益受到损害。侵害形象权的侵权行为属于一般侵权行为，适用的归责原则是《民法典》第1165条第1款规定的过错责任原则。

侵害形象权的构成要件是违法行为、损害事实、因果关系和过错。

(1)侵害形象权的违法行为。具体的表现是：第一，使用，包括对他人形象的使用、复制、模仿等。对他人除了面部肖像之外的其他部分形象的非法使用，为侵害形象权；模仿名人形象，也为侵害形象权。第二，未经本人同意。未经权利人许可，擅自对他人形象进行使用，即构成侵权。第三，侵害形象权的违法性表现在对法定义务的违反。对于形象权的权利主体，其他任何人都是该权利的义务主体，都负有不得侵犯的义务。违反这个义务就构成违法性。

(2)侵害形象权的损害事实。首先，是权利被侵害，即形象权的完整性受到了损害。其次，表现在形象权所保护的形象利益受到损失，一方面是其精神利益的损失，另一方面是财产利益的损失，无论具备哪一种形象利益的损失，都构成侵害形象权的损害事实。

(3)侵害形象权的因果关系。侵害形象权的行为一经实施，形象及其利益被非法使用、复制、模仿，其二者之间就具有引起与被引起的因果关系。

(4)侵害形象权的过错。侵害形象权的过错主要是故意，是明知他人享有形象权而恶意使用他人的形象，侵害他人的形象利益。在侵害形象权的行为人中，多数情况下是故意使用、复制或者模仿，只是在主观上并没有恶意，善意者居多。不过，这种善意并不能阻却违法，仍然是故意所为，符合侵害形象权对过错要件的要求。过失侵害形象权也存在，违反注意义务，擅自使用他人形象，造成损害后果的，同样构成侵权责任。

2. 形象权损害的救济方法

对形象权的损害赔偿救济方法包括两种。一是精神损害赔偿，例如，对亵渎性使用他人形象带来的精神痛苦的赔偿；二是未经权利人许可对权利人的形象进行商业化利用造成的财产利益损失进行赔偿，依照《民法典》第1182条关于侵害他人人身权益造成财产损失的赔偿规则进行的财产损害赔偿。在保护形象权、制裁侵害形象权的侵权行为中，应当特别重视对他人形象进行商业化利用的侵权行为予以制裁。

对于死者形象利益的保护期限，参照《民法典》第994条关于保护死者姓名、肖像、名誉、荣誉、隐私利益的方法，由死者的近亲属作为保护人，并界定保护的期限，即死者没有近亲属之后，不再予以保护。

第三节　声　音　权

一、声音权的客体：声音

（一）声音的概念和特征

1. 声音的概念

声音权的客体是声音利益，是声音所体现的人格利益。

声音是声波通过听觉所产生的印象。〔27〕作为人格权客体的声音,是指能够标表特定自然人的人格特征,并区别于他人人格的声波通过听觉所产生的印象。声音作为声音权的客体,包含人格利益和财产性利益。

著名的保护声音利益的案例是:原告 Bette Midler 是美国著名歌手,曾获得过格莱美奖和 1979 年奥斯卡最佳女演员提名。被告福特汽车公司的一家广告代理商在请原告演唱一首名为"Do You Want to Dance"(原告为此歌的原唱者)的歌曲为福特公司做广告时,遭到原告的拒绝,广告代理商便找到 Ula Hedwig,让她去模仿原告的声音演唱了此歌。此广告播出后,熟悉原告歌声的人都以为是原告在演唱。为此,原告要求对其声音予以保护,诉至加州联邦地区法院,被驳回起诉后,原告不服又上诉至第九巡回上诉法院。案中被告并未侵犯著作权,因为被告已就使用歌词与歌曲获得了其著作权人(并非原告)的许可,而声音则不受著作权保护;被告行为也不构成不正当竞争,因为 Midler 与被告并无直接竞争关系的存在。同时,被告也未使用原告的姓名、肖像、签名或者声音等,使用的是另一歌手 Ula Hedwig 的声音,而《加利福尼亚州民法典》第 3344 条并未对模仿他人声音的行为规定损害赔偿,因此原告无法依此获得赔偿。正是基于上述理由,地区法院驳回了原告的起诉。但是,第九巡回上诉法院认为,"声音如同面孔一样,具有可区别性与个性。人类的声音是表明身份的最易感受的方式",而原告主张的是被告不适当地盗用了她的声音的价值,是对原告"对其身份所享有的财产性利益"的侵犯,即侵犯了原告的公开权。第九巡回上诉法院推翻了原审法院的判决,认定被告行为构成侵权。〔28〕这一案件确立了模拟他人声音也构成侵犯声音权的判例。〔29〕在这个判例中,法院所保护的就是原告的声音利益,既包括可区别性与个性的利益,也包括所享有的财产性利益。

2. 声音的特征

声音人格利益的独特性,在于它的人格标识作用。其特点是:

(1)它与一般人格利益相比,具有特定的内容和特征。一般人格利益具有趋同性,所涵盖的人格利益都具有大体相似的内容,因此不能独立,只能作为一般人格利益对待,用一般人格权进行保护。声音人格利益是独特的,它的内容能够与其他一般人格利益相区别,具有独特的属性和特征。这正是承认声音权为独立的具体人格权的基础。

(2)声音人格利益不能为其他具体人格权所涵盖、所包括。与声音最相近似的,是姓名利益和肖像利益。但是,姓名只是对文字类的人格标识设立的人格权的客体,并不包括声音的内容;肖像也只是对图像类的人格标识设立的人格权的客体,也不包括声音利益。

(3)隐私权保护的隐私利益也不能替代声音利益。在美国和加拿大等国,隐私权中包含姓名权、肖像权、形象权以及声音权等内容,因而隐私利益就包含了这些人格利益。但是,美国、加拿大等国的隐私权并不是具体人格权,而是一个相当于大陆法系一般人格权的弹性极大的人格权,包含了丰富的内容。我国的隐私权并不是这样的权利,仅仅是对隐私利益进行保护的具体人格权,隐私利益不包括姓名利益、肖像利益、形象利益和声音利益。声音人格利益也不是隐私利益所能够涵盖的。

---

〔27〕《现代汉语词典》,商务印书馆 2005 年第 5 版,第 1223 页。

〔28〕董炳和:《论形象权》,载《法律科学》1998 年第 4 期。

〔29〕美国《第三次不公平竞争法重述》(*Restatement of the Law, Third, Unfair Competition*)第 46 条的评论指出,原告在本案中已经通过先前演唱歌曲的行为开发了其声音的财产利益。在这种情况下,原告的声音就不仅仅是作为身份属性的富有特色的声音了。

(4)声音权保护的就是声音,而不是保护声音的表现形式。例如,对于声音的表现形式如唱片的侵害,构成对著作权的侵害,不构成对声音的侵害,因而声音的表现形式是著作权的保护范围。而声音权保护的是纯粹的声音,是声音本身,属于人格权保护的范围。

(5)声音权保护的声音是保护声音所体现的人格利益。这种人格利益如前所述,并且像前述案例那样,包括精神利益和财产利益。声音权对这些声音人格利益都予以保护。

(二)声音利益准共有

声音利益存在准共有的问题,而且特别鲜明。当声音的权利主体为二人以上时,构成集体声音,对此,应该适用人格利益准共有规则。这种情况比较常见,比如帕瓦罗蒂等三大男高音合唱,其他的如女生四重唱、广播电台的联合主持等。如果集体声音的当事人之一独自对集体录音进行商业化利用,或者集体声音的主体之外的人对集体录音进行商业化使用,会对集体声音的其他当事人或者全体当事人的权益构成损害。因此,集体声音的当事人对集体声音的利益有共同的支配权。在声音利益准共有规则下,集体声音的当事人形成内部关系和外部关系。内部关系是指集体声音的全体成员一起对该录音的利益行使权利、负担义务;外部关系则是指其他任何第三人对该集体声音当事人的权利所负有的不可侵义务。

二、声音权的概念与性质

(一)声音权的概念与特征

1. 声音权的概念

声音权是指自然人自主支配自己的声音利益,决定对自己的声音进行使用和处分的具体人格权。《民法典》第 1023 条第 2 款采用准用方式确认声音权,规定:“对自然人声音的保护,参照适用肖像权保护的有关规定。”

2. 声音权的法律特征

声音权在法律上除了具有人格权的一般特征之外,还具有以下法律特征:

(1)声音权首先体现的是精神利益。声音权作为自然人的基本人格权,所体现的基本利益是精神利益。法律保护自然人的声音权,需要注意保护声音权所体现的这种精神利益,保护的是人之所以为人而存在的人格。人之所以具有法律上的人格,声音的精神利益是最重要的内容。这种对声音权精神利益的保护,包含自然人对自己声音享有专属利用和维护的权利。与自然人的名誉权等其他人格权一样,任何歪曲、偷录、剪接、模仿、窃听其声音的行为,都会使声音权人精神利益受到损害,使其作为自然人的人格尊严和人格自由等造成侵害。

(2)声音权具有明显的财产属性。作为声音权客体的声音,与商标具有相似的特点,就是作为标识能够有效地降低消费者搜索商品的成本,因而声音具备转化为财产的潜力。利用声音促进商品营销,是各行各业商家的重要营销策略之一。权利人可以和商家通过签订声音许可使用合同,把自己声音的财产利益开发出来。这一点和以往所认识的人格权只是消极的权利不同,因而使声音权能够成为一种积极人格权,可以公开化,成为人格性财产权的客体。德国联邦最高法院 1958 年 5 月判决的“录音案”,认为在一般人格权的基础上,赋予每一个自然人自主决定其话语仅为其对话人,或为特定圈子的人,或为公众知悉的权利;个人更有权自主决定是否允许他人用录音机录下自己的声音,因此叫作对自己声音的权利。[30]

(3)声音权具有专属性。声音权的专属性表现在两个方面:首先,声音权是由特定的主体专属所有的。声音是自然人有关声音的人格标识,反映的是自然人的听觉属性。其次,声音权的专有性还体现在对声音的利用上。声音权人对声音的再现享有专属权,即自然人享有是否允许他人再现自己的声音的权利。以偷录等方式取得他人的声音,是对声音专有权的侵犯。声音权人对声音使用具有自主的处分性。声音的使用权原则上属于声音权人。声音使用权的处分,是声音权人对其声音使用权的转让。声音的取得和声音的使用,是声音权专有性的两个基本内容,从侵害声音权的角度分析,后者具有更重要的意义。未经声音权人同意而擅自使用,属于对声音权的侵害。

(二)声音权是独立的具体人格权

1. 声音权作为具体人格权的事实基础

自然人的声音,与自然人的姓名、肖像、形象一样,同属于个人的重要特征,同样可以起到区别主体与同类的作用,[31]起到人格标识的作用。这与科技进步与人格权的发展密切相关。声音语言随着窃听器、录音机的广泛使用而日益增加了保护的需要,被承认为一种特别人格权,[32]并进而认定个人对声音语言的自主权利。特别是在电脑和互联网技术迅猛发展的情势下,更加剧了对声音侵害的现实性,凸显了对声音保护的必要性。

声音作为人格权客体的最重要事实基础是声纹,声纹与人的指纹、掌纹等身体特征一样,都具有唯一性、稳定性的特征,每个人的这些特征都与别人不同,且终生不变。由于人的身体特征不可复制,基于这些特征应运而生多种生物识别手段,比如指纹识别、声纹识别、掌纹识别等,并已被广泛应用于诸多领域。其中,声纹识别是用仪器对人的说话声音所作的等高线状记录,根据声音波形中反映讲话人生理及行为特征的声音参数,进行身份识别的技术。[33]目前,声纹识别技术已广泛应用于诸多领域,其产品的市场占有率仅次于指纹识别和掌形识别。

这些都说明,声音和个人的姓名、肖像、形象在逻辑上属于同一层次的人格特征,都是个体的人格标识,能够起到姓名、肖像、形象作为人格标识同样的作用。因此,在姓名和肖像分别作为文字类人格标识和图像类人格标识成为人类历史上的具体人格权的种类之后,声音也能够因为科技的迅速发展而上升为听觉类的人格权即声音权的客体,构建起声音权。

2. 声音作为具体人格权的比较法基础

较多国家和地区都对声音权的保护作出了明确规定。最早的如《捷克斯洛伐克社会主义共和国民法典》第12条规定,立法通过保证自然人对录音的控制,进而控制其声音利益。晚近的立法例是《加拿大魁北克民法典》第36条从隐私权的角度对声音利益作了规定:“特别是有下列行为之一的,为侵犯他人隐私:……(三)盗用或者使用他人的肖像或者声音,尽管在私人寓所内……(五)使用他人的姓名、肖像、形象或者声音,但向大众合理地公开信息的除外。”这

---

〔30〕［德］霍尔斯特·埃曼:《德国法中一般人格权的概念和内涵》,杨阳译,载《南京大学法律评论》2000年第1期。

〔31〕马俊驹:《人格和人格权理论讲稿》,法律出版社2009年版,第258页。

〔32〕参阅Helle, Besondere Pesonlichkeitchte im Privatrecht, 1991, SS. 229 – 334; Hubmann, Das Personlichkeitrecht, 1967, S. 309f。转引自王泽鉴:《侵权行为法》(第一册),中国政法大学出版社2001年版,第138页。

〔33〕参见张亮:《声纹证据的应用》,载《公安大学学报》2002年第4期。薛波主编:《元照英美法词典》,法律出版社2003年版,第1046页。

一条文规定了盗用、使用他人声音可以构成侵权，同时也规定了向大众合理地公开信息的例外规则。《美国加利福尼亚州民法典》第3344条关于“为广告、销售或招揽客户目的使用他人姓名、声音、签名、照片或画像”的规定，直接规定了权利人对于声音的财产利益。这是将声音利益和姓名利益、肖像利益一道作为公开权的具体内容。即使那些没有通过普通法系的制定法承认声音利益保护的州，仍然可能承认将声音作为一种法益予以保护。[34]《德国刑法典》第15章设置了关于侵犯他人人身和模仿外形的规则，第201条规定，禁止非公开场合话语的录制、利用技术设备侦听，以及使用以这种方式获得的材料，监禁的最高刑期是三年或者判处罚金。我国《澳门通讯保密及隐私保护》第10条（不法的录音及摄影）第1款规定：“一、任何未经同意：a）录取他人非以公众为对象的谈话，即使是与录取者本人进行者；b）使用或容许使用上项所指录音，即使是合法制造者，受至两年监禁或至二百四十天罚款的处分。”此外，玻利维亚、秘鲁、波多黎各和阿根廷民法典都有关于声音等权利的规定。[35]可见，声音作为一种法益已经为部分国家的立法和司法所保护，声音在现代技术背景下，能够成为一种独立的民事权利。

3. 声音人格利益保护的特殊性不能为其他具体人格权所替代

在学理上，确认一个人格利益是不是构成一个具体人格权，最重要的标准是这个人格利益是否具有独立的属性，是否能够被其他具体人格权所概括、所涵盖。如果一个具有独立意义的人格利益不能被其他人格权所涵盖、所概括，并且与一般人格利益相比具有鲜明的特征和内容，就应当认为这个人格利益应当作为一个具体人格权。声音权属于所有自然人享有的权利，无论他们是名人还是非名人，无论他们的声音是否已经公开或者还没有公开，声音权人都能够凭借声音权反对行为人的再现、公开。[36]

正因如此，《民法典》第1023条第2款规定声音权作为一个独立的具体人格权，是很有远见的。

三、声音权的内容和声音合理使用

（一）声音权的内容

1. 声音录制专有权

声音权的最重要内容是录制专有权。声音除依著作权法发音片（唱片）受保护外，应受人格权的保护，即未得允许，不得录制他人歌唱于唱片，或于广播器广播。滥为唱片之复制，一方为著作权之侵害，他方为人格权之侵害。[37]声音的录制有如肖像的摄取，正是有了可以再现的科技，声音权和肖像权才有了保护的必要性。与肖像权一样，声音权的首要内容体现在对声音的录制上。

2. 声音专用权

声音专用权包括两方面的内容。首先，是精神利益的使用权，权利人对自己的声音如何使

---

〔34〕 参见美国《第三次不公平竞争法重述》（*Restatement of the Law, Third, Unfair Competition*）第46条的评论d。

〔35〕 ［阿根廷］路易斯·F. P. 雷瓦·费尔南德斯：《阿根廷共和国民法典：过去、现在与未来》，宋旭明译，载http://www.romanlaw.cn/。该学者认为，将通常在宪法文本中规定荣誉权、生命权、安全权、身体完整权、健康权、对自身身体、肖像或声音的权利引入民法典，是确认这些权利的方式。这一新鲜材料同时也证明了人格性宪法权利可以适用民法予以救济。

〔36〕 张民安：《无形人格权侵权责任研究》，北京大学出版社2012年版，第807页。

〔37〕 史尚宽：《债法总论》，中国政法大学出版社2001年版，第157页。

用具有支配权，分为作为和不作为两种方式。例如，朗诵、歌唱等都会给人带来精神上的愉悦享受，这是以作为的方式支配声音利益。有人想保持生活的低调，不想让其他人知悉自己的生活，不愿意将自己的声音公之于众，这是以不作为的方式支配声音利益。其次，是财产利益的使用权，权利人可以将自己的声音进行商业化利用，并因此获得经济收益。这是权利人积极行使声音权的行为。当权利人自己没有积极地将声音利益运用于商业领域，而是其他人盗用或者模拟其声音应用于商业领域的，声音权人可以依据不当得利请求权或者侵权损害赔偿请求权请求救济。

3. 声音处分专有权

当声音利益表现为一种精神利益时，声音权不可以被转让和许可使用。但是，当声音利益表现为一种财产利益时，自然人也可以同他人签订有偿的声音利益许可使用合同。在声音财产利益的许可使用上，许可使用有排他性许可使用和非排他性许可使用之分。在排他性许可使用的情况下，许可人和被许可人之间的合同具有物权效力，被许可人在不违背许可人利益的前提下具有专属使用权。[38] 在非排他性许可使用的情况下，许可使用合同仅仅具有债权效力，约束双方当事人。

对声音许可使用合同使用条款的解释，以及声音许可使用合同的解除权，参照适用《民法典》第 1021 条和第 1022 条规定进行。

（二）声音的合理使用

参照《民法典》第 1020 条关于肖像合理使用的规定，为个人学习、艺术欣赏、课堂教学或者科学研究，在必要范围内使用声音权人已经公开的声音；为实施新闻报道，不可避免地制作、使用、公开声音权人的声音；为依法履行职责，国家机关在必要范围内制作、使用、公开声音权人的声音；为展示特定公共环境，不可避免地制作、使用、公开声音权人声音；为维护公共利益或者声音权人合法权益，制作、使用、公开声音权人的声音的其他行为，都是对声音的合理使用行为，声音权人不得主张声音权。

四、对声音权的民法保护

（一）侵害声音权的侵权行为

1. 歪曲他人声音

歪曲他人的声音，对声音权人的人格尊严造成损害。这种侵权行为必须符合一般侵权行为的构成要件，主观上须有故意或者重大过失。一般过失造成他人声音利益损害的，应该属于可容忍的范畴。

2. 偷录他人声音

未经允许私自录取他人声音和偷拍他人肖像具有同样的性质。未经同意，不得私自录制他人的声音，但是法律另有规定的除外。

---

〔38〕 关于姓名、肖像等人格要素许可使用合同的效力，德国法上的 NENA 案较为典型，参见谢铭洋：《论人格权之经济利益》，载戴东雄六秩华诞祝寿论文集编辑委员会编：《固有法制与当代民事法学》，三民书局 1997 年版，第 134 ~ 135 页。

3. 剪接他人声音

未经允许录取他人声音，或者即使经过允许录制他人声音，但是，不按照约定的目的使用，任意剪接录音记录的，为侵犯他人声音权。

4. 模仿他人声音

模仿他人声音类似于恶意混同他人姓名。原告是荷兰一家电视台因引人注目的外表、声音和语言风格而著名的娱乐节目主持人，曾经为被告的饮料产品多次说过广告词，但后来拒绝继续为该公司服务后，却又出现了模仿他声音的广告词。但是，他为此提出的诉讼请求被法院驳回了，理由是该广告使用的不是此主持人的惯用语。[39]该判决值得商榷。事实上，谈话内容的保护和声音的保护是两回事，尽管后来的模仿者没有使用与原主持人相同的惯用语，但是，该主持人以前已经多次为该公司做广告和声音相似的双重事实，可以使不明真相的人误以为仍然是该主持人为该公司做广告，能够造成声音同一性的混淆。该判决仅仅以没有使用该主持人的惯用语而否认对其进行救济的做法不合理，注重了谈话内容，而没有考虑声音权保护的恰恰是声音本身。

5. 公开他人声音

未经他人允许录制他人声音，并将录音擅自公开的，或者是虽然经过他人允许录制，但是未经过他人允许公开而擅自公开的，构成侵害声音权的侵权责任。

6. 失真处理不当

声音是一个人的身份标识，其在一定程度上表明了主体的存在，因此恶意对他人的声音进行失真处理会对他人的人格尊严造成伤害。同时，应当作失真处理而未作失真处理的，也构成对他人声音权的侵害。[40]

（二）对声音权的人格权请求权保护

声音权受到妨害，权利人可以行使声音权请求权，行使停止侵害请求权和排除妨碍请求权。

声音权请求权所针对的对象，是存在对声音权的侵害行为或者存在妨碍行为，而不是权利损害的结果。对于妨碍声音权行使的行为，权利人可以通过排除妨碍请求权予以救济；对于已经存在的对声音权的侵害，权利人可以行使停止侵害请求权予以救济。排除妨碍和停止侵害请求权的目的，是积极地预防或者保全权利人的声音权不受损害。

（三）对声音权的侵权请求权保护

与人格权请求权不同，侵权请求权针对的主要是行为所造成的损害结果的救济。无论是恢复原状还是金钱赔偿，都以既存的损害为前提。没有损害，侵权请求权就失去了存在的基础。正是“无损害，无赔偿”之谓。此外，对于侵害声音权的行为，行使侵权请求权必须符合《民法典》第1165条第1款规定的侵权行为一般构成要件的要求。确定赔偿数额，应当依照《民法典》第1182条和第1183条第1款规定，请求财产损害赔偿和精神损害赔偿。

---

〔39〕参见[德]克里斯蒂安·冯·巴尔：《欧洲比较侵权行为法》（下卷），焦美华译，张新宝校，法律出版社2001年版，第113页脚注534。

〔40〕参见[德]克里斯蒂安·冯·巴尔：《欧洲比较侵权行为法》（下卷），焦美华译，张新宝校，法律出版社2001年版，第127页。

（四）对死者声音利益的保护

对于自然人死后的声音利益也应当进行保护。至于保护的期限问题，美国一些州认可自然人死亡之后不同的公开权保护期限。[41]本书认为，对于死者声音利益的保护期限应该分两种情况确定：一是存在声音作品的，对于声音作品的作者而言，声音利益的延伸保护期限应短一些，以便协调声音权人和著作权人之间的利益冲突。10年的期限可以使声音作品的作者和声音权人之间的利益得以平衡。二是声音作品作者以外的人使用死者声音的，声音法益保护期限以死者近亲属的范围确定。当死者的近亲属均已死亡后，就不再予以保护。

本章思考题

1. 结合讨论本章典型案例，问："半张脸"的肖像能够适用肖像权的保护方法予以保护吗？肖像为什么会具有财产利益的内容？肖像权有哪些主要内容？对于"半张脸"的情形，应当用肖像权保护还是形象权保护更好？
2. 形象权为什么可以成为具体人格权？法律对形象权的保护与对肖像权的保护有哪些区别？
3. 声音权作为具体人格权的理由是什么？声音权有哪些主要内容？
4. 肖像许可使用合同、形象许可使用合同以及声音许可使用合同的基本规则是什么？为什么对使用条款的理解发生争议，要作出有利于权利人的解释呢？

---

〔41〕 参见美国《第三次不公平竞争法》第46条评论h。

第九章 名誉权、信用权和荣誉权

|本章导读|

本章介绍名誉权、信用权和荣誉权。这三种具体人格权所保护的都是人的评价性人格利益,只是三种评价性的人格利益有所不同。其中,《民法典》明确规定的是名誉权和荣誉权,没有明确规定信用权。但是,信用权与名誉权有鲜明的区别,应当确立信用权为独立人格权的观念,对于保护民事主体的信用具有重要价值,因而本章将其作为一种独立的具体人格权予以介绍。

名誉 客观名誉 名誉感 名誉权 信用 信用权 荣誉 荣誉权

|典型案例|

邹某曾在其加V实名认证的新浪微博中连续发布十多条信息,指称B大学的院长、主任、教授与梦桃源餐饮公司女服务员存在不正当关系。B大学、梦桃源餐饮公司以名誉权受侵害为由将邹某起诉。一审法院判决邹某的行为构成侵犯名誉权,要求其停止侵权,删除涉诉微博,并在其新浪实名认证微博首页公开发表致歉声明,向原告赔礼道歉,消除影响,恢复名誉,持续时间为连续七天。邹某不服一审判决上诉。二审法院对本案作出终审判决,认为上诉人邹某存在主观过错,实施了对B大学及梦桃源餐饮公司的加害行为,导致B大学、梦桃源餐饮公司的社会评价明显降低,且其行为已超出了行使言论自由的权利边界,构成了对原告大学和公司名誉权的侵害,据此应承担相应民事侵权责任,遂驳回上诉,维持原判。[1]

第一节 名 誉 权

一、名誉权的客体:名誉

(一)名誉的概念

名誉权的客体是名誉。

名誉,是指人们对自然人或者法人、非法人组织的品德、声望、才能及其他素质的社会综合

---

〔1〕 本案被告的行为是否构成侵害名誉权,有不同意见,主要是受害人是否为特定的人。

评价。《民法典》第1024条第2款规定："名誉是对民事主体的品德、声望、才能、信用等的社会评价。"

名和誉，均含名誉的意思。名为令名，誉为美誉，有令名始获美誉，因谓令名曰名誉，故令名者，即好的名声。大陆法系一般认为，名誉系指一个人在社会上的评价，并非指名誉感情（名誉感），而是由第三人的评价，不限于道德方面，也包括技术方面。英美法系认为，名誉是指具有良好的地位、声望，并为他人所尊重，或者对于人的道德品质、能力和其他品质（他的名声、荣誉、信誉或身份）的一般评价。[2]

（二）名誉的内容

名誉包括两个内容，即外部名誉和内部名誉。外部名誉是指对于人之属性，而由他人所为之评价，[3]因而是客观名誉，是他人的客观评价。内部名誉是指各个人内在之价值，即人之内部的价值，是主观名誉，是对自我的价值评价，即名誉感。

广义的名誉，包含外部名誉和内部名誉；狭义的名誉，仅指外部名誉即客观名誉。外部名誉与内部名誉的区别是：

第一，外部名誉是第三人对特定民事主体存在价值的评价，这种评价是由他人作出，存在于社会之中，具有客观的属性，有判断其损益的尺度，因而能为他人感知。内部名誉是特定民事主体对自己内在价值的感受，是自己对自己的评价，存在于特定民事主体的主观世界之中，作为一种感觉、思想、意识的形态，为自己所感知，因而为主观上的名誉。正因为如此，外部名誉才称为客观名誉，内部名誉才称为主观名誉。

第二，从权利主体上看，凡民事主体均有外部名誉，人人平等。而对于内部名誉，一方面，人与人的自我感受颇不一致，可能自我评价与社会评价相距遥远，也可能因为情感的差异而对同一种行为而感受完全相反，如对一般善意的玩笑，有人可能认为是赞美，而有人认为是诽谤；另一方面，法人、非法人组织作为组织体，只有名誉而无名誉感，丧失意识的人或无民事行为能力人在主观认识能力上存在缺陷，不可能或不完全具有名誉感。

第三，在受到侵害的表现形态上，内部名誉与外部名誉也不相同。内部名誉受到侵害，在未被他人知晓时，显然不会降低公众对该人的社会评价，不影响受害人的外部名誉。而外部名誉是公众对特定主体的客观评价，侵害行为只有被第三人知晓后，方构成损害事实。

（三）名誉概念的发展

在历史上，罗马法的名誉，指完全的人格的权利能力之外观现象，即罗马市民权的完全享有。因而，罗马法把不名誉规定为一项法律制度，即使某些行为、职业或判罚导致权利能力的削减、丧失提出请求或出席审判以及担任诉讼代理人的权利。在查士丁尼法中，不名誉也导致无权从事律师的职业。此外，不名誉也导致证言效力的降低。[4]

古日耳曼法的名誉，则为特定人不受非难而自伴侣方面接受的尊敬，是德国法名誉概念的

---

〔2〕［英］戴维·M. 沃克：《牛津法律大辞典》，北京社会与科技发展研究所译，光明日报出版社1988年版，第418～419、768页。

〔3〕龙显铭：《私法上人格权之保护》，中华书局1948年版，第70页。

〔4〕［意］彼德罗·彭梵得：《罗马法教科书》，黄风译，中国政法大学出版社1992年版，第49页。

源头，[5]因而《德国民法典》不认可名誉权，名誉主要受到刑法保护。19世纪，欧洲法学家把名誉和名誉感相混淆，直至晚近，始将二者截然区别。[6]瑞士将名誉毁损作为人格权保护。法国名誉毁损既受刑法的保护，也受民法的保护。日本法院判决指出，名誉是指每个人因其自身的品行、德行、名声、信用等，所应该得到的世人的相应评价，侵害名誉为使他人的社会评价降低的一种行为。英美法则通过诽谤法的适用，将名誉毁损作为一种侵权行为类型，形成了具有复杂体系的一种制度。[7]

（四）名誉的特征

第一，社会性。名誉是一种社会评价，无论从内容还是形式上都具有社会属性。评价的内容源于特定主体在社会生活中的行为表现，出自公众的社会舆论，都是社会生活的反映。离开公众的社会反映，就无所谓名誉。

第二，客观性。名誉是客观评价，即外部社会对特定主体的评价，而不是个人的自我认识。名誉的客观性是基于特定主体而言，即公众的评价相对于特定主体，是外部的、客观的，它不取决于主体内在的感情、认识和评断。

第三，特定性。名誉是公众对特定主体的社会评价，包括特定的自然人和特定的法人。名誉的特定性表现为社会评价的是"这一个"主体，而非"这些个"主体。学者有称"家庭名誉"者，违背了名誉特定性的原理。离开特定的民事主体，则无所谓名誉，也无法进行法律保护。

第四，观念性。名誉虽具客观性特征，但它的表现形态却是观念形态，存在于公众的观念形态之中。按照一般的哲学原理，观念形态属于主观的范畴。在这种特定的场合，其客观性是相对于特定民事主体主观认识而言，其评价具有客观的属性。因此，名誉的观念性与名誉的客观性并不矛盾。

第五，时代性。不同时代名誉观有所不同。在封建社会，妇女从一而终、丧夫不嫁被视为名誉之大节，而现代社会视丧夫改嫁、离婚自由为正当行使权利。但是，也不应当否认名誉观有一定的继承性，对于勤俭、奋斗、好学、上进等，各时代均认其为好名声。掌握名誉时代性特点，有利于把握名誉的准确内涵。

二、名誉权

（一）名誉权的概念与特征

1. 名誉权的概念

名誉权是指自然人和法人、非法人组织就其品德、声望、才能等自身属性和价值所获得的社会评价，享有保有和维护权能的具体人格权。《民法典》第1024条第1款规定："民事主体享有名誉权。任何组织或者个人不得以侮辱、诽谤等方式侵害他人的名誉权。"

2. 名誉权的法律特征

（1）名誉权的主体包括自然人和法人、非法人组织。在人格权中，只有少数权利的主体包括自然人和法人、非法人组织，名誉权是其中之一。例如，物质性人格权为自然人所独有，肖像

---

[5] 龙显铭：《私法上人格权之保护》，中华书局1948年版，第71页。
[6] 龙显铭：《私法上人格权之保护》，中华书局1948年版，第71页。
[7] [日]五十岚清：《人格权法》，[日]铃木贤、[中]葛敏译，北京大学出版社2009年版，第19页。

权、人身自由权、隐私权、性自主权等都为自然人所独有，这些人格权都不能为法人、非法人组织所享有。

(2)名誉权的客体是名誉利益。名誉利益作为名誉权的客体，是自然人和法人、非法人组织就其品德、声望、才能等自身属性和价值获得社会评价所体现的利益。自身属性包括自然人的品德、声望、才能和其他素质，法人、非法人组织的经营能力、经济效益等状况。这是名誉权区别于其他任何具体人格权的基本特征，依此与其他任何权利相区别。

(3)名誉权的基本内容是保有和维护自己的社会评价。名誉权不具有肖像权、名称权那样明显的使用价值，只是在于保有自己的名声，维护其名声不受侵害。认为名誉权的内容包括获得权，则违背了名誉权是固有权的人格权法原理，是不正确的。

(4)名誉不具有财产性却与财产利益相关联。名誉权是非财产的人格权，不具有直接的财产价值，也不能产生直接的经济利益，但是，也包括一定的财产利益因素。这不仅表现在名誉权受损害后，主体会因补救损害而受到一定的经济损失，同时，还可能导致自然人招聘、晋级、提薪受到影响，导致法人、非法人组织的社会信誉降低、利润减少，均可能使其财产利益受到损害。所以说，名誉权虽为非财产权，却与财产有关联性。

(二)名誉权的历史发展

1. 国外名誉权的发展

名誉权被确认为具体人格权，是近现代民事立法的成果，但是，对于名誉权的法律保护却古已有之。

在古代习惯法时期，就有保护名誉的规定。1875 年以前的阿散蒂人法律，属于原始社会后期的法律形态。在其不成文的刑法中，有关于制裁诽谤、辱骂首领的规定。[8]印度《摩奴法典》第八章"国王的法(二)"第 267 ~ 278 条专门列"言语伤人"的规定，对这种行为予以罚金等处罚。[9]罗马《十二铜表法》第八表第 1 条规定："以文字诽谤他人，或公然歌唱侮辱他人的歌词的，处死刑。"查士丁尼时期法律规定，写作、出版诽谤性的诗歌、书籍，进行侮辱或恶意策动其事，被认作对人私犯，可以提起"侵辱估价之诉"，处以罚金。[10]伊斯兰古代法律中设有诬陷私通罪，维护妇女的名誉。[11]

近现代关于名誉权的 19 世纪立法，反于罗马法"侵辱估价之诉"的做法，以名誉是非卖品为理由，不认名誉权受损害可以请求金钱赔偿。在这一时期稍后的德国普通法，曾承认名誉受害人可以请求损害赔偿，后来发展为名誉权受到有形损害者，无论在普通法或地方法，均得请求损害赔偿，不过，仅因此而蒙受精神损害时，则无请求慰抚金赔偿的规定。法国立法未作名誉权保护的规定，但是，判例承认名誉损害的有形损害和精神损害，均可请求赔偿。1881 年瑞士立法承认名誉权的损害赔偿，包括上述两种赔偿。[12]现代各国，绝大多数确认名誉权为具体人格权，予以充分的法律保护。英美法系的诽谤法，就是主要保护名誉权的立法。

---

〔8〕［美］E. A. 霍贝尔：《初民的法律》，周勇译，中国社会科学出版社 1993 年版，第 271 ~ 272 页。

〔9〕《摩奴法论》，蒋忠新译，中国社会科学出版社 1986 年版，第 161 页。

〔10〕［古罗马］查士丁尼：《法学总论》，张企泰译，商务印书馆 1989 年版，第 201 页。

〔11〕吴云贵：《伊斯兰教法概略》，中国社会科学出版社 1993 年版，第 162 页。

〔12〕龙显铭：《私法上人格权之保护》，中华书局 1948 年版，第 75 ~ 76 页。

2. 中国名誉权的发展

我国古代立法规定，对流内议贵者、詈内外亲戚、詈父母祖父母、詈舅姑、詈夫、奴婢詈旧主等，均予以刑罚制裁，保护尊者的名誉。《大清民律草案》第960条认名誉权为具体人格权，被侵害人有权请求不属财产的损害赔偿。《民国民律草案》第267条亦作此规定。民国民法第195条规定："不法侵害他人之身体、健康、名誉或自由者，被害人虽非财产上之损害，亦得请求赔偿相当之金额。其名誉被侵害者，并得请求为恢复名誉之适当处分。"这在我国立法史上建立了名誉权及其法律保护制度。原《民法通则》第101条规定公民、法人享有名誉权，第120条确立了名誉权保护制度。在此基础上，最高司法机关通过一系列司法解释，进一步完善了我国名誉权法律保护的体系。2009年原《侵权责任法》第2条第2款规定侵权责任保护的范围包括名誉权。《民法典》在人格权编设"名誉权和荣誉权"一章，专门规定了名誉权。

（三）名誉权的内容

1. 名誉保有权

民事主体对于自己的名誉享有保有的权利。由于名誉是一种客观的社会评价，权利人无法以主观的力量人为地改变它、支配它，只能对已获得的名誉予以保有。名誉保有权包括：一是保持自己的名誉不降低、不丧失；二是以自己的实际行动改进和提高名誉的评价。名誉保有权的实质不是以自己的主观力量左右社会评价，而是通过自己的行为、业绩、创造性成果等，作用于社会，使公众对自己的价值予以公正评价。

2. 名誉利益支配权

名誉权人虽然就社会对自己的评价不能进行支配，但是，对于名誉权所体现的利益却能够进行支配。自然人、法人可以利用自己的良好名誉，与他人进行广泛的政治、经济交往，使自己获得更好的社会效益和财产效益；当然也可以不利用它。名誉利益的支配权不包括抛弃权、处分权，不能将名誉利益抛弃，也不得任意转让，更不能由继承人继承。

三、对名誉权保护的特别规定

（一）新闻报道、舆论监督行为的名誉权侵权责任豁免

《民法典》第1025条规定："行为人为公共利益实施新闻报道、舆论监督等行为，影响他人名誉的，不承担民事责任，但是有下列情形之一的除外：（一）捏造、歪曲事实；（二）对他人提供的严重失实内容未尽到合理核实义务；（三）使用侮辱性言辞贬损他人名誉。"这是对新闻报道、舆论监督等影响他人名誉的侵权责任豁免以及除外条款的规定。

正当的新闻报道和舆论监督等行为，具有社会正当性，是合法行为，也是履行媒体新闻报道和新闻批评职责的正当行为。随着对人格权的保护越来越进步，很多人对名誉权产生了一种虚幻、膨胀的感觉，认为对自己的任何批评都是侵害名誉权，膨胀的名誉权观念使人接受批评的能力大大减弱，经受不住任何正当批评。因此，在观念上对名誉权等人格权也应当有一个"瘦身"的过程，其中包括对名誉感的"瘦身"。应当肯定的是，即使是尖锐的、尖刻的批评，也还是批评，并非侵害名誉权。所以，要给舆论和媒体以"喘息的空间"，让媒体能够更多地干预公共事务，干预社会生活，才能使社会更加和谐地发展。牺牲一点个人膨胀的名誉权观念，给媒体一个喘息的空间，就能够使社会更加进步。即使媒体在新闻报道和舆论监督等正当的新闻

批评行为中，发生了对他人名誉造成影响的后果，也不构成侵害名誉权，不承担民事责任。例如，批评食品企业卫生条件不好督促其改进，对其名誉有一定的影响，但是不构成侵害名誉权，而是正当的舆论监督行为。

在新闻报道和舆论监督等新闻行为中，如果存在这一条文规定的情形，则不具有正当性，构成侵害名誉权。这些情形是：

第一，捏造、歪曲事实。这是故意利用新闻报道、舆论监督而侵害他人名誉权的行为。捏造事实是无中生有，歪曲事实是不顾真相而对客观事实进行篡改。这些都是故意所为，性质恶劣，构成侵害自然人、法人或者非法人组织的名誉权。

第二，对他人提供的严重失实内容未尽到合理核实义务。这种情形是新闻事实失实，是因未尽合理审查义务而使事实背离真相，是过失所为。传统媒体对所报道事实的真实性负责，因而负有事实真实性的核实义务。传统媒体不只是对他人提供的事实负有核实义务，即使对媒体自己采制的新闻，也应当尽到核实义务。无论是对他人即通讯员提供的新闻，还是对自己记者采制的新闻，只要是未尽必要注意而使新闻事实失实，同样构成侵害名誉权的行为。

第三，使用侮辱性言辞等贬损他人名誉。在新闻报道、舆论监督中，虽然没有上述两种情形，报道和批评的都是客观事实，但是，在其中有侮辱性言辞，以及其他贬损他人名誉的内容，对被报道人或者被批评人的名誉有损害的，也构成侵害名誉权的行为。

（二）新闻媒体负有合理核实义务及尽到义务的举证责任

《民法典》第1026条规定："认定行为人是否尽到前条第二项规定的合理核实义务，应当考虑下列因素：(一)内容来源的可信度；(二)对明显可能引发争议的内容是否进行了必要的调查；(三)内容的时限性；(四)内容与公序良俗的关联性；(五)受害人名誉受贬损的可能性；(六)核实能力和核实成本。"这是对新闻媒体承担合理核实义务的规定。

"合理核实义务"，是《民法典》第1025条第2项规定的传统媒体负有的义务。网络媒体对自己采制的报道负有合理核实义务，对他人在自己的网络服务平台上发布的信息，原则上不承担合理核实义务，只负有《民法典》第1194～1197条规定的义务。

确定传统媒体在新闻报道和舆论监督中合理核实义务的因素是：

第一，内容来源的可信度。如果是权威消息来源，则不必进行核实。权威消息来源作为媒体侵权抗辩事由，仅指消息来源具有权威性，新闻媒体报道的事实即使不真实，如果具有权威消息来源的理由，也不构成媒体侵权责任。构成权威消息来源的条件：一是发布消息的机关是权威的。二是消息的真实性由发布消息的权威机关负责，媒体不必进行调查核实，也不必进行审查，可以直接进行报道，即使出现事实不真实的情况，新闻媒体也不负媒体侵权责任。三是媒体报道时未添加其他不实事实或者诽谤、侮辱性文字，或者没有删减事实，如果在事实上进行删改、增减，致使发生侵权后果的，则构成侵权。具备以上三个要件，可以对抗媒体侵权责任的主张。

第二，对明显可能引发争议的内容是否进行了必要的调查。如果该进行调查未进行必要的调查，为未尽合理核实义务。进行了必要的调查，则不认为构成侵害名誉权。

第三，内容的时限性。新闻事件是否须及时报道，不及时报道将会损害公众知情权，就是新闻的时限性。如果必须及时报道，进行必要的调查将无法及时向公众报道，即使存在一定的缺陷，也不认为是侵害名誉权。

第四,内容与公序良俗的关联性。与公序良俗具有相当关联性的,应当履行合理核实义务,事实失实,构成侵害名誉权。如果内容与公序良俗关联性不大,些许的差错不认为构成侵害名誉权。

第五,受害人名誉受贬损的可能性。新闻报道或者舆论监督的内容即使发表,受害人名誉的贬损可能性不大的,不认为是未尽核实义务。贬损的可能性大的,构成未尽核实义务,构成侵害名誉权。

第六,核实能力和核实成本。一是媒体的核实能力,例如,需要专业调查甚至侦查才能核对属实的新闻,媒体显然做不到;二是核实成本过巨,得不偿失,也不必苛求媒体必须核实。

不符合上述任何一个要求的新闻报道、舆论监督,未尽合理核实义务,造成事实失实,侵害了受害人名誉权的,都应当承担民事责任。

主张自己已尽合理核实义务而免责的主体,是新闻媒体。按照谁主张谁举证的诉讼证据规则要求,新闻媒体认为自己在新闻报道、舆论监督中已尽合理核实义务的,应当证明自己符合上述规定的要求,没有过失,即可免责,否则,可以认定为侵害名誉权。

(三)文学、艺术作品侵害名誉权的认定标准及免责事由

《民法典》第1027条规定:"行为人发表的文学、艺术作品以真人真事或者特定人为描述对象,含有侮辱、诽谤内容,侵害他人名誉权的,受害人有权依法请求该行为人承担民事责任。""行为人发表的文学、艺术作品不以特定人为描述对象,仅其中的情节与该特定人的情况相似的,不承担民事责任。"这是对文学、艺术作品侵害名誉权责任认定标准的规定。

确定文学、艺术作品侵害名誉权责任,应当依照这一条文前后两款规定的不同规则来确定:

1. 以真人真事或者特定人为描述对象的作品

任何人发表的文学、艺术作品,凡是以真人真事或者特定人为描述对象的,由于其描述对象确定,只要在作品的内容中包含侮辱、诽谤等内容,对被描述的对象名誉权有损害的,就构成侵害名誉权,受害人享有名誉权请求权,可以请求作者、出版者承担侵害名誉权的民事责任。

对此,关键之处是确定作品是否描述真人真事或者特定人。描述真人真事或者特定人,包括以下几种情况:(1)指名道姓,确有其人;(2)虽未指名道姓,但是,对侵权人的描述足以使人确认为某人,如描述某人的相貌特征、语言特征、行为特征及生活和工作环境等,与现实中的人相一致;(3)指向某个极小的组织,如个体工商户、个人合伙等组织等,该组织成员都应视为特定的人;(4)以真人真事为素材加工的文学作品,如果作品所描述的人物的相貌特征、生活经历、工作环境等,足以使他人认定为某人,则作者的行为应认定为指向特定的人。

2. 不以特定人为描述对象的作品

如果行为人发表的文学、艺术作品不是以特定人为描述对象,仅是其中的情节与该特定人的情况相似的,不符合主要人格特征和主要生活工作经历的一致性原则,就不属于描述的是真人真事,不认为是对所谓受害人的名誉权侵害,不应当承担民事责任。

这里的情况是:(1)与现实的人无关,是他人自己对号入座。"对号入座",是指作品中所报道或者描写的人物本不是原告,而原告强硬地根据自己的特点和特征与作品中人物的特点和特征"挂钩"("对号"),主张文中描述的人物就是本人("入座"),诉求新闻媒体承担媒体侵权责任。(2)描写的人物以现实人物为模特,经过加工,已经不再是现实人物的再现,而是经过艺术加工的文学人物。这两种情况都属于"仅是其中的情节与该特定人的情况相似",因而不构

成侵害名誉权,不承担民事责任。

(四)媒体对失实作品负有更正和删除失实内容的义务

《民法典》第 1028 条规定:"民事主体有证据证明报刊、网络等媒体报道的内容失实,侵害其名誉权的,有权请求该媒体及时采取更正或者删除等必要措施。"这是对媒体报道内容失实负有更正和删除义务的规定。

这一规则与《民法典》第 1025 条第 2 项规定相衔接。报刊、网络等媒体报道的内容失实,侵害他人名誉权的,不适用该法第 1025 条第 2 款的规定,负有的义务是更正和删除(还应当包括道歉义务)。这是媒体必须承担的作为义务,目的在于保护被报道人的合法权益不受侵害,并使受到侵害的名誉得到恢复。更正、删除、道歉义务分为两种:(1)对报道的事实未尽审查义务,造成媒体侵权的后果,新闻媒体应当承担的更正、删除、道歉义务。(2)新闻媒体或者其他出版单位报道或者出版的著作物,发表或者出版的行为没有构成侵权行为,但是,由于发表或者出版的行为造成侵权后果而产生更正、删除、道歉的义务。这两种更正、删除、道歉的义务不同,产生的法律责任也不同。第一种更正、删除、道歉义务已经履行,可以减轻媒体的侵权责任;第二种更正、删除、道歉,是媒体侵权的正当抗辩事由,已经履行的,不构成侵权责任。

媒体对该更正、删除、道歉的作为义务不履行,拒不更正、道歉或者删除的,构成不作为的侵害名誉权行为,要承担侵权责任。

确定这一规则的必要性在于,媒体的更正、道歉义务原本是新闻媒体法应当规定的内容。由于我国没有制定这种法律,因此,对于媒体行为的法律调整只能由民法承担。《民法典》规定了第 1025 条至第 1028 条,等于给媒体的行为规范划出了界限,起到了新闻媒体法的作用,有利于保护民事主体的合法权益,保护好媒体的新闻报道和新闻批评的权利,平衡权利保护和媒体监督的利益关系,有利于推动社会的进步。

四、对名誉权的民法保护

(一)侵害名誉权的具体行为

1. 诽谤

诽谤是各国立法公认的侵害名誉权行为,我国《民法典》第 1024 条第 1 款规定诽谤是最主要的名誉权侵害行为之一。通常认为,诽谤是指通过向第三者传播虚假事实而致使他人社会评价降低,非法损害他人名誉的行为。

简要地说,构成诽谤须具备四个要件:(1)事实不实;(2)将不实事实予以公开;(3)行为人有故意或者过失;(4)没有正当的免责理由。具备这四个要件,就构成诽谤。

诽谤的方式分为两种:(1)口头诽谤,即通过口头语言将捏造的虚假事实加以散布,使他人名誉受到侵害。(2)文字诽谤,即通过文字把捏造的虚假事实进行散布,败坏他人名声。这两种诽谤侵权方式,既可以构成对自然人名誉权的侵害,也可以构成对法人、非法人组织名誉权的侵害。对自然人进行诽谤一般表现为:出于妒嫉或报复而捏造并散布有损他人名誉的虚假事实;在新闻报道中捏造有损他人名誉的虚假事实;在文学作品中编造损害他人名誉的虚假情节等。对法人、非法人组织进行诽谤一般表现为:捏造并散布有损法人名誉的虚假事实;侵权单位以公函或广告虚构事实,诽谤法人声誉,在电视、广播、报纸、互联网等新闻媒介的报道中虚构事实，损害法人名声等。

间接诽谤，也构成侵害名誉权的侵权责任，是指媒体的新闻报道虽意在褒扬他人，但是因事实、情节等与真实人物的经历不相符合，造成该他人的社会评价明显降低的行为。〔13〕

诽谤的内容包括一切有损于他人名誉的事实，如诬蔑他人犯罪、品德不良、素质能力不高、企业形象不佳等。判断的标准是，某种言论如果经社会中具有正常思维能力的成员判断，认为不实事实有损于他人的名誉，该言论即为诽谤。诽谤的公开范围，无须较大范围的散布，以第三人知悉为最低限度。

2. 侮辱

《民法典》把侮辱作为侵害名誉权的主要行为之一。侮辱是使对方人格或名誉受到损害，蒙受耻辱的违法行为。

（1）侮辱行为包括语言方式和行为方式。诽谤只包括语言的方式，侮辱既可以是以行为方式，也可以是以语言方式进行。当侮辱是以语言方式进行时，与诽谤的区别是，诽谤的言词是无中生有，“无事生非”；而侮辱则是将现有的缺陷或其他有损于人的社会评价的事实扩散、传播出去，以诋毁他人的名誉，让其蒙受耻辱，为“以事生非”的言辞。

（2）语言分为三种形式，即口头语言、书面语言和动作语言。动作语言是依靠身体做出某种动作而表达特定的思想，也属于语言的范畴。曾经有人认为口头语言是思想而不是行为，因而不应承担法律责任，是不正确的。思想是存在于人的头脑中的意念，并没有表达出来，当然不是行为。把思想用语言形式表达出来，超出了思想的范畴，成为具体的行为。同样，将思想通过书面的文字和身体的动作表达出来，也是具体的行为。三者之间并没有质的差别，都能成为侮辱他人的方式。

（3）以语言形式侮辱他人，多指口头语言形式。书面语言的形式，如大字报、小字报、匿名信等，通常认为是侮辱的主要行为方式。在实践中，对于以身体的动作语言侮辱他人的行为不够重视，其实同样可以成为侮辱他人的行为。

（4）以口头语言或动作语言侮辱他人人格的，应当具备“达到一定程度”的条件才能构成侵害名誉权，不能稍有侮辱他人人格的言词就以侵害名誉权处理。所谓达到一定程度，可以从语言的激烈程度上看，也可以从语言的内容看，还可以从造成的后果看。当语言内容比较恶毒，或者语言攻击激烈，确实造成了受害人人格损伤，使受害人的精神造成严重伤害的，即可确认该侮辱语言达到了一定程度，确认其侵害了他人的名誉权。

要注意纠正不重视对曾有过过错行为的人的名誉权保护的错误做法。例如，某人过去有过通奸行为，当有人当众宣扬此事以诋毁其名誉时，往往认为其宣扬的是事实，没有什么可保护的。这是不正确的。法律保护人的名誉权不受侵犯，当然包括有过错误的人。利用他人曾有过的错误行为来破坏该人名誉的，同样应当认定为侵害名誉权。

用行为方式侮辱他人，也能够造成名誉权的损害。例如，在他人婚礼上送花圈进行报复，其目的也是贬损受害人的名誉。这种行为违反了保护名誉权的法律规定，应认定其行为的违法性。

其他侮辱行为，如向他人脸上吐唾沫、泼粪便、剥衣服等，也是对身体权的侵害；强令他人从胯下爬过，具有明显的侮辱故意，构成侵害名誉权。

---

〔13〕 杨立新主编：《中国媒体侵权责任案件法律适用指引》，人民法院出版社 2013 年版，第 18 页。

3. 新闻报道失实

因新闻报道严重失实，致他人名誉受到损害的，就是这种行为。其判断标准就是新闻报道是否失实，失实的报道造成了受害人名誉权的损害。相反，对于正当的报刊发表文章进行舆论监督，内容真实或基本真实，则不构成侵害名誉权行为。

（1）媒体故意歪曲事实进行不实报道，或者因过失未尽合理核实义务导致不实报道的，构成媒体侵权责任。

（2）判断报道是否失实的标准是事实基本真实，报道的是属于依一般人的认识能力判断，有可以合理相信为事实的消息来源作依据，即为真实报道。在涉及社会利益的事件报道中，即使存在些许错误，判断是否构成侵权，也应以媒体及记者、通讯员等在主观上存在恶意为要件。

（3）报道或言论确有失实的，应当区分主体失实和细节失实。细节失实一般不会影响受众对人或事本身是非善恶的判断评价。细节构成媒体报道重要组成部分，且存在诽谤、侮辱他人内容的，应认定构成媒体侵权。

（4）媒体在刊登、转载文章时，虽未对文章内容进行实质修改，但擅自添加、修改文章题目，题目与内容严重不符，发生了误导公众产生错误认识后果的，构成媒体侵权。〔14〕

4. 媒体未尽审查义务

《民法典》第1025条第2项关于“对他人提供的严重失实内容未尽到合理核实义务”的，就是新闻报道失实的行为。媒体对其报道、转载、传播的文章、言论、图片、视频等，应尽到合理的核实、说明义务。如未尽到合理的核实、说明义务，或者没有采取相关技术措施以保护当事人的肖像、隐私等，造成损害的，构成媒体侵权。这种侵权行为是不作为侵权，媒体违反了应尽的核实义务。如果新闻材料提供者或者通讯员具有过错，但是媒体已尽到合理的核实、说明义务，即使造成损害，媒体亦不承担责任，应当由新闻材料提供者或者通讯员承担侵权责任。对于这种侵害名誉权的侵权行为，已如前述。

5. 无证据而错告或诬告

故意无证据而错告他人，造成被告发人的名誉权损害的，构成侵害名誉权。处理这种无证据而错告他人的侵害名誉权案件，应当正确确定举证责任问题。

对于所告的事实的真实性应当由被告证明。按照举证原则转换的规则，在原告举证以后，应由被告对所持的答辩理由予以举证。被告要反驳原告的起诉，就必须证明原告确有所告的事实，不然其答辩就难以成立。如果被告证明原告确有所告的事实，则原告应当承担相应的法律责任，原告须承担败诉结果。如果被告证明不了原告确有所告的事实，则被告败诉，原告胜诉。

在一般情况，有一定的证据或怀疑有一定根据的控告，经查不实，为错告，可以不承担侵权责任。但是，错告他人又四处扩散，侵害他人名誉的，构成侵害名誉权。这是因为，第一，错告，主观上只是过失，而无侵害他人名誉权的恶意。错告以后又四处扩散，如果是追求败坏被告声誉后果的，则在主观上具有恶意。第二，错告，接受告发的是组织或领导，一般不会向外扩散；错告以后又四处扩散，就使所告不实的事实扩散到组织、领导以外的范围，与散布谣言、诽谤他人的侵害名誉权行为相似，客观上造成了侵害他人名誉权后果的，构成侵害名誉权。

分清诬告还是错告的标准是：第一，诬告应当具有明确的动机和目的，主观上有陷害他人

---

〔14〕 杨立新主编：《中国媒体侵权责任案件法律适用指引》，人民法院出版社2013年版，第16页。

的故意;错告在主观上是善意的,并无侵害他人名誉权的主观意图。第二,诬告的客观方面表现为捏造事实,向有关机关进行虚假告发。错告则是由于告发人情况掌握不准而使告发失实,可能是因为道听途说,或者告发的事情中途发生变化,或者告发人的分析判断错误等。

对于诬告,造成了侵害他人名誉权的结果,构成故意侵害他人名誉权的民事责任,严重的还应追究刑事责任。

6. 批评失当

新闻批评和文艺批评失当,都构成侵害名誉权。《民法典》第 1025 条规定的三种新闻报道、舆论监督的除外情形,适用的范围是新闻领域,对于文艺批评也应适用这样的规则。

判断新闻批评、文艺批评是否失当构成媒体侵权,判断的基本依据是事实是否真实和是否存在贬损他人名誉的内容。批评所依据的事实基本真实,没有贬损他人名誉的内容的,不构成媒体侵权。批评所依据的事实基本属实,但是有贬损他人名誉的内容,使他人名誉受到损害的,构成侵权。批评所依据的事实失实且批评者有过失,使他人名誉受到损害的,构成媒体侵权。

媒体的评论缺乏事实依据或严重不当,并有恶意借机侮辱、诽谤的,也构成侵权责任。评论的对象在一般情况下应限定于特定的制度、事件或作品本身,以及人的行为,不应任意扩大其评价范围。评论依据的事实虽然基本真实,但故意断章取义、逻辑缺省,恶意得出不公正结论或基于明显的利益关系进行不当推测的,构成侵权。

文艺批评失当,构成侵害名誉权。在涉及媒体文艺评论的媒体侵权案件中,应当特别考虑文艺批评的特点、表达自由与舆论监督、名誉权与消费者及投资者知情权的利益平衡,应当慎重认定侵权,能够证明文艺评论的作者或媒体在报道中存在明显的利益关系,恶意诽谤、诋毁损害名誉、信用等情形的,构成媒体侵权。

7. 侵害死者名誉

死者的名誉是指死者根据其生前的属性和特征而获得的社会评价。人的死亡意味着生命的终结,失去了人们对他进行评价的前提,但是,死者生前的行为和表现却并未随其肉体和精神的消亡而消亡。因为死者生前的行为和表现作为一种客观事实,仍存在于人们的意识中,对这些行为和表现,人们是能够进行评价的。因此,死者的名誉实际上是死者生前的名誉。

关于死者名誉的法律保护,最高人民法院曾经发布两件复函性的司法解释,即 1989 年 4 月 12 日《关于死亡人的名誉权应受法律保护的函》和《关于范应莲诉敬永祥等侵害海灯法师名誉权一案有关诉讼程序问题的复函》。1993 年 8 月 7 日,最高人民法院《关于审理名誉权案件若干问题的解答》第 5 条规定:“死者名誉受到损害的,其近亲属有权向人民法院起诉。近亲属包括:配偶、父母、子女、兄弟、姐妹、祖父母、外祖父母、孙子女、外孙子女。”《民法典》第 994 条采纳这一意见,确定死者的名誉利益受法律保护。

死者名誉受到侵害的,应由其近亲属提起诉讼。死者的近亲属范围较宽的,应当有顺序,即配偶、子女、父母为第一顺序,其他近亲属为第二顺序。

(二)对名誉权的人格权请求权保护

对名誉权的人格权请求权的保护,就是名誉权人有权行使名誉权请求权,对自己的名誉予以保护。依照《民法典》第 995 条规定,名誉权受到侵害的,受害人有权依照《民法典》或者其他法律的规定,请求行为人承担民事责任。

该条第2款规定的停止侵害、排除妨碍、消除危险、消除影响、恢复名誉、赔礼道歉请求权，都适用于侵害名誉权的侵害行为。对于正在实施或者继续实施的侵害名誉权的行为，受害人有权行使停止侵害请求权，请求行为人停止侵害。对于妨碍权利人行使名誉权的，受害人有权行使排除妨碍请求权，请求行为人排除妨碍权利行使的行为。对于权利人的名誉权存在侵害危险的行为，受害人有权行使消除危险请求权，请求行为人消除危险。对于已经给名誉权人造成影响、名誉毁损的，受害人有权行使消除影响、恢复名誉、赔礼道歉请求权，回复自己名誉权的完满状态。

受到侵害的名誉权人，可以向行为人请求，也可以向法院起诉，请求法院责令行为人承担上述民事责任方式，保护自己的名誉权。

（三）对名誉权的侵权请求权保护

1. 名誉权侵权责任构成要件

（1）侵害名誉权的违法行为

第一，侵害名誉权的行为方式。侵害名誉权行为主要采取作为方式。对不作为是否构成侵害名誉权，学者们有不同看法，有的认为自然人的名誉是根据其属性、特征及客观表现而获得的社会评价，其名誉权的实现只要求他人客观公正评价，不加侵害即可，只有积极的作为行为才能构成侵权，消极的不作为行为不能构成侵权。这种意见是不正确的。侵害名誉权的基本行为方式是作为方式，例如，诽谤、侮辱以及其他侵害名誉权的行为，都是以作为的行为方式进行的。在特殊情况下，法律赋予具有特殊身份的人负有作为的积极义务以保护他人的名誉权，行为人未尽积极义务，应当采取积极措施防止侵害他人名誉权而未为之，也构成侵害名誉权的违法行为。

侵害名誉权的不作为行为方式，主要有两种：一是行为人依其职责负有保护他人名誉权的特别作为义务，违反之，为不作为的侵害名誉权行为。例如，新闻媒体负有真实报道事实的职责，在报道事实时必须准确，不能以虚假新闻侵害他人的名誉权，对报道事实的真实性必须负有核实义务。这个核实义务就是作为的义务。新闻媒体未尽真实性核实义务，造成新闻失实，构成不作为的侵权行为。《民法典》第1025条第2项规定的行为，就是这种不作为的侵权行为。二是行为人基于前一个行为而产生作为的义务，违反作为义务而不作为，构成不作为的侵害名誉权行为。这种情况主要是报纸杂志社在发表了侵权文章后，负有更正的作为义务。依其文章的体裁，发表新闻、纪实文学等真人真事作为描述对象的文章，前一个行为是不作为的侵权行为，后一个行为即不予更正的行为也是不作为的侵权行为。发表非以真人真事作为描写对象的文学作品侵权，由于编辑出版者不负事实核实义务，因而前一个行为不构成侵权，后一个不予更正、赔礼道歉的行为，单独构成不作为的侵权行为。《民法典》第1027条规定的就是这种不作为的侵权行为。

第二，加害行为有特定的侵害对象。名誉只能是特定人的名誉，侵害名誉权行为也须有特定的侵害对象，即侵权行为须指向特定的人。只有指向特定的人的行为，才构成对他人名誉权的侵害；未指向特定人的行为，不能认定为侵害名誉权行为。例如，说某行业的工作人员贪污成风，说某类企业假冒产品太多等，系泛指某方面的人，不能认定具体指向哪个人，因此不能认定为侵害名誉权。特定的人包括特定的自然人和法人、非法人组织。指向特定的人包括以下几种情况：一是指名道姓；二是虽未指名道姓，但行为人的表述足以使人认定为某人，如描述某人的相貌特征、语言特征、行为特征及生活和工作环境等;三是指向某个极小的组织,如个体工商户、个人合伙等组织等,该组织成员都应视为特定的人;四是以真人真事为素材的文学作品,如果作品所描述的人物的相貌特征、生活经历、工作环境等,足以使他人认定为某人,则作者的行为应视为指向特定的人。

第三,加害行为具有贬损他人名誉的内容。贬损他人名誉,是指对他人由其属性和特征所决定的人格进行贬低和损害,并由此造成他人的社会评价的降低。如果行为人的行为并未造成他人社会评价的降低,即使该行为影响了受害人的名誉感,也不能构成侵害名誉权的违法性,因为名誉感不能作为名誉权的客体。

第四,加害行为具有违法性。判断标准是行为人的行为是否违反了保护民事主体名誉权的不可侵义务。名誉权是自然人、法人和非法人组织的绝对权,《民法典》第1024条作了明确的禁止性规定,即"任何组织或者个人不得以侮辱、诽谤等方式侵害他人的名誉权",任何人违反这些规定,对自然人或法人进行侮辱、诽谤等,使其名誉受到损害,就具有违法性。

(2)侵害名誉权的损害事实

第一,名誉利益损害。认定行为人的行为是否造成他人名誉损害,不应以受害人的自我感觉为判断,而应以行为人的行为是否造成受害人的社会客观评价降低为判定依据。即决定对于他人之名誉有无毁损,不仅以其行为之性质上一般的是否可为毁损名誉,尚就参酌主张被毁损之人之社会地位,以决定其行为对于其人之名誉是否可为毁损,即应为个个之具体的决定。有名誉之毁损与否,非依被害人之主观,应客观的决定之。〔15〕

名誉损害是一种无形损害,应当以加害行为是否为第三人知悉为认定标准。名誉作为一种观念,存在于公众的心里,公众如果不把这种心理表现出来,则实际后果难以确定。侵害名誉权的加害行为为第三人知悉,该行为即作用于公众的心理,必然产生降低受害人社会评价的后果。通过侵害事实被第三人知悉的证明,推定名誉损害事实的客观存在,是切实可行而又公允、合理的标准。英美侵权法确立"公布"作为认定名誉毁损事实的标准,是将侮辱言词传达给第三者。美国《侵权法重述(第二次)》第577条规定:"公布事项的诽谤,是指将诽谤内容以故意或过失行为传达于受诽谤以外的第三人。"〔16〕受害人以外的人,是指任何第三人或较多的人,人数不限。只要第三人知悉就可以认定受害人的社会评价在他人的心中产生了影响,评价有了改变。第三人知悉后是否向其他人传播,是否在大庭广众之下实施侵权行为才为"公布",均不论。只要有当事人以外的任何第三人知悉,就足以影响受害人的社会评价。至于知悉人数多少,是否在大庭广众下进行,只能表明行为影响程度和损害程度而已。

认定行为人的行为为第三人知悉应注意的:一是第三人知悉的行为,是加害行为人的行为所致,而不是指受害人的行为。有的第三人知悉名誉损害的行为是由受害人自己"公布"的,并非加害人所为,不构成侵害名誉权。二是侮辱和诽谤行为构成对他人名誉权的侵害,仅以这些行为被受害人以外的人知悉就足以认定,至于这些行为是公开的还是非公开的,则不予考虑。三是行为人实施的侮辱、诽谤行为,为行为人的近亲属所知悉,也应视为被受害人以外的人知悉。因为行为人的近亲属知悉,也会影响他们对受害人的评价,构成对受害人名誉权的侵害。四是侵害行为被受害人以外的人知悉为成立条件,受害人以外的人知悉,足以表明受害人的名

---

〔15〕 史尚宽:《债法总论》,荣泰印书馆1972年版,第145页。

〔16〕 美国法学会:《美国法律整编·侵权行为法》,刘兴善译,台北周刊杂志社1986年版,第475页。

誉在他人的心目中受到影响,受害人的社会评价已被降低。因此,无须证明实际损害后果的成立。

第二,精神痛苦损害。精神痛苦损害是指受害人因加害人的侵害名誉权行为而遭受的感情损害。在侵害自然人名誉权的情况下,精神痛苦的损害包括自然人心理上的悲伤、怨恨、忧虑、气愤、失望等痛苦的折磨。精神损害是侵害自然人名誉权的间接后果,它以名誉损害为前提,又是名誉损害的外在表现。确定精神损害程度,不能只考虑受害人对侵害名誉权的行为的反应是否强烈,受害人是否把自己的内心痛苦表现出来,还应当考虑侵权行为在一般情况下可能给受害人造成的精神痛苦,具体包括:加害人的主观状态、加害行为的情节及手段、行为内容的恶劣程度、影响范围的大小等。侵害法人名誉权的损害不具有精神痛苦的损害事实。

第三,财产利益损失。侵害名誉权也会造成受害人财产损失,是侵害名誉权的间接损害后果。自然人因名誉权受侵害而造成的财产损失包括:接受医疗而支出的费用,因误工而减少的收入,被降级、降职及解聘而减少的收入等。法人、非法人组织因名誉权受损害而造成的财产损失,一般应包括:合同被解除而带来的损失,客户减少及客户退货的损失,顾客减少导致的营业额降低等。

(3)侵害名誉权的因果关系

侵害名誉权的违法行为与损害事实之间的因果关系具有特殊性,表现在很多违法行为不是直接作用于侵害客体而使其出现损害事实,而是经过社会的或者心理的作用,达到损害受害人名誉利益和精神痛苦的结果,没有社会的和心理的这一中间环节,一般难以出现这种后果。

在侵害名誉权的因果关系上,不能特别强调必然因果关系,因为有些侵害名誉权损害事实的出现,不是行为的直接原因,不具有必然性,应当采用相当因果关系规则作为判断标准。

(4)侵害名誉权的过错

侵害名誉权的过错包括故意和过失。故意侵害名誉权构成侵权责任,过失侵害名誉权的也应承担民事责任。这是因为,侵权民事责任的立法宗旨是充分、有效、全面地保护当事人的合法权益,禁止以任何方式从事法律所禁止的行为,一旦因加害人的侵权行为造成他人的名誉损害,就应当予以恢复和补偿,而不论加害人是出于故意还是过失。

在侵害名誉权案件中,过失侵权占相当比例,多数又是通过广播、电视及报纸杂志、互联网等新闻媒体侵权。这类侵权行为具有传播范围广,对公众影响大等特点,对受害人的名誉损害也就更严重。

2. 侵害名誉权的损害赔偿责任

构成侵害名誉权责任,行为人应当承担的主要责任方式是精神损害赔偿。

(1)承担精神损害赔偿责任的范围。侵害名誉权,确定是否承担精神损害赔偿责任,应当从以下三个方面掌握:第一,从侵害情节来考虑,侵害情节较重,造成严重后果的,应当予以赔偿。从情节上看,主观上具有故意,如为泄私愤或图报复,以及具有其他恶劣动机、目的,侮辱、诽谤他人,败坏他人声誉的,或者因重大过失造成上述精神损害的,也应视为较重情节。从手段上看,使用的手段比较卑劣,无中生有,制造假证,栽赃陷害,编造不堪入耳的谣言,绘制不堪入目的画图,当众羞辱等,都属情节较重的手段。从后果上看,败坏了受害人的声誉,致使受害人痛苦不堪,或者致使家庭和睦受到影响,或者晋职升级受到妨碍,或者其形象、声誉受到损害的。第二,从受害人的谅解程度考虑。精神损害赔偿的目的之一,在于慰藉受害人的精神创伤。在具体的案件中,如果责令加害人承担非财产责任后,受害人能够谅解,可以不予以赔偿。

第三,从加害人认错态度考虑。侵害名誉权的加害人能够认识错误,如果也取得了受害人的谅解,可以不予以制裁。如果受害人谅解而加害人仍不认识错误,仍应承担赔偿责任。

(2)侵害名誉权精神损害赔偿的数额。确定精神损害赔偿数额的标准,应当根据下述不同情况确定不同的计算标准:第一,自然人之间的或自然人侵害法人并未获利的精神损害赔偿,其数额的确定可采用"斟酌法",制定若干个不同的赔偿数额幅度,斟酌案情确定之。第二,法人侵害法人、法人侵害自然人的精神损害赔偿,以及自然人侵害他人人格权而获得利益的,可以参照侵权期间所获得的利益确定赔偿数额。

确定侵害名誉权精神损害赔偿数额应当适当,既不能过高,又不能过低。有的案件判决赔偿当事人精神损害的数额太低,既不能补偿损失,又不能制裁违法,还会使法院的判决失去严肃性,降低了精神损害赔偿的社会价值观念。

(3)侵害名誉权的财产损害赔偿。依照《民法典》第1182条规定,侵害他人名誉权造成财产损失的,也应当按照被侵权人因此受到的损失或者侵权人因此获得的利益赔偿;被侵权人因此受到的损失以及侵权人因此获得的利益难以确定,被侵权人和侵权人就赔偿数额协商不一致,向人民法院提起诉讼的,由人民法院根据实际情况确定赔偿数额。

第二节　信　用　权

一、信用权的客体:信用

(一)信用的概念与特征

1. 信用的概念

信用权的客体是信用利益。

法律使用信用一词,最早可以追溯到罗马法,是诚实、信用、忠实的意思,在相互信任的理由中,产生了诚信。《德国民法典》在两种意义上使用"信用"一词,一是守信,关注的是履约主体内在的行为动机和良心,强调主体的主观状态应是善意的、讲道德的,这是从道德信条上升为法律准则的信用,是关于权利义务的普遍指导原则;二是作为一种人格利益的信用,它关系主体的生计或前途。《布莱克法律词典》认为信用的基本含义有两种:一是指商家或个人及时贷得钱款或取得货物的"能力",是特定出借人对其偿债能力和可靠性记录持肯定意见的结果;二是指债权人赋予债务人的可以延期偿债或可以先欠着以后再偿还的"权利"。英美法视信用为当事人经济能力的实实在在的体现,是授信人对受信人的还债可能性的评价与信赖。这种评价与信赖通过赊销、预付、信贷等交易方式表现出来。[17]

现代汉语的信用一词常用义,一为以诚信任用人,信任使用;二为遵守诺言,实践成约,从而取得别人对他的信任。[18]信用还包括经济学上的意义,即价值运动的特殊形式。

---

〔17〕 李红玲:《论信用权的若干问题》,载《政治与法律》2006年第4期。

〔18〕 《辞海》(缩印本),上海辞书出版社1979年版,第247页。

人格权法认为，信用是指民事主体所具有的经济能力，在社会上获得的相应的信赖与评价。

2. 信用的法律特征

（1）信用的主体是自然人和法人、非法人组织。信用不独为法人、非法人组织所享有，自然人亦有信用，包括个体自然人及个体工商户、承包户和合伙。

（2）信用的主观因素是民事主体的经济能力。信用的经济能力是很宽泛的概念，包括经济状况、生产能力、产品质量、偿付债务能力、履约态度、诚实守信的程度等。概言之，经济能力是经济方面的综合能力，不涉及政治态度和一般的道德品质。

（3）信用的客观因素是社会的信赖和评价。信用的客观表现是一种评价，是社会的评价，而不是自己的评价。自我经济评价是自己对自己经济能力的评估，是自己对守信态度的自我肯定，不是信用的客观因素。信用的另一客观表现是社会对特定主体经济能力的信赖，它是社会评价的内容之一，但是又包括情感的因素，具有独立的意义，表明信用的实质内容是"信"。信用是关于经济信赖的社会评价。

（4）信用是民事主体主观能力与客观评价的结合。一方面，经济信赖的社会客观评价不会凭空产生；另一方面，民事主体的主观经济能力是该种客观评价的基础和根据。只有这两种因素即主观因素和客观因素的紧密结合，才产生信用。

（二）信用与信誉、名誉

1. 信用与信誉

信用和信誉这两个概念有所区别。信誉的真实意义应为信用之美，即好的信用，为褒义；而信用是中性词。信用权的客体的信用包括信誉，也包括一般的信用。无论是好的信用还是一般的信用，作为客观社会评价，均概括在信用之中。

2. 信用与名誉

信用与名誉不同。信用与名誉都是社会评价，但是，广义的名誉包括信用在内，不过信用也有名誉不能包含的内容，其中不含侮辱或贬损人格之意者，不能一律以名誉律之。[19]《德国民法典》第 824 条规定："违背真相，对事实进行主张或传播，危害他人信用或对他人的生计或前途引起其他不利益的人，即使不知其为不真实，但系可得而知者，也应赔偿他人因此而产生的损害。"该法确认信用权，但立法时否认名誉权，可见其区别。我国台湾地区修改"民法"债编，于第 195 条明确规定信用权为独立人格权，与名誉权划清了界限。从实质而言，二者的区别是，名誉是对民事主体品德、才能以及其他素质的社会评价，概言之，为人格的社会评价，信用则是对民事主体经济能力的社会评价；信用包括对特定主体的信赖，名誉则不要求必有信赖的成分。信用是将关于主体经济能力的社会评价从一般的社会评价中分离出来，确认为一种独立的人格利益，并以之与名誉相区别。

我国民法对信用存有一定程度的偏见，自原《民法通则》始，就把信用概括在名誉之中，对信用的保护纳入名誉权的保护之中。《民法典》仍然如此，第 1024 条第 2 款规定名誉的概念，就将"信用"概括在其中。

---

〔19〕　史尚宽：《债法总论》，荣泰印书馆 1978 年版，第 147 页。

二、信用权

（一）信用权的概念与性质

1. 信用权的概念

信用权是指自然人和法人以及其他组织，就其所具有的经济能力在社会上获得的相应信赖与评价，所享有的保有和维护的具体人格权。《民法典》没有明确规定信用权，但是在名誉权的规定中，第1029条和第1030条规定了信用权的内容。据此，本书将信用权单独作为具体人格权进行说明，以更好地保护信用权。

2. 信用权的性质

对于信用权的性质，有不同主张：

（1）人格权说。将信用权作为独立的人格权有充分根据。据学者研究，大陆法系国家设有专门规定调整危害个人或企业信用的侵权行为，如《奥地利民法典》第1230条之二、《德国民法典》第824条、《希腊民法典》第920条和《葡萄牙民法典》第484条。西班牙1982年5月5日《个人名誉保护法》已经扩展到对信用即商业上的名誉的保护。意大利法院在一般条款之下塑造和论证信用权。在比利时和法国，对个人或企业信用的保护是用一般条款来调整的。可见，在欧洲大陆大多数国家对信用权进行规制，或者通过民商事法律专门规定，或者通过法院的司法判例。[20]我国学者认为，信用权为独立的人格权，源于信用权确有名誉权容纳不下的内容，二者性质又有区别，侵害行为的特点又不相同，故有特别予以法律保护的必要。

（2）无形财产权说。有的学者认为，信用权的性质是新型无形财产权，在市场经济条件下，资信利益从精神价值向财产价值不断扩充，成为一种与创造性成果权、识别性标记权相联系而又有区别的新型无形财产权。[21]

（3）独立人格权否定说。认为《德国民法典》第824条所保障的绝不是一项独立的人格权，而是一般性的且难以类型化为权利的财产利益，绝不应该作为我国应设立信用权的比较法上的依据。如果坚持要在民法典中设立一项新的（其核心为人格要素，或者至少包含了人格要素）的所谓信用权，必须提供足够且坚固的理由。[22]

（4）双重属性说，认为与其说信用权可以视为一项财产权和一项有人格权衍生出来的权利，不如说是两种不同权利或同一权利的两种形式，即“拥有自己信用的权利”和“控制自己信用的权利”。[23]

本书采纳第一种意见。首先，无论《德国民法典》是不是把信用作为一个权利来保护，对其都是予以保护的。我国台湾地区1999年修订后的“民法”第195条第1款规定：“不法侵害他人之身体、健康、名誉、自由、信用、隐私、贞操或不法侵害其他人格法益而情节重大者，被害人虽非财产上之损害，亦得请求赔偿相当之金额。其名誉被侵害者，并得请求恢复名誉之适当处分。”该条将信用权作为一种独立的人格权，在信用受到侵害时可以请求非财产损害赔偿，以区别于侵害名誉权。我国2002年《民法（草案）》曾经将信用权纳入立法计划，遗憾的是，《民法

〔20〕杨俊：《关于对我国信用权的若干思考》，载《前沿》2008年第3期。

〔21〕吴汉东：《论信用权》，载《法学》2002年第1期。

〔22〕周云涛：《存疑信用权》，载《政法论丛》2008年第4期。

〔23〕胡大武：《侵害信用权民事责任研究》，法律出版社2008年版，第47页。

典》没有坚持这种立场。其次,将信用权作为具体人格权保护,不是因为德国作了保护的规定,而是因具体实践需求和理论研究结果确定的。即使《德国民法典》没有将信用权作为一个人格权予以保护,而仅仅是以利益来保护,也不妨碍我国将其作为人格权规定。最后,信用是一种评价,是一种具体人格利益,要建立一个权利保护它,那一定是人格权而不能是财产权。既然信用权是一种无形财产权,不能说它是"一种与传统人格权相区别的混合性权利"。无形财产权与有形财产权是财产权的两大类,信用权不能既属于无形财产权又属于混合性权利。

基于信用权的人格权性质,将信用权规定在民法典中,可以对侵害信用权作出详尽规定,实现对信用权的充分保护。事实上,《反不正当竞争法》第14条关于"经营者不得捏造、散布虚伪事实,损害竞争对手的商业信誉、商品声誉"的规定中,包括了信用权的基本内容,也是立法对信用权的确认。

(二)信用权与名誉权的区别

第一,信用权的客体即对主体的社会评价具有单一性。作为信用权客体的信用,基本内容是关于民事主体经济能力的社会评价,仅此而已。而名誉权的客体则是关于主体人格的综合评价,范围宽泛,内容复杂。前者系经济上的评价,后者为社会上的评价。

第二,信用权包含对主体的信赖因素。信用权不仅包括对主体的经济能力的社会评价,还包括对主体的信赖因素;而名誉权则只包括对主体的一般社会评价。信用受到侵害,有时并不表现为名誉利益受到侵害,而只表现为公众信赖的降低,因而只损害信用而不损害名誉,其原因就是信用利益包含经济信赖,名誉利益不包含这种因素。

第三,信用权包含财产利益因素。信用权虽然是人格权,但是因其关系到对主体经济能力评价,因而信用利益包括两部分,一部分是精神利益,另一部分则是财产利益。该种财产利益并非为直接的财产利益,而是含于其信用利益之中,在具体的经济活动中能够转化为财产利益,损害信用利益,也会造成严重的财产利益的损失。故信用权具有明显的财产性;而名誉权则不具有财产性,只是与财产利益有关联。

基于以上信用权与名誉权的区别,对信用权当然以作为独立人格权保护更为妥当。

(三)信用权的内容

1. 信用保有权

信用权的基本内容,是对于自己的信用享有保有的权利。信用是民事主体因自身主观能力与客观的社会信赖及评价结合的产物,虽然不能以自己的力量去强迫社会改变评价,增进信赖,但是却可以通过自身的努力,影响于社会,保持社会对自己经济能力的信赖,扩大自己的经济影响力,使社会对自己的经济评价获得改进。信用保有权的内容,一是主体保持自己的信用不降低,不丧失;二是通过自己增强经济能力,加强诚信履约的努力,而使自己的社会经济评价和信赖感不断进展,获得更好的社会经济形象。

2. 信用利益支配权

权利主体可以就其信用利益进行支配、利用。例如,利用自己良好的信用,扩大经济交往,开展经济活动,以获得更好的社会经济效益,创造更多的社会财富,满足自身的经济、文化需要,同时也满足社会的需要。这是信用权主观能动作用的体现。

信用利益的支配不是无限的、任意的,它不包括信用的抛弃权,更不得将信用转让他人,也不能作为财产由继承人继承,但是可以利用自己的信用为他人谋利益,为他人服务。例如,信用良好的法人和个人可以用信用为其他债务人进行担保,为保证。子承父业,其继承人可以利用继承的营业所享有的信用而进行活动,扩大经济交往。这些虽然不是信用的转让和继承,却具有相近的联系。

(四)对信用权保护的特别规定

在信用权的保护中,特别有特点的是征信问题。为了保护社会的诚信秩序,征信机构有权就自然人、法人、非法人组织的诚信状况进行征信,并为其他民事主体提供征信信息。征信机构是依法征信,民事主体又享有信用权,因而,在征信中,要特别保护好信用权人的权利。

1. 信用权人对信用评价的权利及信用评价人的义务

《民法典》第 1029 条规定:"民事主体可以依法查询自己的信用评价;发现信用评价不当的,有权提出异议并请求采取更正、删除等必要措施。信用评价人应当及时核查,经核查属实的,应当及时采取必要措施。"这是对信用权的变通规定。

我国是重礼仪、守信用的国家,"仁义礼智信"是传统道德。但是,近 100 年来,诚信道德和诚信秩序受到破坏,必须加强征信系统建设,维护诚信道德和诚信秩序。征信机构就是征集民事主体信用,进行加工,供他人使用的机构,有权征集民事主体的信用信息,进行加工,供他人使用。这是加强诚信建设所必需。每一个主体在接受征信机构征集信用信息的同时,也享有权利。

信用权人对征信系统享有的权利是:(1)民事主体可以依法查询自己的信用评价,征信机构不得拒绝;(2)发现信用评价错误的,有权提出异议,并要求采取更正、删除等必要措施,以保持对信用权人信用评价资料和评价结论的正确性。

征信机构也就是信用评价人的义务:(1)接受权利人对自己的信用评价的查询;(2)对权利人提出的异议,应当及时核查;(3)对异议经核查属实的,应当及时采取必要措施,予以纠正,对权利人保持正常的客观、准确评价。

2. 民事主体与征信机构的关系准用个人信息保护规则

《民法典》第 1030 条规定:"民事主体与征信机构等信用信息处理者之间的关系,适用本编有关个人信息保护的规定和其他法律、行政法规的有关规定。"这是对民事主体与征信机构利益关系的规定。

之所以要规定民事主体与征信机构的权利义务关系,就在于征信机构的建立和发展都必须依赖于民事主体的信用信息,因而形成了信用机构征集民事主体信用信息的权利,以及民事主体作为信用权人对自己的信用信息占有、支配的权利。这两个权利形成冲突。在立法上,立场更多的是站在征信机构一方,因为征信机构的价值在于建立社会的诚信秩序,维护社会的和民事主体的诚信观念,因而涉及社会公共利益问题。正是由于立法立场的偏重,因而更要保护好民事主体的信用权,保护好民事主体的信用信息,因而《民法典》侧重规定民事主体在于征信机构的关系中,强调民事主体的权利和征信机构的义务。

关于信用权和信用权人与征信机构之间的关系,《民法典》除了第 1029 条规定之外,没有作进一步规定。由于信用权人和征信机构之间的权利义务关系与个人信息权人和个人信息征集者、使用者的权利义务关系基本相同,因此规定准用条款,准用有关个人信息保护的规定,以及其他法律、行政法规的有关规定。其他法律如《网络信息安全法》《关于加强网络信息安全的决定》等，最重要的是正在制定的《个人信息保护法》，以及国务院关于保护个人信息的行政法规的规定。

征信机构征集信用信息准用的法律规定，《民法典》第1035条规定的处理个人信息原则和条件，第1036条关于处理个人信息的免责条款，第1037条规定的自然人对信息处理者的权利，第1038条规定的信息处理者的义务等，在个人信用信息的处理中都可以适用。

三、对信用权的民法保护

（一）对信用权的直接保护与间接保护

1. 直接保护方式

对信用权的直接保护，即对侵害信用权的行为直接确认为侵害信用权民事责任，制裁该种侵权行为，保护信用权主体的信用利益不受非法侵害。我国台湾地区"民法"采用直接保护方式方法保护信用权，确认信用权为独立人格权，直接予以保护。

2. 间接保护方式

对信用权的间接保护，是对侵害信用的行为确认为侵害其他人格权民事责任，制裁侵害信用权的行为，间接地保护权利主体的信用利益不受非法侵害。信用权间接保护的典型为《澳门民法典》第73条第1款："任何人均有权受保护，以免被他人以指也某种事实或作出某种判断，使其名誉、别人对其之观感、名声、声誉、个人信用及体面受侵犯。"

间接保护方式分为两种形式：（1）确认侵害信用利益的行为为侵害名誉权，对权利主体的信用利益进行间接法律保护。这种间接保护的理论根据，在于信用与名誉同为社会评价，信用为广义名誉的组成部分，以保护名誉权的法律保护方法保护信用，可以达到保护信用利益的目的。在没有确认信用权为独立人格权的国家和地区，多采这种间接保护方式。（2）确认侵害信用利益的行为为侵害营业权，对权利主体的信用利益进行间接法律保护。其理论根据在于信用是营业的组成部分，营业权中包括信用利益，保护营业权包括对信用利益的保护。

例如，上海某医用橡胶厂与某医学院妇产科教研室协作研制妇用卫生杯。组织专家对Ⅰ型、Ⅱ型妇用卫生杯通过技术鉴定后，进行批量生产。Ⅱ型妇用卫生杯投放市场，销量很好，又生产了Ⅲ型妇用卫生杯新产品。被告某医疗用品厂系乡办企业，在未经有关部门对产品作技术鉴定的情况下生产妇用卫生杯，大量投放市场销售。原告向有关行政管理部门等写信反映被告厂无研制单位、无有关专家鉴定、无产品标准、无检测方法等，将生产的妇用卫生杯大量投放市场，违反质量管理规定，要求干预制止。被告厂生产的妇用卫生杯在数年后，才经省科技委员会鉴定通过。被告厂印发数百份"公告"称：原告厂生产的妇用卫生杯积压了105万只，倾销失效、半失效产品，致使原告生产的妇用卫生杯销量受到严重影响。一审法院审理认为：企业的名誉权受国家法律保护。企业之间将生产的合格产品投放市场，开展正当的商品竞争，是国家允许的。原告厂的妇用卫生杯从未积压过一年之久，销售的妇用卫生杯根本不存在失效、半失效的问题，库存量也从未有过105万只。被告以非法手段，用"公告"的形式故意捏造事实，对原告厂生产的妇用卫生杯进行诽谤，其行为违反法律保护名誉权的规定，损害了法人的名誉权，判决被告在承担消除影响、恢复名誉、赔礼道歉的责任外，赔偿原告损失。[24]这就是采用名誉权保护信用权的间接保护方式。

3. 我国对信用权的保护方法

对信用权进行法律保护的上述两类三种形式，以直接保护方式为最佳，以侵害名誉权进行间接保护次之，以侵害营业权的形式进行间接保护为不可采。其理由是：第一，名誉与信用虽同为社会评价，但是二者具体内容不同，以侵害名誉权的间接保护方式可以救济大部分的信用利益损害，但确有这种间接保护方式所不能保护的部分。只有直接确认信用权为独立的人格权，并以直接保护方式予以保护，才能完备地保护信用利益。第二，营业权究竟为独立的人格权还是商事法的权利，尚不分明。而信用不仅为从事营业的主体所独有，不从事营业的主体亦有信用，亦应进行法律保护。以侵害营业权方式间接保护信用利益，必然对不从事营业的主体的信用利益无法保护，难以避免对信用利益保护不周之弊。

我国自原《民法通则》以来，对信用权的保护都是采取间接保护方式进行保护，《民法典》仍然采取这种做法，存在不足。

（二）对信用权的人格权请求权保护

信用权人有权维护自己的信用，使自己的信用利益不受外来侵害。信用权的维护权就是人格权请求权对信用权的保护。适用人格权请求权保护信用，包括两重含义：一是信用权的绝对权属性，要求任何其他人都对自己的信用负有不可侵的不作为义务，权利主体对自身以外的任何人都享有不得侵害的不作为请求权；二是对于违反法定义务而妨碍、侵害信用权的行为人，权利人基于其信用权请求权，可以寻求司法保护，要求司法机关对侵害自己信用权的加害人进行制裁，救济自己的信用权损害。

救济的方法是《民法典》第995条规定的民事责任方式，即停止侵害、排除妨碍、消除危险、消除影响、恢复名誉、赔礼道歉。应当根据侵害信用权行为的具体情况，行使相应的人格权请求权保护权利人。

（三）对信用权的侵权请求权保护

1. 侵害信用权的侵权责任构成

（1）违法行为。侵害信用权的违法行为，首先须具备有损他人信用的内容，包括对主体的经济实力、履约能力及态度、产品质量、经营现状、销售状况等经济能力的贬损、误导以及其他施加不当影响的事实。这种主张或散布的事实必须是不真实的事实，包括绝对不真实的事实和相对不真实的事实。前者包括故意虚构的事实、自认为真实但是却不真实的事实、轻信他人主张的不真实事实。后者为行为人所述事实为真实，但是对其实质内容未作详细说明，或对事实未作全面报道者。[25]例如，流言某腊肠贩卖商店之前，屡停有屠马者之货车，而对其货车之未卸下何物，默而不言，则可使人想象该店有混用马肉之事，以毁损其信用。[26]只报道某单位设备简陋、生产条件差，而不言明该单位艰苦奋斗和实际生产情况，因而损害权利人的信用权。

---

〔24〕 本案案情参见《最高人民法院公报》1988年第1期公布的“上海新亚医用橡胶厂诉武进医疗用品厂损害法人名誉权纠纷案”。本案发生的时间较久，但是特别典型，特此选录。

〔25〕 王利明等：《民法·侵权行为法》，中国人民大学出版社1993年版，第301页。

〔26〕 史尚宽：《债法总论》，荣泰印书馆1978年版，第148页。

侵害信用权的行为一般表现为作为方式,捏造、传播、转述流言为主要形式。当行为人负有特定的作为义务时,不作为亦可构成侵害信用权。《消费者权益保护法》第20条规定:"经营者向消费者提供有关商品或者服务的质量、性能、用途、有效期限等信息,应当真实、全面,不得作虚假或者引人误解的宣传。""经营者对消费者就其提供的商品或者服务的质量和使用方法等问题提出的询问,应当作出真实、明确的答复。""经营者提供商品或者服务应当明码标价"这种义务,是法定的作为义务,违反之,即为不作为的侵害行为。例如,经营者出售自己的假冒伪劣产品,消费者误认是另一厂家产品,进行询问,而经营者保持沉默而不作否认,违反了法定的作为义务,为不作为的侵害信用权行为。

侵害信用权行为的违法性依据,是《民法典》第3条关于保护民事主体合法权益的原则规定,以及第1024条规定。在《反不正当竞争法》《消费者权益保护法》中关于保护信用、禁止不正当竞争、保护消费者权益的规定,也是判断行为违法性的法律根据。例如,《反不正当竞争法》第14条关于保护经营者信用的禁止性规定,尤具重要意义。

(2)损害事实。侵害信用权的损害事实,是侵害信用权行为作用于社会,而导致公众对特定主体经济能力的信赖毁损和社会经济评价的降低,以及由此而造成的财产利益损失。其主要表现是:

第一,信用利益毁损。与名誉利益损害事实相比较,信用利益的损害也表现为社会评价降低。例如,贬损经营者的经济能力,能造成其名誉的损害,但实质是对信用利益的损害。信用损害有时并不表现为名誉利益的损害,而只表现为公众信赖的降低,则只损害信用而不损害名誉,其原因就是信用利益包含经济信赖,而名誉利益则不包含这种因素。可见,信用利益的损害包括两个方面,一是社会经济评价的降低,二是公众经济信赖的毁损。这两种损害因素,多是结合在一起,但有时则信赖的毁损单独存在。

第二,财产利益损失。由于信用是社会经济评价与信赖,直接具有经济利益因素,因而信用利益的损害一般会带来财产利益的损失,尤其对经营者而言,此点更为明显。对于财产利益的损失,应当实事求是地判断,计算必须确有实据,并应注意扣除自身原因造成财产利益损失的因素。对于一般民事主体的信用损害造成的财产损失,也应依证据确定。

侵害信用权的损害事实,不含有精神痛苦的损害。

(3)因果关系。侵害信用权的因果关系较易判断,应注意的是,违法行为与信用利益损害之间、违法行为与财产利益损失之间,因果关系有不同特点。在违法行为与信用利益损害之间,因果关系判断的标准在于违法行为所包含的内容被"公布",即被第三人所知悉,未被第三人知悉者,不会引起信用损害。在这一点上,侵害信用权与侵害名誉权是相同的。在违法行为与财产利益损害之间,应以确定的因果关系证明为标准,即后者确实为前者所引起的,才能确认其有因果关系。

(4)过错。在侵害信用权的过错形态上,一种主张认为,加害人对于信用之损害以有故意为限,始构成侵权行为。加害人知其行为可发生损害他人信用之结果而敢为之者,即为有故意。[27]另一种主张认为,损害信用权不能仅限于故意,故意或者过失均可构成信用权的侵害。[28]本书采用后一种主张。其理由是,法律全面保护民事主体的信用权,并没有任何条文规

〔27〕 史尚宽:《债法总论》,荣泰印书馆1978年版,第148页。

〔28〕 王利明主编:《民法·侵权行为法》,中国人民大学出版社1993年版,第301页。

定对过失造成的信用损害可以不予救济。学者认为,行为人有意虚构事实,或者明知他人的主张并非真实事实而加以传播者,为有故意;行为人轻信他人的主张为事实而加以传播,或者应当知道他人的主张并非真实事实而不知道并加以传播的,均为有过失。[29]这种主张可以作为侵害信用权的故意和过失的标准使用。

2. 信用损害的抗辩事由

(1)行为人对其所传述的事实不知且不应知其为非真实的。行为人传播的事实虽非真实事实,但由于行为人的消息来源足以使一般人不会怀疑该消息的真实性,行为人即为不应知其为不真实。对此不应知其为非真实而不知,而对该不真实的事实予以传播的,为阻却违法事由,理由是行为人主观上无过错。一般主体不负有对消息来源具有真实性的事实的特别审查义务,如听消费者协会新闻发布会发布某厂家产品质量不好的事实,而后予以传播者,不构成信用损害。反之,新闻单位对该种新闻发布会上发布的此类消息,应负事实的审查核实义务,未经核实而见诸新闻媒体,不得以其不知且不应知其为非真实事实而抗辩,造成信用损害后果的,是过失的不作为行为,应与新闻发布单位一起共同承担侵害信用权的责任。

(2)因有利益关系或负有义务而为通知的。行为人为维护自己的正当权益,或者为履行自己的义务,向第三人通知其有损他人信用的事实的,可以阻却违法,否定侵害信用权责任的构成。无此义务或不具有利益关系而通知,或者认为有此义务或利害关系而通知者,仍为传播有损信用的行为;或者有此义务或利害关系,但明知该传言为不真实而通知者,亦构成侵害信用权。债权人因债务人资不抵债而向人民法院起诉,亦为维护权利的需要,不构成侵害信用权。这里的利害关系,是指行为人与信用权主体具有直接的相关利益,这种利益又为法律所保护。在这种利益关系中,行为人为维护自己的正当利益,向第三人通知有损于信用权主体信用的事实时,才为阻却违法事由。不具有这种直接利害关系而向第三人通知者,为侵害信用权。

(3)依照职责反映权利主体负面信用情况。这种行为是依法执行职务行为,为正当的抗辩事由,不构成侵权责任。构成这种抗辩事由,一是要确有此职责,二是通过正当的渠道反映。符合这两个条件,应予免责。工商行政机关向上级提出某法人无支付能力的报告,报告的是该法人的负面信用情况,因其职责和反映渠道正当,故为合法行为。

(4)通过正当渠道向有关部门反映情况的。向有关部门反映某主体的信用情况,只要反映者是经正当渠道、正当程序进行反映,尽管其反映的情况不够真实,也不构成侵害信用权。以消费者投诉为例,《消费者权益保护法》第 15 条规定:“消费者享有对商品和服务以及保护消费者权益工作进行监督的权利。”“消费者有权检举、控告侵害消费者权益的行为和国家机关及其工作人员在保护消费者权益工作中的违法失职行为,有权对保护消费者权益工作提出批评、建议。”消费者的正当投诉为行使权利行为,即使对经营者的信用有损害,亦为阻却违法事由,不构成侵权责任。但是,当事人在正当投诉时,又向社会散布所反映的不真实或不完全真实的事实的,则构成侵害信用权。

3. 侵害信用权的损害赔偿责任

由于信用权具有明显的财产利益,因此,救济信用权损害的主要方式就是损害赔偿责任。

(1)对于经营者信用权受到侵害,造成财产利益损失的损害赔偿。依照《民法典》第 1182 条规定,侵害他人信用权造成财产损失的,应当按照被侵权人因此受到的损失或者侵权人因此

---

[29] 王利明主编:《民法 · 侵权行为法》,中国人民大学出版社 1993 年版,第 301 页。

获得的利益赔偿;被侵权人因此受到的损失以及侵权人因此获得的利益难以确定,被侵权人和侵权人就赔偿数额协商不一致,向人民法院提起诉讼的,由人民法院根据实际情况确定赔偿数额。对经营者的信用权损害,主要是赔偿经营损害。计算经营损失的方法,一是依经营者的实际经营损失,确定赔偿范围;二是经营者经营损失难以计算的,按照侵权人在侵权期间因侵权所获得的利润,确定赔偿范围,被侵权人有权选择上述赔偿方法。

对于受害人为调查其信用受损害的行为所支付的合理费用,应当予以赔偿。这是《反不正当竞争法》确定损害赔偿责任的特别规定。确定这种赔偿范围,一是实际支出原则,即赔偿的费用必须是实际支出的费用,因而这种损失的性质是直接损失;二是合理支出原则,即赔偿的费用必须是合理支出的费用,凡不合理的支出,或不属调查该行为支出的费用,均不应予以赔偿。

经营者为恢复信用而支出的费用,如所做宣传的费用等,均属此范围,亦为信用损害所造成的财产损失,应按实际、合理的赔偿原则予以赔偿。

对于这些损失,如果概括在对自己所造成的损失范围内,且损失的总额仍达不到侵权人因此获得的利益的,可以直接选择后一种赔偿方法请求赔偿。如果各项损失合计超过侵权人所获得的利益的,当然直接按照损失计算,请求损害赔偿。

(2)侵害非经营主体信用权的损害赔偿责任。对于侵害非经营主体即自然人信用权的损害赔偿责任,应当参照侵害名誉权损害赔偿责任的确定方法,确定赔偿范围。造成严重精神损害的,承担精神损害赔偿责任。造成财产损失的,应当赔偿财产损失。

第三节　荣　誉　权

一、荣誉权的客体:荣誉

(一)荣誉的概念和法律特征

1. 荣誉的概念

荣誉权的客体是自然人、法人、非法人组织获得的荣誉。

荣誉,是指自然人、法人、非法人组织在社会生产、社会活动中有突出表现或者突出贡献,政府、团体或有关组织所给予的积极的、肯定的正式评价。

2. 荣誉的法律特征

名誉和荣誉有紧密关联,二者都是一种评价,但是,荣誉与名誉相比,有自己的法律特征:

(1)荣誉是社会组织给予民事主体的评价而不是一般的社会评价。名誉这种评价源于公众,或者一般的舆论。荣誉不是公众的评价,而是由国家、政府、所属单位、群众团体以及其他组织给予特定民事主体的评价,更不是个人的评价。要区分的,一是有些荣誉由特定的领导授予,如董事长授予其属员以荣誉,政府首长授予某人以荣誉称号。这不是个人的评价而是组织的评价,因为政府首长或法人董事长就是该政府、该法人的机关,他所代表的是组织,而非个人行为。二是有些荣誉是由公众投票,组织公布,如电影百花奖、十佳运动员等,这种荣誉也不是一般的公众评价,而是由一定的组织主持的,由公众参加的评选活动,其荣誉的授予,仍是由一定的组织进行。

(2)荣誉是社会组织给予的积极评价而不是消极评价。名誉既包括积极的褒奖,也包括消极的批评、贬损,还包括不含有褒贬色彩的中性评价。荣誉获得的前提,须是民事主体在社会生产或社会活动中作出突出贡献,或者有突出表现,与众不同,具有应受褒奖性。只有具备这样的条件才能获得荣誉,否则就没有获得荣誉的资格。因而,荣誉须是积极的、褒扬性的评价,一般的评价不构成荣誉,消极的评价更不是荣誉,而是荣誉的对立物。

(3)荣誉是社会组织给予的正式评价而不是随意性评价。名誉这种社会评价是公众的自由评价、随意评价,不受政府、组织和团体的意志所左右。荣誉则不同,必须是由社会组织作出的正式评价。这种正式性,是荣誉的内容必须有专门的内容,如劳动模范、优秀演员、学习标兵、战斗英雄、世界冠军等,形式必须定型化,不能随意而为;其授予或撤销、剥夺必须程序化,严格依照法定的或者议定的程序进行,尤其是荣誉的剥夺,应当依照法定程序进行,否则为侵权。

(4)荣誉是民事主体依据其模范行为而取得的评价而不是自然产生的评价。名誉是自然产生的,无须民事主体依自己的积极行为而取得,如人一出生人们就评价其胖瘦、黑白、丑俊等。荣誉这种评价非依自己的模范行为、突出贡献而不能取得。即使"选美",也并非只要参选人自然姿色美就必然当选,还必须评判其修养、举止、谈吐、衣着等综合指标,确实有模范表现才能当选。任何荣誉都不能自然产生。

(二)荣誉的性质

对于荣誉的性质,有两种不同观点:一是评价说,认为荣誉说到底,是一种社会评价,与名誉不同的是,荣誉这种社会评价是正面评价、积极评价、正式评价。〔30〕二是奖励说,认为荣誉就是获得的奖励、光荣称号,是因在社会活动中作出贡献、取得成果,由国家和社会所给予的奖励。〔31〕

荣誉的性质就是一种评价。荣誉实际上是社会褒奖,给予奖励、授予光荣称号并非错误,但是,奖励和光荣称号只是荣誉的外在表现形式,而不是实质。荣誉是具体的荣誉,而不是抽象的荣誉、概括的荣誉,这种荣誉的实质,在法律的层面上说,就是进行褒奖的评价。

二、荣誉权的概念和性质

(一)荣誉权的概念及特征

1. 荣誉权的概念

荣誉权,是指自然人、法人、非法人组织对其获得的荣誉及其利益所享有的保持、支配的具体人格权。《民法典》第1031条规定:"民事主体享有荣誉权。任何组织或者个人不得非法剥夺他人的荣誉称号,不得诋毁、贬损他人的荣誉。""获得的荣誉称号应当记载而没有记载的,民事主体可以请求记载;获得的荣誉称号记载错误的,民事主体可以请求更正。"这是《民法典》对荣誉权的具体规定。

---

〔30〕 张俊浩主编:《民法学原理》,中国政法大学出版社1991年版,第155页。

〔31〕 马原主编:《中国民法教程》,人民法院出版社1989年版,第497页。

2. 荣誉权的法律特征

（1）荣誉权的客体是荣誉及其利益。荣誉是荣誉权的客体，荣誉所包含的利益也是荣誉权的客体。获得体育比赛冠军，这种称号是荣誉本身，因获得冠军而得到的奖章、奖金、奖品，以及所获得的尊敬、荣耀等，是荣誉利益。

（2）荣誉权不是获得权而是保持权。荣誉权是民事主体都享有的权利，但是，必须是在民事主体已经取得了荣誉时才有价值。荣誉的获得包括两个因素，一是主体的突出贡献或突出表现，二是组织的承认并授予。荣誉权的基本含义在于对已经取得的荣誉的占有和保持。如果承认荣誉权是获得权或者包括获得权，就等于任何民事主体都有权获得荣誉，当组织没有授予其荣誉时，就可以依其获得权而主张荣誉。荣誉的获得在于组织的授予，而组织授予荣誉是行政行为或者组织行为，不是民事主体个人依其行为而取得。例如，明某受聘于某市公安交通管理局某大队任宣传员。该大队根据市公安交通管理局关于进一步加强宣传报道工作的指示精神，向明某传达了《关于加强宣传报道的通知》，要求明某进一步拓宽宣传思路，加大宣传力度，并按文件的规定进行评功、奖励，即个人全年在新闻单位发稿 80 篇以上者，报立个人三等功，年终给予奖励人民币数千元。明某根据龙岗大队的要求，全年发稿二百多篇，但是未能评上三等功，也未获得奖金的奖励。明某多次向大队提出应按《关于加强宣传报道的通知》的规定，给其报立三等功，授予其荣誉，未被接受，双方发生纠纷，明某向法院起诉该大队侵害其荣誉权。一审法院和二审法院均判决驳回其诉讼请求。这个案例体现的，就是荣誉权不是获得权，法院无权判决某组织对某人授予荣誉。

（3）荣誉权是对荣誉及其利益的支配权。荣誉权是一种绝对权，表现为荣誉权人对其已经取得的荣誉及其利益的独占权，其他任何人都对这一权利客体负有不可侵的法定义务。荣誉权对其荣誉利益享有支配权，自主决定荣誉利益的利用、处分，尤其是荣誉中的物质利益，权利人享有绝对的支配权。

（二）荣誉权的性质

1. 意见分歧

荣誉权究竟是人格权，还是身份权，抑或兼有人格权和身份权的双重属性，理论上有四种不同主张。

（1）人格权说，认为荣誉权的性质是人格权而非身份权。在原《民法通则》实施之初，多数学者持这种主张。近年来，多数学者改变了看法，但是，仍有少数学者坚持这种主张。〔32〕

（2）身份权说，认为荣誉权的性质是身份权而不是人格权，理由是，并非每个自然人、法人、非法人组织都享有的，尤其是荣誉权的取得有赖于主体实施一定的行为，做出一定的成绩，可见它不是自然人生来和法人成立后就应依法享有的。〔33〕

（3）双重属性说，认为荣誉权兼有身份权和人格权两种属性，但是身份权是其基本性质，只是在某种意义上反映社会对某一民事主体的评价，具有人格方面的因素。〔34〕

（4）非民事权利说，认为荣誉权并非一种民事权利，因此应当褪去“荣誉权”的民事权利的

---

〔32〕　张俊浩主编：《民法学原理》，中国政法大学出版社 1991 年版，第 140、154 页。

〔33〕　王利明主编：《人格权法新论》，吉林人民出版社 1994 年版，第 11 页。

〔34〕　马原主编：《中国民法教程》，人民法院出版社 1989 年版，第 497 页。

外衣。缺乏充分的论证而轻易地通过立法为其披上民法权利的外衣，不仅徒增权利体系上的龃龉，在侵权救济上也会陷入法理逻辑的悖谬。〔35〕

2. 荣誉权的性质兼具人格权与身份权两种属性

荣誉权作为一种民事权利，最主要的是立法已经规定其为民事权利。原《民法通则》规定荣誉权，经过了三十多年的实践，证明还是有必要的。《民法典》仍然坚持规定荣誉权，并且放在人格权编规定，确认其人格权的性质。规定荣誉权是一种独立的民事权利，并非我国立法的特有观念，〔36〕《蒙古民法典》第7条、《意大利刑法典》第585条至第595条、《加拿大魁北克省人权与自由宪章》第四节都规定荣誉权是一个独立的民事权利，〔37〕在比较法上有立法例支持。

荣誉权的基本属性是人格权，但是也带有身份权的性质。其理由是：

（1）荣誉权具有身份权的属性。荣誉权的来源是基于一定事实受到表彰奖励后而取得，因而原则上不具有固有权的属性。荣誉权的非固有性表明它基本上属于身份权的性质。同时，荣誉权的基本作用不是维护民事主体人格之必需，而是维护民事主体的身份利益。荣誉权丧失，人格不会受到损害。荣誉权维护民事主体的身份利益，即该荣誉及其利益为该民事主体的身份利益，他人不得享有或侵犯。非法剥夺荣誉造成荣誉权的损害，损害的是身份利益，即荣誉利益与荣誉权人相分离，使民事主体丧失荣誉及其利益。

（2）荣誉权也具有人格权的特征。荣誉权也具有人格权的特征。例如，荣誉权人获得荣誉有权保持，荣誉权受到侵害有权请求法律救济，荣誉利益可以自由支配等。这些特点都说明荣誉权也具有人格权的特点。

最重要的是，《民法典》仍然将其规定为人格权。对荣誉权的性质经过反复讨论，绝大多数学者认为，还是承认荣誉权既具有身份权的属性，又具有人格权的属性，因此，将其规定在人格权法编中为好，可以避免将其规定在亲属关系的身份权体系中，形成身份权体系的混乱。

三、荣誉权的内容及荣誉利益准共有

（一）荣誉权的内容

1. 荣誉保持权

荣誉保持权是指民事主体对获得的荣誉保持归己享有的权利。

荣誉保持权的客体是荣誉本身，而不是荣誉利益。荣誉的本身，包括各种荣誉称号，如劳动模范、战斗英雄、先进企业、文明商店等，各种奖励、表彰，如通报表扬、通令嘉奖等。某些名誉职衔，如名誉博士、荣誉市民、名誉主席、名誉会长等，并不是表明被授予者的学识、能力等达到了博士的水平或某种职称的要求，而在于授予机关授予该主体一种荣誉，使其享有名誉职衔的精神利益或者一定的物质利益，因而是荣誉。

保持权的内容有两项：一是对获得的荣誉保持归己享有，二是荣誉具有不可侵性。荣誉归己享有，体现的是荣誉的独占权，表明荣誉一经获得，即为民事主体终生享有，未经法定程序不得撤销或非法剥夺，也不得转让、继承。荣誉的撤销须依一定的程序，由原授予荣誉的机关或

---

〔35〕 姚明斌：《褪去民法权利的外衣——“荣誉权”三思》，载《中国政法大学学报》2009年第6期。

〔36〕 龙卫球：《民法总论》，中国政法大学出版社2001年版，第330页脚注。

〔37〕 参见马特、袁雪石：《人格权法教程》，中国人民大学出版社2007年版，第272页。

组织依法定的事由而撤销。荣誉的不可侵性,不仅要求荣誉权人之外的任何其他人都负有不可侵的法定义务,而且规定任何违反这一法定义务而实施侵权行为的人,发生违反法定义务的后果,即应承担法律责任。

2. 荣誉利益支配权

荣誉利益支配权,是荣誉权人对其获得荣誉中精神利益的自主支配权。荣誉权的精神利益,是指荣誉权人因获得荣誉而享有的受到尊敬、敬仰、崇拜以及荣耀、满足等精神待遇和精神感受。前者是客观的精神利益,后者是主观的精神利益。这些精神利益是荣誉利益的组成部分之一,由荣誉权人专属享有。

对精神利益的自主支配是荣誉权的具体权利内容,权利人无须经他人同意或允许。对精神利益的支配,包括对该种利益的占有、控制、利用,但不得将荣誉的精神利益予以处分,如转让他人享有或转让他人利用。精神利益的占有和控制,是权利人保持自己荣誉的重要方面,同时,也是实现自我价值,使自己主观利益得到满足的重要内容。

精神利益的使用,是指权利人利用自己的荣誉利益,进行社会活动的权利。这是荣誉权的一项重要的精神利益,受到法律的保护。

3. 物质利益获得权

荣誉的本身带有物质利益的,权利人对此物质利益享有获得权。物质利益获得权就是权利人对于荣誉附随的物质利益所享有的法定取得的权利。

荣誉权的物质利益,是指奖金、奖品、奖杯、奖章等含有价值和使用价值的财物,以及其他具有财产价值的荣誉待遇所体现的财产利益。奖金、奖品、奖杯、奖章等是指一次性颁发的物品,荣誉待遇则是指依据荣誉权而在一定时期内享受物质补贴等方面的给付。

荣誉权的物质利益与精神利益不同。荣誉权的精神利益与荣誉本身相伴而生,取得荣誉权就取得荣誉的精神利益。荣誉权的物质利益并非任何荣誉都有,而应依颁发荣誉的章程或授予机关、组织的规定确定。有的荣誉附随物质利益,如颁发奖金、奖品、奖牌、奖章、奖杯或给予物质待遇等;有的荣誉则没有物质利益,如单纯的通报表扬、通令嘉奖等。对于定期收回的奖杯,是一种有限获得权,只能在规定的时期内有权获得并占有,但是不享有支配权,这种荣誉利益的性质更具有精神利益的性质。

物质利益获得权,意味着权利人在获得荣誉的情况下,有权依照颁奖的章程或授予机关、组织的规定,就应获得的物质利益主张权利。当颁奖章程或授予机关、组织规定获得某种荣誉即应获得某种物质利益,获奖人在获得该种荣誉时,有权获得相应的物质利益。如果颁奖或授予荣誉的机关或组织授予其荣誉,而没有按章程或规定颁发物质利益时,权利人可依章程或规定,向颁奖或授予荣誉的机关或组织,主张获得该物质利益。故意扣发、不发、少发荣誉物质利益的,构成对荣誉权的侵害,权利人有权寻求司法保护。

4. 物质利益支配权

荣誉权人对于已经获得的物质利益享有支配权,包括两种形式,一是完整支配权,二是有限支配权。

对于荣誉的一般物质利益的支配权是完整支配权,它的性质是所有权。这种物质利益支配权必须明确规定物质利益完全归权利人所有,获得这种物质利益即对该物质利益取得所有权,享有完全的占有、使用、收益、处分权能,权利人对其所有的这些物质利益完全自主支配,不受任何拘束,只需符合法律关于所有权行使的一般规定。在社会上,舆论指责获奖人如体育世界冠军将其所获奖牌出售,从道德的角度上说不无意义,但是,从法律的角度上看,这种指责毫无道理,因为权利人对于自己所获得的荣誉物质利益享有完全的所有权,自然包括处分的权利。在物质待遇的利益方面,应当区分获得权和支配权。获得权是主张取得的权利,如定期发给的补贴可按期主张。支配权则是获得权实现后取得的所有权,是直接决定物质利益命运的权利。

对物质利益的有限支配权不具有所有权的属性,只是享有受时间限制的占有权。各种比赛的流动奖杯,获得者享有有限支配权,包括占有权和适当利用权,同时负有妥善保管义务和按时交回义务。这种情形,往往规定蝉联数次而转变支配权性质,如蝉联三次获得某项冠军,则将该奖项奖杯的有限支配权转变为完整支配权,或者复制同样的奖杯颁发给获奖者,享有完整支配权。

(二)荣誉利益准共有

1. 荣誉利益准共有的现实性

荣誉可以授予两个以上的主体享有。例如,体育竞赛中的球类双打冠军,得到的荣誉是两个人的荣誉,每人都享有这一份荣誉。同时,荣誉权具有相当的财产因素,对于获得的财产应当是共同共有或者按份共有的财产,在获得附随于荣誉的奖金等共有财产时,存在对共有财产的分割问题。如果对这样共同享有的权利不按照共有的规则处理,可能就会出现处理不当的问题。而作为准共有,准许对共有的荣誉利益适用共有规则处理,问题就会简单得多。

2. 荣誉利益准共有形成的原因

荣誉利益形成准共有源于三个原因:(1)荣誉权多数具有财产利益的因素,即附随于荣誉精神利益中的财产利益。对于这些财产利益,权利人享有获得权和支配权,具有完整的所有权。(2)一项具体的荣誉可以为数个民事主体共同享有,在共同创造的成绩面前,授予数个共同创造人一个共同的荣誉。例如,共同共有的著作获得奖励,精神性的荣誉归属于共同创造人所共有,奖金则为数人共同共有或者按份共有。就一个荣誉享有的荣誉利益数人可以分享,使荣誉成为准共有的客体。(3)荣誉权的利益可以分割,而且可以分割的基本上是财产利益,因而与其他财产权利的分割没有原则的区别,可以形成准共有。

3. 荣誉利益准共有的内容

对于荣誉权中的精神权利,可以共有。当将一个荣誉授予两个以上的主体时,这些主体共同享有荣誉权的精神权利。每一个主体都是荣誉的享有人,享有其精神利益,保持其荣誉称号,支配其荣誉利益。对于共同获得的荣誉,不能主张分割,只能保持其整体的荣誉。

对于荣誉权的财产利益,共有人享有获得权和支配权。

共有物质利益获得权,意味着各权利人在获得荣誉的情况下,有权依照颁奖的章程或授予机关、组织,就应获得的物质利益主张权利。这种权利,每一个荣誉共有人都有权主张,但是,须为全体共有人的利益所主张。

共有荣誉的权利人对于已经获得的物质利益享有支配权。荣誉的一般物质利益的支配权是完整支配权,性质属于所有权。物质利益支配权必须明确规定物质利益完全归权利人所有,获得这种物质利益即对该物质利益取得所有权,每一个共有人都享有完全的占有、使用、收益、处分的权能,权利人对其所有的这些物质利益完全自主支配,只需符合法律关于所有权行使的一般规定。对物质利益的有限支配权,只享有受时间限制的占有权。共有人可以依照共同占有的规则,约定具体的实现方法,或者集体占有,或者轮流占有。

荣誉利益准共有也分为两种基本形式,一是按份共有,二是共同共有。决定共有的荣誉是按份共有还是共同共有,应当以创造性劳动的性质作为判断标准。一是创造性的劳动是否有份额,是否有贡献的不同,是共同创造还是分工创造;二是创造性劳动成果的性质,是不分份额的共同创造,还是按照不同劳动体现在成果中,能够区分出来。如果不分份额的劳动,创造的成果也不分份额,应当是共同共有性质的准共有。反之,如果创造性的劳动是有份额的,而且在创造的成果中也能够分出份额来,应当依照其份额认定为安份共有。

4. 荣誉权共有财产利益的分割

荣誉权共有人对共有财产主张分割的,应当准许。共有荣誉权财产权方面的共同关系消灭,对共有的财产进行分割。

分割共有的荣誉财产,应当以创造这一荣誉的贡献大小作为标准进行分割。如果对获得的荣誉约定有份额的,应当按照约定的份额进行分割。没有约定,也无法确定贡献大小的,则应当均等分割。

对共有荣誉权的财产利益的分割办法,一是实物分割,二是折价分割,三是变价分割。应当视物质利益的具体情况采取不同的方法进行分割。

四、对荣誉权的民法保护

(一)侵害荣誉权的具体行为

第一,非法剥夺他人荣誉。非法剥夺他人荣誉的主体限于国家机关或社会组织,多数是与颁奖或授予荣誉的机关为同一机关、组织或有一定联系的机关、组织。这些机关、组织非经法定程序,没有法定理由,宣布撤销或剥夺权利人的荣誉,就是剥夺他人荣誉。

第二,非法侵占他人荣誉。对于他人获得的荣誉,行为人以非法手段窃取,或者强占他人荣誉,或者冒领他人荣誉,以及非法侵占他人荣誉,是侵害荣誉权的行为。这种行为既可由机关、组织为主体,也可由自然人为主体。

第三,严重诋毁他人所获得的荣誉。对他人获得的荣誉心怀忌妒,趁机报复,向授予机关或组织诬告,诋毁荣誉权人,造成严重后果的,是侵害荣誉权的精神利益的行为,构成侵害荣誉权民事责任。

第四。毁损、抢夺权利主体荣誉证书、证物的行为。荣誉证书、荣誉牌匾等都是荣誉的证明和标志,对其进行毁损和抢夺,也会造成荣誉权人的权利损害。

第五,拒发权利人应得的物质利益。对于确有突出贡献的优秀人员,在授予荣誉称号的同时,往往给予较优厚的物质奖励。对此,颁奖单位、授予荣誉的机关或组织如果将其扣发、挪作他用或者少发等,就是对权利人物质利益获得权的侵害,构成侵权责任。

第六,侵害荣誉物质利益的行为。对于权利人因获得荣誉而得到的物质利益实施侵害,同样构成侵害荣誉权责任。这种侵权行为应当具有侵害荣誉权的故意,如故意毁坏奖杯、奖品、奖章、奖状等,是侵害荣誉权行为。过失侵害这些物品,如不知是奖品而破坏、侵占等,则为侵害物权的行为。对于上述奖励物品不是着眼于破坏荣誉,而是着眼于获利而窃取之,亦为侵害物权的行为。荣誉利益共有人侵吞其他共有人的物质利益,也是侵害荣誉物质利益的侵权行为。

第七,侵害死者荣誉利益的行为。死者的荣誉利益应当予以延伸保护,即使受害人死亡后获得的荣誉,也应当予以延伸保护。故行为人实施侵害死者荣誉利益的行为,也构成侵权行为。受到侵害的死者的近亲属提出精神损害赔偿请求的,人民法院应当予以支持,判令侵权人承担责任。

(二)对荣誉权的人格权请求权保护

荣誉权受到侵害或者妨碍,权利人有权依照《民法典》第995条规定,行使人格权请求权保护自己。对侵害行为可以主张停止侵害请求权,请求行为人停止侵害。对于妨碍荣誉权行使的行为,可以主张排除妨碍请求权,排除行使权利的障碍。对于构成对荣誉权侵害危险的行为,可以主张消除危险请求权。造成影响或者损害名誉的,还可以请求消除影响、恢复名誉、赔礼道歉请求权。

(三)对荣誉权的侵权请求权保护

1. 侵害荣誉权民事责任构成

(1)侵害荣誉权的违法行为。侵害荣誉权的行为主体是机关、组织以及其他个人,属于一般主体,不能认为侵害荣誉权的主体只限于国家机关和社会组织。侵害荣誉权违法行为的内容,是行为人对荣誉权人的荣誉及其利益造成损害的作为和不作为。其基本方式是作为,即违反荣誉权不可侵义务而侵害荣誉权的积极行为,如非法剥夺荣誉,撕毁荣誉证书等。不作为亦构成对荣誉权侵害的行为,如扣发应得的奖金、实物,拒绝给予权利人应得的物质利益待遇,其主体必须是颁发、授予奖励、荣誉的机关和组织,且负有给付权利人荣誉物质利益的义务。这种义务是作为义务,违反者为不作为的侵权行为。

(2)侵害荣誉权的损害事实。其是指违法行为侵害荣誉权,造成荣誉及其利益损害的客观事实,是违法行为对荣誉权客体造成的损害,具体包括:一是荣誉损害事实。荣誉损害事实包括实质损害和形式损害。前者是指国家机关或社会组织未经法定程序、未依法定事由而非法剥夺权利人所获得的荣誉,使权利人丧失了对该荣誉的占有,丧失了对该荣誉的享有权。这是最严重的侵害荣誉权的后果。后者是指虽然未造成权利人荣誉实质丧失的后果,但是违法行为确实使权利人对荣誉关系受到了形式上的侵害,同样构成荣誉权的损害事实。二是荣誉的精神利益遭受损害。荣誉的精神利益损害包括主观精神利益损害和客观精神利益损害。前者是权利人受人尊重的利益遭受破坏,例如,当众宣称权利人的荣誉是欺骗所得,阻碍权利人以荣誉权人的身份进行社会活动。后者是权利人内心荣誉感遭受破坏,同时伴随着精神痛苦和感情创伤。精神利益的损害也会导致财产利益的损害,如企业的荣誉直接关系其商誉,损害之,可能造成严重的经济损失。三是荣誉的物质利益遭受损害。这一损害事实是使荣誉权的物质利益获得权和物质利益支配权受到损害的事实。物质利益获得权的损害,是权利人应得的物质利益由于违法行为的阻碍而没有获得。物质利益支配权的损害,是行为人的行为使权利人不能对已获得的物质利益进行支配,这种损害事实相当于对财产权侵害的损害事实。

(3)侵害荣誉权的因果关系。要求侵害荣誉权的损害事实必须是由侵害荣誉权的违法行为所引起的。这两者之间的因果关系判断在实践中比较容易掌握。由于侵害荣誉权既可以造成无形的损害又可以造成有形的损害,既可以造成荣誉本身的损害又可以造成荣誉的精神利益和物质利益的损害,因而判断其因果关系应采用精神损害赔偿和财物损害赔偿因果关系构成的不同标准进行。

(4)侵害荣誉权的过错。故意或者过失都可以构成侵害荣誉权。侵害荣誉权的故意,是区别于侵害其他权利尤其是侵害名誉权认定的标志。侵权的故意内容有确定指向的,应以其确定的故意内容认定侵权行为的性质。如行为人以侵害荣誉权为目的,散布流言,诽谤权利人的荣誉,虽造成名誉权的损害,但应以侵害荣誉权认定侵权责任。对于过失侵权的性质认定应以后果论,造成荣誉侵权损害的认定为侵害荣誉权,造成名誉权损害的认定为侵害名誉权。

2. 侵害荣誉权的民法救济措施

(1)恢复荣誉。救济荣誉权的损害,恢复荣誉是重要的方式。对于非法剥夺荣誉或者非法侵占荣誉的侵权行为,应当责令侵权人承担恢复荣誉的民事责任。对于被非法剥夺的荣誉予以恢复,就是恢复原状,对于非法侵占荣誉予以恢复,也是恢复原状。对于名誉遭受损害的,可以恢复名誉。恢复荣誉是侵害荣誉权的最重要的侵权责任方式。恢复荣誉的实质就是恢复原状,应当按照荣誉权被侵害前的实际状态予以恢复。被剥夺荣誉的应当恢复其荣誉,对于荣誉被非法侵占的也应当按照颁奖章程和授奖规则将荣誉归还权利人。

(2)返还物质利益。对于扣发荣誉权人应得的物质利益,以及侵占获奖人的物质利益的,应当责令侵权人返还物质利益。对于前者,返还应依照颁奖章程或授予荣誉的规则规定的内容返还,权利人应当获得哪些物质利益就应当返还哪些,应获得多少就应当返还多少。实物不能返还的,应当折价赔偿。

(3)赔偿损失。对于侵害荣誉权造成损害的赔偿范围包括以下方面:一是赔偿财产直接损失。侵害荣誉权造成财产直接损失的,按照损失的价值全部予以赔偿。二是赔偿因侵害荣誉权而造成的财产利益损失。三是精神损害赔偿,应当依照《民法典》第 1183 条第 1 款规定确定。

本章思考题

1. 结合讨论本章典型案例,问:名誉权的客体为什么是客观名誉而不是名誉感?名誉权的内容有哪些?侵害名誉权需要具备哪些要件?主要的侵害名誉权的行为有哪些?本案被告的行为是否构成侵害名誉权的侵权责任?
2. 信用权与名誉权有哪些区别?间接保护信用权的方法存在哪些缺点?侵害信用权的行为有哪些表现形式?
3. 荣誉与名誉的区别是什么?荣誉权为什么是保持权而不是获得权?荣誉利益准共有及其规则应当怎样理解?

第十章　隐私权和个人信息权

| 本章导读 |

本章介绍隐私权和个人信息权。由于隐私和个人信息之于自然人的特殊性，因而具有法律特别保护的必要性，本章重点介绍。隐私权保护的是个人生活安宁和私密空间、私密活动与私密信息。《民法典》对个人信息没有规定为具体人格权，其实是典型的具体人格权，故本章说明其理由，并将其作为具体人格权进行全面介绍。

隐私　个人生活安宁　私密空间　私密活动　私密信息　隐私权　个人信息
个人信息权　被遗忘权

| 典型案例 |

某日23时，某市公安局某派出所前往当事人张某所开诊所（系张某与其妻的卧室），发现张某与其妻在看黄碟，强行查处和收缴黄碟，其间，张某将一名警察的手打伤，当事人称警察先动手打人；张某被警察带往派出所留置并审查；当地媒体以《家中看黄碟，民警上门查》为题，对此事予以报道，引起社会广泛关注，该公安分局决定对张某打伤民警的行为以妨碍公务罪立案，将张某刑事拘留，并向区检察院提请批捕张某，区检察院作出不批准逮捕决定，并送达公安机关。该分局解除对张某的取保候审，并宣布撤销该案。张某向该分局提出国家赔偿申请，后达成处理协议，由公安分局向当事人赔礼道歉，一次性补偿张某若干元人民币，并处理相关责任人员。

第一节　隐　私　权

一、隐私权的客体：隐私

（一）隐私的概念和内容

1. 隐私的概念

隐私的英语文义有隐居、（不受干扰的）独处、秘密、私下等多种解释。在汉语中，则指不愿告人的或不愿公开的事。在法理上，隐私就是隐秘而不准公开的意思。[1]

[1] 吕光：《大众传播与法律》，商务印书馆1981年版，第63页。

法律意义上的隐私，是指一种与公共利益、群体利益无关的，当事人不愿他人知道或他人不便知道的信息，当事人不愿他人干涉或他人不便干涉的个人私事和当事人不愿他人侵入或他人不便侵入的个人领域，以及个人生活安宁。构成隐私有两个要件，一为“私”，二为“隐”。“私”，是指纯粹是个人的，与公共利益、群体利益无关的私事，是隐私的本质。“隐”，是指对上述“私”的领域不为或者不愿为人知，包括当事人不愿这种个人私事被他人知悉；按正常的心理和道德水准，这种个人私事不便让他人知道，否则会对当事人产生不利的后果；这种个人私事当事人不愿或不便他人干涉；某些私人领域当事人不愿或不便他人侵入。《民法典》第1032条对隐私作了准确的定义，即“隐私是自然人的私人生活安宁和不愿为他人知晓的私密空间、私密活动、私密信息”。

2. 隐私的内容

隐私的内容包括个人生活安宁和私密空间、私密活动、私密信息。

(1)个人生活安宁。隐私的本质是私生活。[2]私生活安宁，是指自然人可以排除他人对自己生活安定和宁静的不当打扰，主要包括日常生活安宁、住宅安宁以及通讯安宁。[3]生活安宁利益是指一种保护自然人在维系自己生活环境中生活状态的安稳、宁静的利益。[4]生活安宁属于私的领域，表达的是自然人的自然性和社会性，既要与他人交往，满足其社会性的要求，又要保持独处的安宁，满足自己的自然性需要，在私的领域中，享有对私人生活独处而不受他人打扰的权利。生活安宁包括三方面的内容：一是排除他人对权利人私人正常生活的骚扰；二是禁止他人非法侵入权利人的私人领域；三是权利人自主决定个人生活，禁止他人对此进行干预。

(2)私密空间，是指个人的隐秘范围，如身体的隐私部位，个人居所、旅客行李、学生的书包、口袋、通信等，均为私密领域。抽象的私密空间是指思想的空间，专指个人的日记。

(3)私密活动，是一切个人的，与公共利益无关的活动，如日常生活、社会交往、夫妻的两性生活、婚外恋和婚外性活动。其中婚外恋和婚外性生活，考虑到当事人和相关人员的人格尊严，不得向社会公布，但是并不排除对当事人进行批评教育，[5]如构成犯罪的，还应依法追究刑事责任。

(4)私密信息，即个人的隐私情报资料、资讯，包括所有的个人情况、资料。诸如身高、体重、女性三围、病史病历、身体缺陷、健康状况、生活经历、财产状况、社会关系、家庭情况、婚恋情况、学习成绩、缺点、爱好、心理活动、未来计划、政治倾向、宗教信仰等。

(二)隐私的产生和发展

人类关于隐私的意识和观念，是在人脱离动物界而成为人的时候，从人类的羞耻心而萌发的。古代人类从羞耻心理出发，开始以兽皮或树叶遮蔽身体的隐私部位，两性性行为也开始秘密进行，均是为了使自己的个人秘密主要是人体的、两性的秘密不为他人所知。就个人的秘密不欲为他人所知这一基本特征而言，远古时代人类即已存在隐私观念，但那时社会的经济、政治、思想和文化的极端不发达，人类的隐私限于人体的和两性间的秘密，内容十分狭窄，但已具

---

[2] 马特：《隐私权研究——以体系构建为中心》，中国人民大学出版社2014年版，第20页。

[3] 王利明：《人格权法研究》，中国人民大学出版社2012年第2版，第542～543页。

[4] 张红：《侵害生活安宁利益之侵权责任》，载《财经法学》2018年第6期。

[5] 张新宝：《隐私权研究》，载《法学研究》1990年第3期。

有隐私的基本特征，且这一部分内容也是当代隐私的主要内容之一。

在奴隶社会和封建社会中，隐私观念得到了进一步发展，隐私包含了更多的内容。除了人体秘密和两性秘密之外，还包含了居所、生活等秘密在内。

在近代，资产阶级在反对封建专制的斗争中，依据资产阶级的人本思想和人权观，形成了资产阶级的隐私观，包含了人的私生活的基本秘密，体现了人们对私生活自由的渴望和追求，反对他人干扰、干涉、干预个人的私生活权利。至现代社会，人权观念进一步发展，终于发展成为现代的隐私观念。隐私的内容包含极广，概括了有关私生活的所有秘密。隐私对于全体自然人一律平等，而不再是尊者的权利。同时，也认为隐私并非绝对，还受到法律的调整和限制。现代意义上的隐私，才是现代法律确认为隐私权的客体的隐私。现代意义上的隐私观念，是对隐私进行法律保护的基础。

二、隐私权

（一）隐私权的概念和特征

1. 隐私权的概念

隐私权是自然人享有的对其与公共利益无关的个人生活安宁和私密空间、私密活动和私密信息及其利益自主进行支配和控制，他人不得以刺探、侵扰、泄露、公开等方式侵害的具体人格权。《民法典》第1032条第1款规定："自然人享有隐私权。任何组织或者个人不得以刺探、侵扰、泄露、公开等方式侵害他人的隐私权。"

2. 隐私权的法律特征

（1）隐私权的主体只能是自然人。隐私权是自然人的私权利，不包括法人、非法人组织。法人、非法人组织的秘密基本上是商业秘密，不具有隐私所具有的与公共利益、群体利益无关的本质属性，并非个人隐私，无法用隐私权保护的方法予以保护。

（2）隐私权的客体包括个人生活安宁和私密空间、私密活动、私密信息。隐私权的客体是隐私，包括个人生活安宁和私密空间、私密活动、私密信息等隐私利益。

（3）隐私权的保护范围受公共利益和善良风俗的限制。隐私权的保护并非毫无限制，受到公共利益和善良风俗的限制。当隐私权与公共利益和善良风俗发生冲突时，应当依公共利益和善良风俗的要求进行调整。因而隐私权所保护的范围，应当是与公共利益无关、不违背善良风俗的个人生活安宁和私密空间、私密活动、私密信息。

（二）隐私权的产生和发展

隐私权的概念和理论产生于美国。1890年，美国两位法学家路易斯·布兰蒂斯和萨莫尔·华伦最先敏锐地捕捉到了这种新型的权利，在哈佛大学《法学评论》发表了一篇论文《隐私权》，提到"保护个人的著作以及其他智慧或情感的产物之原则，是为隐私权"，指责新闻传播有时会侵犯"个人私生活的神圣界限"，〔6〕点明了隐私权作为一种新型权利的本质，是"个人在人身和财产上面应当受到充分的保护作为一个原则，就像普通法一样的古老。但是人们发现这一原则需要不时地重新定义其确切本质及这种保护的范围。政治、社会和经济变迁使对新

---

〔6〕 吕光：《大众传播与法律》，商务印书馆1981年版，第64页。

权利的识别成为必要,而普通法也保持其永恒的青春活力时,不断成长以实现社会的需要”。正是基于对新的社会情形下的深刻体认和对原有权利之限度的认识,华伦和布兰蒂斯才致力于制造一种新的理论,以便为侵犯私人生活之诉的法律诉由提供根据。他们毫不怀疑这一新的社会问题所具有的重要性,认为上述权利是宪法规定的人所共享的自由权利的重要组成部分,只有文明教养达到一定程度的人才会认识到它的价值,进而才能珍视它。〔7〕美国学者威廉·荷尔在他的《新闻法》一书中进一步指出:“未得承诺而盗用或非法利用一个人的容貌,公布一个人与公众无正当关系的私人事务,或错误地侵犯了一个人的私人行为,以至对一个人的普通情感产生侮辱或引起精神上的痛苦,羞耻或惭愧”,即为侵害隐私权,应当负相应的法律责任。经过几十年的研究、发展,隐私权理论已经形成了完善的理论体系。

继而,美国法官开始在实务中运用这种理论处理案件,创设了隐私权的判例法。1902 年,纽约州法院审理的罗伯森诉罗切斯特折叠箱公司案,是第一个隐私权的判例。1905 年,乔治亚州高等法院在处理此类案件时,正式宣布当事人享有隐私权。美国学者认为,法官对隐私权的认可,是法学影响法院审判的一个杰出事例。20 世纪 60 年代,隐私权制度在美国进一步发展,联邦最高法院引用《联邦宪法》第四修正案关于公民自由权的规定作为隐私权的立法依据,在适用上扩大了隐私权的范围,1965 年开始适用《人权法案》,使隐私权成为一种一般性的宪法权利。1974 年,联邦议会制定了《隐私权法》《家庭教育及隐私权法》《财务隐私权法》,以后又陆续制定了一系列有关隐私权的立法,使美国成为隐私权立法最发达的国家。

在英国,有关隐私权的法律不够发达,涉及隐私权的判例不多,原因是英国不认隐私权为一种独立的权利,而是将涉及隐私的侵权案件纳入侵害名誉权的案件之中起诉、审判,因而对于隐私权的保护是间接的。不过,受美国法和《欧洲人权公约》的影响,英国逐渐接受了隐私权的概念,1998 年《人权法案》承认了隐私权,有关司法判例也加强了对隐私权的保护。〔8〕

在大陆法系国家,德国法学家和法官早期拒绝名誉权和隐私权受到侵害的案件作为《德国民法典》第 823 条第 1 款的保护范围,损害名誉和个人隐私不产生赔偿义务。“二战”以后,德国最高法院根据基本法第 1、2 条确认人身的一般权利属于受民法典第 823 条第 1 款保护的绝对权利,隐私权和名誉权被认作绝对权。1977 年 1 月 27 日制定、1990 年 12 月 20 日修正的《德国联邦个人资料保护法》,对特定自然人(当事人)属人或属事之个别资料的法律保护进行了详细规定,完备了隐私权的立法。对私人谈话,如果录音行为侵害他人的私领域,联邦最高法院也认为构成侵权行为。〔9〕法国于 1970 年 7 月,以新的法律规定取代原来的《法国民法典》第 9 条,规定:“任何人有权使其个人生活不受侵犯。”“法官在不影响赔偿所受损害的情况下,得规定一切措施,诸如对有争议的财产保管,扣押以及专为防止或停止侵犯个人私生活的其他措施,在紧急情况下,法官得紧急下令采取以上措施。”这一规定创设了民法典保护隐私权的直接条文。瑞士、土耳其的债法承认个人秘密、私生活为人身权的内容,受法律保护。日本隐私权被称作“私生活权”,民法没有明确规定,学者主张依民法第 709 条人格权的规定予以保护,判例上采用这种主张。

从 1890 年第一次提出隐私权的概念到今天,隐私权已经成为各国普遍接受的法律概念,

〔7〕 杨金丹:《从财产权到隐私权:一个历史流变的考察》,载《法制与社会》2010 年第 2 月号。

〔8〕 参见王利明:《人格权法研究》,中国人民大学出版社 2019 年版,第 562 页;希伟明:《论英国隐私法的最新转向》,载《比较法研究》2013 年第 3 期。

〔9〕 张中、许文杰:《隐私权论兼析人格权》,上海人民出版社 2010 年版,第 127 页。

各国立法都通过不同的方式,直接或间接地对隐私权予以法律保护。

(三)中国关于隐私权的立法及学说

在我国,隐私权作为一项独立的人格权,经历了一个漫长而曲折的发展过程。[10]1986年以前,我国大陆对于隐私权的民事立法及学说都很落后,不过,在有关法律中对隐私权的保护仍有一些具体规定。1979年《刑事诉讼法》第111条规定了对涉及个人隐私的案件,不得进行公开审理。1982年《民事诉讼法(试行)》第58条规定,对于涉及个人隐私的证据应当保密,需要向当事人出示的,不得在公开开庭时进行;第103条规定,涉及个人隐私的案件以及当事人申请不公开审理的离婚案件,不公开审理或者可以不公开审理。不过,这些都不是规定隐私权的立法依据。

原《民法通则》没有规定隐私权为自然人的人格权,最高人民法院《关于贯彻执行〈民法通则〉若干问题的意见(试行)》,采取间接保护方法,对侵害他人隐私权造成名誉权损害的,认定为侵害名誉权追究民事责任。《未成年人保护法》第30条规定:"任何组织和个人不得披露未成年人的个人隐私。"这一规定,已经有将隐私权规定为独立人格权的趋势。《妇女权益保护法》等法律也采取了这种间接保护的立法方式。《精神损害赔偿司法解释》第1条第2款规定"违反社会公共利益、社会公德,侵害他人隐私或者其他人格利益,受害人以侵权为由向人民法院起诉请求赔偿精神损害的,人民法院应当依法予以受理",对隐私权改为直接保护,有了重大进步。原《侵权责任法》第2条第2款将隐私权纳入该法保护范围,确认隐私权为独立的具体人格权。《民法典》人格权编专设隐私权和个人信息保护一章,全面规定了隐私权。

(四)隐私权的性质

对隐私权的性质,历史上有不同的认识。美国最早对隐私权的性质认为是自由权,其依据是《联邦宪法》第四修正案关于人身自由作为隐私权的法律根据。嗣后,很多学者也都接受了将隐私权作为自由权的思想,并且在观念上根深蒂固。[11]"二战"以后,日本民法认为隐私权包括在人格尊严之中,因而其性质为一般人格权。按照权利的功能看,美国的隐私权相当于一般人格权,是一个弹性很大的概括性权利,包含了肖像权、姓名权、声音权、形象权等权利在内。不过,在大陆法系国家,基本上认为隐私权是一种独立的具体人格权。

在我国,实务上和学理上对隐私权的认识也有不同意见。在司法实务的早期,对隐私权采用间接保护原则,认隐私权为名誉权的内容,主要是司法机关囿于现行立法的局限,并非实务工作人员均持这种态度。在学理上,认隐私权为独立的具体人格权为通说,鲜见有反对意见者。[12]自2002年精神损害赔偿司法解释公布以后,对隐私权的保护采取了直接保护方式,特别是自原《侵权责任法》实施之后,对隐私权的保护已经不存在法律障碍,对隐私权的具体人格权性质已属无争议。

---

〔10〕　张红:《人格权法各论》,高等教育出版社2015年版,第478页。

〔11〕　杜渐、孙宏辉:《关于隐私权保护的法律思考》,载《法学与实践》2009年第2期。

〔12〕　皮剑龙认为隐私权为个人自由权,参见《中国法制报》1987年8月21日,第3版。

（五）隐私权的内容

隐私权是一种具体人格权，被学者称为隐私自决权。〔13〕隐私权的基本内容包括以下权利内容：

1. 隐私隐瞒权

隐私隐瞒权是指权利主体对于自己的隐私进行隐瞒、隐蔽、隐藏，不为人所知晓、不愿为人侵入和干扰的权利。对于无关公共利益的隐私，无论是有利于权利主体的隐私，还是不利于权利主体的个人资讯，权利人都有权隐瞒、隐蔽或者隐藏起来，不对他人言明，也不愿他人侵入和干扰。这种隐瞒不是不诚实的表现，而是维持自己的人格利益的需要，因为自己的隐私不经隐瞒、隐蔽、隐藏，一旦泄露、公开，将有损于自己的人格尊严，使自己羞于见人，难以保护自己的人格利益。

2. 隐私利用权

隐私利用权是指自然人对于自己的个人隐私进行积极利用，以满足自己精神、物质等方面需要的权利。这种利用权是自我利用，而不是被他人利用。例如，利用自己丰富的生活经历创作文学作品，既创造精神价值也创造经济价值，既满足社会的需要也满足个人的需要，就是能动地利用自己的隐私。利用自己的身体、容貌进行绘画、摄影，亦是合法利用隐私。对于自己的居所、日记等私人领域均可以进行合法利用。

隐私利用权的行使不得违反法律，也不得悖于公序良俗。违背法律和悖于公序良俗而利用隐私，为违法行为。例如，利用自己的人体隐私创作绘画、摄影作品，用以自我欣赏和高尚的艺术目的，为正当的利用；反之，将其作为淫秽而利用，为违法行为。有悖于公共秩序和善良风俗的隐私利用行为，是非法利用隐私，要承担法律责任。

3. 隐私支配权

隐私支配权是指自然人对于自己的隐私，有权按照自己的意愿进行支配。主要的支配内容是：(1)公开部分隐私。公开个人隐私，应依权利人自我决定，确定公开的内容、公开的方式、传播的范围。这是对隐瞒权的处分。(2)准许他人对权利人的私密活动和私密空间进行察知。例如，准许他人在自己卧室居住，准许他人看自己的日记，准许他人知悉自己的身体秘密，准许他人了解个人的经历、病历等。(3)准许他人利用自己的隐私。例如，准许他人利用自己的经历创作文学作品，准许他人利用自己的社会关系进行其他活动等。准许他人利用自己隐私的实质，是对自己享有的隐私利用权所作的转让行为，类似于肖像许可使用行为，应当依照《民法典》第1023条第1款规定，以合同形式为之，口头、书面形式不限，有偿、无偿凭双方当事人约定。超出约定范围而使用者，为侵害隐私权的行为。未经权利人承诺而利用的，为严重侵权行为。

三、相关隐私及支配规则

（一）相关隐私的概念及含义

相关隐私是指涉及两个以上的自然人隐私的隐私。

〔13〕 张红：《人格权各论》，高等教育出版社2015年版，第522页。

在一般情况下，隐私是个人的问题，无关他人。但是，在很多场合，一个人的隐私却与他人的隐私相关联。例如，婚姻关系“第三者”的隐私，会涉及具有合法婚姻关系的“第一者”和“第二者”的隐私。“第三者”讲述自己的故事，必然会涉及相对应的另外两个关系人的隐私。这样的隐私就是相关隐私。

相关隐私不是家庭隐私权，也不是集体隐私权。一个家庭可能会有自己的“集体隐私”，但是，由于家庭不是民事主体，不具有民事权利能力，所以家庭不会享有隐私权。一个集体也不会存在“集体隐私权”，同样是因为集体不是一个权利主体，无法享有隐私权。而相关隐私，是民事主体之间有着共同内容的隐私，集体隐私或者家庭隐私都是相关隐私。相关隐私不能由几个人共同享有隐私权来保护，而是由相关联的各个人自己所享有的隐私权来保护。对于涉及自己的那一部分隐私，权利人都有权进行支配和保护。

（二）保护相关隐私的意义

相关隐私是自然人隐私的重要组成部分。任何人生活在现实的社会中，都要与人进行交往，因而会发生在一起交往的人共同享有的相关隐私。相关隐私既包含本人的隐私，也包含其他相关人的隐私，涉及相关联的每一个人的隐私及其权利。保护自然人的隐私及其权利，就要保护相关隐私。

隐私权人有权支配自己的隐私利益，对于包含自己隐私的相关隐私也应当有权支配，也就是与相关隐私有关的其他关系人对于属于自己的那一部分隐私有权进行支配。讲述自己的故事，支配自己的隐私，都是在行使自己的权利，不会受到非法干涉和限制，如果这种支配自己隐私的行使权利行为受到非法干涉和限制，构成侵害隐私权的责任。但是，任何人在行使自己的权利时，不能牺牲或者侵害他人的隐私，不能侵害他人的权利，同时也不能违背社会公共利益。在相关隐私中，一个人行使自己的隐私权，支配自己的隐私利益，必须保护他人的隐私，使共同享有相关隐私的关系人的隐私权不因一方当事人行使自己的权利而受到侵害。如果在行使自己的隐私权支配相关隐私时，没有尽到保护相关隐私关系人的隐私权不受侵害的义务，就应当承担侵权责任。

（三）保护相关隐私的规则

相关隐私本来就是隐私的一个具体内容，本来就在隐私权的保护范围之内。加强对相关隐私的保护，就是强调这种隐私在运用隐私权保护时，应当重点予以保护。

第一，相关隐私的关系人共同享有、共同支配相关隐私利益。相关隐私是相关人对相关隐私的共同享有，相关隐私的关系人在支配相关隐私利益的时候，应当遵守“协商一致”原则，即关系人对相关隐私的支配应当一致同意，方能行使对相关隐私的支配权。相关隐私不是共同共有，不是一个独立的隐私权，而是各个隐私权人对自己的那一份隐私利益享有的支配权利。对于相关隐私应当协商一致，共同支配，保障任何与相关隐私有关联的关系人的隐私不受支配相关隐私行为的侵害。

第二，相关隐私的关系人负有对其他关系人的保护注意义务。法律应当确立相关隐私当事人对其他关系人的保护注意义务，以保护相关关系人的隐私权。这种对相关隐私的保护义务，就是对相关隐私关系人应当以高度的注意程度即善良管理人的注意义务谨慎行事。其判断标准是客观标准，即相关隐私的关系人之一在支配相关隐私时，只要对其他关系人的隐私有所泄露或者宣扬，即为违反该义务。

第三，支配相关隐私应当征得相关隐私关系人的同意。凡是支配自己的隐私涉及相关隐私时，行为人必须征求相关隐私关系人的同意，以取得对相关隐私的关系人的支配权。否则，即为违反该保护注意义务。例如，以别人写给自己的书信为依据写的回忆录，双方对此都愿意公开，一方写作回忆录说到这些信中涉及的隐私问题，不会造成侵权的结果。如果对方不同意公开，却硬要写出来，就是对相关隐私关系人隐私权的侵害，构成侵权。如果这封信或者这些信还涉及第三人的隐私，那就不仅要征求对方的意见，还要征求涉及的第三人对于相关隐私的意见。如果不征求对方和第三人的意见也行，那就要处理好，凡是涉及对方和第三人的隐私问题都要妥善处理，不能泄露他人的隐私。违反相关隐私的保护注意义务，造成对方或者第三人的隐私权损害的，都构成侵权。

第四，相关隐私关系人拒绝同意对相关隐私进行支配的，其他关系人不得支配。处理相关隐私的案件，最基本的要求是行使自己的权利时不得侵害他人的权利。没有征得相关隐私其他关系人即隐私权人的同意，不能就这样的隐私进行公开。相关隐私关系人明确反对对相关隐私进行支配的，其他人不得强制支配。如果对涉及自己的隐私部分进行描写，也必须隐去他人的隐私，只能暴露或者公布自己的隐私部分，否则构成侵权。

第五，支配死者相关隐私应当征得死者人格利益保护人的同意。死者的人格利益也受到法律的保护。在涉及死者的相关隐私时，其他关系人进行支配也应当注意保护死者的隐私利益，不得非法侵害。死者的相关隐私被非法支配，未经死者的保护人即近亲属的同意，造成死者的隐私利益受到侵害的，其近亲属作为保护人有权进行保护，提出追究侵权行为人侵权责任的请求。

四、隐私权与知情权的冲突与协调

（一）知情权

知情权又称为知的权利、知悉权、了解权，是由美国新闻编辑肯特·库珀在1945年1月的一次演讲中首先提出来的，是自然人有权知道他应该知道的事情，国家应最大限度地确认和保障自然人知悉、获取信息的权利，尤其是政务信息的权利。至20世纪50年代和60年代，美国兴起“知情权运动”，知情权被广泛地援用并成为一个具有国际影响的权利概念，成为与新闻自由、创作自由、言论自由、出版自由诸概念密切相关的权利概念。

学者认为，知情权的概念有广狭两义。广义的知情泛指自然人知悉、获取信息的自由和权利，狭义的知情权仅指自然人知悉、获取官方信息的自由与权利。在一般情况下，知情权是指广义的知情权。知情权概念的主要贡献在于：它以简约、明了的形式及时地表达了现代社会成员对信息资源的一种普遍的利益要求和权利意识，从而为当代国家的自然人权利建设展示了一个重要的、不容回避的认识主题。〔14〕

知情权包括下述内容：第一，知政权，即公民依法享有知道国家活动，了解国家事务的权利。国家机关及其工作人员有依法向公民和社会公众公开自己活动的义务。这一权利内容被称为“公开化”。第二，公众知情权，即自然人有权知道社会所发生的，他所感兴趣的问题和情况，有

〔14〕 宋小卫：《略论我国自然人的知情权》，载《法律科学》1994年第5期。

权了解社会的发展和变化。第三,民事知情权,即自然人知悉有关自己私的方面情况的权利,如自己的出生时间、地点、亲生父母是谁;患者就医时的知情权等。民事知情权属于人格权。[15]

知情权是一个极其广泛、复杂的概念,既包括公法方面的政治权利内容,也包括属于私法方面的人格权问题。它表明,依法知悉和获取信息,是人按其本质应享有并不容侵犯的一项基本权利和自由。[16]故《世界人权宣言》确认:人人有权享有通过任何媒介寻求、接受和传递消息和思想的自由。

知情权给新闻业、出版界等舆论单位及时报道新闻事件提供了新的法律依据和事实依据,为了满足自然人知情权的需要,通过报纸、杂志、广播、电视、广告等大众传播媒介接收世界上形形色色的事件、信息,因而新闻自由、言论自由被扩展到极大的范围。对于这些,都可以知情权的需要而予以充分披露,因而,知情权与隐私权之间不可避免地会产生冲突。

(二)隐私权与知情权的冲突及协调规则

隐私权的立法宗旨在于自然人有权隐瞒、维护自己的私生活秘密并予以法律保护,防止任何人非法侵犯。知情权的根本目的是保障自然人知的权利,有权依法知悉和获取信息,满足其知的需要。依据这样两个权利,民事主体一方面希望知道更多别人的事情,一方面又不希望自己的事情让别人知道,两者之间即产生矛盾与冲突。

隐私权与知情权的冲突表现最为明显的时期,是20世纪60年代前后。美国联邦最高法院在希尔案件的判决中,[17]为隐私权与知情权的冲突划出了一个界限,即新闻事业在报道与公共利益或公众兴趣有关事务时,必须证明此项报道有故意或轻率的错误,才成立对个人隐私权的侵害。这样一个界限,对处理隐私权与知情权的冲突具有重要价值。但是,认定故意或轻率的错误依据什么标准,以及无故意或轻率的错误而侵害他人隐私权是否就不构成侵害隐私权,都是值得深入研究的问题。

在处理隐私权与知情权的关系上,应遵循三个原则:

第一,社会政治及公共利益原则。个人隐私受法律保护,但是,如果涉及社会政治利益及公共利益,则要以个别情况加以对待。社会政治及公共利益原则并不是对官员隐私权的剥夺或限制,而是为了保障社会政治和公共利益,牺牲个人某些隐私权。

第二,权利协调原则。在隐私权与知情权发生一般冲突时,应当进行适当协调,而通过在较小的范围内公开隐私,以满足知情权的需要。遵循这一原则,对某些现象需要诉诸社会,但是,如果不十分必要,则不宜公开具体当事人及其住所。如果公开必须公开的当事人,也不要牵涉或影射与此无关或者关系不大的其他人。

第三,人格尊严原则。新闻报刊对社会不良现象的揭露,必要时可以涉及某些个人的隐私,但是,不得以伤害其人格尊严为目的。[18]

---

〔15〕 作为民法上的知情权,性质属于具体人格权,由于该权利的具体内容不够确定,意见比较分歧,因此本书对此没有进行专章研究。

〔16〕 宋小卫:《略论我国自然人的知情权》,载《法律科学》1994年第5期。

〔17〕 关于希尔的案件,参见杨立新:《人身权法论》,中国检察出版社1996年版,第623~624页。

〔18〕 张新宝:《隐私权研究》,载《法学研究》1990年第3期。

五、对隐私权的民法保护

（一）主要的侵害隐私权具体行为

《民法典》第1033条规定："除法律另有规定或者权利人明确同意外，任何组织或者个人不得实施下列行为：（一）以电话、短信、即时通讯工具、电子邮件、传单等方式侵扰他人的私人生活安宁；（二）进入、拍摄、窥视他人的住宅、宾馆房间等私密空间；（三）拍摄、窥视、窃听、公开他人的私密活动；（四）拍摄、窥视他人身体的私密部位；（五）处理他人的私密信息；（六）以其他方式侵害他人的隐私权。"这是对侵害隐私权行为的列举性规定。

这些侵害隐私权的行为，排除了不构成侵害隐私权的行为，即获得权利人的明确同意。无论何种隐私，都因隐私权人同意而构成对侵害隐私权的抗辩，不成立侵害隐私权的行为。

任何组织或者个人作为隐私权的义务主体，都不得实施上述规定的有关个人的私人生活安宁、私密空间、私密活动、私密信息等的侵害隐私权的行为。

1. 以电话、短信、即时通讯工具、电子邮件、传单等方式侵扰他人的私人生活安宁

私人生活安宁，是自然人享有的维持安稳宁静的私人生活状态，并排除他人不法侵扰，保持无形的精神需要的满足。电话、短信、即时通讯工具、电子邮件、传单等方式侵扰个人的生活安宁，通常称为骚扰电话、骚扰短信、骚扰电邮等，侵害个人的生活安宁，构成侵害隐私权。

2. 进入、拍摄、窥视他人住宅、宾馆房间等私密空间

隐私权保护的私密空间包括具体的私人空间和抽象的私人空间。前者如个人住宅、宾馆房间、旅客行李、学生书包、个人通信等，后者专指日记，即思想空间。私密空间是隐私的重要组成部分，任何人非经法定程序不得非法侵入或窥视，更不得非法搜查。私人住房、身体、箱包、通信、日记等，均属私人领域。侵入私人住宅，窥视居室内情况，偷看日记，借他人沐浴、如厕等机会偷看他人身体隐秘，私翻箱包，私拆信件等，均构成侵害隐私权。例如，日记属于私人领域，是个人对每天做的事情的记录，有的兼记对这些事情的感受。很多人在日记中记下自己人生中一些重要的思想感情，由于这些感情、思想基于道德的、法律的约束，不能公开表达，因而在日记中作宣泄，并不准备公开或暂不公开。这种情况法律是准许的，在道德上也受到尊重，并不认为违反社会公共生活准则。这些日记中所记载的内容，是自然人生活隐私的一部分，是自然人隐私权的具体内容之一。记在日记里的文字属于思想范畴，与写成文章、标语、文件、口号的文字是不一样的。日记里记载的关于思想、感情上的内容，只要本人没有将其付诸实施，就不是行为，法律、道德对其都没有约束的必要，而且还要予以保护，以维护正常的社会生活秩序，保障自然人的自由权利。

3. 拍摄、窥视、窃听、公开他人的私密活动

私密活动是一切个人的，与公共利益无关的活动，如日常生活、社会交往、夫妻生活、婚外恋等。对此进行拍摄、窥视、窃听、公开，都构成侵害私人活动。个人活动自由是隐私权的体现，权利主体可以依照自己的意志，从事或不从事与公共利益无关的私密活动，任何人不得干涉、监视、跟踪、骚扰。这是一种能动的权利，是自然人自由支配的范围。监听、监视私人活动，干涉私人从事某种活动或不从事某种活动，监视私人与他人的交往，监视、窃听夫妻性生活秘密，私人跟踪，骚扰他人的安宁生活等，都侵害隐私权人私密活动的权利，构成对隐私权的侵害。

4. 拍摄、窥视他人身体的私密部位

身体的私密部位也属于隐私,是身体隐私,如生殖器和性感部位。拍摄或者窥视他人身体私密部位,构成侵害隐私权。

5. 处理他人的私密信息

私密信息是关于自然人个人的隐私信息,获取、删除、公开、买卖他人的私密信息,构成侵害隐私权。非法刺探、调查个人的身体资料、生活经历、财产、社会关系、家庭状况、婚恋状况、家庭住址、电话号码、政治倾向、心理活动、两性生活、疾病史及其他个人私生活情报资讯的,均构成侵害隐私权的行为。刺探、调查、收集上述私密信息,并进行记录、摄影、录像者,构成严重情节。按照全国人大常委会《关于加强网络信息安全的决定》的规定,非法窃取或者以其他非法方式获取个人信息,出售或者非法向他人提供个人信息,违反法律、法规的规定和双方的约定处理信息,泄露、篡改、毁损个人信息,泄露个人身份、散布个人隐私,都属于侵害隐私权的行为,都应当依法承担侵权责任。

6. 以其他方式侵害他人的隐私权

这是兜底条款,凡是侵害私人生活安宁、私密信息、私密活动、私密空间、身体私密等的行为,都构成侵害隐私权。例如:(1)监视、干涉私密活动。擅自公布他人私生活秘密,是严重的侵害隐私权行为。擅自公布隐私,包括两种,一是非法刺探、调查所得之私人秘密后予以公布,这是既刺探、调查,又予以非法公布,属于侵害隐私权的严重情节;二是因业务或职务关系而持有他人的秘密,其持有是合法的,如司法人员、机要人员、档案管理人员、医生等,因业务而了解他人隐私,领导者因职务而掌握下属人员的隐私,一经泄露或者公开,构成侵害隐私权。前者均以故意构成,后者故意、过失均可构成。(2)非法利用隐私。非法利用隐私是未经隐私权人同意而利用其个人私密信息的行为,特征是将他人的私密信息为自己所用,用于营利或非营利目的。非法利用隐私有两种,一种是未经本人同意而利用,这种为盗用他人隐私;另一种是虽经本人同意,但是利用人超出约定的范围而利用。非法利用他人隐私无论是否以营利为目的,均为侵害隐私权。(3)相关隐私当事人侵害其他当事人隐私权。对于相关隐私,隐私权人未尽到保护相关隐私其他关系人的隐私权,未经同意擅自予以披露、使用相关隐私,构成侵害相关隐私当事人的隐私权。(4)侵害死者隐私利益。死者的隐私受法律保护,行为人非法侵害死者隐私,构成侵权行为。具体的保护方法,可以参照对死者名誉利益保护方法进行。

7. 国家机关及其工作人员泄露或者非法向他人提供隐私信息

《民法典》第1039条规定:"国家机关、承担行政职能的法定机构及其工作人员对于履行职责过程中知悉的自然人的隐私和个人信息,应当予以保密,不得泄露或者向他人非法提供。"国家机关、承担行政职能的法定机构及其工作人员有多种渠道收集和知悉自然人隐私信息,必须对个人负有保密义务,不得泄露或者非法向他人提供。某男士驾车,某女士乘坐在副驾驶位置上,在高速公路行驶中,男士将手伸向女士的胸部做亲密动作,被高速公路探头拍摄到。高速公路管理部门的管理人员将该视频公布在网上,泄露了个人私密活动,侵害了个人的隐私权。[19]

上述行为都是法律所禁止的行为,都是侵害隐私权的行为,都应当承担民事责任,以救济权利人隐私权损害的后果。

---

〔19〕 关于该案的案情,参见杨立新:《"速度与激情"案件引发的民法思考》,载《河北法学》2012年第2期。

（二）对隐私权的人格权请求权保护

人格权请求权是保护隐私权的主要方法。隐私权人对于自己的隐私，有权维护其不可侵犯性，在受到非法侵害时，依据人格权请求权，寻求司法保护。维护隐私的不可侵犯性包括：(1)禁止他人非法收集个人私密信息，传播个人资讯，非法利用个人情报；(2)对于私密活动，禁止他人干涉、追查、跟踪、拍照、摄影，禁止非法骚扰；(3)对于私密空间，如日记、身体、通信，禁止偷看和宣扬，对于他人行李、书包禁止非法检查，禁止擅自闯入自然人住宅尤其是卧室，禁止在居所安装窃听、监视装置等。(4)对于个人生活安宁，任何人不得擅自侵入，进行干扰、干预，不得损害个人生活安宁。当发生非法侵害自然人隐私权，或者妨碍隐私权行使时，受害人依据《民法典》第995条的规定行使人格权请求权，有权寻求司法保护，以维护自己的合法权益，救济其损害。对正在发生的侵害行为，可以行使停止侵害请求权；对妨碍行使隐私权的行为，可以行使排除妨碍请求权；对造成影响、名誉损毁的行为，可以行使消除影响、恢复名誉、赔礼道歉请求权。

（三）对隐私权的侵权请求权保护

1. 侵害隐私权责任构成

侵害隐私权责任的构成，应当适用《民法典》第1165条第1款关于一般侵权责任和过错责任原则的规定，须具备违法行为、损害事实、因果关系和过错四个要件。

(1)侵害隐私权的违法行为。侵害隐私权的行为一般是作为的方式。隐私权是自然人的人格权，性质为绝对权，任何其他人均负不可侵之义务。该种法定义务是不作为义务，违反该法定义务而作为，即为作为的违法行为。对于私人信息的刺探、私人活动的骚扰、私人领域的侵入，以及对私生活秘密的泄露等，均为作为的行为方式。侵害隐私权的违法性，表现在义务人违反对绝对权的不可侵义务。对于负有保护隐私权的作为义务而未予保护的，为不作为的侵害隐私权的行为，例如，媒体对稿件的审查义务未履行而致使权利人隐私泄露。

(2)侵害隐私权的损害事实。隐私的损害，表现为信息被刺探、被监视、被侵入、被公布、被搅扰、被干预。这是隐私损害的基本形态。隐私损害的基本形态是一种事实状态，一般不具有有形损害的客观外在表现形态，这与名誉损害的事实相似，即不必表现为实在的损害结果，只要隐私被损害的事实存在，即具备侵害隐私权的损害事实要件，构成侵权责任。隐私损害事实大多具有多重损害的特点，表现在隐私损害的事实出现以后，会造成受害人的精神痛苦，以及为恢复损害而支出的财产损失。这些损害事实决定侵害程度的轻重和损害范围的大小。

(3)侵害隐私权的因果关系。侵害隐私权的因果关系容易判断，是因为侵害隐私权的行为与隐私损害事实的直接关联性，行为直接导致后果事实的出现。对于精神痛苦的因果关系，应判断是否为该行为所引起。对于财产利益的损失，应确认其确有因果关系，因这种损害事实直接关系到财产利益损失的赔偿问题，必须准确认定。

(4)侵害隐私权的过错。侵害隐私权的行为人在主观上须有过错，才能构成侵权责任。过错的形式主要是故意，即预见侵害隐私权的后果却希望或放任该种结果的发生；过失也构成侵害隐私权的责任，如小说创作中利用素材不当而暴露他人隐私，构成侵害隐私权。

2. 侵害隐私权的责任承担

构成侵害隐私权，权利人享有侵权请求权，请求行为人承担损害赔偿责任。损害赔偿包括精神损害赔偿和财产利益的损害赔偿。对于侵害隐私权的精神损害赔偿，应当依照《民法典》第1183条第1款规定，参照侵害名誉权精神损害赔偿的计算办法进行。对于非法利用隐私的损害赔偿，应当依照《民法典》第1182条规定，参照侵害肖像权造成财产利益损失的赔偿方法，确定财产利益损害赔偿。对于侵害隐私权造成其他财产利益损失的，应按全部赔偿原则处理，予以全部赔偿。

（四）侵害隐私权的抗辩

具有以下合法事由，可以对抗隐私权侵权的主张：

第一，国家机关合法行使职权。出于国家安全、调查犯罪等需要，权利人不得以隐私权相对抗。一方面，国家机关为国家安全以及调查犯罪等需要，确实可以对隐私权进行限制，对隐私权的侵权诉求进行对抗，不认为构成侵害隐私权；另一方面，对国家干预个人隐私权的权力必须进行限制，国家机关行使权力时须依法进行，必须遵守法治原则，超出其职权范围干预个人隐私权，仍然是侵权行为。在本章典型案例中，警察擅自进入新婚夫妇家中查处，就是公共权力对隐私权的侵害，不属于合法抗辩事由，执法违法，构成侵权。

第二，公共利益需要。公共利益需要，是抗辩侵害隐私权的正当事由。公共利益是关系到不特定的多数人的利益。例如，在新冠肺炎防控期间，对疑似病人的医疗信息进行更多的收集、对病患的信息予以公布等，都是合法的抗辩，不发生侵害隐私权的责任。以此作为侵害隐私权的抗辩事由，须具有公共利益目的，而不是其他不正当目的。同时也须不得存在有损于他人人格的语言和言辞，不得借公共利益目的干预个人私生活。

第三，公众人物。为社会公共利益进行宣传或者舆论监督，公开披露公众人物与公共利益相关，以及涉及的相关人格利益隐私的，不构成侵权。超过必要范围的，应当承担侵权责任。[20]隐私权作为一种重要的基本人权，涵盖个人的私生活整体，但是，对个人隐私权的保护不是绝对的，对私生活的某些隐私、某些特定人的权利可以适当克减，例如，对公众人物隐私权的适当限制。[21]因此，公众人物是侵害隐私权的合法抗辩事由。

第四。正当行使舆论监督权。正当的舆论监督，对于加强民主法治建设具有重要意义，因此，舆论监督是隐私权侵权的合法抗辩事由。媒体对某些不当行为进行批评，即使涉及个人隐私问题，只要不超过必要范围，不构成侵权责任。

第五，行使知情权和公众知情权。行为人主张知情权和公众知情权，都是合法的侵权抗辩事由。无论行为人是为了个人的合法目的了解权利人的隐私信息，还是公众为了满足知情权的需要，而对他人的隐私权进行适当的查知和披露，只要在适当范围内，都是合法行为，不构成侵害隐私权。

第六，当事人同意。当事人允许他人知悉或者宣扬自己的私密信息和私密活动，准许进入自己的私密空间，是对自己权利的处分，只要不违背法律和公共道德，就是合法的，以此对抗侵害隐私权，为合法抗辩。在相关隐私中，经过相关权利人同意而支配相关隐私，不为侵害隐私权。

---

〔20〕 杨立新主编：《中华人民共和国侵权责任法草案建议稿及说明》，法律出版社2007年版，第18页。

〔21〕 王利明：《隐私权内容探讨》，载《浙江社会科学》2007年第3期。

第二节　个人信息权

一、个人信息是权利而非利益

（一）对《民法典》规定的个人信息的不同解读

《民法典》第 111 条和第 1034 ~ 1038 条规定的“个人信息”，究竟是一种法益，还是民事权利，有不同的意见。

第一，法益说。该说认为规定个人信息而没有使用个人信息权的表述，表明《民法典》并没有将个人信息作为一项具体人格权利，但本条为自然人的个人信息保护提供了法律依据。〔22〕

第二，近似人格权说。该说认为在隐私权之外，确立自然人对其个人信息享有的民事权利，在一定程度上明确了个人信息权。条文虽然没有直接规定自然人享有个人信息权，但对自然人而言，本条既是其具有民事权利的宣示性规定，也是确权性的规定。〔23〕

第三，人格权说。该说认为民法典规定的是个人信息是指个人信息权，是对自然人享有的个人信息权，以及义务人负有不得侵害个人信息权义务的规定。〔24〕

第四，立法机关的态度。立法机关的官员在解读个人信息时认为，虽然没有规定个人信息是人格权，但是，“本条规定了其他民事主体对自然人个人信息保护的义务”“违反个人信息保护义务的，应当承担民事责任、行政责任甚至刑事责任”。〔25〕这意味着，对于个人信息虽然没有规定为权利，但是由于有特定的义务人，因而使个人信息成为民事权利。也认为个人信息权利是公民在现代信息社会享有的重要权利，明确对个人信息的保护，对于保护公民的人格尊严，使公民免受非法侵扰，维护正常的社会秩序具有现实意义。〔26〕

（二）法律对一种权益保护的不同规定及真实含义的确定

《民法典》第 111 条规定的“个人信息”，究竟是法益抑或权利，是民法对个人信息保护立场的根本性问题。

民事利益是民事主体之间为满足自己的生存和发展而产生的，对一定对象需求的人身利害关系和财产利害关系。民事利益分为三个部分，一是用民事权利保护的民事利益，如生命权保护的生命利益；二是法益保护的民事利益，如对死者人格利益、胎儿利益的保护；三是不受民事权利和法益保护的民事利益，如所谓的亲吻权等。〔27〕

我国法律规定保护某种民事利益，通常采用以下三种做法：一是法律直接规定为权利，如

---

〔22〕 王利明主编：《中华人民共和国民法总则详解》，中国法制出版社 2017 年版，第 465 页。

〔23〕 陈甦主编：《民法总则评注》（下册），法律出版社 2017 年版，第 785 页。

〔24〕 杨立新主编：《中华人民共和国民法总则要义与案例解读》，中国法制出版社 2017 年版，第 413 页；《民法总则条文背后的故事与难题》，法律出版社 2017 年版，第 277 页。

〔25〕 李适时主编：《中华人民共和国民法总则释义》，法律出版社 2017 年版，第 344、349 页。

〔26〕 张荣顺主编：《中华人民共和国民法总则解读》，中国法制出版社 2017 年版，第 363 页。

〔27〕 参见杨立新：《民法总则》，法律出版社 2017 年第 2 版，第 171 页。

姓名权、肖像权、名誉权等;二是法律规定作为法益保护,例如,“民事主体依法享有法律规定的其他民事权利和利益”中的利益就是法益;三是法律对用权利还是用法益保护规定不明确,最典型的是对隐私的保护,长期以来法律一直规定隐私,而不规定隐私权,直到2009年《侵权责任法》,才正式确定隐私权是一个具体人格权。

(三)《民法典》规定的个人信息应当是权利

对《民法总则》第111条以及第1034~1038条规定的个人信息究竟是权利还是法益,要对法律规定进行具体分析。

凡是法律规定为权利的,当然就是权利。例如,《民法典》总则编第五章“民事权利”规定的人格权、身份权、物权、债权、知识产权、继承权和股权等,都是民事权利。凡是法律规定为民事利益的,当然就是法益。例如,《民法典》第16条规定的“胎儿利益”就是法益,而不是权利;第185条规定的“英雄烈士等的姓名、肖像、名誉、荣誉”,当然是法益而不是权利。从理论上说,权利乃享受特定利益的法律之力。[28] 对于法益,我国大陆地区民法通常不重视,研究不够。法益为法律所保护之利益,但法益不全由权利而取得,法益有时因法律之反射作用而享有。权利性之法益被侵犯时,被害人得依法诉请救济;反之,虽非权利性之法益,但属直接之法益者,法律亦常加以保护。[29] 简言之,对某种民事利益法律规定以权利进行保护的,就是权利;某种民事利益法律予以保护,但未规定为权利者,即为法益。

对法律没有明确规定为权利抑或法益的应当如何认定,有以下三个标准:

第一,确认法律规定保护的利益是否具有独立性,与其相近的民事权利所保护的利益是否存在明显的界分。民法确认某种民事权利时,须存在两个前提:一是该权利所保护的民事利益具有相当的独立性。二是权利所保护的民事利益还必须与其相关的民事权利所保护的利益能够做出明确界分,而不是相互混淆,无法划分其界限。《民法典》人格权编第六章是将隐私权和个人信息完全划分开的,虽然有较强的相关性,但是在性质等方面存在明确的界分。隐私中的信息是私密性的信息或者私人活动,如个人身体状况、家庭状况、婚姻状况等,凡是个人不愿意公开披露且不涉及公共利益的信息,都属于个人隐私,而且单个的私密信息或私人活动并不直接指向自然人的主体身份。而个人信息注重的是身份识别性,此种意义上的身份识别应当作广义的理解,即只要此种信息与个人人格、个人身份有一定的联系,无论是直接指向个人,还是在信息组合之后指向个人,都可以认为其具有身份识别性,[30] 属于个人信息。二者都是独立的人格利益,相互之间的界分是明晰的。个人身份信息既具有人格尊严和自由价值,也具有商业价值。[31] 相互具有独立性,能够进行明晰的界分,因此,将个人信息界定为个人信息权,是完全可以成立的。

第二,在实践中,对于法律保护的某种具体民事利益,用权利保护抑或用法益保护,对于主体的保护是否存在较大差别。在我国民法中,隐私权所保护的隐私包含个人信息,在没有规定个人信息权之前,对于个人身份信息的保护也是通过隐私权来实现的。但是,在当代的网络、数据社会,对个人信息保护的必要性得到了凸显,在计算机诞生之后,信息技术获得了空前的

---

〔28〕 王泽鉴:《民法总则》,三民书局2008年修订版,第90~91页。

〔29〕 林诚二:《民法总则》(上册),法律出版社2008年版,第102页。

〔30〕 王利明:《论个人信息权的法律保护——以个人信息权与隐私权的计分为中心》,载《现代法学》2013年第4期。

〔31〕 张新宝:《从隐私到个人信息:利益再衡量的理论与制度安排》,载《中国法学》2015年第3期。

发展,20世纪80年代开始的全球信息化运动使人类进入了一个信息化社会,个人信息成为一项重要的社会资源。实践中,侵害个人信息权的现象时有发生,特别是在网络环境下,个人信息权的保护显得尤为必要。在信息化社会中,更需要加强保护的是个人身份信息,而对个人身份信息仅仅依照隐私权的保护方法予以保护,显然不够完善。这不仅是对隐私权的保护主要以精神损害赔偿救济方法进行,对于个人信息权的保护不仅要以精神损害赔偿的救济方法进行,还应当以财产损失赔偿的救济方法进行;特别是在个人身份信息日益受到威胁,电信诈骗愈演愈烈的情形下,对于个人身份信息以个人信息权予以保护更为重要,而以隐私权的保护救济则显然不周。将个人信息作为民事权利保护,比作为隐私权的组成部分予以保护,以及用个人信息法益保护,都更妥善、更周到。

第三,在当代,各国保护个人信息多采用隐私权予以保护。欧盟和欧洲国家在保护个人信息上,都制定了个人信息保护法。德国1976年制定的《联邦数据保护法》,第一次系统、集中地规定保护个人信息,并且显现出民事权利的属性,尽管没有认定个人信息是一个独立的民事权利,而是用隐私权来保护,不过,在大陆法系的一些国家已经意识到该问题,并逐渐开始在判例学说中对隐私与个人信息二者之间的关系进行界分。德国联邦宪法法院就将信息自决权作为隐私权的内容,虽然表明德国法中未严格区分个人信息与隐私,但在实践中是将这两者区别开来,而将个人信息称为信息自决权,即个人依照法律控制自己的个人信息,并决定是否被收集和利用的权利。[32] 特别是在欧盟法院确立对被遗忘权的保护之后,对网络个人身份信息的删除权,很难用隐私权予以概括和保护,因为被遗忘权与隐私权保护的客体并不一致,隐私权保护的是信息不予以公开的利益,隐私信息一旦公开,就不再具有隐私性质了。把个人信息权作为独立的权利,其发展趋势越来越明显;更重要的是,无论是用隐私权保护个人信息,还是用个人信息权保护个人信息,都是用权利来保护,而没有用法益方法对个人信息予以保护的立法例。在这样的比较法基础上,来观察对个人信息权保护的法律模式,显然不能用法益保护方式,而应以权利保护方式进行。

综上,对于个人身份信息的保护,一是不能用法益保护方式,因为其显然不如用权利保护为佳;二是不宜以隐私权保护方式予以保护,因为隐私权保护个人身份信息确有不完全、不完善的问题。例如,我国的被遗忘权第一案,即任甲玉诉百度公司搜索引擎的相关搜索侵害被遗忘权案,就已经提出了被遗忘权应当归属于个人信息权,而不应当作为隐私权内容的问题。[33] 真正实现对个人信息的完善保护,就必须把《民法典》规定的个人信息解读为个人信息权。

二、个人信息权的客体:个人信息

(一)个人信息权的概念

1. 个人信息抑或个人数据

个人信息权的客体是个人信息,民法通过个人信息权保护自然人的个人信息利益。

个人信息权的客体究竟是个人信息,还是个人数据,有不同的做法。例如,欧洲各国通常称个人数据而不称个人信息,如德国的《联邦数据保护法》和欧盟的《个人数据保护指令》。事

---

〔32〕 王利明:《论个人信息权的法律保护——以个人信息权与隐私权的界分为中心》,载《现代法学》2013年第4期。

〔33〕 段卫利:《论被遗忘权的司法救济——以国内"被遗忘权第一案"的判决书为切入点》,载《法律适用》2017年第16期。

实上，使用个人信息和个人数据的概念并没有原则区别，欧洲的个人数据保护指的就是个人信息保护。我国习惯称个人信息，已经被法律和社会所接受，因而，对于个人信息权的权利客体应当称为个人信息，而不应当称为个人数据。

2. 个人信息的概念界定

《民法典》第1034条第2、3款对个人信息作了界定："个人信息是以电子或者其他方式记录的能够单独或者与其他信息结合识别特定自然人的各种信息，包括自然人的姓名、出生日期、身份证件号码、生物识别信息、住址、电话号码、电子邮箱、健康信息、行踪信息等。""个人信息中的私密信息，适用有关隐私权的规定；没有规定的，适用有关个人信息保护的规定。"

按照这一规定，个人信息的特点：一是电子信息的记录方式是电子方式或者其他记录方式；二是能够单独或者与其他信息结合发挥作用；三是个人信息的表现形式是音讯、消息、通讯系统传输和处理的对象，泛指人类社会传播的一切内容；四是个人信息的基本作用是识别特定自然人的人格特征，因而个人信息的基本属性是个人身份信息，而不是个人私密信息。

对个人信息这一概念作出更准确的学术界定，应当是：个人信息是指与特定自然人相关联，反映个体特征，具有个人身份可识别性，以电子或者其他方式记录的，能够单独或者与其他信息结合识别的自然人个人身份的各种符号系统。

个人信息的具体范围广泛，主要的个人信息是：姓名、出生日期、身份证号码、个人生物识别信息、住址、电话号码、工作、家庭、财产、健康、民族等。凡是符合个人信息概念定义要求的，都是个人信息。

（二）个人信息包含的利益

个人信息作为个人信息权的客体，是人格权的客体，而不是财产权的客体包含两层人格利益。

1. 精神性利益

个人信息主要包含的是精神性人格利益，主要包括的是人格尊严、人格独立和人格自由的内容。人格标识的完整性与真实性，是主体受到他人尊重的基本条件。个人作为目的性的存在，只有消除个人对信息化形象被他人操纵的疑虑和恐慌，保持信息化人格与其自身的一致性而不被扭曲，才能有自尊并受到他人尊重的生存与生活。[34] 因此，个人信息对于信息主体的人格尊严、人格独立和人格自由的价值，是个人信息保护立法中首要考虑的因素。这就是个人信息所包含的精神性人格利益的内容。

2. 财产性利益

个人信息还具有财产性的人格利益内容。由于个人信息具有身份性的属性，存在被利用于市场的可能，因而存在转化为商业价值的可能性，对权利人发生财产的利益。这正是公开权的内容。同时，个人信息具有个人特征的可识别性，一旦被非法利用，不仅会为利用者发生财产利益，而且还会使权利人受到意想不到的财产损失。因此，个人信息与肖像虽然具有相似性，但是在具有财产价值这一方面，还存在较大的不同，更应当对个人信息权进行特别的保护。

〔34〕 张新宝：《从隐私到个人信息：利益再衡量的理论与制度安排》，载《中国法学》2015年第3期。

三、个人信息权的概念和内容

(一)个人信息权的概念和特征

1. 个人信息权的概念

个人信息权是指自然人依法对其本人的个人身份信息所享有的支配并排除他人侵害的具体人格权。

2. 个人信息权的法律特征

(1)个人信息权是以个人身份信息作为独立的人格要素而设立的民事权利,既不是隐私权保护的隐私利益内容,也不是个人信息法益,而是一个独立的具体人格权。

(2)个人信息权的客体是个人身份信息这一人格利益要素,其与隐私权客体中的个人信息的区别是,隐私权所保护的个人信息是个人隐私信息,当把个人身份信息从隐私权所保护的个人信息中独立出来,以独立的人格要素作为权利客体,就构建了个人信息权,用独立的个人信息权保护个人身份信息。

(3)个人信息权的权利主体是自然人个人,不包括法人和非法人组织,因为法人和非法人组织很多信息是需要公开的,特别是上市公司企业的信息必须公开披露,只有那些需要特别保护的商业秘密,才采用商业秘密的权利予以保护,而不是用个人信息权予以保护。

(4)个人信息权的权利要求是,以自我决定权作为其权利基础,自然人对于自己的个人信息,由自我占有、自我控制、自我支配,他人不得非法干涉,不得非法侵害,因而个人信息权是排他的自我支配权,是绝对权。

(二)个人信息权的性质

个人信息权究竟是何种民事权利,即个人信息权是何种权利属性,意见并不一致,有"宪法人权说""一般人格权说""隐私权说""财产权说""新型权利说""独立人格权说"等不同主张,[35]在这些不同的意见中,凡是主张个人信息权是民事权利的学者,主要意见基本上是一致的,即个人信息权的权利属性是人格权,独立人格权说的主张更符合个人信息权的内在属性。[36]

(三)个人信息权的内容

个人信息权作为一个独立的具体人格权,包括以下权利内容:

1. 信息保有权

信息保有权是权利人对于个人信息完全由自己保有,他人不得非法占有,这是个人信息权的主要内容。信息的保有,是行使个人信息权的基础权利,只有保有自己的个人身份信息,才能够行使个人信息权的其他权利内容。

2. 信息决定权

按照《民法典》第130条规定,民事主体行使民事权利,完全由自己决定,他人不得干涉。

---

〔35〕 张里安、韩旭至:《大数据时代下个人信息权的私法属性》,载《法学论坛》2016年第3期。

〔36〕 王利明:《论个人信息权在人格权法中的地位》,载《苏州大学学报》2012年第6期;张里安、韩旭至:《大数据时代下个人信息权的私法属性》,载《法学论坛》2016年第3期。

这正是欧洲国家确认信息自决权的含义。权利人对于自己的个人信息是否使用，是否可以由他人获取、利用，都属于权利人自己的权利，只有权利人授权他人对自己的个人信息予以获取和使用，他人才能够获取和使用其个人信息。任何人未经权利人的许可，无权获取和使用他人的个人信息。

3. 信息知情权

任何组织和个人在依法获得和使用权利人的个人信息时，权利人对该组织和个人所占有、使用自己个人身份信息的情况，有权进行查询，并有权要求予以答复。个人信息权的知情权的内容，主要是自己的哪些个人信息被处理，在此过程中，自己的个人身份信息是否被保持完整、正确等。个人信息权人对于该项知情权，必须予以保障，除非因公共利益或者保密的需要，任何机关不得剥夺权利人的知情权。

4. 信息更正权

个人信息权的权利人在发现被他人获取的个人身份信息有不正确之处，对占有和使用其个人身份信息的组织和个人，有权请求该主体对所占有和使用的有关自己不正确、不全面、不适当的个人信息进行更正。有权获取和使用他人个人信息的组织和个人，须按照正确的信息进行更正。

5. 信息锁定权

信息锁定权，是指在必要时，个人信息权的权利人有权请求获取和使用自己的个人身份信息的组织和个人以一定的方式，暂停信息处理，在没有获得权利人的书面同意之前，该组织或者个人不可以将其为某种目的收集的信息为另一个目的而使用。有权获取权利人个人身份信息的组织和个人超出使用范围，或者未对权利人的锁定请求采取必要措施予以锁定的，应当承担相应的责任。

6. 被遗忘权

权利人对于自己已被发布在网络上的，有关自身的不恰当的、过时的、继续保留会导致其社会评价降低的信息，要求信息控制者予以删除的权利。[37] 这个权利，实际上就是对有关自身的不恰当的、过失的、继续保留会导致其社会评价降低的个人信息的删除权。对于欧盟法院确立的这个权利，我国学者见仁见智，看法不同，[38] 在《民法典》规定了个人信息权之后，被遗忘权就是个人信息权的具体权利内容。[39]

四、处理个人信息中的权利和义务

（一）处理自然人个人信息应当遵循的原则和条件

《民法典》第 1035 条规定："处理个人信息的，应当遵循合法、正当、必要原则，不得过度处理，并符合下列条件：（一）征得该自然人或者其监护人同意，但是法律、行政法规另有规定的除外；（二）公开处理信息的规则；（三）明示处理信息的目的、方式和范围；（四）不违反法律、行政法规的规定和双方的约定。""个人信息的处理包括个人信息的收集、存储使用、加工、传输、提

〔37〕 杨立新、韩煦：《被遗忘权的中国本土化及法律适用》，载《法律适用》2015 年第 2 期。

〔38〕 对此，可以参见《法律适用》2017 年第 16 期发表的几篇文章，即高富平、王苑：《被遗忘权在我国移植的法律障碍》，第 40 页；梅夏英：《被遗忘权的法理定位与保护之限定》，第 48 页；段卫利：《论被遗忘权的司法救济》，第 55 页。

〔39〕 杨立新主编：《中华人民共和国民法总则要义与案例解读》，中国法制出版社 2017 年版，第 415 页。

供、公开等。”这一条文是对收集、处理个人信息的规定。

1. 处理个人信息的界定

个人信息的收集，是将个人信息通过一定方式聚集在一起。例如，让客户填写有关信息的登记表等。

个人信息的处理，是包括对收集而来的个人信息的收集、存储使用、加工、传输、提供、公开等。对个人信息的处理范围很宽，对个人信息的收集、存储使用、加工、传输、提供、公开等，都属于处理的范畴。

收集自然人个人信息须遵守法律规定的原则和条件，处理更须遵守这些原则和条件。对收集，以及收集到的自然人个人信息进行存储使用、加工、传输、提供、公开等，符合这些要求的为合法行为，不符合上述要求的，属于违法对个人信息进行的处理行为，构成侵害个人信息权。

2. 处理个人信息的原则

处理自然人个人信息的原则是：(1)合法原则，即必须依照法律规定处理，不得非法进行；(2)必要原则，即使合法、正当处理自然人个人信息，不得超出必要范围。在这些原则的约束下，对个人信息不得过度收集和处理。违反上述原则，过度处理自然人个人信息的，为侵害个人信息的行为。

3. 处理个人信息的条件

处理自然人个人信息，还应当符合下列条件：

(1)征得该自然人或者其监护人同意，但是法律、行政法规另有规定的除外。其中征得自然人监护人的同意，是指处理无民事行为能力人或者限制民事行为能力人的个人信息，须征得其监护人的同意，例如，未成年人、丧失或者部分丧失民事行为能力的成年人未经其监护人同意的处理，构成侵害个人信息行为。

(2)公开处理个人信息的规则。处理自然人个人信息，须将处理的规则予以公开，以判明其处理行为是否符合处理的规则。

(3)明示处理个人信息的目的、方式和范围。明示处理信息的目的、方式，在其明示的范围进行处理，便于权利人和公众进行监督。

(4)不违反法律、行政法规的规定和双方的约定。违反法律、行政法规的规定和双方的约定的处理，构成侵害个人信息。

处理自然人个人信息，须符合合法、必要原则和四个条件的要求。这也是处理个人信息的主体应当履行的法定义务。不符合上述原则、条件要求，处理自然人的个人信息，违反了自己的法定义务，构成违法处理，应当承担民事责任。

(二)个人信息权人享有查阅抄录复制及异议更正、及时删除权

《民法典》第1037条规定：“自然人可以依法向信息处理者查阅或者复制其个人信息；发现信息有错误的，有权提出异议并请求及时采取更正等必要措施。”“自然人发现信息处理者违反法律、行政法规的规定或者双方的约定处理其个人信息的，有权请求信息处理者及时删除。”这是对个人信息权人享有权利的规定。

个人信息权的权利人对合法处理其个人信息的处理者享有的权利主要是：

第一，个人信息权人享有查阅、抄录和复制的权利。自然人可以依法向信息处理者依法查阅或者复制其个人信息。这是因为，自己是个人信息的权利人，其信息就是自己的身份信息，

即使被个人信息处理者处理,该信息的归属权不变,仍然为权利人所拥有。

第二,发现信息错误有提出异议并要求更正的权利。权利人在查阅和复制自己的个人信息时,发现自己的信息有错误的,有权提出异议,并要求信息处理者及时采取更正等必要措施。信息的处理者负有更正的义务。

第三,自然人发现信息处理者违反法律、行政法规的规定或者双方的约定收集、控制其个人信息的,有权要求信息处理者及时删除其个人信息。这里还应当包括对被收集的、已经过时的、对自己可能造成不好影响的个人信息的删除权,即被遗忘权的删除权,以保护自己的合法权益。被遗忘权是指信息主体对已被发布在网络上的、有关自身的不恰当的、过时的、继续保留会导致其社会评价降低的信息,要求信息控制者予以删除的权利。被遗忘权作为个人信息权的一项权利内容,我国法律有必要对其作出专门规定,以利于维护人格尊严、促进人格平等。被遗忘权作为个人信息权的具体内容性的权利,是人格权新类型样态丰富的重要体现。在一个高速发展的信息社会,负面信息的存在、流转,会使权利人的人格尊严受到贬损,甚至会给权利人带来严重的纷扰。全面确认个人信息权,并规定被遗忘权是其权利内容,是对权利人进行全面保护、提供有效救济的最有效途径。本条虽未明确规定被遗忘权,但是可以解释在本条规定的"删除其个人信息"的内容之中,以更好地保护个人信息。

个人信息的权利人享有上述权利,合法处理其个人信息的控制者负有满足权利人行使权利要求的义务。上述义务不履行,个人信息处理者应当承担侵害个人信息的民事责任。

(三)信息收集者、持有者负有法定的保密义务

《民法典》第1038条规定:"信息处理者不得泄露或者篡改其收集、存储的个人信息;未经自然人同意,不得向他人非法提供其个人信息,但是经过加工无法识别特定个人且不能复原的除外。""信息处理者应当采取技术措施和其他必要措施,确保其收集、存储的个人信息安全,防止信息泄露、篡改、丢失;发生或者可能发生个人信息泄露、篡改、丢失的,应当及时采取补救措施,按照规定告知自然人并向有关主管部门报告。"这是对信息处理者对个人信息负有保密义务的规定。

个人信息的处理者,是指合法收集并控制自然人个人信息的主体。个人信息收集者、控制者对自然人个人信息负有的保密义务,包括两个方面:

1. 信息处理者负有的守约义务

首先,须履行对收集、存储的自然人个人信息保持由自己占有的状态,保持信息真实性的义务,不得将个人信息泄露给他人,不得对个人信息进行篡改。其次,须履行不得向他人非法提供的义务,未经自然人同意,不得将自己合法收集、存储的个人信息向他人非法提供。最后,例外的是,对经过处理无法识别特定个人,且不能复原的个人信息,属于衍生信息,为"已经经过脱敏处理"的个人信息,不再具有个人身份信息的属性,已经进入可以公开使用的领域。对于衍生信息的处理,不构成侵害个人信息。

2. 信息处理者负有的保密义务

首先,信息处理者对已经收集、存储的个人信息,应当采取技术措施和其他必要措施,确保其收集、存储的个人信息安全,防止信息泄露、篡改、丢失。其次,如果发生或者可能发生个人信息泄露、篡改、丢失的,应当及时采取补救措施,按照规定告知自然人,并向有关主管部门报告,防止损失的扩大,并挽回已经造成的损失。

信息处理者违反上述对收集、存储的自然人个人信息负有的义务，构成侵害个人信息的行为，应当承担民事责任。

（四）国家机关及其工作人员对个人信息负有保密义务

《民法典》第1039条规定，国家机关、承担行政职能的法定机构及其工作人员对于履行职责过程中知悉的自然人的隐私和个人信息，应当予以保密，不得泄露或者向他人非法提供。

国家机关及其工作人员有多种渠道收集和知悉个人信息。例如，出生登记、查处违章、办理护照、出具身份证明等，都必须提供个人信息。对此，国家机关及其工作人员必须对个人负有保密义务，不得泄露或者非法向他人提供。国家机关及其工作人员违反对知悉的个人信息的保密义务，应当适用《民法典》第995条规定，受害人有权依照本法和其他法律的规定请求行为人承担民事责任。

五、个人信息权的保护

（一）侵害个人信息权的具体行为

1. 非法收集自然人个人信息。个人信息权的一般义务主体承担的是不可侵义务，其中就包括不得非法收集他人个人信息。无权收集他人个人信息的，一旦予以收集，就构成这种违法行为。

2. 非法使用自然人个人信息。对于他人个人信息不得非法使用，无论是无权取得他人个人信息，还是有权取得他人个人信息，凡是非法使用的，都构成违法行为，都侵害了个人信息权。

3. 非法加工自然人个人信息。《民法典》规定禁止非法加工自然人的个人信息，未经权利人同意，就对合法或者非法获取的个人信息进行加工，也构成违法行为。

4. 非法传输自然人个人信息。合法传输他人个人信息，是正当行为。但是非法传输他人个人信息，无论具有何种目的，都是违反个人信息权义务的行为，都侵害了个人信息权人的权利。

5. 非法买卖自然人个人信息。出售个人信息是有偿行为，行为人在出售行为中，以他人的个人信息为买卖的标的物，从中获取非法利益的，情节更为恶劣。非法出售自然人个人信息的行为人，是网络服务提供者、其他企业事业单位、国家机关的工作人员，以及其他任何组织和个人。这些单位的工作人员个人私自非法出售，获取私利，构成侵害个人信息权。

6. 非法提供自然人个人信息。非法向他人提供自然人个人信息的，就是未经权利人本人同意，而将其个人信息提供给他人。非法提供一般是没有获取非法利益，因为获取非法利益就是买卖行为，但是这也构成侵权行为。无偿提供他人个人信息，虽无对价，但是有获得其他利益者，也可以认定为非法提供行为。

7. 非法公开自然人个人信息。非法公开他人个人信息、泄露他人个人信息，都构成侵害个人信息权。网络服务提供者、其他企业事业单位以及国家机关及其工作人员，都对其依法收集的个人信息负有保密义务。未尽保密义务，非法予以公开，无论是故意所为还是过失所致，都构成侵权责任。

8. 非法篡改自然人个人信息。网络服务提供者、其他企业事业单位以及国家机关及其工作人员，违反法律规定，非法对自己掌握的自然人个人信息进行篡改的，构成侵权行为。非法篡改个人信息行为须故意而为，而不是无意中弄错。这种侵权行为应当造成相当的后果，即由于非法自然人个人信息被篡改而使其民事权益受到损害。对于未尽谨慎义务，无意中弄错自然人个人信息，如果造成了严重损害后果，也构成侵权行为。

9. 非法毁损自然人个人信息。网络服务提供者、其他企业事业单位以及国家机关及其工作人员违反法律规定，未尽谨慎注意义务，非法毁损自然人个人信息的，构成侵权责任。非法毁损包括故意和过失，是明知自然人个人信息而故意毁损，或因过失而毁损，造成受害人的民事权益损害，应当承担侵权责任。

10. 丢失自然人个人信息。网络服务提供者、其他企业事业单位或者国家机关对于依法获得的自然人个人信息，必须妥善保管，善尽保管责任，如果不慎造成个人信息丢失，也构成侵权责任。丢失是过失所为，并非故意，造成了受害人权益损害的，也应当承担侵权责任。

11. 对泄露自然人个人信息未及时采取补救措施。权利人发现自己的个人信息被泄露，有权要求依法取得个人信息的单位和个人删除有关信息或者采取其他必要措施予以制止。如果没有及时采取必要措施，造成损害的，应当承担侵权责任。

（二）对个人信息权的人格权请求权保护

对个人信息权，人格权请求权予以保护。对此，适用《民法典》第 995 条规定，个人信息权受到侵害的，受害人有权行使人格权请求权保护自己的权利，请求行为人承担停止侵害、排除妨碍、消除危险、消除影响、恢复名誉、赔礼道歉等民事责任。通过这些方式，权利人不仅有权保护自己的个人信息不受他人侵害的权利，而且对自己的个人身份信息被他人依法获取、占有后，仍然享有依法保护的权利，对于非法侵害自己个人信息权的行为提出保护权利的请求。

保护个人信息权的人格权请求权，有两种特别的规定：一是立即停止传输该信息。这属于停止侵害的侵权责任方式，侵害个人信息权的行为正在进行的，受害人有权请求停止侵害，制止正在实施的侵害行为。对于受害人的这种请求，法院应当支持，判决行为人立即停止传输该侵权信息，防止侵害后果扩大。二是采取补救、消除等措施，消除侵害个人信息的侵害后果。在司法实践中，应当参照上述规定，确定适用这些责任方式。

（三）对个人信息权的侵权请求权保护

自然人的个人信息权受到侵害后，依法享有侵权损害赔偿请求权，行使该请求权，请求侵权人承担损害赔偿责任包括精神损害赔偿责任。

1. 侵害个人信息权侵权责任的归责原则

侵害个人信息权的侵权责任归责原则，适用《民法典》第 1165 条第 1 款规定的过错责任原则。原因是，侵害个人信息权的行为属于一般侵权行为，不属于应当适用过错推定原则或者无过错责任原则的特殊侵权行为。

2. 构成侵害个人信息权侵权责任的要件

（1）加害行为及违法性。侵害个人信息行为的主要表现形式是作为，如非法出售、非法获取等；也包括不作为的行为方式，如负有保密义务的组织和个人将个人信息丢失；网络服务提供者对于网络上发现的泄露个人身份等侵害其合法权益的网络信息，以及受到商业性电子信息侵扰，没有尽到及时删除有关信息或者采取必要措施予以制止的行为，都是不作为的行为方式。行为的违法性是上述行为违反法律的规定,也违反了个人信息权义务人的不可侵义务。

(2)损害后果。侵害个人信息侵权行为的损害后果,是自然人的电子信息被非法处分,主要表现是被非法搜集或者被非法使用,造成个人信息权的损害。违法发送垃圾信息的侵权行为造成的损害后果,是被侵权人生活安宁的损害,属于个人为了自由发展其人格而必需的安宁与平静的权利受到侵害。我国侵害个人信息侵权行为猖獗的原因之一,是认为侵权责任构成需要达到相当的"门槛",否则不认为侵权。掌握侵害个人信息损害事实的标准是个人信息被侵害,达到一定程度,就构成损害事实的要件。

(3)因果关系。侵害个人信息侵权行为的因果关系有两种类型:一是行为与损害结果之间具有相当因果关系,即行为是损害结果发生的原因或者适当条件。二是行为与损害结果之间属于助成的共同因果关系,即他人的行为已经造成了损害结果的发生,行为人的行为对于损害结果的扩大发生了助成的作用,扩大了损害结果,同样也构成因果关系。例如,网络服务提供者没有及时采取必要措施,造成泄露个人身份、散布个人隐私的网络信息侵害被侵权人合法权益的后果继续存在,或者受到商业性电子信息侵扰没有及时采取必要措施,都是该行为与直接侵权人的行为结合起来,造成损害后果的扩大。这样的行为也构成因果关系要件。

(4)行为人的过错。侵害个人信息权的主观要件主要是故意,是明知自己负有对他人的个人信息不可侵义务而故意为之。也有过失侵害个人信息的行为。无论故意或者过失,凡是由于过错侵害个人信息权造成民事权益损害的,就构成侵权责任。

3. 侵害个人信息权的行为人

(1)网络服务提供者。侵害个人信息权的侵权行为主体,首先是网络服务提供者。这是因为,受到侵害的个人信息多数是网络信息,或者是个人信息在网络上被侵权等。网络服务提供者是指网络技术服务提供者和网络内容服务提供者。网络服务提供者对自己收集的,或者对他人在网络上传播的,以及自己发布的个人信息,都必须善尽保护义务,造成个人信息损害的,应当承担侵权责任。

(2)其他企业事业单位。其他企业事业单位作为侵害个人信息侵权行为主体,主要是指有权获取或者非法获取个人信息的其他企业事业单位。除了网络服务提供者之外,凡是有权收集个人信息的企业事业单位,或者非法获取个人信息的企事业单位,都能成为这种行为主体,前者主要是指电信、医院、邮政、银行以及类似的企业事业单位。

(3)国家机关、承担行政职能的法定机构及工作人员。国家机关、承担行政职能的法定机构及工作人员作为侵害个人信息的行为主体,是国家机关、承担行政职能的法定机构及其工作人员在履行职责中知悉个人信息,未尽保密义务和谨慎注意义务,实施了泄露、篡改、毁损以及出售或者非法向他人提供收集的个人信息的行为,国家机关、承担行政职能的法定机构及其工作人员构成侵权行为主体。

(4)任何组织或者个人。任何组织或者个人作为侵害个人信息侵权行为的主体,是指凡是非法获取以及非法使用个人信息的任何法人、非法人组织和自然人。既然侵害个人信息侵权行为是一般侵权行为,其实所有的民事主体都可能成为侵权行为主体。

4. 侵害个人信息侵权行为的举证责任

由于侵害个人信息行为是一般侵权行为,其举证责任均由原告负担。这种规则对被侵权人当然不利,但是,这是《民事诉讼法》规定的举证责任一般规则,必须遵守。法院应当注意的是:第一,可以运用举证责任缓和规则,适当放宽原告证明的标准,在原告已经提出相当的证据证明其主张事实具有较大可能性,因客观条件限制无法继续举证时,应当转换举证责任,让被告举证证明;被告不能证明自己的否定主张的,认定原告的主张成立。第二,适当主动运用法官职权调查,在原告无法举证,符合法院调查的情形,应当主动调查证明。

5. 侵害个人信息的侵权责任承担

侵害个人信息权造成财产损失的,应当依照《民法典》第 1182 条规定,确定损害赔偿责任。侵害个人信息权造成严重精神损害后果的,应当依照《民法典》第 1183 条第 1 款规定,确定精神损害赔偿责任。

侵害个人信息侵权责任形态,涉及自己责任还是替代责任问题。符合用人单位损害责任的,应当由用人单位即网络服务提供者、其他企业事业单位以及国家机关承担替代责任。如果工作人员实施的侵权行为完全与行使职权没有关系,不构成用人单位责任的,应当由侵权人承担自己责任。不过,在目前侵害个人信息非常严重的情况下,凡是这些单位的工作人员侵害个人信息与职务有关的,尽量确定用人单位的替代责任,在用人单位承担责任之后,强调用人单位对具体行为人的追偿权。这样,既能够制裁违法行为人,又能够更有力地保护个人信息权。

6. 处理自然人个人信息的抗辩事由

《民法典》第 1036 条规定:"处理个人信息,有下列情形之一的,行为人不承担民事责任:(一)在该自然人或者其监护人同意的范围内合理实施的行为;(二)合理处理该自然人自行公开的或者其他已经合法公开的信息,但是该自然人明确拒绝或者处理该信息侵害其重大利益的除外;(三)为维护公共利益或者该自然人合法权益,合理实施的其他行为。"这是对合理处理个人信息的规定,也是对处理自然人个人信息构成侵害个人信息权的法定抗辩事由的规定。

对自然人个人信息合法的处理,尽管在有些时候未经过个人信息权人的同意,但是也不构成侵害个人信息权,不承担侵害个人信息权的民事责任。被处理个人信息的自然人不得主张侵害其个人信息权的责任。对处理自然人个人信息行为构成侵害个人信息民事责任的指控,可以提出合法的理由予以抗辩。侵害个人信息权的抗辩,是指个人信息的收集、控制者作为被告对原告的侵害个人信息指控提出的证明原告的指控不成立或者不完全成立的主张。而个人信息控制者的抗辩事由,则是对侵害个人信息权进行抗辩的特定的具体事实。

这些个人信息处理者对侵害个人信息权的抗辩事由是:

(1)在该自然人同意的范围内合理实施的行为。处理自然人个人信息,如果经过权利人的同意,并且在其同意的范围内合理实施的行为,不构成侵害个人信息。[40]这与第 1035 条第 3 项关于"明示处理信息的目的、方式和范围"的规定相关,对此进行判断,符合明示的上述使用范围的,不构成侵害个人信息权,超出范围的行为构成侵害个人信息权。只要个人信息收集、控制者在该自然人同意的范围内实施处理个人信息的,就是合法的抗辩事由,[41]阻却其行为的违法性。

(2)合理处理该自然人自行公开的或者其他已合法公开的信息,但是该自然人明确拒绝或者处理该信息侵害其重大利益的除外。这一事由包括两个方面:首先,自然人自行公开或者其他已经合法公开的信息是可以合理处理的,一般情况下不构成侵害个人信息;其次,除外条款,尽管如此,如果自然人已经明确拒绝他人处理的,处理这样的信息,或者处理这种信息关乎自

〔40〕 张新宝:《个人信息收集中的告知同意原则适用的限制》,载《比较法研究》2019 年第 6 期。

〔41〕 高富平:《个人信息使用的合法性基础——数据上利益分析视角》,载《比较法研究》2019 年第 6 期。

然人的个人重大利益而予以处理的,仍然构成侵害个人信息。

(3)为维护公共利益或者该自然人合法权益,合理实施的其他行为。处理自然人的个人信息,如果具有维护公共利益的目的,或者是为了维护该自然人自身的合法权益,则具有正当性,为合理实施,不构成侵害个人信息权。

具有上述三种抗辩事由之一的,为合理实施处理自然人个人信息的行为,不构成侵害个人信息权的行为,不承担民事责任。

六、被遗忘权

(一)欧盟提出的被遗忘权

1. 富有争议和民法学理价值的典型案例

1998 年,西班牙报纸《先锋报》(La Vanguardia)发表了西班牙将举行财产强制拍卖活动的公告,提到遭到强制拍卖的财产中,有一件属于马里奥·科斯特加·冈萨雷斯(Mario Costeja Gonzále),他的名字也出现在公告中。2009 年 11 月,冈萨雷斯与该报纸取得了联系,投诉称公告中登出的名字被谷歌搜索引擎(Google search engine)收录了,他希望能够在网上删除这些与他有关的信息,并且称该强制拍卖活动在几年前就已经结束,而且这些数据信息也已经失效,如果任由这些信息继续存在,则会对其声誉造成持续的伤害。《先锋报》回复称,由于该公告的授权方是西班牙劳动与社会事务部,因此有关冈萨雷斯的个人数据无法删除。冈萨雷斯于 2010 年 2 月与谷歌西班牙分部取得了联系,请求他们删除该公告的链接,后者遂将该请求转交给了美国加利福尼亚的谷歌总部。随后,冈萨雷斯向西班牙数据保护局(Agencia Espaöola de Protección de Datos,AEPD)提交了投诉,要求《先锋报》必须按要求删除数据信息、谷歌西班牙分部或谷歌公司则必须按要求删除数据链接。2010 年 7 月 30 日,西班牙数据保护局驳回了他针对报纸提交的诉求,但支持他对谷歌西班牙分部和谷歌公司的诉求,并要求谷歌公司删除链接并保证通过搜索引擎无法打开该信息。

谷歌西班牙分部和谷歌公司随后分别向西班牙国立高等法院(Audiencia Nacional)提出了单独诉讼。西班牙国立高等法院在将两个诉讼合并后,将该案提交给了欧盟法院。欧盟法院依据《欧洲数据保护指令》,对诉讼中的一些问题进行初步裁决,其中有一条涉及是否需要制定“被遗忘权”(the right to be forgotten)的问题。欧盟法院在广泛听取各方意见后,于 2014 年 5 月 13 日宣布了最终裁决,认为谷歌作为搜索引擎运营商,应被视为《欧洲数据保护指令》适用范围内的数据控制者,对其处理的第三方发布的带有个人数据的网页信息负有责任,并有义务将其消除。而对于是否制定所谓的“被遗忘权”这一问题,虽然谷歌西班牙分部、谷歌公司以及欧洲委员会等在这一点上都持否定态度,但是欧盟法院认为,有关数据主体的“不好的、不相关的、过分的”(inadequate,irrelevant,excessive)信息也应当从搜索结果中删除。据此,欧盟法院最终裁决谷歌西班牙分部、谷歌公司败诉,应按冈萨雷斯的请求对相关链接进行删除。

自此,欧洲通过欧盟法院的这一判决,确立了被遗忘权的概念,并且使之成为信息主体的一项民事权利。

2. 欧盟法院有关被遗忘权判例的意义及影响

欧盟法院对“谷歌诉冈萨雷斯被遗忘权案”的判决,是欧盟法院通过判例对法案中已有的被遗忘权规定的解读和界定,将谷歌等大型搜索引擎运营商界定为信息控制者,明确可通过被遗忘权予以删除的信息为已在互联网上公开的有关信息主体（欧洲公民）的“不好的、不相关的、过分的”信息。

欧盟法院这一判例肯定了被遗忘权在欧洲的确立，对于大数据时代个人信息的保护具有重要的现实意义。众所周知，互联网的发展及各种自媒体的广泛运用，使个人信息越来越多地通过数字化形式进行记载、储存、传播和利用，信息主体自己遗留在网络上的或是其他第三方发布的有关信息主体的相关信息，都会事无巨细地在网络上得以储存，成为信息主体永远无法被遗忘的过去。被遗忘权的出现，正在打破这种局面，信息主体通过行使被遗忘权，对搜索结果中包含信息主体“不好的、不相关的、过分的”信息的链接或社交网站上未成年人发布的各种年少轻狂、不负责任的文字或图片进行删除，能够有效杜绝遗留在网络上的各种已经成为“过去时”的信息对信息主体目前生活的侵扰，保障了信息主体私人生活的安宁，尤其是对一些会导致信息主体社会评价降低的信息的删除，可以有效地减少其对信息主体名誉、信息、隐私等权利的持续侵害。

（二）中国有关被遗忘权的相关法律规范和确认被遗忘权的必要性

1. 中国有关被遗忘权的法律规范

毫无疑问，被遗忘权是欧陆法律的产物，而非中国民事权利的“产品”，能否在中国实现本土化，有的学者主张认为，我们不一定要亦步亦趋地追随被遗忘权这样的具体做法，中国目前还没有践行被遗忘权的环境。[42]

这种意见是不适当的。事实上，由于受到被遗忘权的影响，在我国网站的做法中，有被遗忘权的痕迹，在我国相关的法律中，也有可以使被遗忘权与中国法相对接的法律规定，完全可以实现被遗忘权的中国本土化。

《民法典》虽然对被遗忘权没有作出具体规定，但是在以下方面的规范可以作为被遗忘权的法律基础。第一，第111条规定了个人信息权，个人信息权就应当包括被遗忘权。第二，第1037条关于“自然人发现信息处理者违反法律、行政法规的规定或者双方的约定处理其个人信息的，有权请求信息处理者及时删除”规定中的“删除”，可以解释为被遗忘权的法律依据，因为被遗忘权实现的基本方式就是删除。第三，第1195条规定的网络服务提供者负有的采取删除等必要措施的义务，可以包括被遗忘权的删除义务。因而，不能说中国将被遗忘权本土化没有法律依据。

2. 采纳被遗忘权的理由

依照上述法律规定，确认被遗忘权本土化的理由是：

（1）个人信息公开的文化与网络无法遗忘之间的矛盾强烈要求确立被遗忘权。正是由于这样的矛盾，那些本以为早已远去、会被忘却的过往信息，搜索一下就会纷至沓来。由于互联网与数字技术的全球化发展，过去正如刺青一般深深地刻在数字的皮肤上，[43]成为个人无法摆脱的印记。借鉴域外经验，将被遗忘权本土化，在中国的法律中确立被遗忘权，并通过该权利的行使，对遗留在网络上的相关信息进行删除，可以有效地保护网络用户的合法权益，改变

---

〔42〕 参见刘溜川：《透过“被遗忘权”看网络隐私》，载 http://www.eeo.com.cn/2014/0722/263775.shtml，最后访问日期：2014年11月24日。

〔43〕 ［英］维克托·迈尔－舍恩伯格：《删除》，袁杰译，浙江人民出版社2013年版，第4～5页。

目前面临的此种困局。

(2)信息主体有确立被遗忘权的现实要求。由于网络的留痕特性,使任何发布在网络上的信息,都可以在未来的任何时间内被任何人重新翻出以作为谴责的依据。信息主体无论如何积极、及时地解决问题、诚恳地纠正错误,不光彩的过去、曾经的批评与指责仍不可擦除地、完整地保存在网络之中,等待下一次被重新翻炒。因此,在网络信息不断膨胀的今天,信息主体对于清除这些负面信息并消除其对自身声誉的影响的需求,是广泛而迫切的。

(3)我国目前有些网络服务提供者的做法已符合被遗忘权的要求。目前,在网络用户提交删除请求并通过网站专门工作人员审核后,相关的网页链接会在24小时内被删除。这与被遗忘权的规则相通,说明在我国的网络操作实务中已经存在被遗忘权的规则。

(三)被遗忘权的概念与法律地位

被遗忘权是指信息主体对已被发布在网络上的,有关自身的不恰当的、过时的、继续保留会导致其社会评价降低的信息,要求信息处理者予以删除的权利。

被遗忘权不属于一个独立的人格权,只能依附于某种具体人格权依法予以保护,其依附的就是个人信息权。

(四)被遗忘权的具体内容及法律适用规则

1. 被遗忘权的主体

被遗忘权的权利主体是信息主体,是指产生个人信息且能通过直接或间接手段被识别身份的自然人。

对于公众人物是否与普通公民一样享有无差别的被遗忘权,则因涉及公众人物的权利保护问题而争议颇多。公众人物社会地位的超然性,决定了其更容易成为媒体与普通民众关注的焦点,其一举一动也往往会成为大众竞相追逐、模仿的对象,进而导致了其个人信息更容易被暴露在公众视野中。为平衡公众人物权利保护与公众知情权的关系,应赋予公众人物以被遗忘权,但是应对其进行适当限制——这种限制应体现在相关信息的存储期限上,即那些与公众人物相关的不恰当的、过时的、会导致其社会评价降低的负面信息是可以通过行使被遗忘权而被删除的,但应保证这些相关信息在网络上的存储期限,即只有在这些信息从最初出现在网络上到被删除前经过了一定时间后才能通过被遗忘权予以删除。

被遗忘权的义务主体,是应信息主体要求负有信息删除义务的人。将被遗忘权的义务主体概括为个人信息处理者,即单独或联合起来决定个人信息处理目的和方式的,除信息主体之外的自然人、法人、非法人组织以及公共权力机构。

2. 被遗忘权的内容

被遗忘权的内容,是信息主体享有的权利及个人信息处理者所负有的义务。对于信息主体所享有的权利,可以概括为请求个人信息处理者对已经发布在网络上不恰当的、过时的、会导致其社会评价降低的信息进行删除的权利。

对于该项请求权的行使,应采用书面通知的形式,即当信息主体发现有损其声誉的负面信息需要删除时,应将需要删除的信息链接、删除的理由以及个人的联系方式等通知信息处理者,请求其在一定时间内进行删除。

相对应地,个人信息的处理者作为义务主体,在接到信息主体的书面通知后,负有对所涉及信息的删除义务。同时,为防止信息主体滥用被遗忘权,信息处理者对于该请求要求予以删除的信息负有必要的审查义务,如建立相关信息的人工审查、评估机制,组织专门的专家对信息主体提交的请求进行评估,对于满足被遗忘权删除要求的信息应尽快进行删除。

对于删除的时间要求,为防止该负面信息对信息主体声誉的持续损害,个人信息的处理者应在 24 小时内对相关信息进行删除。

3. 被遗忘权的适用范围

被遗忘权作为仅适用于网络信息领域的一项权利,其针对的也仅为已发布在网络上的、可为一般人可见的特定信息。该特定信息应概括为不恰当的、过时的、会导致信息主体社会评价降低的信息。

不恰当的信息,是指目前仍存在于网络上的信息对于信息主体状态的描述是不正确的信息。这种不恰当,可以是在公布之时就不恰当,也可以是公布当时恰当、后来不恰当的信息。例如,在公布当时为准确,但在当前为不精确的信息,就是不恰当的信息。

过时的信息,是指目前仍存在于网络上的信息,对于所涉及的对象来说,虽然可能曾经是真实的,但随着时间流逝,该信息对所涉及对象状态的反映已非“现在时”,已经成为“昨日黄花”。换言之,过时的信息是那些网络上的文字或图片信息所反映的事件已处于非持续状态。如欧盟法院判例中,冈萨雷斯因不能按期偿还银行贷款而遭法院强制拍卖房屋的报道,在拍卖已结束十余年后该信息仍可见于网络,就是过时的信息。

会导致信息主体社会评价降低的信息,是指在网络上的持续存在会导致相关信息主体社会评价的持续降低的负面信息。对于正面的、不会导致信息主体社会评价降低的信息,不作为被遗忘权的适用范围。

不能适用被遗忘权的情形:第一,出于保护言论自由的需要,该网络信息应被保留;第二,为了维护公共秩序和公共利益的需要,该信息不能被删除;第三,出于历史、统计和科学研究的目的,保留该网络信息是必需的。

本章思考题

1. 结合讨论本章典型案例,问:隐私有哪些内容?相关隐私应当怎样进行保护?具备哪些要件才能构成侵害隐私权?隐私权与知情权的冲突应当怎样协调?本案公安机关的行为是否构成侵害隐私权?为什么?
2. 个人信息究竟是权利还是利益?你认为如何认定个人信息的权利属性更有利于保护个人信息主体的权益?
3. 被遗忘权能否实现本土化?你认为有必要吗?

主要参考文献

一、中文文献

(一)中文著作

1. 胡长清:《中国民法债编总论》,商务印书馆 1946 年版。
2. 龙显铭:《私法上人格权之保护》,中华书局 1948 年版。
3. 林纪东:《战后日本法律》,正中书局 1968 年版。
4. 吕光:《大众传播与法律》,商务印书馆 1981 年版。
5. 周枏主编:《外国法律知识译丛·民法》,上海知识出版社 1981 年版。
6. 何孝元:《损害赔偿之研究》,商务印书馆 1982 年版。
7. 刘清波:《商事法》,商务印书馆 1986 年版。
8. 孟玉:《人身权的民法保护》,北京出版社 1988 年版。
9. 李由义主编:《民法学》,北京大学出版社 1988 年版。
10. 郑隆兴:《现代损害赔偿法论》,华泽彩色印刷公司 1988 年版。
11. 马原主编:《中国民法教程》,人民法院出版社 1989 年版。
12. 赵秉志等:《中国刑法的运用与完善》,法律出版社 1989 年版。
13. 佟柔主编:《中国民法学·民法总则》,中国人民公安大学出版社 1990 年版。
14. 杨立新:《侵权损害赔偿》,吉林人民出版社 1990 年版。
15. 曹康:《人身权基本知识》,天津大学出版社 1990 年版。
16. 江平等:《罗马法基础》(修订本),中国政法大学出版社 1991 年版。
17. 梁慧星:《中国民法经济法诸问题》,法律出版社 1991 年版。
18. 张俊浩主编:《民法学原理》,中国政法大学出版社 1991 年版。
19. 徐显明主编:《自然人权利主务通论》,群众出版社 1991 年版。
20. 孙亚明主编:《民法通则要论》,法律出版社 1991 年版。
21. 黄宗乐监修:《六法全书·民法》,保成文化事业出版公司 1991 年版。
22. 关今华等:《精神损害赔偿实务》,人民法院出版社 1992 年版。
23. 吴云贵:《伊斯兰教法概略》,中国社会科学出版社 1993 年版。
24. 宋惠昌:《现代人权论》,人民出版社 1993 年版。
25. 马原主编:《民事审判实务》,中国经济出版社 1993 年版。
26. 王利明主编:《民法·侵权行为法》,中国人民大学出版社 1993 年版。
27. 王利明主编:《人格权法新论》,吉林人民出版社 1994 年版。
28. 周枏:《罗马法原论》,商务印书馆 1994 年版。
29. 王利明、杨立新、姚辉:《人格权法》,法律出版社 1997 年版。
30. 沈达明:《衡平法初论》,对外经济贸易出版社 1997 年版。
31. 王利明、杨立新:《侵权行为法》,法律出版社 1997 年版。

32. 王利明:《物权法论》,中国政法大学出版社 1998 年版。
33. 李龙:《宪法基础理论》,武汉大学出版社 1999 年版。
34. 史尚宽:《债法总论》,中国政法大学出版社 2000 年版。
35. 王利明主编:《人格权与媒体侵权》,中国方正出版社 2000 年版。
36. 王泽鉴:《民法总则》,中国政法大学出版社 2001 年版。
37. 谢在全:《民法物权论》,中国政法大学出版社 2001 年版。
38. 曾世雄:《损害赔偿法原理》,中国政法大学出版社 2001 年版。
39. 龙卫球:《民法总论》,中国政法大学出版社 2001 年版。
40. 纳日碧力戈:《姓名论》,社会科学文献出版社 2002 年版。
41. 梁慧星主编:《中国民法典草案建议稿》,法律出版社 2003 年版。
42. 何勤华等主编:《新中国民法典草案总览》,法律出版社 2003 年版。
43. 杨立新:《共有权研究》,高等教育出版社 2003 年版。
44. 王利明:《人格权法研究》,中国人民大学出版社 2005 年版。
45. 倪正茂等:《安乐死法研究》,法律出版社 2005 年版。
46. 杨立新:《人身权法论》,人民法院出版社 2006 年版第 3 版。
47. 杨立新:《杨立新品百案》,中国法制出版社 2007 年版。
48. 杨立新:《民法总论》,高等教育出版社 2007 年版。
49. 杨立新主编:《中华人民共和国侵权责任法草案建议稿及说明》,法律出版社 2007 年版。
50. 王利明主编:《民法典 · 人格权法重大疑难问题研究》,中国法制出版社 2007 年版。
51. 梁慧星:《民法总论》,法律出版社 2007 年第 3 版。
52. 夏芸:《医疗事故赔偿法——来自日本法的启示》,法律出版社 2007 年版。
53. 马特、袁雪石:《人格权法教程》,中国人民大学出版社 2007 年版。
54. 胡大武:《侵害信用权民事责任研究》,法律出版社 2008 年版。
55. 马俊驹:《人格和人格权理论讲稿》,法律出版社 2009 年版。
56. 张中、许文杰:《隐私权论兼析人格权》,上海人民出版社 2010 年版。
57. 杨立新:《侵权责任法条文背后的故事与难题》,法律出版社 2011 年版。
58. 姚辉:《人格权法论》,中国人民大学出版社 2011 年版。
59. 张红:《人格权总论》,北京大学出版社 2012 年版。
60. 张民安:《无形人格权侵权责任研究》,北京大学出版社 2012 年版。
61. 杨立新主编:《中国媒体侵权责任案件法律适用指引》,人民法院出版社 2013 年版。
62. 任丹丽、陈道英:《宪法与民法的沟通机制研究——以人格权的法律保护为视角》,法律出版社 2013 年版。
63. 马特:《隐私权研究——以体系构建为中心》,中国人民大学出版社 2014 年版。
64. 张红:《人格权法各论》,高等教育出版社 2015 年版。
65. 王利明主编:《中华人民共和国民法总则详解》,中国法制出版社 2017 年版。
66. 杨立新:《民法总则》,法律出版社 2017 年第 2 版。
67. 杨立新:《民法总则条文背后的故事与难题》,法律出版社 2017 年版。
68. 杨立新主编:《中华人民共和国民法总则要义与案例解读》,中国法制出版社 2017 年版。
69. 李适时主编:《中华人民共和国民法总则释义》,法律出版社 2017 年版。
70. 张荣顺主编:《中华人民共和国民法总则解读》,中国法制出版社 2017 年版。
71. 陈甦主编:《民法总则评注》,法律出版社 2017 年版。
72. 李林启:《论发展着的人格权》,法律出版社 2018 年版。

73. 朱晓峰:《中国语境下人格尊严的民法保护》,知识产权出版社 2019 年版。
74. 朱晓峰:《生育中人格权益的民法保护》,中国财经出版传媒集团、经济科学出版社 2019 年版。

（二）中文论文

1. 申政武:《论人格权及人格损害赔偿》,载《中国社会科学》1990 年第 2 期。
2. 张新宝:《隐私权研究》,载《法学研究》1990 年第 3 期。
3. 史浩明:《关于名誉权法律保护的几个理论与实践问题》,载《学术论坛》1990 年第 3 期。
4. 卢庆昌:《试论我国的人身权利制度体系》,载《河北法学》1991 年第 2 期。
5. 郭林等:《试论我国民法对死者名誉权的保护》,载《上海法学研究》1991 年第 6 期。
6. 陈爽:《浅论死者名誉与家庭名誉》,载《法学研究生》1991 年第 9 期。
7. 杨明仑:《论企业名称权》(续),载《北京律师》1992 年第 2 期。
8. 杨立新、尹艳:《侵害肖像权及其民事责任》,载《法学研究》1994 年第 1 期。
9. 江伟、肖建国:《民事诉讼中的行为保全初探》,载《政法论坛》1994 年第 3 期。
10. 宋小卫:《略论我国自然人的知情权》,载《法律科学》1994 年第 5 期
11. 杨立新:《论公民身体权及其民法保护》,载《法律科学》1994 年第 6 期。
12. 杨立新、尹艳:《论一般人格权及其民法保护》,载《河北法学》1995 年第 2 期。
13. 杨立新、王海英、孙博:《人身权的延伸法律保护》,载《法学研究》1995 年第 2 期。
14. 姚辉:《论一般人格权》,载《法学家》1995 年第 5 期。
15. 董炳和:《论形象权》,载《法律科学》1998 年第 4 期。
16. 刘春霖:《公开权论》,载《河北大学学报》1999 年第 4 期。
17. 易继明:《评财产权劳动学说》,载《法学研究》2000 年第 3 期。
18. 江伟、王景琦:《WTO 协议与中国民事司法制度的完善》,载《中国法学》2001 年第 1 期。
19. 熊进光:《商事人格权及其法律保护》,载《江西财经大学学报》2001 年第 5 期。
20. 吴汉东:《论信用权》,载《法学》2002 年第 1 期。
21. 张亮:《声纹证据的应用》,载《公安大学学报》2002 年第 4 期。
22. [日]萩原有里:《日本法律对商业形象权的保护》,载《知识产权》2003 年第 5 期。
23. 姜新东、孙法柏:《形象权探讨》,载《山东科技大学学报》2003 年第 6 期。
24. 李明德:《美国形象权法研究》,载《环球法律评论》2003 年冬季号。
25. 尹田:《自然人具体人格权的法律探讨》,载《河南省政法管理干部学院学报》2004 年第 3 期。
26. 马俊驹、张翔:《人格权的理论基础及其立法体例》,载《法学研究》2004 年第 6 期。
27. 吴汉东:《形象的商品化与商品化的形象权》,载《法学》2004 年第 10 期。
28. 杨立新、刘宗胜:《论抗辩与抗辩权》,载《河北法学》2004 年第 10 期。
29. 吴汉东:《形象的商品化与商品化的形象权》,载《法学》2004 年第 10 期。
30. 袁雪石:《姓名权本质变革论》,载《法律科学》2005 年第 2 期。
31. 杨立新、袁雪石:《论声音权及其民法保护》,载《法商研究》2005 年第 4 期。
32. 杨立新、林旭霞:《论人格标识商品化权及其民法保护》,载《福建师范大学学报》(哲学社会科学版)2006 年第 1 期。
33. 李红玲:《论信用权的若干问题》,载《政治与法律》2006 年第 4 期。
34. 杨立新、袁雪石:《论医疗机构违反告知义务的医疗侵权责任》,载《河北法学》2006 年第 12 期。
35. 王利明:《隐私权内容探讨》,载《浙江社会科学》2007 年第 3 期。
36. 张莉:《胎儿的准人格地位及其人格利益保护》,载《政法论坛》2007 年第 4 期。
37. 马俊驹:《关于人格权基础理论问题的探讨》,载《法学杂志》2007 年第 5 期。
38. 乔新生:《“贞操权”有违权利法定原则》,载《民主与法制》2007 年第 14 期。

39. 杨俊:《关于对我国信用权的若干思考》,载《前沿》2008 年第 3 期。
40. 周云涛:《存疑信用权》,载《政法论丛》2008 年第 4 期。
41. 杨卫东、戴卫平:《中国人姓名文化特色》,载《作家杂志》2008 年第 8 期。
42. 陈运华:《论作为人格权的性权利及其法律限制》,载《政治与法律》2008 年第 8 期。
43. 段勇、冯鼎臣:《对贞操权应给予民法保护》,载《人民司法·案例》2008 年第 12 期。
44. 王泽鉴:《人格权保护的课题与展望》,载《人大法律评论》2009 年卷。
45. 杜渐、孙宏辉:《关于隐私权保护的法律思考》,载《法学与实践》2009 年第 2 期。
46. 姚明斌:《褪去民法权利的外衣——"荣誉权"三思》,载《中国政法大学学报》2009 年第 6 期。
47. 王一土:《侵害生命权的精神损害赔偿性质探析》,载《法治研究》2009 年第 9 期。
48. 杨立新、刘召成:《抽象人格权与人格权体系之构建》,载《法学研究》2011 年第 1 期。
49. 王利明:《论个人信息权在人格权法中的地位》,载《苏州大学学报》2012 年第 6 期。
50. 杨立新、陶盈:《人体变异物的性质及其物权规则》,载《学海》2013 年第 1 期。
51. 郗伟明:《论英国隐私法的最新转向》,载《比较法研究》2013 年第 3 期。
52. 王利明:《论个人信息权的法律保护——以个人信息权与隐私权的界分为中心》,载《现代法学》2013 年第 4 期。
53. 蓝寿荣:《休息何以成为权利——劳动者休息权的属性与价值探析》,载《法学评论》2014 年第 4 期。
54. 杨立新、韩煦:《被遗忘权的中国本土化及法律适用》,载《法律适用》2015 年第 2 期。
55. 张新宝:《从隐私到个人信息:利益再衡量的理论与制度安排》,载《中国法学》2015 年第 3 期。
56. 梁慧星:《中国民法典中不能设置人格权编》,载《中州学刊》2016 年第 2 期。
57. 张里安、韩旭至:《大数据时代下个人信息权的私法属性》,载《法学论坛》2016 年第 3 期。
58. 邹海林:《再论人格权的民法表达》,载《比较法研究》2016 年第 4 期。
59. 杨立新:《〈民法总则〉中部分民事权利能力的概念界定及理论基础》,载《法学》2017 年第 5 期。
60. 高富平、王苑:《被遗忘权在我国移植的法律障碍》,载《法律适用》2017 年第 16 期。
61. 梅夏英:《被遗忘权的法理定位与保护之限定》,载《法律适用》2017 年第 16 期。
62. 段卫利:《论被遗忘权的司法救济——以国内"被遗忘权第一案"的判决书为切入点》,载《法律适用》2017 年第 16 期。
63. 孙宪忠:《十九大科学立法要求与中国民法典编纂》,载《北京航空航天大学学报》2018 年第 1 期。
64. 杨立新:《人身自由与人格尊严:从公权利到私权利的转变》,载《现代法学》2018 年第 5 期。
65. 张红:《侵害生活安宁利益之侵权责任》,载《财经法学》2018 年第 6 期。
66. 杨立新:《侵权责任法回归债法的可能及路径——对民法典侵权责任编草案二审稿修改要点的理论分析》,载《比较法研究》2019 年第 2 期。
67. 张新宝:《个人信息收集中的告知同意原则适用的限制》,载《比较法研究》2019 年第 6 期。
68. 高富平:《个人信息使用的合法性基础——数据上利益分析视角》,载《比较法研究》2019 年第 6 期。

(三) 中文译作

1. [古罗马]查士丁尼:《法学总论——法学阶梯》(中文版),张企泰译,商务印书馆 1989 年版。
2. [意] 彼德罗·彭梵得:《罗马法教科书》,黄风译,中国政法大学出版社 1992 年版。
3. [德]黑格尔:《法哲学原理》,范扬、张企泰译,商务印书馆 1961 年版。
4. [德]康德:《法的形而上学原理》,沈叔平译,商务印书馆 1991 年版。
5. [德]萨维尼:《现代罗马法体系》,李双元等译,法律出版社 1999 年版。
6. [德]霍尔斯特·埃曼:《德国法中一般人格权的概念和内涵》,杨阳译,载《南京大学法律评论》2000 年第 1 期。
7. [德]迪特尔·梅迪库斯:《德国民法总论》,邵建东译,法律出版社 2001 年版。

8. [德]康德:《实用人类学》,邓晓芒译,上海人民出版社 2002 年版。
9. [德]卡尔·拉伦茨:《德国民法通论》,王晓晔等译,谢怀栻校,法律出版社 2003 年版。
10. [德]克雷斯蒂安·冯·巴尔:《欧洲比较侵权行为法》,张新宝、焦美华译,法律出版社 2004 年版。
11. [德]鲍尔·施蒂尔纳:《德国物权法》,张双根译,法律出版社 2004 年版。
12. [德]G. 拉德布鲁赫:《法哲学》,王朴译,法律出版社 2005 年版。
13. [德]马克西米利安·福克斯:《侵权行为法》,齐晓琨译,法律出版社 2006 年版。
14. [德]霍尔斯特·埃曼:《德国民法中的一般人格权制度——论从非道德行为到侵权行为的转变》,邵建东等译,载梁慧星主编:《民商法论丛》(第 23 卷),金桥文化出版(香港)有限公司 2002 年版。
15. [日]星野英一:《私法中的人》,王闯译,中国法制出版社 2004 年版。
16. [日]植木哲:《医疗法律学》,冷罗生等译,法律出版社 2006 年版。
17. [日]五十岚清:《人格权法》,铃木贤、葛敏译,北京大学出版社 2009 年版。
18. [英]洛克:《政府论》(下),叶启芳、瞿菊农译,商务印书馆 1964 年版。
19. [英]维克托·迈尔－舍恩伯格:《删除》,袁杰译,浙江人民出版社 2013 年版。
20. [美]彼得·斯坦等:《西方社会的法律价值》,王献平译,中国人民公安大学出版社 1990 年版。
21. [美]霍贝尔:《初民的法律》,周勇译,中国社会科学出版社 1993 年版。
22. [美]E. A. 霍贝尔:《初民的法律》,周勇译,中国社会科学出版社 1993 年版。
23. [美]斯蒂芬·芒泽:《财产理论》,彭诚信译,北京大学出版社 2006 年版。

二、外文文献

(一)英文文献

1. Samuel D. Warren & Louis Brandies, "The Right to Privacy", 4 *Harv. L. Rev.* 193, 195 (1890).
2. Nimmer, "The Right of Publicity", 19 *Law & Contemporary Problems* 203, 1954.
3. Steven J. Heyman, "Righting the Balance: An Inquiry into the Foundations and Limits of Freedom of Expression", 78 *B. U. L. Rev.* 1275, 1325(1998).
4. Ken MarcusGatter, "Protecting Patient—Doctor Discourse: Informed Consent and Deliberative Autonomy", 78 *Or. L. Rev.* 941, 948(1999).
5. Eric H. Reiter, "Personality and Patrimony: Comparative Perspectives on the Right to One's Image", 76 *Tul. L. Rev.* 673, 688(2002).
6. R. Jason Richards, "How We Got Where We Are: A Look at Informed Consent in Colorado — Past, Present, and Future", 26 *N. Ill. U. L. Rev.* 69, 82 - 83(2005).
7. Hannes Rosler, "Harmonizing the German Civil Code of the Nineteenth Century with a Modern Constitution - The Luth Revolution 50 Years Ago in Comparative Perspective", 23 *Tul. Eur. & Civ. L. F.* 1, 26(2008).

(二)德文文献

1. Dieter Leuze, Die Entwicklung des Persönlichkeitsrechts im 19. Jahrhundert, Verlag Ernst und Werner Gieserking, Bielefeld 1962.
2. Fritz Fabricius, Relativität der Rechtsfähigkeit, C. H. BECK Verlag, Berlin 1963.
3. HeinrichHubman, Das Perönlichkeitsrecht, 2 Auflage, Böhlau Verlag 1967.
4. Marion Baston - Vogt, Der sachliche Schutzbereich des zivilrechtlichen allgemeinen Persönlichkeitsrechts, Mohr Siebeck, 1997.
5. Jürgen Gleichauf, Das postmortale Persönlichkeitsrecht im internationalen Privatrecht, Peter Lang Europäischer Verlag der Wissenschaften, 1999.

图书在版编目(CIP)数据

人格权法 / 杨立新著. -- 北京 : 法律出版社,
2020(2024.12 重印)
ISBN 978-7-5197-4722-0

Ⅰ. ①人… Ⅱ. ①杨… Ⅲ. ①人格-权利-法学-研究-中国 Ⅳ. ①D923.14

中国版本图书馆 CIP 数据核字(2020)第 120355 号

人格权法
RENGEQUAN FA

杨立新 著

责任编辑 陈 慧
装帧设计 乔智炜

出版发行 法律出版社
编辑统筹 法律教育出版分社
责任校对 陆帅文
责任印制 刘晓伟
经　　销 新华书店

开本 787 毫米×1092 毫米 1/16
印张 18.75　**字数** 450 千
版本 2020 年 8 月第 1 版
印次 2024 年 12 月第 2 次印刷
印刷 固安华明印业有限公司

地址:北京市丰台区莲花池西里 7 号(100073)
网址:www.lawpress.com.cn
投稿邮箱:info@lawpress.com.cn
举报盗版邮箱:jbwq@lawpress.com.cn
销售电话:010-83938349
客服电话:010-83938350
咨询电话:010-63939796

书号:ISBN 978-7-5197-4722-0
定价:45.00 元
凡购买本社图书,如有印装错误,我社负责退换。电话:010-83938349